금융법총서

금융그룹 감독제도의 이해

금융복합기업집단의 감독에 관한 법률 해설서

심 영 · 반준성

정독
DEEP READING

머리말

2020년 12월 9일 금융복합기업집단의 감독에 관한 법률안이 국회 본회의를 통과하였다. 그동안 도입 필요성에 대한 논의는 꾸준히 있어 왔으나 그 도입에 있어서는 진전이 더디게 진행되었던 금융그룹 감독제도가 우리나라에서도 드디어 법제화가 되는 역사적인 순간이었다. 금융그룹 감독제도에 대한 논의는 1996년 은행, 보험, 증권을 감독하는 BCBS, IAIS, IOSCO 등의 감독기구와 각국의 금융감독기관들이 모여 Joint Forum을 설립하면서 본격적으로 시작되었다. 이후, 1999년에 금융그룹 감독 방안에 대한 기본원칙인 금융그룹 감독원칙을 제정하였고, 2012년에는 이를 수정·보완하여 개정한 감독원칙을 제시하였다. 이를 바탕으로 유럽연합(EU)이 금융그룹 감독에 관한 지침을 제정하여 2004년부터 회원국들이 금융그룹 감독제도를 도입하기 시작하였다. 이에 비하여 우리나라는 금융그룹 감독제도의 도입에 있어 국제적인 흐름에서 다소 늦은 감이 있다. 이렇게 금융그룹 감독제도가 법제화되기까지는 제도 도입의 필요성이나 그 부작용 등에 대하여 많은 반대의견이 있었다. 이제 이러한 논쟁을 거쳐 2021년 6월 30일부터 본격적으로 금융그룹에 대한 감독이 법률에 근거하여 본격적으로 시행되게 된 것이다.

그러나 아직 시장 및 업계, 언론 등에서는 금융그룹 감독제도 자체에 대하여 생소하게 느끼는 면이 있고, 이를 법제화한 금융복합기업집단의 감독에 관한 법률(이하 '금융복합기업집단법'이라 한다)에 대하여도 마찬가지로 생소하게 여기는 경우가 많다. 기존에 은행·보험·증권 등 각 개별 업권별로 이루어지는 금융감독에만 익숙해왔고, 그간 금융그룹 감독제도에 대한 연구도 많지 않았기 때문에 새로운 제도에 대하여 이해가 깊지 못한 점은 신규 제도를 도입하고, 이를 제도화해 나가는 과정에서 발생하는 자연스러운 현상이라고 생각한다. 그 과정에서 '금융그룹 감독제도가 재벌개혁 또는 재벌 길들이기의 수단이다', '개별 금융업권법들이 있으므로 이중규제이다', '상법상 개별 회사 독립의 원칙과 충돌한다', '정부가 금융감독을 통해 비금융회사까지 통제하는 수단이다'라는 주장들이 제기되기도 하였다. 금융그룹 감독제도는 금융회사들이 계열관계 등을 통해 하나의 금융그룹을 형성하고 있는 경우 발생할 수 있는 그룹 차원의 위험까지 감독하기 위한 것으로서 금융 위험의 관리 및 감독을 위한 제도이다. 개별 업권법만으로는 놓칠 수 있는 그룹 차원의 리스크까지 살피고 이에 대한 대비를 하겠다는 것인데, 이를 다른 목적으로 이용할 수 있다는 의구심을 갖는 의견도 제기되고 있는 것이다. 물론, 2018년 7월부터 행정지도인 「금융그룹의 감독에 관한 모범규준」에 따라 감독을 받기 시작하여 법 시행 이후 현재에도 감독을 받고 있는 '교보, 미래에셋, 삼성, 한화, 현대차, DB'의 6개 감독대상보면 이들이 비금융계열사까지 소유·지배하고 있는 기업집단의 금융회사들이다 보니 그러한 의문을 제기할 수 있다는 점은 충분히 예상가능한 일이다. 그러므로 금융복합기업집단법이 어떠한 내용을 포함하고 있고, 규율하고 있는 내용이 어떠한 취지인지를 정확히 안다면 금융그룹 감독제도가 왜곡되지 않고, 본질적인 목표를 달성할 수 있도록 성공적으로 안착하는데 기여할 수 있다고 본다.

따라서 우리나라에서 금융그룹 감독제도가 효과적으로 정착하기 위해서는 법 제정 및 시행으로 그칠 것이 아니라 불필요한 오해를 해소하기 위해 수범자들이 법에서 규정하고 있는 내용과 취지를 정확히 이해하는 것이 중요하다. 따라서 본 저서는 금융그룹 감독제도의 도입배경, 금융복합기업집단법의 취지 및 내용 등을 검토함으로써 본 제도와 법의 정확한 내용을 이해함으로써 금융그룹 감독에 대하여 시장 등에서 제기되는 오해 및 편견을 해소하고, 법의 정확한 취지를 살려 제도를 이행하는데 기여하고자 한다. 아울러 마지막 부분에는 현행 법안에 아직 반영되지 못하였거나 추후 시간을 갖고 보완, 발전시켜 나가야 할 부분과 금융그룹 감독제도가 앞으로 나아갈 방향을 제시하였다.

저자는 2018년 1월부터 2021년 2월까지 금융위원회 금융그룹감독혁신단에서 근무하면서 금융그룹 감독에 관한 모범규준 제정·시행 및 금융복합기업집단법의 제정·시행 등 금융그룹 감독제도 전반에 관한 업무를 담당한 경험을 살려 금융복합기업집단법의 입법취지를 살펴보고, 자세한 내용을 분석하고

자 하였다. 다만 본 저서는 금융위원회의 공식적인 입장과 무관하게 저자의 개인적 견해를 바탕으로 작성하였음을 밝힌다.

본 저서가 금융복합기업집단법에 대한 이해를 높여 우리나라의 금융그룹 감독제도가 보다 훌륭히 정착되고, 무한히 발전해 나가는데 보탬이 되길 간절히 바라는 바이다.

2022. 4.

저자

차 례

제 1 편 금융그룹 감독제도 개관

약어표

- **Joint Forum**: 국제 금융그룹 감독협의회(The Joint Forum on Financial Conglomerate), 금융그룹 감독을 위해 은행, 보험, 증권을 감독하는 BCBS, IAIS, IOSCO 등의 감독기구와 각국의 금융감독기관들이 모여 만든 감독협의체
- **'99. Joint Forum 감독원칙**: 1999 Principles for the supervision of financial conglomerates (Joint Forum이 1999년에 제정한 금융그룹 감독원칙)
- **Joint Forum 감독원칙**: 2012 Principles for the supervision of financial conglomerates (Joint Forum이 2012년에 개정한 금융그룹 감독원칙)
- **FICOD**: Financial Conglomerate Directive(EU 제정)
- **BIS**: 국제결제은행(Bank for International Settlements)
- **BCBS**: 바젤은행감독위원회(Basel Committee on Banking Supervision)
- **IAIS**: 국제보험감독기관협회(International Association of insurance supervisors)
- **IOSCO**: 국제증권관리위원회기구(International Organization of Securities Commissions)
- **금융복합기업집단**: 동일한 기업집단에 속한 둘 이상의 금융회사로 구성된 집단으로서 금융복합기업집단법에 따라 지정된 집단
- **금융그룹**: 둘 이상의 금융회사가 하나의 계열관계로 이어진 경우 그 계열관계로 이어진 금융회사들의 집단을 지칭하는 의미로 사용
- **복합금융그룹**: 여수신업·보험업·금융투자업 중 둘 이상의 업을 영위하는 금융그룹
- **법**: 금융복합기업집단의 감독에 관한 법률(금융복합기업집단법)
- **시행령**: 금융복합기업집단의 감독에 관한 법률 시행령
- **감독규정**: 금융복합기업집단 감독규정
- **시행세칙**: 금융복합기업집단 감독규정 시행세칙
- **금융그룹감독 모범규준**: 금융그룹의 감독에 관한 모범규준(행정지도)
- **지배구조법**: 금융회사의 지배구조에 관한 법률
- **공정거래법**: 독점규제 및 공정거래에 관한 법률
- **금산법**: 금융산업의 구조개선에 관한 법률
- **신용정보법**: 신용정보의 이용 및 보호에 관한 법률

- **금융실명법**: 금융실명거래 및 비밀보호에 관한 법률
- **채무자회생법**: 채무자 회생 및 파산에 관한 법률
- **APRA**: 호주 건전성 감독청(Australian Prudential Regulation Authority)
- **FSAP**: IMF의 금융부문평가(Financial Sector Assessment Program)
- **공모펀드**: 자본시장법상 공모(모집·매출)의 방식으로 투자자를 모으는 집합투자기구
- **사모펀드**: 자본시장법상 공모 이외의 방식으로 투자자를 모으는 집합투자기구
- **기관전용 사모펀드**: 기관투자자 및 이에 준하는 자(국가, 한국은행, 금융회사, 연기금, 공제회, 특수법인, 일정요건을 갖춘 주권상장법인 등)만을 사원으로 하는 투자합자회사인 사모집합투자기구
- **일반 사모펀드**: 기관전용 사모펀드를 제외한 사모집합투자기구
- **GP**: 업무집행사원(General partner, 펀드 출자자 중 그 채무에 대해 무한책임을 지는 사원)
- **LP**: 유한책임사원(Limited partner, 펀드의 출자자 중 출자액을 한도로 하여 유한책임을 지는 사원
- **전업 GP**: 오로지 기관전용 사모집합투자기구를 설립하고 운용하는 업무만을 영위하는 업무집행사원
- **전업 GP그룹**: 전업 GP가 지배구조의 최상위에 있는 기업집단

제 1 편

금융그룹 감독제도 개관

제 1 장 금융그룹 감독제도의 개요

제 1 절 제도의 논의배경 및 주요 목적

1980년대 이후 전 세계적인 금융자유화 추세에 따라 금융업의 대형화·겸업화 흐름이 이어졌다. 1986년 영국의 마가렛 대처 총리가 은행과 증권회사간 장벽 철폐, 외국 금융회사의 자유로운 시장 참여가 가능하도록 하는 '금융 빅뱅'을 단행한 이후 이러한 추세는 보다 본격화되기 시작하였다. 이후 영국은 증권, 선물 등의 금융서비스 관련법을 하나로 묶는 통합을 시작하였고, 마침내 2000년에는 은행, 보험, 증권을 통합하는 '금융서비스 시장법(Financial Services and Market Act, 2000)'의 제정하여 금융시장의 규율체계를 통합하였다. 호주의 경우 2001년에 은행, 보험을 제외한 나머지 금융서비스 부문을 하나로 통합하는 금융시장개혁법(Financial Service Reform Act; APRA)을 만들었다. 금융기관의 형태가 아닌 규제적 성격에 따라 감독·규율할 수 있도록 제도를 통합 정비한 것이다.[1)] 이는 금융기관의 업무나 성격이 유사함에도 불구하고 형태에 따라 그 규제의 정도에 차이가 발생하는 규제차익(regulatory arbitrage)을 해소하기 위함이다. 이외에도 미국은 금융서비스현대화법(1999년), 일본은 지주회사설립지원법(1998년)의 제정을 통해 겸업을 허용함으로써 자회사 또는 지주회사 형

1) 금융감독원, 「호주의 금융개혁, 월리스보고서(Wallis Report)를 중심으로」, 2007. 7, 5면.

태로 금융회사들을 그룹화해 나가는 것이 활성화되었다. 또한 금융시장의 각 업종에 대한 감독·규율체계가 통합적으로 구축되면서 기존에 금융업을 영위하던 금융회사들도 활발한 인수·합병 등을 통해 금융업의 겸업화 추세가 본격화되게 되었다. 이에 따라 하나의 그룹을 형성한 금융그룹에 대한 감독의 사각지대를 해소하는 문제가 대두되게 되었다. 단일의 업종을 영위하는 금융회사와 달리 하나의 그룹내 금융회사간 규제차익이 존재하게 되고, 위험의 전이 및 집중, 내부거래, 이해상충 등 금융그룹 전체를 위태롭게 할 수 있는 그룹리스크에 대한 고려가 필요하게 된 것이다. 그럼에도 불구하고 여전히 금융감독은 단일의 금융회사에 대한 감독만 하고 있음에 따라 감독의 공백을 어떻게 해소하느냐가 문제가 된 것이다.

특히 유럽에서 은행·증권부문과 보험부문이 결합된 복합금융그룹에 대하여 그룹 차원의 감독 필요성에 관심을 갖게 된 것은 이 두 업종간 감독체계가 차이가 있었기 때문이었다. 은행의 경우 업종을 불문하고 동일한 금융그룹내에 있는 모든 관계회사들을 연결하여 포괄하는 연결재무제표를 기초로 하는 그룹 단위의 연결감독이 가능했다. 은행의 경우 그 부채가 고객에게 예금과 그 이자라는 비교적 예측이 명확한 성격을 지니고 있어 연결 재무제표 작성에 어려움이 적은 편이기 때문이다. 그러나 보험의 경우는 은행과 그 부채의 성격이 상이하다. 보험료를 선취하였으나, 사고 발생 여부·빈도, 사고규모, 수명, 보험계약 해지 등의 사유에 따라 그 부채의 규모나 시기 등이 상이해질 수 있으므로 향후 발생할 부채의 규모에 대한 정확한 예측이 쉽지 않다. 따라서 보험업은 보험업으로 이루어진 그룹이 아닌 다른 업종과 연결재무제표의 작성이 어렵다. 따라서 은행부문과 보험업부문 간에는 적용되는 회계기준이 다르고,[2] 이에 따라 자본적정성 평가 지표도 크게 차이가 있다. 은행에 적용하는 BIS비율과 보험사에 적용하는 지급여력비율 방식[3]은 직접 비교하기가

---

2) 보험회사뿐만 아니라 은행·증권사 등이 판매하는 금융상품(예: 대출 등)에 대한 국제회계기준은 'IFRS(International Financial Reporting Standards) 9'이나, 보험계약에는 'IFRS 4' 기준이 적용된다. 2023년부터는 보험계약의 회계기준이 보험의 부채(가입자들에게 돌려줄 보험금)를 현행의 계약시점 기준의 원가가 아니라 매 결산기의 현재가치인 시가(공정가치)로 평가하게 되는 IFRS 17로 변경·도입될 예정이다. 다만, 미국·일본 등 일부 국가는 독자적인 회계기준을 고수하겠다는 입장이다.

사실상 어렵다. 이러한 상황에서 은행과 보험이 결합된 금융그룹은 업종간 규제차익을 악용할 가능성이 있고, 이는 금융그룹 전체의 건전성 및 금융시장의 안정성에 대한 위협요소가 될 우려가 있었던 것이다.[4)]

이에 따라 1996년에 은행, 보험, 증권의 각 업권별 국제 감독기구인 바젤은행감독위원회(BCBS), 국제증권감독기구(IOSCO), 국제보험감독자협의회(IAIS)의 주도로 각국의 금융감독기관들과 함께 주도로 국제 금융그룹감독협의회(The Joint Forum on Financial Conglomerates(이하 "Joint Forum"이라 한다))를 결성하였고, 이후 금융그룹 감독에 대한 논의가 본격화되어 1999년에 금융그룹 감독 방안에 대한 기본원칙인 금융그룹 감독원칙을 제정하였다. 이후 Joint Forum은 1999년 금융그룹 감독원칙(Principles for the supervision of financial conglomerates)[5)]이라는 국제원칙을 제정하였고, 2012년에는 이를 대폭 수정·보완하여 개정된 감독원칙(이하 "Joint Forum 감독원칙"이라 한다)[6)7)]을 제시하였다. 이를 바탕으로 2002년, 유럽연합(EU)은 회원국들이 금융그룹에 대한 감독을 실시하도록 관련 지침을 제정하였고, 2004년부터 EU 회원국들을 필두로 하여 국제적으로 금융그룹 감독제도가 본격적으로 도입되기 시작하였다.

---

3) 은행의 경우 자본적정성 평가 지표로 국제적으로 통일된 기준인 BIS비율을 사용하나, 보험의 경우 한국(RBC), 유럽(Solvency Ⅱ), 캐나다(LICAT), 중국(C-Ross) 등 각국에서 다른 기준을 사용하고 있다. 현재 국제보험감독자협의회(IAIS)는 국제보험자본기준(ICS: Insurance Capital Standard)을 개발 중에 있으며, 2020년부터 비공개로 비율을 산출하는 등 5년간 모니터링을 실시한다. 우리나라의 경우 2023년부터 새롭게 시행될 예정에 있는 국제회계기준 IFRS 17을 반영하여 2023년부터 재무건전성 지표를 RBC에서 K-ICS로 개편할 예정이다(IAIS 보험핵심원칙(2021년) 5면 참조).

4) 김상조, 「금융복합그룹 감독체계의 도입 필요성과 과제」, 한국금융연구센터, 2015년 상반기 정책 심포지엄(2015. 5. 27), 27면.

5) Joint Forum, 「Principles for the Supervision of Financial Conglomerates 1999」, 1999. 2.

6) Joint Forum, 「Principles for the Supervision of Financial Conglomerates 2012」, 2012. 9.

7) 이하에서 'Joint Forum 감독원칙'이라 함은 특별히 다른 기재가 없으면 2012년 개정된 감독원칙을 지칭한다.

[참고] Joint Forum 및 금융 업권별 국제감독기구

◈ JOINT FORUM

금융그룹의 감독에 대한 논의를 위해 은행(BCBS), 보험(IOSCO), 증권(IAIS)의 업권별 감독기구의 주도하에 각국의 금융감독기구를 포함하여 설립된 금융감독 국제기구로서 1996년 초에 설립되었다. 이후 1999년에 금융그룹 감독에 관한 국제기준을 제정하였고, 이후 2012년에 이를 한 차례 개정하였다. 각 업권별 감독기구의 연합체적 성격인 이 기구는 현재는 해체된 상황이며, IMF에서 각국의 금융시스템 건전성 등을 평가를 위해 주기적으로 실시하고 있는 금융부문 평가프로그램(FSAP; Financial Sector Assessment Program)을 통해 각국의 금융그룹 감독원칙의 이행현황을 점검하고 있다.

◈ 바젤은행감독위원회(BCBS: Basel Commitee on Banking Supervision)

국제결제은행 자기자본비율 등 은행감독과 관련한 국제표준 제정, 각국 감독 당국간 협력 및 정보교환 등을 수행하는 기구로서 1974년 독일의 헤르슈타트은행 파산 당시 국제 금융시장이 불안해지자 주요 10개국의 중앙은행 총재들이 각 국가별로 다른 은행 감독 기준에 대한 국제적인 공조를 강화하기 위해 설립한 기관이다. 현재 우리나라를 포함하여 27개국 중앙은행 또는 금융감독 당국이 회원국으로 참가하고 있고, 스위스 바젤의 국제결제은행(BIS) 내에 위치하고 있다.

◈ 국제증권감독기구(IOSCO: International Organization of Securities Commissions)

증권거래의 규제·감독에 관한 다국간 국제협력문제를 검토하는 국제기구로서 증권거래의 국제화에 수반되는 규제·감독상의 문제, 특히 내부자거래·증권사 자기자본 규제문제를 다룬다. 1974년 미국과 캐나다가 설립한 미주증권감독자협회가 이 기구의 전신으로서 1983년 현재와 같이 이름을 바꾸었고, 한국도 1983년 이 기구의 정회원으로 가입하였다.

◈ 국제보험감독자협의회(IAIS: International Association of Insurance Supervisors)

보험산업에 대한 효과적이고 국제적으로 일관성 있는 감독을 위해 보험감독에 관한 통일된 국제기준을 제정하고, 이행상황을 평가하는 등 각국 보험당국간 상호협력 및 정보교환을 위한 기구로서 1994년 설립되었다. 한국은 창립회원으로 1994년부터 참가하고 있다. 현재 142개국 150개 보험감독당국 및 8개 국제기구가 회원으로 가입되어 있다.

제 2 절 제도의 주요내용

금융그룹 감독제도는 자산규모, 영위업종, 감독실익 등의 일정한 요건을 충족하는 금융그룹(Financial Conglomerates)을 감독대상으로 지정하여 대표금융회사(Head of the financial conglomerate)를 중심으로 위험관리체계를 구축하고 자본적정성, 내부거래, 위험 집중, 위험 전이 등 금융그룹 전체의 건전성을 관리하는 제도이다.

이는 최근 금융회사의 대형화와 겸업화의 진전, 비규제영역의 발달 등에 따라 현행 업권별 감독에 따른 규제의 사각지대를 해소하고 금융그룹의 경영 건선성 및 금융시스템의 안정성을 제고하기 위해 1999년 Joint Forum에서 제시하고 2012년 개정한 금융그룹 감독원칙에 기초하고 있다.[8)]

금융그룹 감독원칙에 따른 금융그룹 감독의 주요골자는 크게 3개의 축으로 그룹위험관리, 지배구조, 자본적정성이다. 첫째, 그룹위험관리는 금융그룹의 그룹 차원의 위험집중·내부거래 및 익스포저를 건전하게 관리·통제하는 효율적인 시스템을 포함하는 금융그룹의 통합적인 위험관리체계를 수립하고, 금융그룹이 비규제 기업 및 업무의 위험을 포함하여, 모든 중요한 위험을 측정·관리·보고할 수 있는 능력을 갖추는 것이다. 이러한 그룹 위험관리체계의 확립을 통해 금융그룹은 그룹 차원의 위험으로 인하여 부실화되거나 위기상황을 겪는 것을 사전에 방지할 수 있다.

둘째로는 건전한 지배구조의 구축이다. 건전한 기업지배구조를 구축할 경우 경영진이 소수 권력자의 사익 추구를 배제하고, 기업 및 그룹 전체의 이익이 되는 의사결정을 하고, 금융그룹 내 구성기업의 이익을 균형있게 고려하게 된다. 또한 주주·고객 등 다양한 이해관계자에 대한 신뢰를 제공하게 되어 해당 기업 및 그룹의 장기적 발전과 안정에 기여하게 된다.

셋째, 금융그룹의 자본적정성 관리는 금융그룹 차원의 손실흡수능력을 갖추는 것이 핵심이다. 금융그룹이 충분한 손실흡수능력을 갖출 경우 위기시

8) 국회사무처, 「제382회 국회(정기회) 정무위원회회의록－법안심사제1소위원회(제4호)」, 회의록(2020. 12. 3), 4면.

이를 통해 그룹이 극단적 위험에 빠지는 것을 방지하고, 위기를 극복할 수 있다. 예컨대, 현재의 코로나19로 인한 경제적 침체 등 위기가 발생하더라도 손실흡수능력을 바탕으로 위기의 기간을 온전히 극복해낼 수 있는 것이다. 이러한 자본적정성과 관련하여는 금융그룹에서 발생할 수 있는 모든 위험을 다룰 것이 중요하다. 특히, 비규제기업, 비규제업무 및 이들이 규제 금융회사에 미치는 위험 등을 고려한 그룹 차원의 자본적정성 평가가 필요하다. 이를 통해, 금융그룹이 그룹 차원의 튼튼한 자본적정성 관리정책을 이행·발전시킬 수 있다. 또한 경영진의 건전한 경영판단, 스트레스 테스트 결과 반영, 적절한 내부통제 등을 통한 자본조달계획을 수립 하도록 관련 가이던스를 제시할 수 있는 것이다. 평시뿐만 아니라 위기시에도 금융그룹 내 모든 기업의 자금조달 수요를 완전히 충족하는 수준으로 자본적정성 및 유동성을 관리하는 것이 중요하다.[9] 이를 통해 금융그룹이 내·외부적 위기상황으로 인하여 부실화되는 것을 방지할 수 있는 것이다.

9) Joint Forum 감독원칙, 4면.

제 2 장 금융그룹 감독의 필요성

기존의 개별 업권별 감독이 촘촘히 이루어지는 상황에서 금융그룹 차원의 감독을 추가적으로 실시해야 하는 필요성에 대하여 의문을 제기하는 경우가 많다. 그러나 금융그룹 감독은 기존의 개별 업권 감독을 대체하는 것이 아니라 그룹 차원 위험의 관리·감독, 규제 사각지대의 해소, 금융그룹 안전성에 대한 신뢰 제고 및 금융소비자 보호 강화 등을 위하여 필요하다.

제 1 절 그룹 차원의 위험에 대한 점검·관리

금융그룹에는 개별 금융회사에 대한 감독만으로 걸러내기 어려운 다양한 금융그룹 차원의 리스크가 존재한다. 먼저 금융계열사간 출자 등 가공자본의 활용(자본의 중복계상)으로 인해 각각 개별 금융회사가 해당 법령에 따른 자본적정성 기준은 충족하나, 중복자본을 제거한 금융그룹 전체로 보면 적격자본이 부족한 등의 경우가 발생 가능하다. 예컨대, 같은 금융그룹 내 A와 B금융회사가 있는 경우 A금융회사가 B금융회사에 100억원을 출자하여 주식을 취득하였다고 가정하자. A금융회사는 B금융회사 주식 100억원이, B금융회사가 출자받은 100억원은 각각의 금융회사 회계상 자본으로 계상된다. 각각 개별 회사별로 자본적정성을 측정할 경우 이 100억원은 각각 적격자본으로 인정되어 해당 기준을 충족하는데 활용이 된다. 그러나 실상은 양쪽 회사에 중복적으로 자본으로 인정된 것에 불과하다. 금융그룹 차원에서 자본적정성을 측정한다고 하면 이러한 중복계상된 자본은 적격자본에서 제거하여 금융그룹 수준의 자본적정성을 얼마나 충족하고 있는지 정확히 평가할 필요가 있다. 그룹 내 계열사간 출자액의 비중이 높은 경우 등에는 각각의 개별 금융회사의 자본적정성은 건전한 것처럼 보이나, 금융그룹 차원의 자본적정성은 실제로 부실한 경우가 있을 수 있다. 따라서 금융그룹의 건전성 정도 및 그룹 차원의 손실흡수 능력을 정확히 알고 대비하기 위하여는 금융그룹 수준의 자본적정성을 정확히 평가·점검할 필요가 있는 것이다.

또한 개별 금융회사 차원의 문제가 없으나, 그룹 전체로는 위험이 과도하게 한 군데 집중되거나, 일부 계열사 위험이 다른 금융계열사로 전이되어 동반 부실화되는 경우가 있을 수 있다. 예컨대, 2013년 동양증권은 비금융계열사의 투자부적격 회사채·CP를 특정금전신탁에 편입하는 방식 등으로 비금융

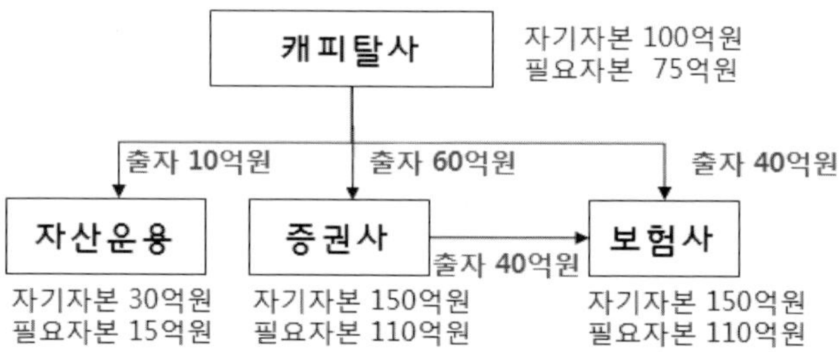

자기자본 합계(A)	계열사 출자(B)*	적격자본(A-B)	필요자본	총 자본부족액
430억원	150억원	280억원	310억원	30억원

* 계열사간 출자금액이 개별회사별로 중복계상된 금액(10억원+60억원+40억원+40억원)

⇨ 개별업법상 필요자본은 충족하나 **계열사간 출자금액(가공자본)을 제거한 금융그룹의 적격자본은 필요자본에 비해 30억원 부족함**

자료: 금융위원회

[그림 2-1] 금융그룹 자본의 중복계상 예시

계열사를 지원하였다. 이후, 지원받은 비금융계열사가 부실화됨에 따라 비금융계열사 부실이 그룹 전체로 전이되었고, 불완전 판매로 인한 소비자 피해가 발생하게 되었다. 이와 같이 그룹내 위험의 집중이나 전이 등에 대한 관리·감독이 미흡할 경우 그 위험이 그룹 전체에 영향을 미쳐 부실의 규모 및 범위가 막대하게 커질 우려가 있는 것이다. 따라서 이러한 그룹 차원의 위험 집중 및 전이 등에 대하여 점검·관리할 필요가 있다.

〈표 2-1〉 동양그룹의 부실화 과정[1)]

◈ 2013년 동양그룹(회장 현재현)은 **총자산 7.6조원, 재계 38위** 대기업집단
◈ **동양레저**를 중심으로 **비금융계열사**((주)동양 등), **금융계열사**(동양증권 등)로 구성

1 2008년 이후 **동양그룹**은 건설경기 부진으로 **주력인 비금융계열사의 경영실적이 급속히 악화**되면서 부실위험이 지속적으로 누적됨
* 당기순이익(억원): (09) △1,147 → (10) △3,057 → (11) △1,170 → (12) △2,808

2 2012년 말 **주요 계열사*의 부채비율이 562%**로 **매우 높고, 영업이익**으로 **금융비용을 감당하지 못하는 상태****가 지속되고, 부도 직전까지 **주요 계열사들이 당기순손실을 기록함**
* (주)동양, 동양시멘트, 동양레저, 동양인터내셔널, 동양네트웍스 등 5개사 기준
** 이자보상배율[2)]: (10) 0.1 → (11) 0.2 → (12) 0.5

3 2012년 하반기부터 **증자, 사업부문 매각** 등 자체 구조조정*을 본격 추진하였으나, **동양매직 매각** 등 주요 자구계획 이행이 **지연됨**
* 2012년말 발표한 2조원 규모의 자구계획 중 4,000억원 수준만 이행

4 차입금 상환기일이 도래*하며 **유동성 압박이 심화**됨에 따라 2013년 9월 30일~10월 1일 동양그룹은 **주요 5개 계열사에 대한 회생절차를 신청**
* 9.30일 시장성차입자금 1,056억원(회사채 905억원, CP 151억원) 만기도래

5 **2013년 10월 17일** 법원은 **기업회생절차 개시 결정**
→ 동양그룹 최종 부도

---

1) 금융위원회, 「동양그룹 문제 유사사례 재발방지를 위한 종합대책」, 보도자료(2013. 11. 21), 붙임 1면 참조.

2) 이자보상배율이란 회사에서 벌어들인 수익에서 부채의 이자가 어느 정도 차지하고 있는지를 나타내는 건전성 지표로서 아래와 같이 계산한다.

이자보상배율＝(영업이익/이자비용)×100%

① 이자보상배율이 1보다 높은 경우는 영업이익이 이자비용보다 높다는 것이고, ② 이자보

[참고] 금융그룹의 그룹리스크: 업권별 감독의 한계[3)]

1 **자본 중복이용**(Multiple Gearing): 계열사간 복잡한 출자를 통해 외부자금 수혈 없이 **가공의 자본을 창출**

⇒ 각 개별사 재무제표상으로는 건전해 보이나, 실상은 **중복자본이 많아 위기시 활용가능한 자본은 부족**한 경우 발생 가능

예) **A그룹의 업권별 자본금 단순합계는 15조원**이나, 위기시 **실제 손실충당에 쓸 수 있는 자본**은 내부거래(**5조원**, 그룹내 계열사간 출자액)를 제외한 **10조원**

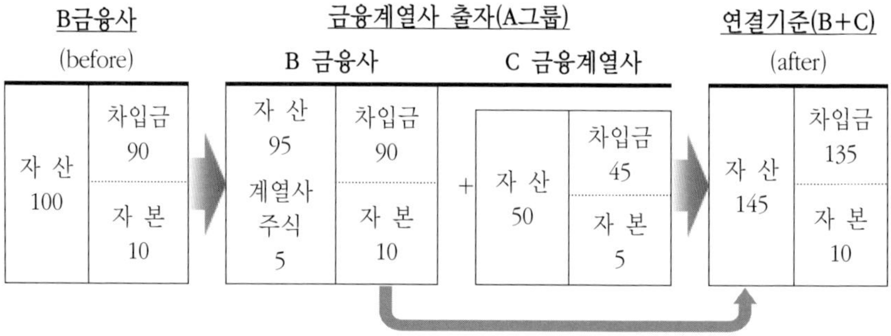

⇒ 자본 10, 자산 100 (레버리지 10배) → 자본 10, 자산 145 (레버리지 14.5배)

2 **위험 집중**(Risk Concentration): 계열사별로 보면 문제없어 보이나, **그룹 전체로 보면 위험이 특정 분야로 과도하게 편중**

예) B그룹의 경우 **4개 계열사가 甲국 호텔업에 투자** → 계열사별로 보면 단순 투자이나, **그룹 전체로 보면 甲국/호텔업 투자에 집중**

⇒ **특정 이벤트 등 발생**(예: 감염병 확산으로 인한 경기 침체)으로 **甲국 경기 or 호텔업 시장 악화시 그룹 전체 재무 건전성에 큰 영향**을 미칠 가능성

상배율이 1과 같은 경우는 영업이익이 모두 이자비용으로 나간다는 뜻이다. 이 경우 기업은 이자비용 이외의 비용이 지출되고 있을 것이므로 사실상 적자구간에 들어섰다고 볼 수 있다. ③ 이자보상배율이 1보다 낮은 경우에는 영업이익보다 이자비용이 높은 경우이므로 사실상 회사가 이익으로 이자비용을 감당하지 못하는 경우이므로 자본을 감소시키고 있다고 볼 수 있다. 이자보상배율이 1보다 낮은 기간이 지속될 경우 회사는 결국 자본잠식에 이르게 된다.

3) 금융위원회, 「금융위원장, 금융그룹 통합감독 간담회 개최 및 도입방안 발표」, 보도자료(2018. 2. 1), 붙임 2 금융그룹 통합감독제도 도입방안 2면 참조.

③ **위험 전이**(Risk Contagion): 계열사 하나의 문제로 끝나지 않고, **다른 계열사까지 동반 부실화**

예) C그룹의 경우 **카드사 매출 50%가 그룹내 다른 계열사** 서비스 이용액
→ **계열사 실적악화시 금융회사 수익도 동반하여 악화**

제 2 절 그룹 차원의 감독에 대한 규제 사각지대 해소

기존의 개별 금융회사별 감독은 개별 회사 차원의 건전성을 감독한다. 이러한 개별 금융회사의 범위를 벗어난 그룹 차원의 위험에 대하여는 사실상 관리·감독하지 않는다. 결국 이 경우 개별 금융회사만 존재하는 금융회사와 금융그룹을 형성하여 존재하는 금융회사간 위험의 감독에 있어 사각지대가 발생하게 된다. 예컨대, 그룹을 형성하지 않는 A은행과 그룹 내 보험, 증권 및 비금융계열사까지 존재하는 B은행이 있다고 가정할 때, 그룹 위험을 내포하고 있는 B은행도 A은행과 같이 개별 회사 차원의 위험만을 감독하게 되므로 그룹 위험은 제대로 고려되지 못하게 되는 문제가 있다. 따라서 금융그룹에 속하는 B은행에 대하여는 그룹 위험을 감독하지 않는다면 직면할 수 있는 위험 중 일부를 제대로 규율하지 못한다고 할 수 있다.

또한 금융그룹 내 금융회사의 업권간 규제 차이가 있는 경우 규제 정도가 약한 금융회사로 위험이 집중·전가되는 규제 차익의 추구행위가 발생할 수 있다. 예컨대 2013년 동양그룹은 출자·신용공여 등에 있어 「금융산업의 구조개선에 관한 법률」(이하 “금산법”이라 한다)에 따른 비금융회사 출자 제한 규제가 미적용되고, 특수관계인과의 거래에 대하여 여타 업권에 비해 상대적으로 규제가 약한 대부업체를 도관으로 비금융계열사를 우회 지원하였고, 이것이 동양그룹의 부실 확대에 기여하게 되었다.

금융그룹 간에 있어 금융지주와 비지주 금융그룹간 규제 차이도 문제이다. 기본적으로 금융지주회사는 연결회계를 기준으로 그룹 전체의 자본적정성

을 측정하게 된다. 또한 주요 위험 등의 보고·공시 또한 그룹 차원 정보 전체를 담게 된다. 그러나 비지주 금융그룹의 경우 그룹 전체의 자본적정성을 재무제표만을 통하여 확인하기 어렵고, 그룹 전체 차원의 보고·공시 또한 이루어지지 않는다. 별도로 금융그룹 차원의 감독을 실시하지 않는 경우 금융지주그룹과 그렇지 않은 여타 금융그룹간 규제 차이가 발생하게 되는 것이다. 이러한 영향 때문에 금융지주 체제를 회피하는 경우도 발생할 수 있다. 특히 그룹 차원의 주요한 위험이 외부에 드러나길 바라지 않는 경우 그 회피 경향이 더욱 커질 수 있다.

따라서 금융그룹에 속한 금융회사와 그렇지 않은 금융회사간의 차이, 금융그룹 내 금융회사간 규제의 차이, 금융지주그룹과 비지주금융그룹간의 규제 정도 차이 등 감독의 사각지대를 해소하고, 금융그룹이 내포하고 있는 그룹 차원의 위험을 보다 면밀히 파악하여 규율하기 위해서는 금융그룹 감독제도가 실행될 필요가 있다.

제 3 절 금융그룹 안전성에 대한 신뢰 제고

금융회사의 안전성은 경쟁력의 기초가 된다. 아무런 문제없이 원하는 시기에 고객의 돈을 돌려줄 수 있는지에 대한 신뢰는 금융회사의 경쟁력을 결정하는 가장 중요한 요소 중 하나이다. 아무리 좋은 조건을 갖춘 금융상품이 있다고 하더라도 금융회사에 대한 신뢰가 부족할 경우 금융소비자가 이를 외면할 수밖에 없다.

대형화된 금융그룹의 경우 위험의 요인도 많고, 소비자를 외면시키거나 뱅크런을 발생시킬 수 있는 요인 또한 상대적으로 많이 발생할 수 있다. 단일의 금융회사의 경우 해당 회사의 악재 요소만을 고려하면 되지만, 금융그룹의 경우 계열회사의 위험요인들 또한 고객들의 고려요소가 될 수 있다. 특히 계열사 수가 많으면 많을수록 고려되는 위험요인은 많아진다. 30개의 계열사가 존재하는 금융그룹의 경우 이 30개 계열회사에서 발생하는 위험요소가 모두 고객의 고려대상이 될 수 있는 것이다. 예컨대, A그룹의 생명보험회사에 보험계약을 계약하려는 고객이 A그룹 내 전자회사의 유동성 위기 등에 대한 뉴스를 접한 경우 A그룹의 생명보험회사가 아닌 다른 생명보험회사로 발길을 돌릴 수 있는 경우가 얼마든지 발생할 수 있다. 또한 A그룹 내 증권사에서 판매하는 펀드나 연금 상품 등에 가입했던 고객들이 상품을 해지하거나 다른 증권사로 이전하는 일이 얼마든지 발생할 수 있다. 설사 A그룹 내 전자회사의 경영 위기가 A그룹의 보험사나 증권사에 영향을 미치는 요인이 없다고 하더라도 이러한 일은 얼마든지 발생할 수 있다. 확실한 위험이 아니더라도 불확실성 또한 고객의 이탈을 일으키게 되는 원인이기 때문이다. 창구에 가야 업무처리가 되었던 과거와 달리 최근에는 인터넷뱅킹, 모바일어플 등을 이용해 간단히 금융회사간 자금 및 계좌의 이동이 가능해져 이러한 현상을 더욱 쉽게 부추길 수 있다.

따라서 금융그룹 차원의 감독을 실시한다는 것은 이러한 금융그룹 내 위험에 대하여 감독당국이 평가·점검하고, 이러한 결과를 시장에 신뢰있는 정보로 제공함으로써 금융그룹 내 다른 회사의 이슈 등으로 인한 금융회사의 피해 등을 최소화하고 금융그룹 전반의 신뢰도를 향상시킬 필요가 있는 것이다. 물론 공정거래법상 기업집단에 대한 규제가 있으나, 이는 금융안정성 차원의 접근은 아니므로 대부분의 대기업집단에 속하는 금융회사들은 단일 금융회사로서의 위험과 건전성 측면에서만 감독받고 있었던 것이다.[4] 따라서 금융그룹 감독을 받는 외국의 대형 금융회사들과의 경쟁력 강화를 위해서도 금융그룹 감독은 반드시 필요하다고 할 수 있다. 금융그룹 차원의 감독을 통한 정확한 정보 제공은 불확실성을 제거하고, 금융시장의 안정을 도모할 수 있는 것이다. 또한 금융소비자에게 금융그룹의 안정성에 대한 신뢰를 제공할 수 있다.

4) 민세진, 「금산분리 강화방안의 쟁점」, 한국경제포럼 제5권 제4호(2012. 10), 한국경제학회, 134면.

제 4 절 금융소비자의 보호 강화

기본적으로 대형화·겸업화된 금융그룹의 경우 해당 금융그룹이 위험에 빠질 경우 금융시스템 위기를 초래할 가능성이 높다. 예컨대 AIG의 경우 2008년 서브프라임 모기지 사태로 인한 금융위기시 그 부실로 인하여 FRB[5] 구제금융을 신청하였다. AIG의 대규모 손실 및 자본부족 사태는 전통적인 보험업무 부문에서 발생한 것이 아니라 파생금융상품을 주로 취급하는 투자은행업무 부문에서 비롯된 결과라고 할 수 있다. 2000년 이후 부동산 가격이 상승하면서 수익성이 높은 모기지 대출이나 유동화증권과 같은 파생상품에 투자하였는데, 2006년 하반기부터 미국의 부동산 버블이 꺼지기 시작하고 그 속도가 가속화되면서 모기지 관련 금융상품에 투자한 것이 막대한 손실을 입기 시작한 것이다.[6] 그런데 이러한 투자은행업무에서 입은 부실로 인하여 AIG가 파산처리 될 경우 약 130개국에 걸친 다수의 보험계약자가 존재하여 보험금을 제대로 돌려받지 못하는 등 전 세계 금융시장 및 금융소비자에 대하여 엄청난 영향을 미칠 수 있었던 것이다. 이는 그룹 내 투자은행업을 겸영하면서 발생한 위험이 보험업에도 전이됨으로써 다른 금융소비자에게 피해를 입힐 수 있었던 것이다.

이러한 그룹 차원의 위험에 대하여 제대로 관리·감독이 되지 않아 금융그룹이 부실화 될 경우 위험이 발현 시 금융소비자 피해 등 막대한 사회·경제적 손실 발생하게 된다. 국내에서는 과거 기업집단 소속 금융계열사의 동반부실화 사례를 거울삼아 금융그룹 감독의 필요성이 꾸준히 제기되었다. 건전하다고 평가받던 금융회사가 금융그룹 차원의 위기로 인해 일순간 부실화되었던 사례가 종종 발생하였던 것이다. 일례로 2013년 동양 사태와 같이 그룹 지

5) Federal Reserve Board of governors, 미국의 경제·금융 정책의 결정과 실행에 있어 핵심적 역할을 하는 기구로서, 12개 연방준비은행을 관할하는 역할 등을 한다. 특히 FRB의 금리정책은 전세계 통화의 시세에 직접적인 영향을 줄 수 있다.

6) 이민환·최영목·이영회, 「AIG의 부실 원인과 보험산업에 대한 시사점」, 보험연구원, KIRI 주간이슈 122호(2008. 9), 4면.

배주주가 금융업 계열회사에 과도한 영향력을 행사하여 금융회사의 경영건전성이 훼손되는 문제가 발생할 수 있다. 혹은 금융회사가 자금을 제공한 계열회사의 경영이 악화되더라도 같은 그룹에 있는 이상 일반적인 금융투자활동에 비해 자금을 회수하는 조치를 취하는 것이 여의치 않아 계열회사의 부실이 금융회사로 빠르게 확산될 위험도 배제할 수 없는 것이다.[7] 이러한 부실이 제대로 관리·감독되지 않는다면 이는 결과적으로 그 피해를 금융소비자에게 전가하게 될 가능성이 높다.

다수의 계열회사들로 구성된 대형 그룹은 부실의 규모가 크고 금융안정성에 중대 한 영향을 미칠 가능성이 높은 만큼 이에 대비한 그룹 차원의 감독체계 수립이 필요하다. 금융그룹 부실화로 인한 금융소비자에 대한 피해를 방지하기 위해서는 1997년 IMF 사태, 2008년 글로벌 금융위기, 2019년 코로나19 사태 등과 같이 반복되는 위기상황에 대처하기 위하여 금융그룹 차원의 철저한 사전 대비가 중요하다. 금융그룹이 스스로 위험관리체계를 갖추고 대비하도록 하고, 감독당국은 이것이 잘 이행되고 있는지를 주기적으로 점검할 필요가 있다. 예컨대, 금융그룹이 자체적으로 그룹 차원의 대형 경제·금융위기 발생을 가정하고, 이에 대비하여 단계별 대응방안 마련 등 모의 훈련을 하는 스트레스 테스트를 실시하고, 금융그룹이 적절한 자기자본을 유지하고 있는지 그룹 차원의 자본적정성 평가 필요가 있는 것이다. 이러한 일련의 과정이 결과적으로는 금융소비자에 대한 피해를 예방하는데 크게 기여하게 된다.

또한 금융그룹 감독을 통해 금융그룹의 주요 현황 및 위험요인 등을 당국에 보고하도록 하고, 이를 시장에 공시하도록 함으로써 금융소비자를 보호하는 효과도 있다. 금융소비자는 금융그룹의 위험요인 등에 대하여 당국이 시장에 주는 메시지, 그리고 금융그룹이 시장에 공시한 그룹 차원의 정보를 활용하여 보다 건전하게 경영하고 있는 금융그룹을 선택할 수 있다. 이러한 금융그룹 감독제도를 통해 금융소비자에 대한 선택권을 보다 실질적으로 보장하고, 금융그룹의 기존 고객들에 대한 불측의 손해를 미연에 방지하여 이들에 대한 보호를 강화할 수 있다.

---

7) 이기영, 「그룹 리스크 반영을 위한 금융회사 자기자본 규제 개선방향」, KDI, KDI정책포럼 제266호(2017. 8), 2면.

〈표 2-2〉 금융그룹 차원의 부실화 사례[8]

- **(동서증권)** 극동그룹 유동성위기('97) → 동서증권, 국제종합건설 등 부실계열사 불법지원('97. 6) → **동서증권 부도('97. 12)**
- **(대한종금)** 대주주 성원건설 부도설 및 대규모 예금인출 사태('99) → **대한종금 인가취소('99. 6)**
- **(대우증권)** 대우그룹 유동성위기('99) → 대우전자 등 12개사 워크아웃 신청('99. 8) → **산업은행, 대우증권 인수('00. 5)**
- **(대한생명)** 대한생명, 신동아그룹 부실계열사 불법지원('96~'98) → **대한생명 부실금융기관 지정('99. 9) → 대한생명 제3자 매각('02. 12)**
- **(동양증권)** 동양그룹 유동성위기('13) → 동양시멘트 등 5개사 법정관리 신청('13. 9~10) → **동양증권 제3자 매각('14. 6)**

[참고] 동양그룹 부실화로 인한 피해 사례[9]

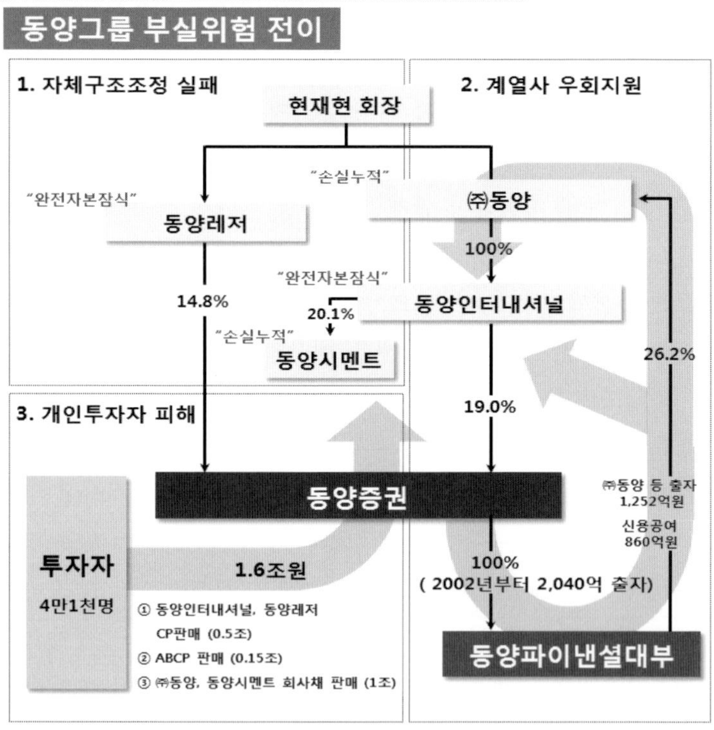

8) 금융위원회, 앞의 보도자료(2018. 2. 1), 붙임2 3면.
9) 금융위원회, 앞의 보도자료(2013. 11. 21), 붙임 3면 참조.

① 2013년 동양증권이 재무구조가 부실한 **계열사의 투자부적격 회사채 및** CP를 특정금전신탁 편입*하는 방식으로 일반투자자에게 판매하여 **부실 계열사 지원**

* 총 약 1.6조원, 고객 수 약 4.1만 명

② 상대적으로 규제가 약한 **대부업체를 도관**으로 동양증권 등 **금융계열사 자금을 비금융계열사로 우회투입***

* **동양증권** 출자(2,040억원)+**동양생명** 차입(220억원)+계열사 인수 CP발행(449억원) → [동양파이낸셜대부] → (주)동양 등 출자(1,252억원)+**동양레저** 등 대여(857억원)

제 3 장 금융그룹 감독제도의 국제기준

제 1 절 Joint Forum 금융그룹 감독원칙의 제정배경 및 과정

Joint Forum은 전술한 바와 같이[1] 1980년대 이후 그룹화·대형화·겸업화된 금융그룹에 대한 감독을 원활히 하기 위한 목표에 따라 동일한 권역 내 감독자들간의 정보 교환 및 서로 다른 권역의 감독자들간의 정보 교환을 원활히 하는 다양한 수단을 검토했으며, 동일한 권역 내 감독자들 간의 정보 교환 및 서로 다른 권역의 감독자들 간의 정보 교환을 저해할 수 있는 법률적인 혹은 기타 장벽을 조사하였다.[2] 또한, 감독자의 책임을 명확히 하여 각 권역별 감독자간 권한을 원활하게 조정할 수 있는 방안을 검토해왔으며, 금융그룹 내 규제기업을 보다 효과적으로 감독하기 위한 원칙을 개발하는 작업을 하였다. 이후 마침내 1999년에 금융그룹 감독원칙을 제정하게 되었다. Joint Forum은 국경과 권역을 초월하여 대규모로 활동을 하면서 복잡한 조직 및 경영 구조를 갖춘 다변화된 금융회사에 대한 효과적인 감독방안에 주된 초점을 맞추어 감독원칙을 만들었다. 즉, 금융그룹이 '그룹리스크'를 어떻게 하면 효과적으로 제어·관리할 수 있는지보다 감독기관이 얼마나 효과적으로 감독·규율할 수 있는지가 주된 관심사였다. 이에 따라 1999년 Joint Forum 감독원칙은 주요내

1) 제2장제1절 Ⅰ-1 참조.

2) Joint Forum 감독원칙(1999년), 1면.

용이 자본적정성 감독과 감독기관간 감독정보의 전달·공유체계에 대하여 규정하고 있다. 이렇듯 1999년에 Joint Forum의 주도로 금융그룹 감독원칙이 국제기준으로 제정됨에 따라 금융그룹에 대하여 그룹 차원의 감독을 실시할 수 있는 기반이 마련되었다.

1999년 Joint Forum 감독원칙은 주로 금융그룹 내 은행·보험·증권의 감독에 중점을 두었고, 비규제금융회사 및 비금융회사 등에 대한 부분에 대한 검토는 부족한 측면이 있었다. 그러면서 2008년 금융위기를 맞게 되었고, 이를 통해 금융그룹이 글로벌 경제 및 개별 국가의 경제안정에 중요한 존재라는 사실이 부각되었다. 그에 비해 기존의 권역별 감독방식은 경제적 영향력, 여러 금융권역에 걸친 법적 실체(특수목적회사(SPC) 및 비규제 지주회사 등)의 혼재 등 금융그룹의 특성 때문에 금융그룹 감독에 애로가 있음을 알게 되었다. 즉, 금융위기를 통해 기존의 규제요건 및 감독방식으로는 금융그룹의 모든 금융업무를 통제하거나, 금융그룹이 금융시스템 전반에 미치는 영향 등을 파악하는데 한계가 있음을 깨닫게 된 것이다.[3] 2008년 금융위기 이전의 금융그룹 감독에 관한 논의는 '그룹 리스크의 전이로 인한 시스템 리스크의 발생을 예방'한다는 거시건전성 감독 관점을 포함하고 있었지만, 그러한 관점이 구체화되거나 전면적으로 부각되지는 않았던 것이다.[4]

이후 Joint Forum은 1999년 감독원칙 이행에 관한 'Internal review(내부 리뷰, 2009)' 및 금융위기를 통해 얻은 금융그룹 감독에 관한 교훈 등을 포함한 '금융규제의 차별적 속성 및 범위에 관한 검토(DNSR 리포트, 2010)'[5]를 통해 동 원칙의 개선을 권고하였다. 내부 리뷰는 금융산업의 변화를 반영하여 금융그룹의 자본정성·위험 집중·그룹내부 거래에 관한 원칙을 개정하고, 특수목적회사(SPC) 및 금융그룹의 비규제 지주회사에 더욱 초점을 맞추기를 권고하였고, DNSR 리포트는 금융그룹 감독 개선을 위해 금융그룹의 재무상태에 큰 영향을 미치는 금융그룹내의 모든 규제·비규제 기업의 업무 및 위험을 규제·감독하고, 금융그룹에 대한 규제 및 감독의 사각지대를 없애고, 규제차익 가능

---

3) Joint Forum 감독원칙, 1면.

4) 김상조, 앞의 정책심포지엄 발표자료(2015. 5), 26면.

5) Joint Forum Review of the Differentiated Nature and Scope of Financial Regulation(2010.1).

성을 최소화할 것을 권고하였다. Joint Forum은 이러한 내부 리뷰 및 DNSR 리포트의 권고를 바탕으로 2012년에 이전의 감독원칙을 대폭 개정하였다. 2012년 Joint Forum 감독원칙은 공동포럼의 회원기관(BCBS, IAIS, IOSCO)이 제시한 각 금융권역의 최신 원칙을 반영하여, ① 자본의 과다계상 포착·정정(자본의 2중·3중계상 등), ② 금융그룹 전체의 위험 평가(위험 전이·집중·복잡성 및 이해상충 등), ③ 규제차익의 최소화 등을 강조하였다.[6] 2012년 개정 감독원칙은 금융그룹 감독을 담당하는 감독기구에 충분한 권한과 수단을 부여해야 한다는 것과 비규제 계열사로부터 유래되는 위험을 감안할 것을 핵심으로 강조한 것이다.[7] 이렇듯 금융그룹 감독기구의 권한을 강화하고, 비규제－비금융계열사를 보다 포괄적으로 감독대상으로 고려하여, 금융그룹 차원의 위험관리체계와 지배구조 원칙을 명시적으로 도입하는 등 거시건전성 감독 관점을 전면화하기 시작한 것이다.[8]

제 2 절 Joint Forum 금융그룹 감독원칙의 주요내용

Joint Forum이 제정한 금융그룹 감독원칙의 주요내용은 다음과 같다. ① 감독자의 권한, ② 감독자의 책임, ③ 지배구조, ④ 자본적정성 및 유동성, ⑤ 위험관리의 5개 부문으로 구성되어 있다. 앞의 두 장은 효과적인 금융그룹 감독을 위해 감독자의 권한을 어디까지 확보하고 및 어떠한 책임을 지는지에 대한 부분이고, 실질적으로 금융그룹 감독을 위해 어떠한 것을 실시해야 하는지는 지배구조, 자본적정성, 위험관리의 세 축을 중심으로 이루어져 있다고 할 수 있다.

먼저 감독자의 권한 부분은 효과적인 감독을 위해 감독자에게 그룹 감독에 필요한 권한과 수단을 부여하는 명확한 법적 틀이 필요하다는 점을 강조하고 있다. 둘째로 감독자의 책임 부분은 감독자간 조정, 협력 및 정보교환과 이

6) Joint Forum 감독원칙, 2면.
7) 김상조, 앞의 정책심포지엄 발표자료(2015. 5), 32면.
8) 김상조, 위의 정책심포지엄 발표자료(2015. 5), 26면.

를 촉진하고 조정할 그룹 감독자의 중요성 강조한다. 셋째로 지배구조 부분은 금융그룹의 지배구조 전반적 사항 및 그 구조, 이사회·경영진 등 금융그룹의 지배구조와 관련된 다양한 쟁점에 대하여 가이던스를 제시하고 있다. 넷째로 자본적정성 및 유동성은 그룹 전반의 리스크에 주목하여 비규제기업을 포함한 그룹단위 자본적정성 평가를 강조한다. 다섯째로 위험관리는 그룹단위 리스크집중과 내부거래 관리·보고를 위한 시스템과 절차를 포함한 통합 위험관리체계의 필요성을 강조한다.

〈표 3-1〉 Joint Forum의 금융그룹 감독원칙상 지배구조 관련 규율 주요내용

1 **금융그룹 지배구조 전반** 금융그룹 전체적으로 통합적이고 일관성 있는 건전한 지배구조를 확립해 나가도록 할 필요성이 있음 ① 금융그룹은 지배구조와 관련한 최소한의 기준을 갖추고, 구성기업들이 이를 통해 건전성 및 법적 기준을 효율적으로 준수하여야 함 ② 금융그룹 지배구조는 확실한 위험관리체계, 탄탄한 내부통제시스템, 효율적인 내부감사·준법감시시스템을 갖추어야 함 ③ 그룹 지배구조는 금융그룹 내 모든 소속 금융사에 적용됨
2 **금융그룹의 구조** 투명한 조직·경영구조를 갖추기 위한 노력이 필요함 • 감독자는 주요주주의 재무건전성 및 청렴도 등을 포함한 금융그룹의 소유구조(주요주주 및 최상위 실질주주) 평가가 필요함 • 금융그룹의 명확하고 원활한 보고 체계 확립이 필요함
3 **이사회·경영진 등의 자질** 금융그룹의 이사회, 고위경영진, 주요 책임자가 역할수행 및 의사결정에 필요한 자질이 필요함 • 이사회, 고위경영진, 주요책임자는 적절한 업무능력·경험·지식·정직·성실성 등의 자질*이 필요함 * 일반적으로 전문성(금융업, 기타 산업의 업무경험), 자격요건 등으로 평가 • 금융그룹 소속 금융사의 이사회가 외부 관계자 등(모그룹의 주주, 임원 등)으로부터 영향을 받지 않는 독립적 인사들로 구성이 필요함 * 해당 금융회사에 대한 직접적인 경영권이 없는 그룹 인사의 실질적 영향력 행사 등에 대한 감독자의 적합성 심사 필요

〈표 3-2〉 Joint Forum의 금융그룹 감독원칙 주요골자[9)]

구 분	금융그룹 감독원칙
감독자의 권한	1. 포괄적 그룹감독(Comprehensive group-wide supervision) 2. 협력과 정보교환(Cooperation and information sharing) 3. 독립성과 책임명시(Independence and accountability) 4. 감독자원(Resources)
감독자의 책임	5. 그룹감독자(Group-level Supervisor) 6. 감독자간 협력(Supervisory cooperation) 7. 건전성 기준과 범위(Prudential standards and coverage) 8. 감시 및 감독(Monitoring and supervision) 9. 감독수단과 강제(Supervisory tools and enforcement)
기업지배구조	10. 금융그룹 지배구조(Corporate governance in financial conglomerates) 11. 금융그룹의 구조(Structure of the financial conglomerate) 12. 임원 등의 적격성(Suitability of board members, senior managers and key persons in control functions) 13. 지주회사 이사회 책임(Responsibility of the board of the head of the financial conglomerate) 14. 보수(Remuneration in a financial conglomerate)
자본적정성	15. 자본적정성 요구 16. 그룹의 자본적정성 평가 17. 자본의 이중계상 고려 18. 과도한 레버리지 고려 19. 내부거래 고려
유동성	20. 그룹전체의 유동성 고려
리스크관리	21. 독립성, 포괄성, 효과성(Risk management framework) 22. 리스크관리 문화(Risk management culture) 23. 리스크 허용한도 및 리스크 성향 정책(Risk tolerance levels and risk appetite policy) 24. 신사업의 위험평가(New business) 25. 아웃소싱(Outsourcing) 26. 리스크 상황분석(Stress and scenario testing) 27. 리스크 통합(Risk aggregation) 28. 리스크 집중 및 내부거래, 익스포저(Risk concentrations and intra-group transactions and exposures) 29. 부외거래(Off-balance sheet activities)

* 감독원칙은 복합금융그룹을 은행, 증권, 보험 중 최소 2개 부문에 걸쳐 주된 영업활동을 영위하는 공통의 지배 아래 있는 금융기관들의 그룹으로 정의

9) 금융위원회, 앞의 보도자료(2018. 2. 1), 붙임2 15면 참조.

제 4 장 해외 주요국의 입법현황

제 1 절 각국의 제도 도입과정 및 입법현황

1999년 Joint Forum에서 금융그룹 감독원칙을 제정한 이후 현재 세계의 상당수 선진을 포함하여 개발도상국에 이르기까지 금융그룹 감독제도를 도입하였다. 가장 먼저 금융그룹 감독제도의 도입을 추진한 EU를 시작으로 하여 일본, 호주 등이 금융그룹 감독제도를 도입하기 시작하였고, 2018년 7월 우리나라도 금융그룹 감독제도를 시범적용하기 시작하여 2021년 12월 제도를 법제화하였다. 또한 인도네시아, 베트남, 중국 등 국가들도 금융그룹 감독제도의 도입을 추진하고 있어 금융그룹 감독제도는 글로벌 스탠다드로 자리잡아가고 있다.

각국은 금융감독체계, 감독의 효율성 등 각각의 규제 환경에 따라 금융그룹 감독을 법률로 제정하여 도입하거나 감독규정, 금융감독기구의 감독지침 등 다양한 형태로 받아들였다. Joint Forum 감독원칙 역시 금융그룹 감독제도를 반드시 법으로 제정할 필요는 없고, 각국의 사정에 맞게 규정화할 것을 권고하고 있다.

〈표 4-1〉 Joint Forum 감독원칙의 입법에 관한 권고

3. 적용범위(Scope of application) 금융그룹이 내포하고 있는 모든 잠재 위험을 철저히 파악하기 위하여 국가별 금융여건에 따라 동원칙을 달리 적용해야 한다. 효율적 감독을 위하여 금융당국의 감독권한을 늘려야 할 수도 있다. 즉, **동 원칙을 적용함에 있어서 어떤 국가는 추가적 입법조치를 원할 수 있다. 그러나 모든 국가가 이러한 조치를 필요로 하는 것은 아니다.**[1]

금융그룹 감독제도를 법률로 도입한 국가가 있는 반면, 행정규칙이나 감독기구의 지침 등으로 도입한 국가도 있다. 구체적인 금융그룹 감독제도의 내용을 어느 규정에 담고 있는지는 각국의 사정에 따라 다를 수 있으나 기본적으로는 해당 국가의 금융감독기관이 금융기관을 감독할 수 있는 근거법률에 기반한 것이므로 최소한의 법적인 근거는 마련되어 있는 것이라 볼 수 있고, 다만 세부적인 내용을 담은 규정이 단일의 별도 법률인지 행정규칙 등 하위규정에 있는지의 차이가 있다고 볼 수 있는 것이다.

우리나라의 경우, 법에 직접적으로 근거하지 않는 감독기관의 재량적인 감독을 상당히 제한하고 있는 편이다. 따라서 법 제정을 통한 직접적인 법적 근거가 마련되기 이전에 금융당국이 금융그룹 감독제도를 운영하는데는 한계가 있었다. 2018년 7월 이후 모범규준에 의하여 실시하던 금융그룹 감독제도의 경우 '금융규제 운영규정'에 따라 행정지도의 형태로 감독을 하였으나, 대부분의 내용이 권고적인 수준으로서 수범자의 자율적인 준수에 의존할 수밖에 없었다. 따라서 평상시와 달리 금융위기 등 급박한 사정이 있어 금융당국

1) Joint Forum 감독원칙, 6면.

3. Scope of application

It is acknowledged that a degree of national discretion may be required in approaches to conglomerate supervision using these Principles, with the aim of ensuring all sources of potential risk posed by and arising within financial conglomerates are comprehensively addressed. Effective supervision may require that the supervisory powers of authorities be augmented. It is likely that, in applying the 2012 Principles, certain jurisdictions will wish to enact further legislation to advance implementation efforts. However, this need not be the case for every jurisdiction.

이 감독권한을 행사하기에는 부족한 면이 있었다. 2021년 12월 9일 법제화가 되면서 금융그룹의 자율적인 그룹리스크관리와 감독당국의 개입 권한을 갖추는 균형적인 제도 운영이 가능하게 되었다.

이하에서는 주요 국가들이 금융그룹 감독제도를 어떻게 법제화하고 있는지 살펴보도록 한다. 다만, 본 장에서는 각국의 일반적인 입법현황에 대하여 살펴보고, 입법에 따른 구체적인 제도 내용에 대하여는 제2편의 금융복합기업집단의 감독에 관한 법률(이하 '금융복합기업집단법'이라 한다)의 주요내용에 대하여 분석하면서 우리 법의 내용과 동일하거나 유사한 부분 또는 차이가 있는 부분을 비교하면서 검토하도록 한다.

〈표 4-2〉 주요 선진국의 금융그룹 감독제도 도입 현황

<table>
<tr><th>국 가</th><th>근거법령</th><th>법적 성격</th><th>제정시기</th></tr>
<tr><td rowspan="2">EU</td><td>Financial Conglomerate Directive
(2011/89/EU)</td><td>지침
(Directive[2])</td><td>'02년 제정,
'11년 전면개정</td></tr>
<tr><td colspan="3">위 금융그룹감독지침 제정('02년) 이후 '04년 8월까지 각국별로 법제화</td></tr>
<tr><td rowspan="2">독일</td><td>FKAG
(Finanzkonglomerate-Aufsichtsgesetz)</td><td>법
(Law)</td><td>'04년 시행</td></tr>
<tr><td colspan="3">FICOD 내용을 바탕으로 금융그룹감독법(FKAG) 법제화('13. 6월),
자본적정성 규정(FkSolV) 별도 마련·적용</td></tr>
<tr><td rowspan="2">영국</td><td>The Financial Conglomerates &
Other Financial Groups Regulations</td><td>감독규정
(Regulation)</td><td>'04년 7월
제정, 8월 시행</td></tr>
<tr><td colspan="3">추가적 보충규정 없이 FICOD 조항을 그대로를 인용하여 감독규정에 포함</td></tr>
<tr><td rowspan="2">미국</td><td>① 금융서비스현대화법
(Gramm-Leach-Bliley Act)
② 도드프랭크법(Dodd-Frank Act)</td><td>법
(Law)</td><td>① '99년 시행
② '10년 시행</td></tr>
<tr><td colspan="3">Gramm-Leach-Bliley Act에 따라 자회사를 통해 은행·보험·증권 등 전 금융업의 겸업이 가능한 금융지주회사 제도가 가능해짐, 동법에 따라 금융지주그룹에 대한 그룹 차원의 감독을 본격적으로 실시(Joint Forum감독원칙에 따른 별도의 복합금융그룹 감독기준은 없음*)
* 미국은 강한 은산분리 기조에 따라 금융지주회사가 아니면서 시장에서 영향력이 큰 금융그룹이 사실상 존재하지 않아, 금융지주 감독을 통해 금융그룹 감독 목적을 충분히 달성가능</td></tr>
</table>

<table>
<tr><td rowspan="2">일본</td><td>금융콘그로메리트 감독지침
(金融コングロマリット監督指針)</td><td>감독지침</td><td>'05년 제정</td></tr>
<tr><td colspan="3">금융청 감독지침*으로 시행('06년~)
* 국민·법원에 대한 직접적 구속 등 법률상 효력은 없으나 행정적으로 중요한 지위를 가짐, 가이드라인적 성격에 따라 법적 구속력은 없고, '사실상 구속력' 정도만 인정된다고 해석</td></tr>
<tr><td rowspan="2">호주</td><td>복합금융그룹 건전성 감독기준
(Level 3 Prudential Standard)</td><td>감독규정
(Prudential Standard)</td><td>'17년 시행</td></tr>
<tr><td colspan="3">APRA(호주 건전성감독청)의 감독기준*으로 시행('17. 7월~)
* 개별 금융업법의 위임조항에 따라 법적 효력을 얻음(한국 감독규정과 유사)</td></tr>
</table>

제 2 절 EU

은행, 보험, 증권 등 각기 다른 업종을 복합적으로 영위하는 금융그룹에 대하여 그룹 차원의 감독을 할 필요성에 대하여 가장 먼저 논의가 이루어지기 시작한 곳은 유럽이다. 1986년 영국의 금융빅뱅 이후 금융시장이 단일화되면서 EU는 금융업별 그리고 각 국가별 감독의 규제 차이를 축소시키려는 노력을 지속하여왔다. 그리고 둘 이상의 업종을 영위하는 복합금융그룹에 대하여 개별 금융업권법에 따른 감독만으로는 그룹의 전체적인 위험을 전체적으로 관리하기 어렵다는 판단에 따라 그룹 차원의 감독을 위한 복합금융그룹 감독지침(Financial Conglomerate Directive,[3] 이하 "FICOD"라 한다)을 2002년에 제정하고, 회원국들이 이를 2004년 8월까지 법제화하도록 하였다.[4] 특히, EU에 속한 금융회사들은 대형화된 금융그룹이 많고, 회원국에 속하는 여러 국가에 걸쳐

2) EU 각 회원국의 입법을 위한 지침 및 가이드라인 역할을 한다. FICOD 제32조에 따라 해당 지침을 반영한 각국의 개별입법이 필요하다.

3) DIRECTIVE 2011/89/EU OF THE EUROPEAN PARLIAMENT AND OF THE COUNCIL of 16 November 2011.

4) 이민환·전선애, 「복합금융그룹의 리스크와 감독」, 보험연구원, 조사보고서(2009. 4), 47면.

영업을 하고 있는 경우가 많아 이를 각각 개별적으로만 감독할 경우, 규제차익 등이 발생하여 규제의 공백이나 감독의 사각지대가 발생할 우려가 높고, 금융그룹 차원의 리스크에 효과적으로 대응하기 어렵기 때문에 금융그룹 전체에 대한 일관적인 감독의 필요성이 높았고, 이러한 필요성에 따라 FICOD를 제정하기에 이른 것이다. 이에 따라 EU 회원국들은 금융그룹 감독제도를 도입하기 시작하였다. EU의 FICOD는 그 자체로 효력을 갖는다기보다 EU 회원국 각국이 법률, 행정규칙, 행정지도 등의 개별 입법의 수행을 통해 해당 국가에 수용하는 절차를 이행하여야 한다. FICOD는 일종의 입법 가이드라인 역할을 하는 것이고, 각 회원국들에게 해당 지침의 내용을 법제화할 의무를 부여하고 있다. 이에 따라 영국,[5] 독일, 프랑스, 이탈리아, 스페인 등 28개 회원국이 금융그룹 감독제도를 도입하였다.

※ EU FICOD
제32조 전환(Transposition) 회원국들은 2004년 8월 11일 전까지 본 지침을 준수하는 데 필요한 법률, 규정, 행정지도를 시행해야 한다.[6]

제 3 절 독 일

독일은 은행업과 증권업을 겸영하는 유니버셜뱅킹은 이전부터 정착되어 있었으나, 은행업과 보험업의 상호진입은 영국, 프랑스에 비해 상대적으로 늦은 편으로 1980년대 후반부터 시작되었다.[7]

독일은 금융그룹 감독제도를 법률을 통하여 제도화하였다. 독일은 FICOD

5) 영국은 2021년 1월 1일부로 EU에서 탈퇴하였으나, 2004년 금융그룹 감독 도입 당시는 EU 회원국으로서 FICOD를 충실히 반영하여 제도를 도입하였다.

6) EU FICOD ***Article 32***(Transposition) Member States shall bring into force the laws, regulations and administrative provisions necessary to <u>comply with this Directive before 11 August 2004</u>.

7) 이민환·전선애, 앞의 조사보고서(2009. 4), 55면.

를 바탕으로 금융그룹감독법[Gesetz zur zusäzlichen Aufsicht üer beaufsichtigte Unternehmen eines Finanzkonglomerats(Finanzkonglomerate－Aufsichtsgesetz)－FKAG]을 제정하여 2013년 7월부터 시행하고 있다.

법 제21조에서 그룹 차원의 자기자본 부족시 당국의 금융감독기관인 BaFin이 해당 금융그룹에 대하여 구조조정계획이나 재무계획을 요구하거나 회사자산의 자유로운 처분 등을 금지할 수 있는 권한을 구체적으로 언급하고 있다. 그러면서 금융그룹의 자본적정성에 관하여는 법 제22조에 근거하여 별도의 자본적정성 규정(FkSolV)을 마련·적용하고 있다.

또한 법 제24조에서는 연방 재무부가 그룹 차원의 위험집중과 내부거래에 관한 구체적인 하위규정을 제정할 수 있는 권한에 대하여 규정하고 있으나, 이에 따른 구체적인 하위규정은 별도로 규정하고 있지 않고 있어 현재 제24조는 사실상 선언적 의미만 있을 뿐 구체적인 조치나 기준을 제시하고 있지는 않고 있다.

제 4 절 영 국

영국은 1986년 금융개혁 이후 은행이 투자은행업무를 강화하거나, 방카슈랑스 등의 판매채널을 통한 보험상품 판매를 강화하는 등 겸업화, 금융그룹화가 더욱 진전되었다. 이러한 흐름에 따라 영국의 대형 금융기관은 Baclays, HSBC, Lloyds, TSB, RBC, HBOS 등의 금융그룹을 중심으로 재편되었다.[8)]

2002년 EU의 FICOD가 제정되면서 영국은 2003년 10월 FSA[9)]와 재무부 공동으로 FICOD의 내용을 국내법에 포함시키기로 발표하고 금융서비스시장법의 권한 위임에 의해 FICOD를 전면 도입하는 복합금융그룹 및 기타 금융그룹 감독규정(The Financial Conglomerate & Other Financial Gruop Regulations)을

8) 이민환·전선애, 앞의 조사보고서(2009. 4), 51면.

9) 영국은 Financial Service Market Act에 근거하여 FSA(Financial Services Authority)가 모든 금융서비스에 대한 감독권을 행사한다.

2004년 7월 제정하여 2004년 8월부터 적용하였다. 이로써 영국은 금융그룹 감독을 본격적으로 실시하게 되었다. 영국의 금융그룹 감독규정은 새롭게 입법을 하였다기보다는 추가적·보충적 규정없이 FICOD의 내용을 그대로 인용(copy-out)하여 준용하는 형태를 취하고 있다. 영국의 금융그룹 감독제도 내용은 FICOD의 내용 안에서 만들어졌고, 특별하게 추가된 내용은 실질적으로 없다고 보아도 무방하다.

〈표 4-3〉 FICOD를 그대로 인용한 영국의 감독규정 예시

* [§1-(1)] "financial conglomerate" has the meaning given by Article 2(14) of the conglomerates directive.

제5절 미 국

미국은 전통적으로 은산분리 원칙을 준수하여 은행의 산업자본 소유[10)]·비은행업 영위 및 산업자본의 은행 지배가 엄격히 금지[11)]되어 왔다. 1930년대 대공황기에 많은 은행들이 도산하였는데, 이 원인 중 하나가 은행이 위험이 높은 증권업을 겸영하였기 때문이라는 주장에 따라 1933년 은행법(Glass-Steagall ACT[12)](이하 "GSA"라 한다))을 제정하며 은행이 유가증권 인수 등의 증권업무를 못하게 하였고(제16조), 증권회사와 계열관계를 형성하지 못하도록 하였다(제20조). 이러한 전통적인 상업은행 업무와 투자은행 업무의 분리기조는 약 60여년 지속되었다.[13)] 이렇듯 미국의 금융업은 은행, 보험, 증권이 각각 별개의 영

10) Bank Holding Company Act(은행지주회사법) 제4조c6에 따라 비은행사·비금융사의 의결권 있는 주식은 5%까지만 보유가 가능하다.

11) 은행지주회사의 업무범위는 은행업 및 은행업 밀접업무로 한정된다.

12) 미국에서 1933년에 제정된 상업은행에 관한 법률로서, 공식명칭은 1933년 은행법(Banking Act of 1933)이지만 제안 의원의 명칭을 따서 글래스-스티걸 법이라고 불린다.

13) 류혁선, 「미국 금융지주회사 제도에 관한 고찰과 그 시사점」, 은행법학회, 은행법연구 제3

역에서 발전하게 되었다. 따라서 90년대까지 은행, 보험, 증권업이 혼재된 금융그룹이 발달하지 못하였다.

이후 1956년 은행지주회사법을 제정하여 은행지주회사는 자회사를 통하여 은행업 및 은행업무와 밀접한 업무만을 추가적으로 영위할 수 있도록 하는 등 각 업권별로 은행지주회사, 보험지주회사, 증권지주회사 형태(미국은 순수지주회사만 허용하는 우리나라의 금융지주회사와 달리 사업지주회사도 허용)로 동종금융그룹이 발전하게 되었다.

그 후 1999년 11월 Gramm-Leach-Bliey Act(이하 "GLBA"라 한다)를 제정하면서 GSA의 일부조항(제20조, 제32조)을 폐지하여 은행과 증권업간의 계열관계를 허용하였고, 나아가 은행·증권회사·보험회사 및 기타 금융업을 영위하는 회사를 모두 자회사로 포괄하는 금융지주회사의 설립을 허용하게 되었다.[14] 이에 따라 본격적으로 은행, 보험, 증권업을 모두 영위하는 금융그룹이 본격적으로 형성되기 시작한 것이다. GLBA의 제정에 따라 복합금융그룹은 자연스럽게 금융지주회사 형태로 발전하게 되었고, 이들 금융그룹에 대한 감독은 GLBA에 따라 금융지주그룹을 감독하면서 자연스럽게 그룹 차원의 감독까지 하게 된 것이다. 따라서 미국은 지주회사법 이외에 Joint Forum 감독원칙에 기초한 대형복합금융그룹에 대한 감독기준을 별도로 두고 있지 않다.[15] 위와 같은 규제환경으로 인하여 복합금융그룹은 주로 금융지주 형태로 발전하였고, 지주회사 형태가 아닌 대형복합금융그룹이 출현하지 않았기 때문이다. 따라서 미국은 현재 금융지주회사법에 따른 금융지주그룹에 대한 감독만으로도 금융그룹의 감독의 목적을 충분히 달성할 수 있는 것이다. 현재 미국의 금융지주회사는 약 490여 개이고, 주력 자회사는 주로 은행으로 구성되고 있다.

권 제1호(2010. 5), 52~53면.

14) 류혁선, 위의 논문, 47면.

15) 조선영, 「복합금융그룹감독체계 구축에 관한 연구」, 연세대학교, 박사학위논문(2018. 12), 141면.

〈표 4-4〉 한국과 미국의 금융그룹 범위 비교

- **(한국)** 금융지주회사는 **은행지주와 비은행지주를 포함하는 상위개념**이고, **금융지주회사**(예: 신한, KB 등)**가 아닌 비지주금융그룹**(예:삼성, 한화 등)**이 존재**
- **(미국)** 금융지주회사는 일정요건*을 충족하는 **은행지주의 부분집합**
  * 자본적정성(well-capitalized), 경영상태(well-managed), 지역재투자법 등급 요건 등

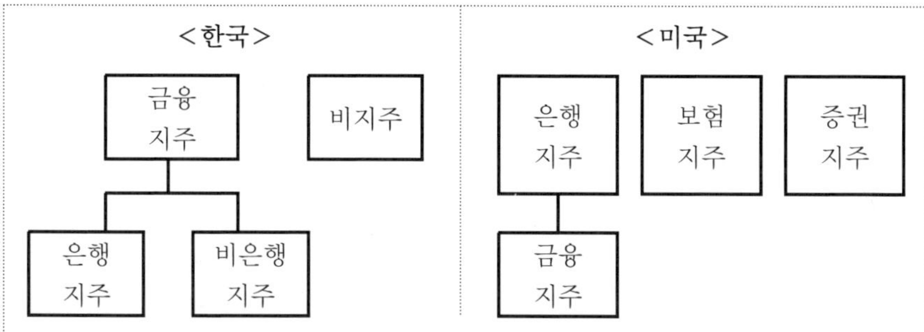

〈표 4-5〉 미국의 금융지주회사 종류 및 관련법규

종 류	개념 및 성격	관련법규
금융지주회사	금융업 성격을 갖는 업무(financial in nature) 등을 할 수 있는 회사이며 은행, 보험사, 증권사 등 모든 금융회사를 자회사로 둘 수 있음	Bank Holding Company Act
은행지주회사	원칙적으로는 연준이 은행업과 밀접한 관련이 있다고 인정한 업무만을 영위하는 회사만 자회사로 둘 수 있으나 예외적으로 보험사 및 증권사를 자회사로 두는 것을 허용	Bank Holding Company Act
보험지주회사	보험사를 직·간접적으로 지배하는 회사로 금융안정협의회(FSOC)가 시스템적으로 중요한 대형 금융기관으로 지정하는 경우 연준의 감독·검사를 받게 되어 있음	Dodd-Frank법, 州 보험법
증권지주회사	하나 이상의 브로커 또는 딜러를 지배·소유하는 회사로서 SEC에 신고한 회사이며 감독기관으로 연준이나 SEC 선택 가능	Securities Exchange Act

〈표 4-6〉 미국 금융지주회사의 자회사 허용범위

지주회사＼자회사	은 행	보 험	금융투자업	상호저축은행	비금융회사
은행지주회사	○	×	×	○	×
금융지주회사	○	○	○	○	○
보험지주회사	○	○	○	○	○
증권지주회사	×	×	○	×	○

제 6 절 일 본

1980년대 이전 일본은 미국과 같이 은행, 증권 보험이 엄격히 분리되어 있는 전업주의를 택하고 있었다. 그러다 1993년 은행업, 증권업, 신탁업에 대해서 자회사방식으로 다른 업종에 대한 상호교차진입을 허용하였다. 이후 금융산업 발전을 위해 추진된 규제완화에 따라 1998년 금융체제개혁법을 제정하면서 금융지주회사의 설립이 가능해졌고,[16] 이를 계기로 복합금융그룹이 크게 증가하게 되었다.[17] 미쓰비시UFJ그룹, 미즈호그룹, 미쓰이스미토모그룹의 3대 은행그룹을 포함한 많은 금융그룹들이 은행·증권·보험업 등을 복수로 영위하는 복합금융그룹 형태를 취하고 있다.

이렇듯 일본에서 복합금융그룹이 증가함에 따라 일본 금융청은 금융지주회사 및 비지주 복합금융그룹 전반에 대한 그룹 차원의 감독을 위하여 법·제도를 정비하고, 감독·검사체계를 구축하는 것을 지속적으로 추진해왔다. 이에 2004년 11월 일본 금융청의 감독국 내에 콘그로메리트감독실을 신설하였고, 이후 2005년 6월 24일 마침내 복합금융그룹의 감독을 위한 「금융콘그로메리

16) 일본은 별도의 금융지주회사법이 없고, 각 업권별 법령에서 은행, 보험, 증권지주회사 관련 사항을 규정하고 있다.

17) 이민환·전선애, 앞의 조사보고서(2009. 4), 62면.

트 감독지침」을 제정하였다.[18] 콘그로메리트(conglomerate)라는 영문 단어가 흔히 사용하는 단어가 아님에도 이를 다른 단어로 바꾸지 않고 그대로 지침 명칭에 사용한 것이 독특한 점이라고 할 수 있다. 이후에도 2006년 7월, 2009년 6월 2012년 11월 등 수차례 감독지침을 개정하면서 제도를 정비해왔다.

일본의 복합금융그룹 감독지침은 금융청이 금융회사 감독업무와 관련하여 기본적인 방향, 감독상 평가항목, 사무처리상 유의점 등을 체계적으로 정리한 것으로, 종전의 '사무 가이드라인'과 유사하다고 할 수 있다. 따라서 국민이나 법원에 대한 직접적인 구속 등 법률상 효력은 없으나 행정실무상 중요한 지위를 가진다고 할 수 있다.[19] 감독지침이 법적인 구속력은 가지고 있지 않으나 실질적으로 사실상의 구속력을 가지고 있고, 본 감독지침에 따라 감독당국이 금융그룹에 대하여 업무보고서 제출 및 연결재무현황 공시 의무를 부과하는 등 그룹 차원의 위험 등을 감독할 근거를 갖추고, 이에 따라 각 금융그룹들도 그룹 차원의 위험을 관리하게 되었다는데 있어 그 의미가 크다고 할 수 있다.

제7절 호 주

호주의 경우 개별 금융회사(stand-alone entities)가 영위하는 금융업종에 따른 감독을 Level 1 감독, 은행·보험·증권업 중 어느 한 종류의 업종을 영위하는 동종금융그룹에 대한 감독을 Level 2 감독, 은행·보험·증권업 중 둘 이상의 업종을 영위하는 복합금융그룹(conglomerate)에 대한 감독을 Level 3 감독으로 분류한다. 호주 건전성감독청은(Australian Prudential Regulation Authority(이하 "APRA"라 한다)) Level 1, Level 2, Level 3 감독체계의 순차적인 구축을 추진하였다.

18) 금융감독원, 「복합금융그룹 감독체계 해외사례 조사출장 결과보고」, 출장보고서(2017. 10), 2면.

19) 금융감독원, 앞의 출장보고서(2017. 10), 2면.

〈표 4-7〉 호주의 Level 1/Level 2/Level 3 감독의 개요[20)]

※ 호주 건전성 감독기구인 APRA는 금융회사 및 금융그룹의 감독범위에 따라 다음과 같이 분류 • [Level 1 Supervision] 개별 금융회사(Stand-alone entities)에 대한 감독 * (예) 은행/보험사/증권사 등 • [Level 2 Supervision] 동일 업종(Single Industry) 금융그룹에 대한 감독 * (예) 은행 금융그룹/보험 금융그룹 • [Level 3 Supervision] 이종 업종간 결합된 복합금융그룹(Conglomerate)에 대한 감독 * (예) 은행-보험이 결합된 복합금융그룹

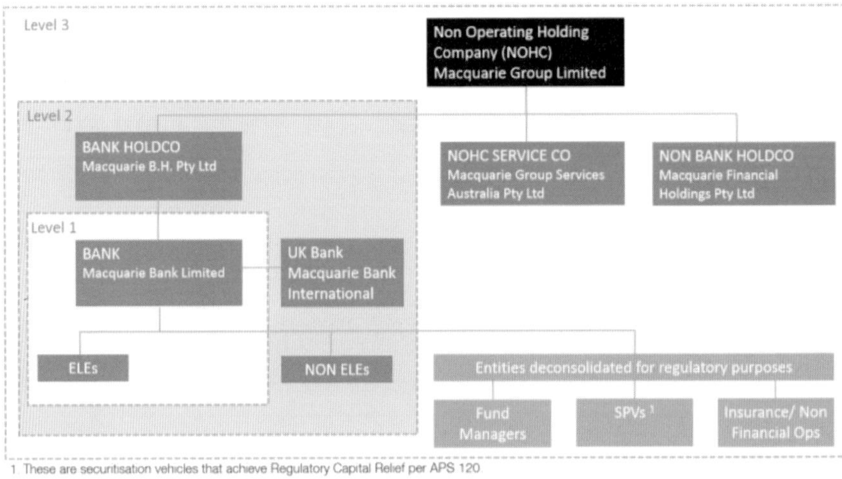

자료: Macquarie(2019)

[그림 4-1] 호주 맥쿼리(Macquarie) 금융그룹의 단계별 연결감독 범위 예시[21)]

호주의 경우 HIH, AMP, AIG 등 보험그룹의 부실화 사례 등을 통해 금융그룹의 복잡한 소유지배구조 등으로 인하여 가려질 수 있는 다양한 유형의 그룹 차원의 위험으로 인하여 금융그룹의 건전성이 악화되는 것을 방지할 필요

20) 박창균·이성복 등 5인, 「금융그룹 감독체계 정비방안에 대한 연구」, 자본시장연구원, 금융위원회 연구용역보고서(2019. 12), 24, 141면 참조; 김상조 앞의 정책심포지엄 발표자료(2015. 5), 22면 참조.

21) 박창균·이성복 등 5인, 앞의 연구용역보고서(2019. 12), 25면.

성을 인식하였다. 궁극적으로 감독대상 금융회사들의 건전성을 확보하여 예금자, 보험계약자, 퇴직연금수익자 등 금융소비자를 효과적으로 보호하기 위하여 복합금융그룹 내 그룹 차원의 위험 및 내부거래에 대하여 효과적으로 감독할 필요가 있다고 본 것이다.

APRA는 Level 2 금융그룹 감독을 위해 예금수취기관(ADI)인 Level 2 금융그룹에 대해 2000년부터, 보험업을 영위하는 Level 2 금융그룹에 대하여는 2009년부터 감독을 실시하여 동종금융그룹에 대한 감독체계를 구축하였다.[22)]

이후 APRA는 Level 3 복합금융그룹의 감독을 위해 2010년 3월 복합금융그룹 감독체계 관련 주요 내용을 정리한 토론서(discussion paper)를 발간하였고, 이후 이를 토대로 2014년 8월 복합금융그룹 감독체계(level 3 framework) 초안을 발표하였다. 이후, 지속적인 업계와의 의견 교환 등을 바탕으로 2016년 8월에 복합금융그룹 감독기준 최종안(Level 3 Prudential Standard, 이하 "3PS"라 한다)을 발표하였고 2017년 7월 1일부터 동 기준을 시행하였다. 다만, 비재무적인 요소에 대한 감독기준만 먼저 확정하였고, 복합금융그룹의 자기자본 규제 등 재무적인 요소에 대한 감독은 국제기준 등을 고려하여 향후 확정·시행될 예정이다.[23)] 호주의 금융그룹 감독체계는 핵심적 원칙에서는 EU의 FICOD와 크게 다르지 않다. 다만 금융그룹의 최상위 회사 및 그 이사회에 감독기준을 준수할 책임을 부과하고 APRA에 감독할 재량권을 부여하는 등 EU의 여러 회원국의 사정을 포괄해야하는 FICOD보다 내용이 구체적이다.[24)]

호주의 복합금융그룹 감독기준은 APRA가 금융회사 감독업무와 관련하여 정의, 감독 부문, 감독 사항 등을 체계적으로 정리한 것으로, 각 금융업법의 위임조항에 따라 법적 효력을 얻는다고 볼 수 있다. 우리나라의 금융업 관련 감독규정이 상위 법령에 근거하여 이를 세부적으로 규정한 것으로써 실질적으로 법적인 효력을 갖추고 있는 것과 유사하다고 볼 수 있다.

---

22) 박창균·이성복 등 5인, 앞의 연구용역보고서(2019. 12), 142면.

23) 금융감독원, 앞의 출장보고서(2017. 10), 5면.

24) 윤세열, 「금융그룹감독제도의 추진현황과 향후 운영방향」, 서울대학교 금융법센터, BLF 제98호(2019. 11), 46면.

〈표 4-8〉 해외 주요국의 금융그룹 감독제도 주요내용 비교[25]

	한 국 (금융복합기업집단법)	EU FICOD (Financial Conglomerate Directive)	일 본 (복합금융그룹 감독지침)	호 주 (Level 3 Prudential Standard)
적용대상	• 여수신업, 금투업, 보험업 중 둘 이상의 업을 영위 • 금융복합기업집단 총자산 5조원 이상	• '은행·증권' & '보험' 부문에 1개 이상의 규제 금융회사를 보유 • 금융업을 주된 영업으로 영위 • '은행·증권' & '보험'부문의 총자산·필요자기자본 비중이 10% 초과 or 규모가 작은 부문 자산이 60억 유로 초과 등	• 은행·증권·보험업 중 2개 이상 업종을 영위하는 금융그룹	• 은행·증권·보험업 중 2개 이상 업종을 영위하는 금융그룹 중 지정(level 3 group) (감독당국이 금융시스템에 큰 영향을 미치는 감독대상을 재량으로 선정)
자본적정성	• 적격자본〉필요자본 • (적격자본)중복자본 차감 • (필요자본)그룹위험 가산	• 연결자기자본-각 업종의 필요자기자본 합계≧0 • 중복자본 차감	• 금융그룹 소속금융사들의 합산자기자본-소요자기자본≥0 • 중복자본 차감	• 자본적정성은 추후 규제하기로 연기됨
내부거래·위험집중	• 내부거래와 위험집중이 건전성에 미치는 영향을 측정·감시·관리 • 소속금융·비금융회사로 인하여 전이 가능한 위험을 인식·측정·감시·관리	• 금융회사는 모든 상당한(significant) 내부거래·위험집중을 감독기관에 정기적으로 보고	• 위험집중 측정, 거액 익스포져 한도 설정, 평판위험 전이 등 • 내부거래는 불공정거래 방지 차원에서의 내부거래만 언급	• 전체 그룹의 통합위험한도에 대한 관리 체계 마련 • 금융기관이 내부거래로 인하여 지나친 위험에 노출되지 않도록 해야 함
위험관리·내부통제	• 금융복합기업집단 차원의 내부통제·위험관리정책 및 기준 마련 등 체계 구축 • 금융그룹 차원의 내부통제·위험관리 현황 등을 보고·공시	• 건전한 행정 및 회계절차를 포함한 적절한 위험 관리 및 내부통제 체제 요구 • 중요 위험·그룹 내부거래·위험집중을 인식·통제 가능한 보고체계 및 회계시스템 구축	• 그룹 차원에서 각종 리스크에 대한 적절한 관리 체계를 구축 • 법령 준수 등에 관한 기본방침·기준을 규정하고 그룹 내 법령 준수 체제를 구축	• 규제대상 회사 및 대표회사는 주요 위험을 식별, 측정, 평가, 감시, 보고, 통제할 수 있는 시스템을 갖춰야 함
건전성 개선 조치	• 금융복합기업집단 경영개선계획 제출 명령 • 경영개선계획 미제출·미이행시 소속금융회사 및 임직원에 대한 행정처분, 과태료 가능	• 자본적정성·내부거래·위험집중 등 그룹 리스크 가중시 당국은 적절한 조치 가능 • 감독지침을 위반한 금융그룹 또는 그 경영진에 대해 형사처벌 가능	• 건전성 등에 미흡한 점 발견시 청문회 실시, 자료제출, 경영개선명령 * 법적구속력이 없어 처벌규정은 없음	• 필요시 개별 금융업법에 따른 강제력이 수반된 조치 가능

25) 금융위원회, 앞의 보도자료(2018. 2. 1), 붙임2 17면 참조.

제 5 장 금융그룹 감독제도의 법제화 과정 및 의의

제 1 절 금융그룹 감독제도의 도입경과

Ⅰ. 제도 도입의 논의 및 배경

2004년 이후 영국 등 EU의 회원국들이 금융그룹 감독제도를 입법화하였고, 2005년 일본에서도 금융그룹 감독제도를 도입한 이후 우리나라에서는 2006년부터 복합금융그룹의 감독에 대하여 논의가 처음 시작되었다.[1] 그러나 이후 금융그룹 감독제도에 관한 구체적인 논의가 이어지지 못한채 시간이 흘렀다. 그러다 2013년 동양그룹의 부도 사태를 겪으면서 금융그룹 감독의 필요성이 재조명되었다. 개별 금융회사에 대한 감독을 충실히 하였음에도 불구하고 그룹 차원의 위험을 제대로 관리·감독하지 못한 탓에 그룹 전체로 위험이 전이 되어 부도가 나고 약 4만 명의 금융소비자에게 약 1.6조원의 손실을 입히게 된 것이다.[2] 이후 2014년 IMF의 금융부문평가[3](Financial Sector Assessment

1) 금융위원회, 「금융그룹감독제도, 금융소비자를 위해 도입이 필요합니다」, 공식블로그 홍보자료(2019. 3)(https://m.blog.naver.com/blogfsc/221496811203).

2) 금융위원회, 「최근 보도내용 관련, '금융그룹감독제도의 도입 의의와 운영방식'에 대해 설명드립니다」, 보도자료(2019. 6. 18), 2면.

3) 국제통화기금(IMF)과 세계은행(WB)이 회원국의 금융시스템 안정성 및 금융정책·감독의 국제기준 충족 여부를 공동으로 평가하기 위해 1999년 도입한 프로그램이다. 세계경제 환경

Program(이하 "FSAP"이라 한다))에서 비지주 금융그룹에 대하여 금융그룹 감독제도의 도입을 권고하면서부터 본격적으로 논의가 시작되었다.

금융그룹 감독제도의 도입 논의가 구체화된 것은 금융그룹 감독제도의 도입이 2017년 현 정부의 국정과제로 채택되면서부터이다. 100대 국정과제 중 24번 국정과제인 '재벌 총수 일가 전횡 방지 및 소유·지배구조 개선'의 「4. 금산분리 원칙 준수」 파트에 금융그룹 감독제도의 도입이 포함된 것이다. 2000년 금융지주회사법이 제정되어 금융지주그룹에 대한 그룹 차원의 감독을 실시함에도 불구하고 소유·지배구조 등이 보다 복잡하여 그룹 감독의 필요성이 보다 높은 비지주 금융그룹에 대하여는 여전히 감독의 공백이 있어 왔다. 그럼에도 불구하고 제도 도입이 진지하게 논의되지 못하였는데 금융그룹 감독제도의 도입이 국정과제로 채택되면서 구체적으로 논의될 수 있는 환경이 마련된 것은 고무적인 일이다. 그러나 금융그룹 감독제도가 대형화된 금융그룹의 건전성을 보다 충실히 감독하여 궁극적으로 금융소비자를 보호하기 위한 제도이지 직접적인 재벌개혁의 수단이 아님에도 불구하고 재벌개혁 파트 안에 해당 내용이 포함된 것은 아쉬운 측면이 있다. 그 덕분에 금융그룹 감독제도이 재벌 길들이기 수단이라는 비판 또는 공격을 많이 받을 수밖에 없었다. 22번 국정과제인 '금융산업 구조 선진화'의 「2. 금융소비자 보호 중심의 금융관리·감독체계 구축」 파트에 포함되는 것이 보다 적절하지 않았을까 하는 아쉬움이 있다. 그럼에도 불구하고 금융그룹 감독제도가 국정과제로 채택된 것이 입법화에 큰 동력이 되었다고 할 수 있다.

이후 2017년 12월 금융위원회 내에 금융그룹 감독제도의 도입 및 운영을 전담하는 부서인 「금융그룹감독혁신단」을 설치하면서 제도 도입의 추진이 본격화되었다. 금융그룹감독혁신단은 단장(고위공무원 나급)을 중심으로 감독제도팀과 지배구조팀의 2개팀, 총 8명으로 구성되어 금융그룹 감독 정책을 수립하고 본 제도의 법제화 등을 추진하였다.

에서 금융시스템의 건전성이 필수적이라는 인식하에 회원국 금융시스템 전반을 평가해 취약점을 진단하고, 적절한 정책대응을 처방해 위기를 사전에 예방하는 것을 목표로 한다. 글로벌 금융시스템에서 중요한 25개 회원국과 금융안정위원회(FSB) 회원국은 5년마다 의무적으로 평가를 받아야 한다(출처: 네이버 지식백과, https://terms.naver.com/entry.naver?docId=1968138&cid=43667&categoryId=43667).

금융그룹감독혁신단 출범 후, 2018년 1월 31일 금융위원회 위원장 주재로 금융그룹 감독제도에 대한 금융위원회 및 금융감독원의 주요 간부 및 금융그룹감독 시범운영 대상으로 거론되는 7개 금융그룹(교보, 롯데, 미래에셋, 삼성, 한화, 현대차, DB) 대표이사와 관련 분야 교수·변호사·연구원 등 민간 전문가가 참여하는 업계·전문가 간담회를 개최하여 제도 도입방향과 주요내용을 설명하고 참석자 의견을 청취한 후 제도의 도입방안을 외부에 발표하였다. 이 날 발표된 금융그룹 감독제도 도입방안에는 금융그룹 감독체계 구축 및 그룹위험관리시스템 운영, 동반부실위험(전이위험)의 예방 등에 관한 내용이 포함되었다.[4)]

이후 약 2개월 정도의 기간을 거쳐 Joint Forum 감독원칙, EU FICOD, 독일 금융그룹감독법 등 금융그룹 감독 관련 국제규범을 참고하여 금융그룹 감

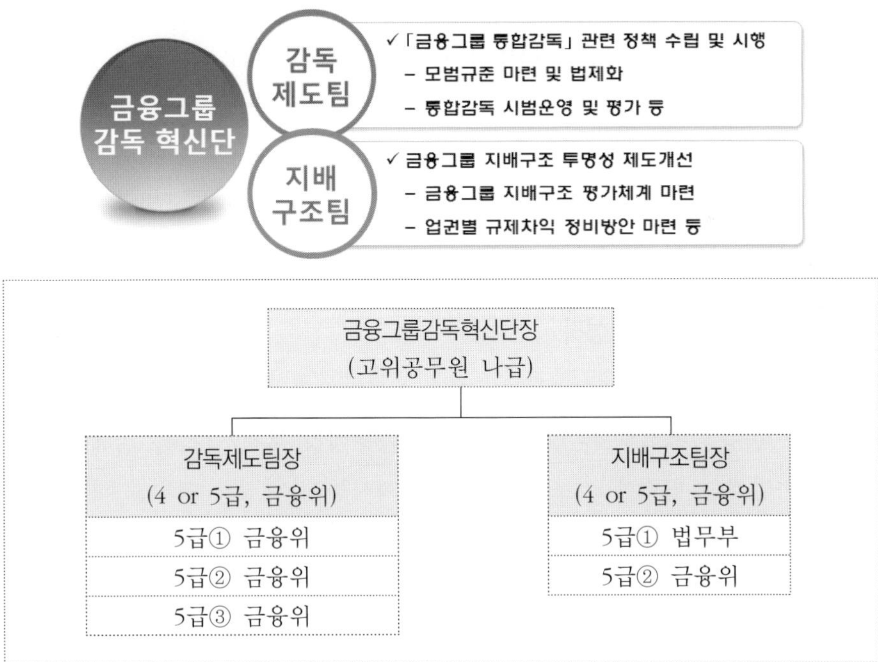

[그림 5-1] 금융그룹감독혁신단 조직 구성 및 역할[5)]

4) 금융위원회, 앞의 보도자료(2018. 2. 1), 1~4면 참조.
5) 금융위원회, 「'금융그룹 감독 혁신단' 출범을 계기로 '금융그룹 통합감독'을 더욱 속도감 있게 추진하겠습니다」, 보도자료(2017. 12. 11), 2면.

독 모범규준 초안을 마련하였고, 해당 초안을 2018년 4월 3일 외부에 공개하였다.[6] 그리고 약 3개월의 의견 수렴 기간을 거쳐 마침내 2018년 7월 2일 「금융그룹의 감독에 관한 모범규준」을 발표하게 되었다.

Ⅱ. 금융그룹의 감독에 관한 모범규준 시행

1. 모범규준 제정과정 및 개요

금융위원회는 2018년 1월 30일 금융그룹 감독제도 도입방안을 발표할 때 예고하였던 바와 같이 같은 해 7월 2일에 「금융그룹의 감독에 관한 모범규준」(이하 "금융그룹감독 모범규준"이라 한다)을 확정·발표하고, 제도의 시범운영을 본격적으로 시행하였다. 같은 해 4월 3일에 공개한 모범규준 초안에 대하여 그동안 제기된 다양한 의견을 반영하여 수정안을 마련하고 6월 27일 금융위원회 의결을 거쳐 이를 확정하였고, 금융그룹 자본적정성 평가기준, 금융그룹 위험관리실태평가 등의 세부기준 초안(consultation paper)도 함께 공개하였다. 그러면서 금융그룹 감독제도를 법제화를 추진하는 과정에서 모범규준을 통한 시범운영과정에서 나타나는 문제점을 반영하기로 하였다.[7]

2. 모범규준의 법적성격

금융그룹감독 모범규준은 금융규제 운영규정에 근거한 일종의 금융행정지도이다. 금융위원회 또는 금융감독원이 금융행정 목적 달성을 위해 금융회사등의 자발적인 협력에 기초하여 그 금융회사등에 일정한 행위를 하거나 하지 아니하여 줄 것을 요청하는 것이다.

금융규제 운영규정

제2조(정의) 이 훈령에서 사용하는 용어의 뜻은 다음 각 호와 같다.

4. "**금융행정지도**"란 금융위원회 또는 금융감독원이 금융회사등의 경영건전성을 확보하

---

6) 금융위원회, 「금융그룹 통합감독 모범규준 초안 마련」, 보도자료(2018. 4. 3), 1면.

7) 금융위원회, 「금융그룹 통합감독제도, 7월부터 시범 운영」, 보도자료(2018. 7. 2), 1면, 4면.

고 금융소비자를 보호하는 등 금융행정의 목적을 달성하기 위하여 금융회사등의 자발적인 협력에 기초하여 그 금융회사등에 일정한 행위를 하거나 하지 아니하여 줄 것을 요청하는 행위(조문의 형식으로 하는 행위 등 일반적이고 추상적인 형식으로 하는 행위를 포함한다)를 말한다.

금융그룹감독 모범규준은 정부가 명시적 금융규제 도입을 발표하였으나 관련 법률이 제정·개정되지 아니하여 그 법률이 시행되기 전까지 한시적으로 하는 금융행정지도에 해당한다(금융규제 운영규정 제13조제2항제3호). 수범자의 자발적인 협력이 요구되는 일종의 '가이드라인'과 같은 성격을 지닌다.

금융행정지도의 경우 원칙적으로 90일~2년까지의 유효기간을 설정하여야 한다. 따라서 금융그룹 감독 모범규준도 2년 이내의 유효기간을 갖추어야 하는데, 의견 수렴 결과 및 시범운영 과정에서의 문제점 등을 법제화 과정에서 반영하기 위함이 주목적이었고 법제화가 늦어지더라도 수정이 필요한 사항은 모범규준에 반영하기 위하여 2018년 7월 2일부터 2019년 7월 1일까지 1년의 유효기간을 설정하였다. 다만, 금융그룹 감독 모범규준은 명시적 금융규제로 전환하기 위하여 금융그룹감독의 법제화 추진 과정에서 제정된 것으로 법령 등의 제정·개정이 추진 중인 경우에 해당하여 금융위원회의 금융행정지도심의위원회의 재적위원 2/3 이상의 동의를 받아 유효기간을 2회 이상 연장할 수 있는 금융행정지도에 해당한다(금융규제 운영규정 제13조제3항제1호·제4항).

3. 모범규준의 주요골자

2018년 7월 2일 시행된 금융그룹감독 모범규준은 Joint Forum 금융그룹 감독원칙 등 국제기준의 주요내용을 반영하여 4월 3일 발표하였던 초안의 큰 골격을 유지하되, 일부 기술적 사항을 수정·보완하여 제정되었다. 제도 도입 초기인 점을 감안하여 금융그룹감독의 핵심원칙을 훼손하지 않는 범위 내에서 수범자인 금융그룹의 절차적 부담을 경감시키고 행정처분, 금융그룹 유사명칭 사용금지 등 강제성이 수반되는 사항(필요적 입법사항)은 입법안에 추후 반영하기로 하고 삭제하였다. 금융그룹감독 모범규준은 금융그룹의 위험을 효과적으로 관리하기 위한 감독 및 위험관리체계, 건전성 관리방안, 평가·보고·공시 등의 금융그룹의 감독 등을 규정하였다.[8)]

〈표 5-1〉 금융그룹감독 모범규준 주요내용[9)]

① 금융그룹 위험관리체계 구축	금융그룹별 대표회사 선정기준, 대표회사 이사회 및 위험관리기구의 역할, 그룹 위험관리정책의 주요항목 등
② 금융그룹 건전성관리	금융그룹의 자본적정성, 내부거래 및 위험집중 등 관리대상 그룹위험의 유형 및 평가기준
③ 금융그룹 감독	감독협의체 구성, 보고·공시 항목, 금융그룹 위험관리 실태평가 및 건전경영지도 기준 등

이후 입법 후 법 시행 전(2021년 6월 30일)까지 금융그룹감독 모범규준은 2019년 7월 2일, 2020년 5월 1일, 2021년 5월 1일 세 차례 개정·연장되었다. 2020년 5월 개정에서 금융그룹 내부통제체계 구축에 관한 내용이 새롭게 포함된 것 외에는 대부분 제도 시범운영과정에서 제기된 개선 필요사항들을 반영하는 내용 위주로 개정이 되었다.

Ⅲ. 금융복합기업집단의 감독에 관한 법률 제정

2020년 12월 9일 금융그룹 감독제도를 규율하는 「금융복합기업집단의 감독에 관한 법률」이 국회 본회의를 통과하였다. 금융그룹 감독제도가 법제화로 뿌리를 내리게 되는 순간이었다. 이하에서는 금융그룹 감독제도의 법제화 필요성과 금융복합기업집단법이 제정되기까지의 과정을 살펴본다.

1. 금융그룹 감독의 법제화 필요성

금융그룹 감독제도의 법제화와 관련하여 ① 제도의 도입 필요성뿐만 아니라 ② 제도를 반드시 법제화를 통하여 도입하여야 하는지에 대한 의문이 제

8) 금융위원회, 앞의 보도자료(2018. 7. 2), 2면.
9) 금융위원회, 앞의 보도자료(2018. 7. 2), 2면.

기된다. 먼저 금융그룹 감독제도의 도입 필요성에 대하여는 하나의 기업집단 내 금융과 비금융사가 공존하는 기업집단이 다수 존재하면서 또한 시장에 영향력도 큰 우리나라 특유의 환경에서 그룹 단위의 금융 리스크를 체계적으로 관리·감독할 필요가 있다는 점, 지난 2013년 동양그룹 사태 등과 같이 비금융 계열사에서 발생하는 재무·경영위험이 금융그룹에 전이되어 그룹 전체의 부실화를 야기하고, 이로 인하여 부실그룹에 공적자금이 투입되거나 투자자 및 금융소비자가 막대한 손해를 입는 사례가 발생한 경험에 비추어 이를 방지할 필요가 있다는 점[10] 등에 따라 도입이 필요하다는 견해가 있는 반면 기존 개별 금융업법상의 건전성 규제와의 중복 규제가 우려되고, 그룹 차원의 위험관리체계 운영 시 대표금융회사와 소속금융회사 간 또는 소속금융회사 상호간 이해상충이 발생할 수 있다는 이유로 제도 도입을 반대하는 견해도 있다.[11] 생각건대, 제도 도입에 대하여는 제2장제1절 Ⅱ.에서 살펴본 바와 같이 그룹 차원의 위험 감독, 감독 사각지대 해소, 금융그룹 안정성에 대한 신뢰 제고, 금융소비자의 보호 강화 등을 위하여 도입이 필요하다고 본다.

또한 금융그룹 감독제도의 법제화 추진과정에서 왜 법제화가 필요한지에 대하여도 다양한 의견들이 제기되었다. 법이 아닌 행정규칙 수준으로 금융그룹 감독제도가 도입된 국가들과 달리 왜 우리나라는 법제화를 해야 하는지, 모범규준을 통하여도 금융그룹이 자율적으로 잘 준수하므로 모범규준을 통해서도 충분하게 규율이 가능한 것이 아니냐는 의견들이 제기되었다.

금융그룹감독 모범규준은 금융그룹감독법의 제정을 전제[12]로 한 한시적인 행정지도이다. 즉, 모범규준은 법 제정을 통한 제도의 본격적인 시행에 대비하는 시범운용적 성격(베타테스트)에 불과한 것이다. 모범규준은 당연히 법 제정 추진을 전제로 한 것으로 법 제정 추진이 없는 경우 현행 모범규준은 존립근거 자체가 없다고 할 수 있다. 또한 각 금융그룹 역시 금융그룹 감독제도

10) 이기영, 앞의 보고서(2017. 8), 2면.

11) 국회 정무위원회, 「금융그룹의 감독에 관한 법률안(의안번호 제2103312호) 검토보고」, 법률안 검토보고서(2020. 11), 7면.

12) 정부가 명시적 금융규제 도입을 발표하였으나 관련 법률이 제정·개정되지 아니하여 그 법률이 시행되기 전까지 한시적으로 하는 금융행정지도에 해당한다(금융규제 운영규정 제13조제2항제3호).

의 법제화에 미리 대비하는 측면에서 최대한 준비·노력한 것으로 법제화가 이루어지지 않는다면 지속적으로 금융그룹 감독제도를 준수할 유인이 없다고 볼 수 있다.

또한 모범규준은 일종의 가이드라인으로서 권고적 효력만 존재한다. 금융그룹의 자율적 준수에 따라 금융그룹 부실 예방 차원의 사전적 위험관리 등에는 충분히 효과가 있을 수 있다. 경제위기, 내·외부적 요인에 따른 급격한 위기가 발생하거나, 특정 금융그룹이 심각하게 부실화가 진행된 경우에는 당국의 강제적 개입이 불가하여 효율적 대처에 공백이 생길 수 있다. 법제화를 통해 위기시 금융당국이 강제적으로 개입할 수 있는 장치가 필요한 것이다. 예를 들어 모범규준은 백신과 같이 사전에 부실화를 방지하는데는 어느 정도 효과가 있다. 그러나 백신을 접종하더라도 바이러스에 감염될 수 있듯이 금융그룹 감독을 통해 그룹 위험을 관리하더라도 부실화되는 금융그룹이 발생할 수 있다. 모범규준은 이러한 경우에 효과적으로 대처할 수 있는 강제적 수단이 없는 것이다.

그리고 금융그룹 감독제도 또한 명시적 금융규제에 해당하고, 수범자인 금융그룹에 대한 제한의 정도가 큰 편이므로 그 주요사항에 대하여는 국회의 논의 및 검토를 통해 확정되고 정당성이 부여될 필요가 있다.

2. 법률 제정 과정

(1) 제20대 국회

1) 금융그룹 통합감독법안(박선숙 의원案)

2018년 6월 29일 박선숙 의원의 대표발의로 「금융그룹 통합감독법안」(이하 "박선숙 의원안"이라 한다)이 발의되었다. 2018년 금융그룹감독 모범규준이 제정되기 3일 전의 일이다. 모범규준이 제정되어 공개되기 이전에 발의가 된 것으로 같은해 4월에 공개된 모범규준 초안을 바탕으로 하여 법안을 구성하였다. 금융그룹·학계 등의 의견수렴을 거쳐 제정된 모범규준이 아닌 초안을 기초로 하였기 때문에 내용상 의견수렴 내용 등이 반영되지 않은 점이 있으나 금융그룹 감독제도를 내용으로 담아 발의된 첫 법안이라는 점에서 그 의의가 있다. 또한 법안이 발의됨으로 인하여 금융그룹 감독제도가 앞으로 어떻게 법제화될지에 관하여 개괄적인 내용을 제시하였다는 점 또한 의미가 있다.

박선숙 의원안은 그 내용이 대부분 금융그룹감독 모범규준과 대동소이하다. 다만, 행정지도인 모범규준이 권고적 성격밖에 없는 한계로 인하여 포함되지 않고, 법안에 포함될 예정이었던 강제성이 수반되는 조치 등이 추가되었다. 감독당국의 복합금융그룹에 대한 건전경영지도 권한인 경영개선계획 제출명령, 기타 필요한 조치의 명령권한, 금융그룹 소속 금융회사 및 임직원에 대한 조치, 금융그룹 명칭의 사용중지 등의 조치 권한, 과태료 부과권한 등이 추가로 포함되었다.[13]

박선숙 의원안은 발의 이후 2018년 11월 22일 제364회 국회(정기회) 제10차 정무위원회 전체회의에서 정무위 법안심사소위원회로 회부되었고,[14] 이후 2019년 3월 18일 제367회 국회(임시회) 제1차 법안심사제1소위 상정되었으나[15] 제대로 논의되지 못한 채 종료되었다. 금융그룹 감독제도에 대하여는 금융그룹 단위의 금융 리스크를 체계적으로 관리 감독할 필요가 있는 점, 비금융계열사의 위험이 금융회사로 전이됨에 따른 동반 부실을 방지할 필요가 있다는 점을 들어 제정에 찬성하는 입장과 기존 개별 금융업법상 건전성 규제와의 중복 가능성, 대표회사와 소속 금융회사 간의 이해상충 문제 발생 가능성 등이 있어 반대하는 입장의 대립이 있어 왔는데, 이후 20대 국회가 지속되는 동안 이러한 견해 대립의 접점을 찾지 못하고 여야 간의 의견차이로 인하여 법안에 대한 논의가 진전되지 못하였고, 결국 회기만료로 법안이 폐기되었다.

2) 금융그룹의 감독에 관한 법률안(이학영 의원案)

2018년 11월 16일 이학영 의원의 대표발의로 「금융그룹의 감독에 관한 법률안」(이하 “이학영 의원안”이라 한다)이 발의되었다. 발의 이후 2018년 12월 27일 제365회 국회(정기회) 제10차 정무위원회 전체회의에서 정무위 법안심사소위원회로 회부되었고,[16] 이후 2019년 3월 18일 제367회 국회(임시회) 제1차

13) 조선영, 앞의 논문(2018. 1), 71면.
14) 국회사무처, 「제364회 국회 정무위원회 회의록(제10호)」, 회의록(2018. 11. 22), 10면, 18면.
15) 국회사무처, 「제367회 국회 정무위원회 회의록(법안심사제1소위원회) – 제1호」, 회의록(2019. 3. 18), 9면.
16) 국회사무처, 「제365회 국회 정무위원회 회의록(제1호)」, 회의록(2018. 12. 27), 11면.

법안심사제1소위에 상정되었으나[17] 이학영 의원안 역시 국회에서 제대로 논의되지 못한 채 종료되었다.

이학영 의원안은 2018년 7월 제정된 금융그룹감독 모범규준을 바탕으로 만들어졌다. 기본 골격은 모범규준을 베이스로 하였기 때문에 상당 부분 유사하나, 금융그룹이 속하는 기업집단의 사실상 지배자의 선정, 금융그룹 내 非금융계열사에서 금융계열사로의 임직원 이동 제한,[18] 금융그룹 내 금융회사와 非금융계열사간 임원겸직 제한, 대표회사 위험관리위원회 자격요건 강화, 금융계열사의 非금융계열사 주식취득 제한, 금융그룹의 대주주·특수관계인 신용공여·주식취득 한도 규정, 비금융계열사에 대한 자료제출요구권, 건전성 악화시 동종금융그룹 전환 명령, 계열분리명령 등 다양한 강제적 조치들에 관한 내용이 추가되었다.

이러한 강제적 조치들은 금융그룹에 미치는 영향이 큰 조치들이 많은 반면에 개별업권 감독의 부족한 부분, 감독의 공백지대를 메운다는 금융그룹 감독의 본래 취지와 조금 어긋날 우려가 있었다. 또한 금융그룹 감독을 위해 반드시 필요한 조치인지에 대하여 업계에서 제기하는 의문도 있었다. 예컨대 사실상 지배자의 선정, 대주주·특수관계인의 신용공여·주식취득 한도 규제 등은 금융회사를 감독하는 본 법의 취지와 달리 사인에 대하여까지 규제가 확장될 우려가 있었다. 그리고 비금융계열사에 대한 자료제출 요구권과 같은 경우 자칫 금융감독이 비금융회사까지 규율하는 수단으로 변질될 우려가 있었고, 동종금융그룹 전환 명령, 계열분리명령은 규제의 강도가 매우 높고, 금융회사뿐만 아니라 사인인 대주주의 지분에 대한 영향을 미칠 수 있어 그 도입의 신중한 고려가 필요했다.

이런 다양한 우려들 때문에 금융그룹감독법의 본래 취지가 가려지고 금융그룹 감독이 재벌을 통제하기 위한 목적이라는 등의 다양한 오해가 생기게 되었다. 또한 수범자인 금융그룹도 금융그룹 감독제도의 법제화에 부담을 갖게 되어 반대의 목소리를 높였다. 이에 여야간 국회에서의 논의가 활발히 진

17) 국회사무처, 위의 정무위원회 회의록(2019. 3. 18), 9면.

18) 대표이사·리스크관리 및 내부통제 담당임원 등은 3년간 이직 제한, 기타 임원의 경우 1년간 이직을 제한한다.

전되는데 걸림돌이 되었다.

그러나 이학영 의원안은 금융그룹 감독제도의 법제화를 위해 필요한 다양한 조치 및 내용을 포함하였고, 20대 국회의 국회 내에서는 논의가 많이 진전되지 못하였으나 법안에 포함된 내용 중 어떠한 부분에 있어 어떤 쟁점이 있는지, 해당 조항들에 대하여 각각 업계·학계 등이 어떠한 의견을 가지고 있고 어떤 문제점을 제기하는지를 알 수 있도록 하는 계기가 되었다. 이러한 과정을 통해 금융그룹 감독제도에 포함될 내용에 대하여 보다 심도깊은 논의가 진행될 수 있었던 것이다. 이후 이학영 의원안 등을 토대로 2020년 1월 29일 한국금융연구원·자본시장연구원이 주관하고, 금융위원회·금융감독원이 후원하는 금융그룹 감독 정책세미나가 개최되었고, 이를 통해 주요국의 금융그룹 감독체계 및 제도 운영현황을 토대로 현행 우리나라 금융그룹 감독제도의 성과 및 보완 필요사항을 논의[19]될 수 있는 계기가 되었다. 보다 효과적인 금융그룹 감독이 이루어지기 위해서 보완해야 할 사항이 무엇인지 등을 구체적으로 논의될 수 있었던 것이다. 이러한 논의사항을 바탕으로 같은해 2월 24일 금융위원장 주재로 「금융그룹 CEO·전문가 간담회」를 개최하여 향후 금융그룹 감독제도 개선방안 등을 논의하였고, 자본적정성 평가체계 개편, 보고·공시 합리화, 금융그룹 내부통제체계 규율 등을 포함한 금융그룹 감독제도의 제도 개선방향을 발표하였다.[20][21]

이렇듯 이학영 의원안을 계기로 금융그룹 감독제도의 법제화에 있어 어떠한 내용을 담을지, 조치의 강도는 어느 정도로 하는 것이 좋을지, 규범 준수의 부담은 높으나 그 효과는 미미한 내용 등에 대하여 구체적으로 논의할 수 있었다고 볼 수 있다. 이학영 의원안은 그 자체로 곧바로 입법화를 추진하기에는 부담스럽거나 규제를 준수하기에 부담스러운 내용, 그 도입 필요성에 있어 찬반의 논란이나 쟁점이 될만한 내용들을 포함하고 있었으나, 이를 바탕으

19) 금융위원회, 「금융그룹감독 정책세미나 개최」, 보도자료(2020. 1. 29), 1~2면 참조.

20) 금융위원회, 「금융그룹 CEO·전문가 간담회」를 개최하여 금융그룹 감독제도 시범운영 현황을 점검하고, 금융그룹 감독제도 개선방안을 논의하였습니다」, 보도자료(2020. 2. 24), 1~6면 참조.

21) 개선방향을 반영한 금융복합기업집단법의 기본취지에 대하여는 제4장제2절에서 보다 자세히 논의한다.

로 21대 국회에서 합리적인 규제 수준으로 정부입법안을 만들어 발의하고, 금융그룹 감독제도가 법제화가 이루어질 수 있는데 밑거름이 되었다고 할 수 있다.

(2) 제21대 국회: 「금융복합기업집단의 감독에 관한 법률」(정부안)

21대 국회에서 금융그룹 감독의 법제화를 위한 법안은 정부안으로 발의되었다. 상법 개정안, 공정거래법 개정안과 함께 공정경제 3법으로 함께 입법 발의하고 추진하기로 한 것이다. 법 제명은 당초 모범규준 및 이학영 의원안과 마찬가지로 「금융그룹의 감독에 관한 법률」(이하 "정부안"이라 한다)로 발의가 되었다.[22)]

2020년 6월 5일부터 7월 15일까지 정부안에 대한 입법예고 기간을 거친 후 7월 31일에 규제개혁위원회의 규제심사를 거쳐 8월 19일까지 법제처의 법제심사를 받았다. 법제심사 후 8월 20일 국무차관회의 심의를 거쳐 8월 25일 국무회의 의결을 받은 뒤 8월 31일에 국회에 법안을 제출하였다.[23)]

정부안 발의 후 11월 24일 제382회 국회(정기회) 제6차 정무위원회 전체회의에 상정되어 법안심사소위원회로 회부[24)]되었다. 이후 제382회 국회(정기회)

〈표 5-2〉 금융복합기업집단법 입법 추진 과정

입법예고	2020. 6. 5.~7. 15. (40일)
규제심사 완료	7. 31.
법제처심사 완료	8. 19.
국무차관회의 심의	8. 20.
국무회의 의결	8. 25.
국회 제출	8. 31.

22) 당초 정부 발의 당시 「금융그룹의 감독에 관한 법률」로 발의되었고, 이후 국회 정무위원회 소위원회에서 금융그룹 용어를 금융복합기업집단으로 수정하면서 법 제명도 「금융복합기업집단의 감독에 관한 법률」로 수정되었다.

23) 금융위원회, 「공정경제 3법 제·개정안 국무회의 통과」, 보도자료(2020. 8. 25), 1면 참조.

24) 국회사무처, 「제382회 국회 정무위원회 회의록(제6호)」, 회의록(2020. 11. 24), 16면.

제4차(12월 3일),[25] 제5차(12월 7일)[26] 법안심사제1소위원회에 상정되어 논의되었다. 이후 12월 8일 안건조정위원회를 거쳐 정부안에 배진교 의원이 발의한 「금융그룹의 감독에 관한 법률」(이하 “배진교 의원안”이라 한다)을 반영하여 정무위원장 대안으로 통합된 후 12월 8일~9일까지 정무위원회 전체회의를 거쳤고,[27][28] 이후 법사위 심사[29]를 거쳐 12월 9일 본회의에 상정되어 「금융복합기업집단의 감독에 관한 법률안」이 통과되었다.[30] 재석의원 269인 중 찬성 181인, 반대 68인, 기권 20인으로 출석의원 과반수의 찬성을 얻어 가결된 것이다.

정부안은 그 내용이 모범규준과 유사한 수준으로 구성되었다. <표 5-3>과 같이 20대 국회의 이학영 의원안에 포함되었던 내용 중 업계 등에서 규제 준수의 부담이 크거나 제도의 도입 필요성이 낮다고 지적하거나 의견을 제기하였던 내용들을 제외하였다. 금융그룹 감독제도의 기본이 되는 금융그룹 차원의 내부통제·위험관리, 건전성 관리 등의 기본적인 사항들이 법제화되는 것이 중요하므로 국제기준 등에서 반드시 도입이 필요하다고 제시하는 주요 내용 위주로 법안을 구성한 것이다. 이러한 덕분에 20대 국회에서 제기되었던 법률안들에 비하여 업계의 수용성이 높아졌고, 이것이 입법화가 가능한 큰 원동력이 되었다고 할 수 있다. 특히, 2018년 7월 이후 약 2년 이상을 모범규준을 통하여 제도를 시범운용하면서 각 금융그룹들이 제도의 운용에 대한 시행착오와 적응을 거쳤기 때문에 보다 입법화 가능성이 높아졌다고 할 수 있다. 모범규준 시행 초기에는 모든 것이 새롭게 시작하는 것이므로 금융그룹 감독제도의 각 내용들을 문제없이 준수할 수 있는지 여부에 대하여 막연한 두려움과 의구심이 있었으나, 2년간의 시범운용 과정에서 업계 의견 등을 반영하여 제도를 합리적으로 운용할 수 있는 수준으로 정비해왔기 때문이다. 이렇듯

---

25) 국회사무처, 앞의 정무위원회 회의록(2020. 12. 3), 1~2면.

26) 국회사무처, 「제382회 국회 정무위원회 회의록－법안심사제1소위원회(제5호)」, 회의록(2020. 12. 7), 1면.

27) 국회사무처, 「제382회 국회 정무위원회 회의록(제9호)」, 회의록(2020. 12. 8), 국회사무처, 「제382회 국회 정무위원회 회의록(제10호)」, 회의록(2020. 12. 8).

28) 정무위원회 전체회의의 시간이 길어져 오전 0시부터 차수변경을 하게 됨에 따라 12월 8일~9일 2일간 전체회의 심사를 받게 되었다.

29) 국회사무처, 「제382회 국회 법사위원회 회의록(제15호)」, 회의록(2020. 12. 9), 7면.

30) 국회사무처, 「제382회 국회 본회의 회의록(제15호)」, 회의록(2020. 12. 9), 7면.

2년간 개정된 모범규준의 주요내용 위주로 구성하면서, 이학영 의원안 등에서 제기되었던 문제점 등을 반영하여 정부안을 구성하였기 때문에 수범자의 수용성이 높아진 법안이 만들어졌고, 이는 입법으로 이어지는데 큰 역할을 하였다고 할 수 있다. 2년 이상 제도를 운용해나가면서 수범자 입장에서 막연했던 금융그룹 감독제도를 각 금융그룹이 효과적으로 준수할 수 있다는 자신감이 생긴 것 또한 입법에 큰 도움이 되었다고 볼 수 있다. 다만, 입법과정에서 함께 발의되었던 배진교 의원안이 함께 병합되어 대안이 만들어져 통과되었는

〈표 5-3〉 기존 이학영 의원안에 포함되었으나 현행법에서 제외된 내용

1 **금융그룹이 속하는 기업집단의 사실상 지배자 선정**(안 제8조제3항)
- 감독대상 금융그룹 지정시, 해당 **금융그룹을 사실상 지배하는 자**(자연인인 경우에 한정)를 **정하도록 함**

2 **非금융계열사의 금융계열사 임직원으로의 이동 제한**(안 제17조제1항)
- 금융계열사의 임원에 **비금융계열사 출신**(퇴임후 3년 범위내) **선임을 제한**

3 **금융계열사와 非금융계열사간 임원겸직 제한**(안 제17조제2~3항)
- 금융그룹내 금융회사 임원(상임·사외이사 등 모든 임원)에 대해 **비금융계열사의 임원 겸직을 전면금지**

4 **대표회사 위험관리위원회 자격요건 강화**(안 제17조제4~5항)
- **금융그룹 위험관리위원회 위원의 적극적 자격요건 신설***
  * 경제·금융·회계·법률 관련 전문성 및 경력 보유 등(현재 자격요건 규정 없음)

5 **대주주·특수관계인 신용공여·주식취득 한도**(안 제18조)
- 금융그룹에 대해 **비은행지주 규제**와 동일하게 **대주주·특수관계인**에 대한 **신용공여·발행주식 취득한도**를 규제

6 **금융계열사의 非금융계열사 주식취득 제한**(안 제19조)
- 금산법상 **일부** 금융회사에 **예외적용**(법 제정전 이미 보유하고 있는 경우)되었던 **비금융계열사 취득한도 규제**를 원칙대로 적용(5년내 초과보유분 해소)

7 **非금융계열사에 대한 자료제출요구권**(안 제20조제3항)
- 금융당국이 **금융그룹 위험관리 감독을 위하여 필요**한 경우 **非금융계열사에 대하여** 필요한 자료의 제출을 요구 가능

8 **동종금융그룹 전환명령, 계열분리명령**(안 제25조제3항)
- 금융그룹의 **건전성 악화시** 취할 수 있는 조치로 **동종금융그룹 전환명령, 계열분리명령** 포함

데, 배진교 의원안은 당초 정부의 입법예고안에서 자본적정성 평가시 내부통제체계·위험관리체계를 감경요인으로 보지 않는다는 내용과 위험전이에 대한 관리 등에 있어 소속비금융회사를 위한 유가증권의 취득·매입뿐만 아니라 보유까지도 포함해야 한다는 일부 세부적인 내용만이 추가되었기 때문에 큰 틀에 있어 변화는 없고 실질적으로는 정부안을 주된 내용으로 하여 국회 논의과정에서 일부 수정사항이 반영된 수준으로 통과되었다고 볼 수 있다. 자세한 내용은 이하 제2편에서 금융복합기업집단법의 세부내용을 살펴보면서 추가적으로 검토하도록 하겠다.

Ⅳ. 제도 도입과정에서 제기된 비판에 대한 검토

1. 개별업법과의 중복·이중규제 가능성

은행법, 보험업법, 자본시장법 등 이미 기존의 각 금융업권을 규율하는 개별법률이 존재하고, 각 금융회사들은 이에 따라서 감독을 받고 있으므로 추가적으로 금융그룹 감독을 하는 것은 이중규제에 해당한다는 의견이 있다. 그리고 각 개별 업권법에 따라 감독을 충실히 한다면 추가적인 금융그룹 감독은 불필요하다는 주장도 제기된다.[31)]

그러나 기존의 업권별 감독과 금융그룹 감독이 규제·감독하는 위험이 서로 상이하므로, 이중규제라고 보기 어렵다. 기존의 업권별 금융감독은 개별 금융회사의 건전성을 관리하는 반면, 금융그룹 감독은 계열사 간 자본의 중복이용, 집중위험, 전이위험 등 개별 금융회사에 대한 감독에서 놓칠 수 있는 그룹 차원의 위험을 관리·감독하는 것이기 때문이다.

---

31) 이투데이, 「[금융그룹 '이중규제' 논란] 기업 "업권별 규제 있다" vs 당국 "감독 범위 다르다"」, 2021. 1. 6.기사(https://www.etoday.co.kr/news/view/1981186).

〈표 5-4〉 그룹 차원의 위험 예시[32)]

① 자본의 중복이용 (Multiple Gearing)	계열사간 복잡한 출자를 통해 외부자금 수혈 없이 **가공의 자본을 창출**
② 집중 위험 (Risk Concentration)	계열사별로는 문제없어 보이나, **그룹 전체로 합하면 위험이 과도하게 한군데 집중**
③ 전이 위험 (Risk Contagion)	계열사 하나의 문제로 끝나지 않고, **다른 계열사까지 동반 부실화**

※ (비은행)금융지주의 경우 상기위험과 관련한 감독·규제를 이미 적용

국제사회도 2008년 글로벌 금융위기 이후 업권별 감독의 한계를 인식하고, 그룹리스크에 대한 추가감독을 강화하고 있다. 여러 업종에 걸쳐서 더구나 여러 나라에 걸쳐 금융활동을 수행하는 금융그룹은 금융시장에 큰 영향력을 미치고 있으나, 그로부터 야기될 수 있는 위험은 은폐되어 있기 때문에 기존의 업권별 감독체계만으로는 적절히 대응하는데 한계가 있고, 이는 금융 안정을 위협하는 심각한 요인이 될 수 있는 것이다.[33)] 따라서 기존의 개별 업권별 감독을 보완할 그룹 차원의 감독이 추가적으로 필요한 것이다.

Joint Forum 감독원칙은 금융그룹 감독이 기존의 개별 업권별 감독을 대체하는 것이 아니라 이를 보완하는 보완적 또는 보충적 감독이라는 것을 명시하고 있다. 금융그룹 감독이 개별 업권별 감독으로 발생할 수 있는 그룹 위험에 대한 감독의 사각지대를 해소하는 목적일 뿐 금융그룹에 대하여 개별 업권 감독과 중복적으로 적용되는 것이 아니라는 것이다. 만일 금융그룹 감독의 내용 중 개별 업권 감독과 중복적인 요인이 있다면 해당 부분의 감독 방법·내용을 조정하여 개별 업권 감독과의 중복되는 부분을 해소하기 위해 세부내용을 조정할 필요가 있는 것이지 금융그룹 감독제도 자체가 개별 업권 감독과 중복된다고 볼 수는 없는 것이다.

금융복합기업집단법의 경우 제4조에서 '금융복합기업집단의 감독에 관하여 다른 법률에 특별한 규정이 있는 경우를 제외하고는 이 법에서 정하는 바

32) 금융위원회, 앞의 보도자료(2018. 7. 2), 별첨1 1면.

33) 김상조, 앞의 정책 심포지엄 발표자료(2015. 5), 1면.

에 따른다'고 하여 개별 금융업권법이 우선적으로 적용되고, 금융복합기업집단법은 보충적으로 적용되고 있음을 명시적으로 선언하고 있다. 즉, 개별 금융회사 차원의 리스크 관리나 건전성 규제는 각 개별 금융업법에 따르고, 금융복합기업집단법은 이를 통해 걸러지지 않는 그룹 차원의 리스크나 건전성 규제를 담당(보충성 내지 보완성)하므로 개별법과 중복되거나 충돌되지 않는다.

〈표 5-5〉 Joint Forum 감독원칙에 따른 금융그룹 감독의 적용

3. 적용범위(Scope of application)

… (중략) … 금융그룹 감독원칙은 금융그룹에 대한 감독체계를 제공하는데, 이는 은행·보험·증권 등 **기존의 권역별 감독체계를 대체하는 것이 아니라 이를 보충**하는 역할이다. 동 원칙은 여러 권역에 걸친 금융업무(Cross sectoral activities)의 복잡성 및 규제공백을 포착하고자 한다.

보충적 감독체계인 금융그룹 감독원칙은 금융그룹의 추가적인 그룹 건전성 위험 및 권역별 감독체계의 규제공백을 파악하고자 함. 특히 **권역별 규제차익·규제공백 제거, 비규제 금융업무 및 기업의 위험에 대한 효율적 감독방안을 제시**하고자 한다. 이는 금융그룹 감독에 대한 국가별 재량권 및 **권역별 규제 원칙을 훼손하지 않고 금융그룹을 효율적으로 감독하기 위함이다**. 예컨대, 동원칙은 권역별 자본·유동성 규제를 대체하지 않는다.[34] … (후략) …

34) Joint Forum 감독원칙, 5면

3. Scope of application

Notably, the Principles constitute a supervisory framework for financial conglomerates which is supplementary to, and does not replace, banking, insurance or securities supervisory frameworks. The Principles aim to address complexities and gaps resulting from cross−sectoral activities.

As a supplementary framework, the 2012 Principles are intended to target additional prudential risks related to the existence of a financial conglomerate and address loopholes in sectoral supervision without prejudice to sectoral supervision. The particular focus is on closing regulatory gaps, eliminating supervisory "blind spots," and ensuring effective supervision of risks arising from unregulated financial activities and entities. The aim is effective supervision of financial conglomerates with due deference to national discretion and sectoral regulation. For example, the 2012 Principles are not intended to override or substitute for capital and liquidity regulations applicable to each sector.

또한 개별업권 감독이 제대로 이루어질 경우 그룹 차원의 감독이 불필요하다는 주장도 있다. 그러나 개별 업권 감독만으로 부족한 위험의 영역이 존재한다. 개별 업권 감독은 해당 금융회사가 부실화되는 것을 방지하기 위한 것이 주목적이므로 금융그룹에 속하는 특정 금융회사의 부실로 인하여 금융그룹에 미치는 영향에 대한 고려는 부족할 수 있다. 예컨대 A은행, A보험사, A증권사, A캐피탈 등으로 구성된 A금융그룹이 있다고 가정하자. 보험업법에 따른 감독으로는 A보험사가 부실화되지 않는 것이 주목적이고 A보험사가 실제 부실화가 발생한 경우 이러한 위험이 A금융그룹 내 다른 금융회사에 미치는 영향에 대하여는 규율하지 않는다. 금융그룹은 지분관계, 내부거래 등 다양한 요인으로 얽혀져 있기 때문에 다양한 그룹 차원의 위험이 발생할 수 있다. A보험사가 부실화된 결과 A그룹에 대한 건전성에 의심을 갖는 고객들이 A은행, A증권에 맡긴 돈을 인출하여 실제 건전성에 문제가 없던 A은행, A증권에도 영향을 미칠 수 있는 것이다. 또한 A그룹의 건전성에 대한 고객들의 막연한 의심으로 인하여 비금융계열사인 A자동차 회사의 향후 서비스·AS 등에 문제가 있을 수 있다고 판단하여 다른 자동차 회사의 차량을 구매함으로써 A자동차와 차량 판매시 할부금융을 주로 하는 A캐피탈의 영업이익이 악화될 수도 있는 것이다. 이렇듯 그룹 차원의 위험이 발생하고 전이될 수 있음에도 불구하고, 개별업법에 따른 감독만으로 이러한 그룹 위험을 관리·감독한다는 것은 매우 어렵다. 금융복합기업집단법은 이러한 금융그룹 수준의 위험에 대하여 개별업법 감독으로 부족하거나 공백이 발생할 수 있는 부분을 감독하기 위한 것으로 이중규제라거나 불필요한 감독이라고 보기 어려운 것이다.

2. 재벌개혁 수단으로 활용될 가능성

금융그룹 감독이 재벌개혁이 주된 목적이라는 주장이 있다. 삼성, 현대차, 한화 등 감독대상 그룹들이 주로 소위 재벌로 불리는 대기업집단에 해당하기도 하고, 금융그룹 감독은 금융그룹에 속하는 금융회사 또는 비금융회사의 지분매각 등을 강제하는 등 강제적인 수단을 통해 지배구조를 개선할 수 있을 것이라는 오해에서 이러한 주장들이 나온다. 특히, 문재인 정부의 국정과제에서 금융그룹 감독제도가 재벌개혁 파트에 포함되면서 이러한 비판은 더욱 강화되었다고 할 수 있다.

그러나 금융그룹 감독은 주요 선진국과 마찬가지로 그간 미비하였던 금융그룹에 대한 위험을 관리·감독함으로서 금융그룹의 건전성을 제고하는 것이다. 그간 우리의 감독체계에서 금융지주그룹과 비교할 때 非지주금융그룹은 규제 공백이 존재하는 상황이었다. 즉, 금융지주그룹은 개별금융업법 외에 금융지주회사법을 통해 그룹위험을 관리하고 있으나, 非지주 금융그룹의 경우 개별 금융업법만 적용되고 그룹 차원의 위험에 대한 별도의 법적 체계 부재하고 있던 것이다. 금융복합기업집단법도 법의 목적이 금융그룹에 대한 그룹 차원의 위험관리·감독임을 명확히 하고 있다.

금융복합기업집단의 감독에 관한 법률
제1조(목적) 이 법은 금융복합기업집단에 발생할 수 있는 재무·경영상의 위험 등을 효과적으로 관리·감독하기 위하여 필요한 사항을 정함으로써 금융복합기업집단의 건전한 경영과 금융시장의 안정을 도모하고 금융소비자를 보호하는 것을 목적으로 한다

또한 금융복합기업집단법은 계열사 지분 정리·매각, 그룹 소유·지배구조의 변경 등을 직접 규제하는 내용을 포함하고 있지 않다. 금융그룹 감독제도 도입의 본질적 취지는 그룹 차원의 금융위험에 대한 체계적인 관리·감독이고, 특정 대기업집단의 지배구조 개편 등을 직접 유도하기 위한 것은 아니다. 또한 그러한 내용이 법에 포함되어 있지도 않다. 다만, 각 금융그룹들이 그룹 차원의 금융위험을 관리해 나가는 과정에서 건전한 지배구조로의 개편이 수반되는 등 자발적인 변화는 있을 수 있다. 그러나 이는 어디까지나 부차적인 효과일 수밖에 없고, 반드시 직·간접적인 재벌개혁의 효과가 나타날 것이라는 보장은 없다. 그룹 차원의 금융위험을 관리하는 것은 다양한 수단과 방법이 존재하고 그중 어떠한 방법과 방식으로 그룹 위험을 관리할지 여부는 어디까지나 각 금융그룹의 선택에 달려있다. 금융당국이 본 법을 통해 감독하려는 것은 그러한 그룹 위험의 관리가 적절히 잘 수행되고 위험이 통제되고 있는지를 보는 것이다.

3. 기업집단의 비금융계열사를 통제·관리하는 수단이 될 가능성

비지주 금융그룹의 경우, 기업집단 내 비금융회사가 혼재되어 있다. 이러한 이유로 금융그룹 감독제도를 통하여 금융그룹의 비금융계열사까지 직접 규율하고 직접 통제·관리하려는 의도가 있다는 주장도 제기된다. 20대 국회의 이학영 의원안의 경우, 해당 기업집단의 사실상 지배자 지정, 소속비금융회사에 대한 자료제출요구권, 계열분리명령 등을 포함하고 있어 그러한 오해를 불러일으킬 여지가 있었다. 그러나 금융그룹 감독제도는 어디까지나 금융회사들에 대한 감독을 목적으로 한다. 비금융회사까지 직접 관리·감독하게 된다면 것은 제도의 설계가 잘못되었다고 할 수 있다.

다만, 금융그룹과 같은 기업집단에 속하는 비금융계열사들은 그룹 차원의 위험을 공유하거나 위험을 전이시킬 수 있는 여지가 있으므로 이러한 위험에 대한 효과적인 통제·관리가 필요하다. Joint Forum 감독원칙 또한 비금융회사를 포함한 비규제회사들로부터의 위험을 고려하도록 권고하고 있다.

금융복합기업집단법 또한 국제기준과 마찬가지로 비금융계열사(소속비금융회사)가 금융그룹의 소속금융회사에 미치는 위험을 관리하도록 하고 있다. 소속비금융회사와의 이해상충방지(제9조) 및 이해상충으로 인한 위험을 관리(제11조)하도록 하고, 자본적정성 평가시 소속비금융회사가 미치는 영향을 고려(제14조)하도록 하고 있으며, 소속비금융회사와의 내부거래가 미치는 영향(제15조) 및 소속비금융회사로부터의 위험전이(제16조)를 관리 하도록 한다. 그러나 이는 어디까지나 소속비금융회사가 소속금융회사에 영향을 미칠 수 있는 위험요인을 금융회사 차원에서 관리·통제하도록 하는 것이고, 직접 비금융회사를 통제하는 내용의 조항은 포함되어 있지 않다. 즉, 금융복합기업집단법은 비금융회사에 어떠한 의무를 부과한다거나 감독당국이 비금융회사에 대하여 자료 제출을 요구하는 등 직접 감독하는 내용을 포함하지 않는다.

〈표 5-6〉 Joint Forum 감독원칙에 따른 비규제회사의 위험 고려[35]

3. 적용범위(Scope of application) [비규제회사] 감독자가 직접적인 건전성 규제를 받지 않는 금융그룹 내(또는 금융그룹이 속한 모그룹 내) 비규제회사의 위험을 고려하는 것이 중요하다. 개별 비규제 기업은 금융그룹에 서로 다른 양상의 위험을 내포하기 때문에 각기 다른 규제방안이 필요하다. … (중략) … 최소한 다음의 특징들 및 이들이 비규제회사에 미치는 영향을 고려해야 함 • (직간접적인) 경영참여, 영향력, 계약의무 • 상호연결성 • 위험노출 · 위험집중 · 위험전이 · 위험관리 • 내부거래 및 익스포저 • 전략적 위험 및 평판 위험

4. 상법과의 충돌 우려(개별 법인 독립성 침해 가능성)

금융그룹 감독제도가 개별 법인의 독립성을 보장하는 우리 상법의 기본

35) Joint Forum 감독원칙, 6면.

3. Scope of application

[Unregulated entities]

It is important that supervisors consider risks arising from the activities of unregulated entities, which are entities within the financial conglomerate (or the wider group to which the financial conglomerate belongs) that are not directly prudentially regulated.

… (중략) …

At a minimum, the following characteristics, and their impact on regulated entities, should also be considered:

• (direct or indirect) participation, influence and/or other contractual obligations,
• interconnectedness,
• risk exposure,
• risk concentration,
• risk transfer,
• risk management,
• intra−group transactions and exposures,
• strategic risk, and
• reputation risk.

원칙과 충돌될 우려가 있다는 주장이 있다. 또한 개별 금융회사의 이사들은 개별 회사의 이익을 최우선적으로 고려해야 하고, 금융그룹 전체의 이익을 고려할 필요는 없는데 만일 본인이 소속된 회사의 이익을 희생하고 금융그룹 전체의 이익을 추구하기 위한 의사결정시 상법상 이사의 충실의무 등을 위배하고, 경우에 따라서는 업무상 배임죄가 성립될 가능성도 있다는 것이다.

특히 금융복합기업집단법에 따라 대표금융회사를 중심으로 하여 그룹 차원의 위험관리를 하는 경우 대표금융회사의 요구 등에 따라 개별 소속금융회사의 경영자율성이 제약되거나 희생이 강요될 수 있다는 것이다. 이러한 경우 상법상 개별 회사는 독립된 법인으로서 해당 회사의 의사결정 구조에 따라서 독자적인 의사결정을 해야 하는데 이를 침해받을 수 있다는 것이다.

그러나 이는 금융그룹 감독제도 및 금융복합기업집단의 취지를 잘못 이해한 것이라 할 수 있다. 금융그룹 감독제도는 기본적으로 그룹 차원의 위험을 효과적으로 관리하기 위한 목적의 제도이다. 이러한 목적 달성을 위해 금융복합기업집단법에는 ① '금융복합기업집단'과 ② '금융당국'이 그룹 차원의 위험관리 등을 위하여 필요한 조치 등을 규정하고 있다. 먼저 금융복합기업집단이 집단 차원의 내부통제·위험관리 및 건전성 관리 등을 위한 업무를 수행하고, 이를 금융당국에 보고·시장에 공시도록 규정하고, 금융당국은 금융복합기업집단이 집단 차원의 위험관리 등을 제대로 하고 있는지 감독·검사하고, 건전성 악화된 경우 경영개선계획 수립 명령 등을 통해 개입하고 조치할 수 있도록 하고 있다. 즉, 금융복합기업집단의 위험관리 등은 대표금융회사가 주축이 되어 각 소속금융회사간 협의를 통해 진행하도록 하고 있다. 대표금융회사는 소속금융회사들간 협의를 통해 도출된 위험관리계획 등을 취합하여 감독기관에 전달하는 총괄·취합 창구 역할을 하고 있고, 대표금융회사의 강제적 권한을 법상 부여하고 있지 않는다. 입법 과정에서 대표금융회사 역할을 효율적으로 하기 위하여는 조정 권한 등을 가져야 한다는 주장도 있었으나, 이것이 반영되지 아니한 주된 이유이다. 개별 소속금융회사에 대한 강제적 조치 권한은 금융복합기업집단이 부실화된 경우 예외적으로 감독당국이 이행할 수 있는 것이다. 소속금융회사는 그룹 차원의 위험관리 등이 본인 회사에 도움이 되는 범위 내에서 각각 독자적인 판단에 따라 본인 회사에 도움이 되는

〈표 5-7〉 상법과의 충돌 문제가 제기되는 관련 조문

1. 개별회사(법인격) 독립의 원칙

□ 회사는 법률에 따라 대외적으로 독립적 인격체(법인격)로서 권리·의무의 귀속주체(법률적·경제적 행위주체)가 된다는 원칙

상법 제169조 이 법에서 **"회사"**란 상행위나 그 밖의 영리를 목적으로 하여 설립한 **법인을 말한다.**

2. 이사의 선관주의의무·충실의무

□ 이사가 회사와의 위임계약의 신뢰관계에서 기대되는 선량한 관리자의 주의* 로써 회사의 사무를 처리해야 하는 의무

* 수임인의 직업·지위·지식 등에 있어 일반적으로 요구되는 평균인의 주의의무

상법 제382조 ② 회사와 이사의 관계는 **「민법」의 위임에 관한 규정을 준용**한다.
민법 제681조 수임인은 위임의 본지에 따라 **선량한 관리자의 주의로써 위임사무를 처리**하여야 한다.

□ 이사의 충실의무는 이사의 선관주의의무를 보다 구체화함

* 이사는 자신이 속한 개별회사의 이익만을 위해 충실하게 사무를 처리해야 할 의무가 있음

상법 제382의3 이사는 **법령과 정관**의 규정에 따라 **회사를 위하여 그 직무를 충실하게 수행**하여야 한다.

[참고] 이사의 민·형사상 책임

(1) 민사상 책임 ⇨ 회사 또는 제3자에 대한 손해배상책임

▸ 이사의 선관주의 의무 또는 충실의무 위배시(상법 §399, §401)

(2) 형사상 책임 ⇨ 업무상 배임죄

▸ 회사의 이사가 그 임무에 위배하여 자신이나 제3자(예: 계열사 등)에 재산상 이익(예: 가치, 기회제공 등)을 취득하게 하여 회사에 손해(현실적 손해 또는 손해 발생의 구체적 위험) 발생시(형법 §355②, §356)

방향으로 의사결정을 할 수 있다. 따라서 금융복합기업집단법은 내부통제, 위험관리 등의 의사결정에서 소속금융회사간 협의를 거치도록 하고 있다. 특정 소속금융회사를 지원하기 위해 다른 특정 소속금융회사 등이 자신의 이익을 희생하고 손해를 본다는 것은 결코 금융그룹 전체의 위험을 관리하거나 감소시키는 방향이 아니다. 따라서 그러한 의사결정은 올바른 금융그룹 감독제도의 방향이 아니다. 제도 자체를 잘못 이해한 것이라 할 수 있다. 또한 이 경우에는 금융그룹 감독제도를 악용한 것으로 손해배상책임, 업무상 배임 등에 따라 여전히 규율받는다.

감독당국은 특정 소속금융회사를 희생하도록 하는 등 금융그룹 감독제도가 잘못 운용되지 않도록 그룹 차원의 위험관리를 제대로 하고 있는지, 관리·감독할 수 있는 권한을 갖추어야 한다. 금융복합기업집단법은 소속금융회사가 어떠한 의사결정을 강요당하도록 하지 않고 있고, 감독·검사, 보고·공시, 위험관리실태평가 등을 통하여 각 금융복합기업집단이 제대로된 집단 차원의 내부통제·위험관리 등을 하고 있는지 살펴볼 수 있도록 하고 있다.

5. 금산분리의 강화 수단으로 활용될 가능성

금융그룹 감독제도는 금산분리를 위한 제도라는 의견이 있다. 더구나 문재인 정부의 국정과제 24-4번 금산분리 원칙 준수 파트에 금융그룹 감독제도의 도입이 과제로 포함되어 있기 때문에 더더욱 본 제도가 금산분리를 위한 제도로 보일 가능성이 높다. 그러나 금융그룹 감독제도가 금산분리를 엄격히 지향한다고 보는 것은 본 제도의 일부 측면만 본 것이고 이를 제대로 이해하는 것이라 보기 어렵다. 금융그룹 감독제도를 통해 감독대상 금융그룹이 비금융회사의 지분을 소유할 수 없도록 한다든지 기존에 보유하던 비금융회사의 지분을 매각하도록 할 것이라는 일부 예상도 있었으나, 이 또한 금융그룹의 그룹 차원의 위험을 관리한다는 금융그룹 감독제도의 본질적 목적을 확대 해석한 것이라 할 수 있다. 특히 이는 감독대상 금융그룹 중 하나인 삼성의 '삼성물산 → 삼성생명 → 삼성전자'로 이어지는 지배구조와 관련해 금융그룹 감독제도가 엄격한 금산분리를 통해 이를 해소하는 수단이 될 것이라는 예상[36)]

---

36) 김상조, 「비은행권 금산분리 규율체계의 재설계」, 한국금융학회, 2016년 동계(Ⅱ) 정책심포

과 맞물리게 되면서 금융그룹 감독제도는 금산분리를 위한 제도라고 생각하게 만들었다고 볼 수 있다.

금산분리의 기본 원칙은 금융과 산업을 분리한다는 것이다. 말 그대로 금융과 산업간 결합을 억제 혹은 제한하는 것이다. 좁은 의미의 금산분리란 금융이 산업부문을 또는 산업이 금융부문의 지분 보유 자체를 엄격히 금지하는 것으로 볼 수 있다. 그러나 금산분리를 채택하고 있는 미국, 유럽, 일본 등의 국가들 중 실제로 지분 보유 자체를 전혀 허용하지 않는 완벽한 의미의 금산분리를 채택하고 있는 나라는 없다. 주로 지분의 허용범위를 정하거나 의결권을 제한하는 형태로 이루어진다.[37] 이보다 넓은 의미의 금산분리란 금융부문의 위험과 산업부문의 위험간 방화벽을 구축하는 것이라 볼 수 있다. 물론 금융과 산업부문의 결합을 억제하는 것도 본질적으로는 양 부문간의 위험 전이로 인한 부실 확대 등을 방지하고자 하는 것이 그 중요한 목적 중 하나라 할 수 있다.

Joint Forum 감독원칙의 경우도 비금융회사의 소유나 지배를 억제하는 내용을 담고 있지 않다. 비금융회사와 혼재된 금융그룹의 존재를 인정하고, 이러한 경우 비금융회사 등의 비규제회사들의 위험을 어떻게 관리·감독할 것인지에 대하여 방안을 마련하도록 하고 있다. 즉, 위험의 방화벽을 제대로 구축하도록 하는 것이다. 이를 위하여 비금융회사로부터의 전이위험, 내부거래로 인한 위험 등을 예측하고, 통제하도록 권고하고 있다.

금융복합기업집단법도 금융그룹이 비금융회사를 소유하지 않도록 금지하거나 기존에 보유하고 있는 비금융회사의 지분을 매각하도록 하는 내용은 포함되어 있지 않다. 20대 국회의 이학영 의원안에는 금융그룹에 속하는 금융회사의 비금융회사 주식 취득을 제한하는 규정을 두었으나, 현재의 입법안에는 그러한 내용은 모두 포함되지 않았다. 금융그룹 감독제도는 기본적으로 개별 업권의 감독만으로는 포착되기 어려운 그룹 차원의 위험을 관리·감독하는 보충적 감독이다. 따라서 개별 업권법으로 해소할 수 있음에도 불구하고 이를

지엄 '금융과 기업지배구조'(2016. 2. 25), 142면.

37) 김자봉, 「금산분리의 법리–법적권리 간 이해상충의 경제적 인센티브와 충돌의 사회적 비용을 중심으로」, 은행법학회, 은행법연구 제13권제2호(2020. 11), 93면.

〈표 5-8〉 Joint Forum 감독원칙의 비금융계열사로부터의 위험 예측·통제 권고

2. 주요 목적(Objective) 감독원칙은 그룹 차원의 위험집중, 내부거래 및 익스포져를 관리·보고하는 효율적인 시스템을 포함하는 금융그룹의 통합 위험관리체계 수립 필요성을 강조하며, 동 원칙의 중요성을 재확인 함. **특히, 금융그룹이, 비규제 기업 및 업무의 위험을 포함하여, 모든 중요한 위험을 측정·관리·보고할 수 있는 능력을 갖춰야 한다**.[38]

금융그룹 감독을 통해 해소하려는 시도 자체가 제도의 본질적 취지에 어긋난다. 따라서 금융그룹 감독을 통해 금융그룹이 기존에 보유하고 있는 비금융회사의 지분을 해소하려는 시도 등은 보충적 감독 취지에 어긋날 가능성이 높다. Joint Forum 감독원칙의 취지와 같게 기본적으로 현재의 금융그룹 상황을 존중하고, 현 상태에서 발생하고 있는 그룹 위험을 제대로 포착하고 관리하는 수준으로 이루어지는 것이 바람직하다. 금융복합기업집단법 또한 비금융회사로부터 미칠 수 있는 위험에 대하여 이해상충 방지, 자본적정성 평가, 내부거래 및 위험집중, 전이위험 관리, 보고·공시 등의 수단을 통해 관리·감독하고 있다.

즉, 금융복합기업집단법은 금융부문이 산업부문을 소유하거나 산업무문이 금융부문을 소유하는 것을 금지하거나 지배력을 제한하는 등의 엄격한 의미의 금산분리 원칙을 택하고 있지는 않다. 다만, 비금융부문의 위험이 금융부문으로 전이되는 것을 방지하는 방화벽을 구축하는 내용의 넓은 의미의 금산분리 원칙은 지향하고 있다고 볼 수 있다.

---

38) Joint Forum 감독원칙, 3면.

2. Objective

The 2012 Principles reaffirm the importance of this guidance by setting out the need for a financial conglomerate to have a comprehensive risk management framework, including effective systems and processes to manage and report group−wide risk concentrations and intra−group transactions and exposures. <u>They place greater emphasis on the conglomerate's ability to measure, manage and report all material risks to which the financial conglomerate is exposed, including those stemming from unregulated entities and activities</u>.

제 2 절 금융그룹 감독제도 법제화의 취지 및 목적

현행 개별 금융회사별로 이루어지는 금융업권별 감독만으로는 같은 기업집단에 속한 금융회사 간의 내부거래나 출자 등으로 발생할 수 있는 재무·경영상 위험에 관한 사항까지 감독하기에는 한계가 존재한다. 따라서 금융복합기업집단법은 둘 이상의 금융회사가 포함된 기업집단의 경우 해당 기업집단에 속한 금융회사들로 구성된 집단(금융복합기업집단)에 대하여 집단 차원의 내부통제체계와 위험관리체계 등을 마련하도록 하고, 금융위원회 및 금융감독원이 이러한 내부통제 및 위험관리 등이 제대로 이루어지는지를 감독·검사할 수 있도록 함으로써 금융시장의 안정을 기하고 금융소비자를 보호하기 위해 제정되었다.[39]

금융복합기업집단법은 이러한 입법 목적을 제1조에서 분명히 하고 있다. 금융복합기업집단에 발생할 수 있는 집단 차원의 위험을 관리·감독함으로써 이들의 건전한 경영을 유도하고, 금융시장의 안정을 도모하여 궁극적으로 금융소비자를 보호하는 것이다. 즉, 핵심적인 목적은 개별 금융회사별 감독으로는 해소되지 않는 그룹 차원의 위험을 효과적으로 감독하는 것이다. 재벌개혁, 금산분리 등은 이러한 그룹 위험을 해소하기 위한 일종의 수단이거나 부차적인 효과에 불과하다.

금융복합기업집단의 감독에 관한 법률
제1조(목적) 이 법은 금융복합기업집단에 발생할 수 있는 재무·경영상의 위험 등을 효과적으로 관리·감독하기 위하여 필요한 사항을 정함으로써 금융복합기업집단의 건전한 경영과 금융시장의 안정을 도모하고 금융소비자를 보호하는 것을 목적으로 한다.

금융복합기업집단법을 통해 집단 차원의 감독을 함으로써 그간 문제로 지적되었던 감독 사각지대의 해소를 할 수 있게 되었다. 개별 업권별 감독으

39) 「금융그룹의 감독에 관한 법률안(의안번호 3312, 제출연월일 2020. 8. 31)」 의안원문 중 제안 이유 참조.

로만으로는 그룹 위험을 적절히 포착·감독하는데 부족한 부분이 있었다. 우리나라의 금융그룹은 금융지주회사 방식, 모자회사 방식, 산업자본 계열의 금융그룹 등 다양한 형태로 존재한다. 하지만 그동안은 금융지주회사 및 그 자회사에 대해서만 그룹 차원의 감독이 이루어져왔다.[40] 즉, 그룹 차원의 엄격한 규제를 받는 금융지주와 달리 비지주 금융그룹에 대하여는 그룹 차원의 어떠한 감독도 받지 않고 있던 것이다. 예컨대, 금융지주회사의 자회사인 보험사는 보험업법 이외에도 금융지주회사법에 따른 그룹 차원의 감독도 받는다. 그러나 비(非)지주 금융그룹에 속하는 보험사는 보험업법에 따른 감독만 받을 뿐 그룹 차원의 감독은 받지 않는 것이다. 이는 '같은 것은 같게, 다른 것은 다르게' 감독해야 하는 동일기능 동일규제 원칙에 있어서도 공백이 있다고 할 수 있다.[41] 국제통화기금(IMF) 또한 2014년에 이어서 2020년 4월에도 금융부문 평가프로그램(FSAP)을 통해 우리나라의 이러한 문제점을 지적하며, 금융지주와의 규제 비대칭성 해소 등을 위해 시스템적으로 중요한 비지주 금융그룹 감독의 법적근거를 조속히 마련하고, 감독을 강화할 것을 권고한 바 있다. 비지주 금융그룹에 대한 그룹차원 감독의 법적근거 미비하므로 비지주 금융그룹 건전성규제를 강화하고, 그룹 차원의 정보공개, 적절한 지배구조 구축하도록 하며, 금융그룹 감독조직의 규모를 확대하고, 금융그룹 감독을 강화하며, 감독수단 정교화하도록 권고한 것이다.[42]

금융복합기업집단법은 이러한 문제점들을 해소하면서 향후 비지주 금융그룹에 대하여도 적절한 그룹 차원의 감독을 실시함으로써 금융그룹으로 시장에 참여하는 참여자들에 대한 건전성을 높여 금융시장의 안정성을 한층 높이고, 정보의 공개 등을 통해 금융소비자에 대한 보호 수준도 보다 높이는데 기여할 것으로 보인다. 또한 금융그룹의 건전성에 대한 시장의 신뢰가 확보되면 금융그룹의 경쟁력의 제고에도 기여할 것이다.

---

40) 손상호, 「금융그룹 감독제도의 조속한 법제화를 기대하며」, 세계일보 기고(2020. 3. 26), 25면.

41) 손병두, 「금융그룹감독법, 더 늦춰서는 안된다」, 파이낸셜 뉴스 사설 오피니언(2020. 10. 20), 30면.

42) 금융위원회, 「금융그룹의 감독에 관한 법률 제정안 입법예고」, 보도자료(2020. 6. 8), 2면.

제 3 절 금융그룹 감독제도 법제화의 기본방향

Ⅰ. 보충적 감독 원칙에 충실

앞서 살펴보았던 것과 같이 금융그룹 감독제도는 개별 업권법만으로는 해소하기 어려운 그룹 차원의 위험을 감독하는 보충적 감독제도이다. 따라서 금융그룹 감독은 개별 금융회사 감독의 부족한 부분만을 보충하는 것으로서 최소한의 규제로 이루어져야 한다. 금융복합기업집단법은 기본 개별법의 준수를 기본으로 하면서 그룹 위험의 관리·감독을 위하여 부족한 부분에 한하여 최소한의 규제를 하는 것을 원칙으로 하고 있다. 이러한 원칙은 제4조에서 명확히 선언하고 있다. 다른 법률에 규정이 있는 경우에는 해당 개별법이 우선적으로 적용됨을 명확히 하고 있는 것이다.

금융복합기업집단의 감독에 관한 법률
제4조(다른 법률과의 관계) 금융복합기업집단의 감독에 관하여 다른 법률에 특별한 규정이 있는 경우를 제외하고는 이 법에서 정하는 바에 따른다.

즉, 금융복합기업집단법이 금융그룹 감독에 있어 다른 개별법들에 우선하여 적용되는 상위의 특별법이 아니라는 것이다. 따라서 기존의 법률 체계를 준수하며 이를 보충하기 위하여 보완적으로 적용되는 법에 해당한다. 예컨대, 소속금융회사의 임원이 그룹 차원의 이익을 위해 개별 금융회사에 피해를 입히는 행위·의사결정을 하는 경우 상법상 이사의 충실의무 위반, 형법상 업무상 배임 혐의 가능성이 문제가 되는데, 이러한 경우에는 여전히 개별법이 우선하여 적용된다는 것이다. 그러므로 개별법을 위반하거나 그러한 가능성이 있는 것을 금융복합기업집단법이 정당화 시켜줄 수 없다. 각 개별업법을 준수하면서 그룹 위험 관리를 하되, 그러한 그룹 위험의 관리를 각자 회사의 이익이 되는 범위 내에서 협의하여야 하는 것이다.

따라서 금융복합기업집단법은 기존의 규율체계를 최대한 존중하고 활용할 수밖에 없고, 수범자들이 새로운 규제에 대한 부담을 최소화하도록 할 수밖에 없다. 금융복합기업집단법의 내용이 미흡하다고 보일 수 있으나, 이는 개별 금융업권 감독의 공백을 메우는데 필요한 범위 내에서 최소한의 규제를 추가하는 것이므로 어찌보면 당연한 결과일 수 있다. 즉, 금융복합기업집단법은 개별 금융감독으로 부족한 부분을 보충하기 위한 최소한의 내용으로 구성되어야 하는 것이다.

Ⅱ. 금융복합기업집단의 자율성을 최대한 존중

금융복합기업집단법에는 각 금융복합기업집단이 그룹 차원의 내부통제정책·위험관리정책 등을 수립하고, 건전성 관리 등을 하도록 하는 의무를 부여하고 있다. 그런데 그러한 의무를 수행하여 그룹 위험 등을 제대로 관리하는 노력을 하도록 유도하고 기본적인 내용이 포함되도록 하게 할 뿐, 실질적으로 어떠한 내용으로 어떻게 하여야 할지에 대하여는 각 금융복합기업집단의 자율에 맡기고 있다. 예컨대 금융복합기업집단 차원에서 적정한 자본적정성이 유지되도록 하고는 있으나, 자본적정성 유지를 위해 자본을 증액할지, 위험자산의 규모를 줄일지 등의 구체적 방안에 대하여는 각 금융복합기업집단이 소속금융회사간 협의를 거쳐 정하면 되는 것이다. 내부통제정책, 위험관리정책 등도 마찬가지이다. 이해상충방지 방안 등을 담아서 내부통제정책을 수립하도록 하나 해당 정책에 어떠한 내용을 담을지 역시 금융복합기업집단의 선택에 달려있다. 다만, 감독당국은 해당 법적 의무를 적절히 수행하고 있는지를 감독하고, 해당 금융복합기업집단의 의무 수행이 적절하기만 하면 그 구체적인 내용에 대하여 강제적 조치를 취하지는 않는 것이다.

즉, 금융복합기업집단에 대하여 그룹 위험 등을 적절히 관리할 포괄적인 의무를 부여할 뿐, 세부 내용에 대한 것을 일일이 규정하고 있지 않으며 이를 해당 금융복합기업집단의 선택에 맡기고 있는 것이다. 이는 보충적 감독 취지인 금융그룹 감독제도를 설계함에 있어 당연한 결과일 수도 있다. 각 금융복합기업집단마다 소속금융회사에서 주력으로 수행하는 업종, 각 금융회사 간의 영업 현황, 비중, 자산 구성 등이 각기 다르므로 너무 세부적인 기준을 세우고 그 틀에 맞추도록 할 경우 불합리한 결과가 발생할 수 있다. 또한 각 개별업법을 준수하면서 추가적으로 본 법을 준수해야 하므로 너무 구체적으로 내용을 정할 경우 개별업법과의 충돌이 발생할 수도 있는 것이다. 따라서 금융복합기업집단법은 큰 틀에서 그룹 위험관리 등을 위한 의무를 해당 집단에 부여하고, 감독당국은 그러한 의무를 제대로 수행하는지 여부를 감독하는 형태로 구성되어 있다. 또한 금융복합기업집단이 그룹 위험관리 등을 적절히 하는지 여부는 감독당국의 평가를 통해 살피고, 공시를 통해 시장의 평가를 통해 규율될 수 있도록 유도하고 있다. 만일 금융복합기업집단의 재무상 위험이 어떠한지, 어떠한 노력을 하고 있는지에 대하여 좋지 못한 평가를 받거나 공시에 이러한 내용이 부실하게 기재될 경우에는 시장에서 건전하지 못한 금융그룹으로 평가받고 그 안정성에 대하여 신뢰도가 낮아질 수 있는 것이다.

Ⅲ. 소속금융회사간 협의 중심(예외적 경우에만 당국이 개입)

앞에서 살펴보았던 것처럼 금융복합기업집단법에 대하여는 상법과의 충돌 우려가 제기되었다. 따라서 집단 차원의 위험관리 등을 함에 있어 대표금융회사 등이 다른 소속금융회사 등에 대하여 원치 않는 조치 등을 지시하거나 명령할 권한 등을 부여할 경우 이러한 문제가 발생할 수 있다. 그러므로 그룹 차원의 위험관리 효율성을 위해서는 대표금융회사에 하여 다른 소속금융회사들을 통제할 수 있는 권한을 확보할 수 있는 근거를 포함시켜주어야 한다는 일부 의견이 제기되었으나, 금융복합기업집단법에 이러한 내용은 들어가 있지 않다. 금융복합기업집단의 대표금융회사는 해당 집단이 자율적으로 선정하도록 하고 있고, 대표금융회사가 다른 소속금융회사에 대하여 명령·지시할 권한을 주거나 특정 소속금융회사에 대한 우열관계를 인정하고 있지 않는 것이다. 집단 차원의 내부통제·위험관리 등은 소속금융회사간의 협의를 거쳐 결정하도록 하고 있다. 특정 소속금융회사에 대한 조치는 예외적인 경우에 감독당국이 할 수 있도록 하고 있다. 금융복합기업집단의 건전성이 일정 기준 이하로 떨어져 집단 차원의 경영개선계획을 아예 제출하지 않거나 제출한 계획이 부적절한 경우에만 예외적으로 당국이 개입하는 것이다.

이상에서 본 바와 같이 금융복합기업집단법은 금융복합기업집단의 재량과 자율성을 최대한 보장하고 있고, 감독당국은 최소한으로 개입하는 것을 원칙으로 한다. 그리고 공시 등을 통해 시장에 의해 규율되도록 하고 있다. 일정한 의무를 준수하도록 하고, 이를 준수하지 않거나 다르게 이행하는 경우에는 이를 외부에 설명하도록 하는 Comply or Explain 체계로 법이 구성되어 있는 것이다. 또한 금융복합기업집단법은 은행의 바젤Ⅱ[43] 협약에 따른 Pillar 1, 2, 3 요소를 모두 포함하고 있다. Pillar 1은 자기자본규제로서 적정한 자기자본비율을 유지하도록 하는 것이고, Pillar 2는 자체 내부모형 등에 따라 내부적으로

〈표 5-9〉 Pillar 1, 2, 3 주요내용 및 금융복합기업집단법의 적용

	내 용	금융복합기업집단법 적용
Pillar 1 (자기자본규제)	감독기준에 따라 자기자본비율을 산출하고 최소한의 기준(예: 8% 이상)을 유지하도록 하는 제도	• 자본적정성 평가(제14조)
Pillar 2 (감독당국 점검)	금융회사가 스스로 리스크를 인식·측정·관리하는 시스템을 갖추도록 한 후, 감독당국은 그 시스템의 적정성 여부를 점검하고 필요한 경우 적절한 감독조치 부과 * ICAAP, SREP	• 금융복합기업집단 내부통제정책·체계(제9~10조) • 금융복합기업집단 위험관리정책·체계(제11~12조) • 금융복합기업집단 위험관리실태평가(제21조)
Pillar 3 (시장 공시)	자본적정성과 리스크 관리 상황을 공시하여 시장참가자가 스스로 이를 평가하고 적절히 대응할 수 있도록 함으로써 시장규율을 강화하고, 감독당국 규제를 보완	• 공시(제20조)

43) 1988년 도입된 바젤 I 자기자본규제의 경우 1990년대 후반 이후 금융환경의 급격한 변화로 은행 리스크에 상응하는 필요자기자본의 정확한 산정 및 발전된 리스크 관리기법 사용에 어려움이 있다는 지적에 따라 BIS비율 산정방법을 정교화(기업신용등급별 위험가중치 차등부과, 은행의 내부모형에 따른 위험평가 허용, 운영리스크 추가)하고, 자본규제의 틀을 3개 축(Pillars)으로 구성하고 있다.

위험을 평가하고 감독당국이 이를 점검하는 것이며, Pillar 3는 공시를 통해 시장에 따른 규율을 강화하여 감독당국의 규제를 보완하는 것이다. 금융복합기업집단법은 Pillar 1 요소인 자본적정성 규제와, Pillar 2 요소로 금융그룹 스스로 위험을 관리하고, 감독당국이 이를 점검, Pillar 3 요소로 금융그룹 차원의 주요 위험요인 등을 시장에 공시하도록 하고 있다. 즉, 법 자체에 세부적으로 금융복합기업집단이 준수할 기준을 두거나 감독당국이 금융복합기업집단에 대하여 세부적으로 어떠한 사항을 준수하도록 하지 않는 것이다. Pillar 2, 3적 요소를 통해 최대한 금융복합기업집단 스스로 위험관리를 하도록 유도하는 것이다.

제 4 절 금융그룹 감독제도 법제화의 기대효과

금융복합기업집단법이 제정됨에 따라 기존에 고려되지 않던 기업집단 차원의 내부통제 및 위험관리, 자본적정성 관리 등이 이루어질 것으로 보인다. 본 절에서는 본 법의 시행됨으로 인하여 어떠한 효과를 기대할 수 있는지 위주로 서술한다. 즉, 본 법이 취지대로 시행되고, 안착되었을 때의 기대효과에 대하여 살펴보도록 한다.[44)]

먼저 금융복합기업집단 차원의 내부통제정책을 수립하고, 공통의 내부통제기준을 마련하는 등의 활동을 통해 집단의 전반적인 내부통제 수준의 향상을 꾀하고, 이를 통해 다른 소속금융회사 또는 소속비금융회사의 평판 훼손·법적 리스크 등으로 인한 위험의 가능성을 낮출 수 있을 것으로 기대된다. 그리고 금융복합기업집단 전체 차원의 집단위험 등을 고려함으로써 개별 금융회사 차원에서만 위험관리를 할 때 간과될 수 있는 그룹 차원의 위험에 대비할 수 있을 것으로 보인다. 또한 내부통제·위험관리를 위한 공통의 기준설정, 점검 과정, 실무적 협의 채널 구축 등을 통해 금융복합기업집단 전반의 내부

44) 금융복합기업집단법의 세부적인 주요내용은 제2편에서 자세히 살펴보도록 한다.

통제 및 위험관리 수준이 향상될 것으로 기대할 수 있다.

또한 금융복합기업집단 전체 차원의 자본적정성 평가 등을 통해 해당 집단 전체의 건전성 수준을 주기적으로 평가함으로써 위험에 사전에 대비할 수 있게 되었다. 특히 개별 소속금융회사별로는 건전성 지표가 높음에도 불구하고, 실질적으로는 무리한 출자에 따른 자회사 설립 등 중복자본이 많아 건전성 지표에 과도한 거품이 끼어 있는 경우 등을 제대로 확인할 수 있다. 또한 금융복합기업집단 전체 차원의 위험을 자본적정성 평가에 반영함으로써 금융복합기업집단 수준의 건전성을 보다 현실적으로 파악할 수 있게 되었다.

그리고 내부거래·위험집중·위험전이를 보다 효율적으로 인식·감시·평가·관리할 수 있게 되었다. 이전에는 내부거래를 개별법에서 금지하는 이내에서만 하도록 관리하는 수동적인 관리가 이루어졌다면 본 법 시행으로 내부거래의 의존도 향상, 내부거래의 실적 악화를 가정한 스트레스테스트 등 집단 차원에 미치는 다양한 영향을 고려하여 스스로 대비하는 능동적인 관리가 될 것으로 기대할 수 있다. 또한 개별 금융회사 차원에서는 고려되기 어려웠던 위험의 집중이나 전이에 대하여도 투자·자산운용 등 금융회사 경영의 전반에 적용하여 관리해 나갈 것으로 기대할 수 있다. 의존이 줄 수 있는 위험 집중 등의 부작용에 대하여 간과하였다.

그리고 금융복합기업집단 차원의 주요 위험요인 등에 대한 보고를 통해 감독당국이 집단의 위험에 대하여 사전에 감시·파악하여 대비할 수 있고, 금융복합기업집단의 주요 정보에 대한 공시를 통해 금융소비자가 사전에 집단들에 대한 위험요인 등에 대한 정보를 획득하고, 위험한 집단에 대하여 사전에 파악·대비할 수 있는 계기가 형성되었다.

향후 감독당국은 본 법의 제정에 따른 기대효과가 제대로 발현될 수 있도록 상시적으로 점검하고, 이상과 현실의 괴리 등으로 잘 지켜지지 않거나 효율성이 떨어지는 부분 등을 모니터링 하면서 이를 꾸준히 개선해 나가도록 하여야 할 것이다.

〈표 5-10〉 법 제정 전후의 예상 기대효과 비교

	제정 전 (개별업법만)	제정 후 (개별업법 + 금융복합기업집단법)
내부통제 · 위험관리 (§9~12)	• 지배주주 등의 일방적 지시 外 실무적인 협의채널은 부재	• 금융복합기업집단 내부통제·위험관리 등을 위한 실무적 협의 채널 구축 (내부통제협의회·위험관리협의회 등)
	• 소속금융회사간 내부통제 · 위험관리의 수준 차이 발생 ⇒ 소규모·비규제 금융회사의 위험이 금융복합기업집단 전체에 영향 가능	• 금융복합기업집단 내 내부통제 · 위험관리 수준 상향 평준화 (공통의 기준 마련 및 위험의 점검)
	• 금융복합기업집단 차원의 위험 등에 대한 별도 고려 미흡	• 소속금융회사별 위험한도 설정, 스트레스테스트 등을 통해 집단 차원 위험의 자발적 점검 가능
자본적정성 (§14)	• 중복자본이 각각 금융회사의 자본적정성에 그대로 반영	• 중복자본을 제거한 집단 차원의 자본적정성 점검·평가
내부거래 관리 (§15)	• 출자·신용공여만 고려	• 출자·신용공여뿐만 아니라 자산·상품·용역거래도 점검
	• 금융복합기업집단 전체의 내부거래 의존도·영향 등은 고려하지 않음	• 금융복합기업집단 전체의 내부거래 의존도·영향 등을 고려하여 위험에 대비
위험집중 관리 (§15)	• 개별 또는 공동투자 등에 있어 각사의 이해관계만 고려 ⇒ 금융그룹 전체의 투자 등이 한곳에 집중되는 위험을 간과할 우려	• 금융복합기업집단 수준의 위험 집중을 관리·점검하면서 투자 ⇒ 금융복합기업집단 전체의 투자·자산 등이 한곳에 집중될 위험 감소
위험전이 관리 (§16)	• 소속금융회사간 또는 소속비금융회사로부터의 위험 전이로 인한 집단 차원 위험의 증가에 대하여 별도로 고려하지 않음	• 소속금융회사간 또는 소속비금융회사로부터의 위험 전이에 대한 인식·감시체계 구축 ⇒ 사전 대비
보고 (§20)	• 각 금융회사가 해당 업권 담당부서에 보고하는 것이 전부 ⇒ 감독당국이 금융그룹 수준의 위험을 간과하게 될 우려	• 금융복합기업집단 수준의 주요 위험요인 등을 통합 보고 ⇒ 감독당국이 금융그룹에 대한 위험을 신속하게 파악 가능
공시 (§20)	• 개별사의 공시를 직접 일일이 확인해야 하므로 금융소비자가 금융그룹의 재무현황 등을 파악하기 매우 어려움	• 금융그룹 차원의 통합된 공시를 하므로 금융소비자가 금융그룹에 대한 정보를 파악하기 매우 용이

제 2 편

금융복합기업집단의 감독에 관한 법률 주요내용 분석

제 1 장 법률의 기본구성

금융복합기업집단법은 총칙(제1장), 금융복합기업집단의 지정 등(제2장), 금융복합기업집단의 내부통제 및 위험관리 등(제3장), 금융복합기업집단의 감독(제4장), 처분 및 제재절차(제5장), 보칙(제6장), 벌칙(제7장) 등 총 7장 34개 조문으로 구성되어 있다.

〈표 1-1〉 금융복합기업집단법의 구성

구 분	제1장 총칙
§1 · 2	• 목적 및 정의
§3 · 4	• 적용범위 및 다른 법률과의 관계
	제2장 금융복합기업집단의 지정 등
§5 · 6	• 금융복합기업집단의 지정 · 해제
§7 · 8	• 대표금융회사의 선정 · 업무 등
	제3장 금융복합기업집단의 내부통제 및 위험관리 등
	제1절 금융복합기업집단의 내부통제 및 위험관리
§9 · 10	• 금융복합기업집단 내부통제정책 수립 · 내부통제체제
§11 · 12	• 금융복합기업집단 위험관리정책 수립 · 내부통제체제
	제2절 금융복합기업집단의 건전성 관리
§13	• 금융복합기업집단 건전경영의 확보

§14	• 금융복합기업집단의 자본적정성 관리
§15	• 금융복합기업집단의 내부거래 및 위험집중 관리
§16	• 금융복합기업집단의 위험전이 관리
	제4장 금융복합기업집단의 감독
§17	• 감독
§18	• 검사
§19	• 감독 협의체의 운영
§20	• 보고 및 공시
§21	• 금융그룹 위험 관리실태 평가
§22	• 경영개선계획의 제출
§23	• 경영개선계획의 미제출·불이행 등과 관련한 조치
§24	• 비공개정보 누설 등의 금지
	제5장 처분 및 제재절차
§25	• 행정처분
§26	• 행정처분의 기록 및 조회
§27	• 이의신청
	제6장 보칙
§28	• 인허가 등의 심사시 고려사항
§29	• 고객정보의 제공·관리
§30	• 시설 등의 공동사용
§31	• 권한의 위탁
	제7장 벌칙
§32	• 벌칙
§33	• 양벌규정
§34	• 과태료

제 2 장 법률의 제명 및 주요 용어

제 1 절 법률 제명 및 금융복합기업집단

금융복합기업집단의 감독에 관한 법률

제2조(정의) 이 법에서 사용하는 용어의 뜻은 다음과 같다.

3. "**금융복합기업집단**"이란 **동일한 기업집단에 속한 둘 이상의 금융회사로 구성된 집단으로서 제5조제1항에 따라 지정된 집단**을 말한다.

금융그룹 감독제도는 당초 2018년 7월 2일 「금융그룹의 감독에 관한 모범규준」을 제정·시행하며 시범운용을 시작할 때부터 '금융그룹'에 대한 감독을 하는 것을 제명에 표시하였다. 그리고 금융그룹 또한 용어의 정의에서 규정을 하며 그 의미를 명확히 하였다. 2018년 6월 30일 박선숙 의원이 대표 발의한 「금융그룹통합감독법안」, 2018년 11월 16일 이학영 의원이 대표발의한 「금융그룹의 감독에 관한 법률안」 역시 그 제명에 '금융그룹'에 대한 감독을 규정함을 명확히 하였다. 이후 21대 국회에서 정부입법안 발의 시에도 「금융그룹의 감독에 관한 법률안」으로 발의하였다. 그런데 2020년 12월 7일 국회 본회의 통과 직전 정무위원회의 법안 소위에서 본 법안의 명칭이 「금융복합기업집단의 감독에 관한 법률안」으로 바뀌었고, 금융그룹이라는 용어 또한 금융복합기업집단으로 대체되었다. 이하에서는 금융복합기업집단으로 명칭이 변경의 과정 및 그 의미, 문제점 등에 대하여 살펴보도록 하겠다.

Ⅰ. 법률 제명 및 용어 변경의 과정

본 법안은 2020년 6월 5일 입법예고시 「금융그룹의 감독에 관한 법률안」이라는 명칭으로 발의되었다. 그리고 규제심사 및 법제심사 후 국무회의 의결을 거쳐 법안이 발의되었을 당시에도 같은 명칭을 유지하였다. 특히 법제처의 법제심사의 경우 법령입안심사기준에서 우리말이 있더라도 외국어 등이 가지고 있는 특수한 의미를 충분히 나타내지 못하는 경우 등 불가피한 경우가 아니면 외국어나·외래어를 원칙적으로 사용하지 않도록 하고 있다.[1] 다만, 바꾸어 쓸 우리말이 없거나 이미 관행적으로 굳어진 외래어인 경우에는 예외적으로 사용할 수 있다.[2] 법제심사과정에서는 이러한 원칙을 고려하여 '금융그룹'이라는 용어를 그대로 두어 정부입법안이 결정되었다. 이는 이미 금융그룹이라는 용어가 금융시장에서 널리 쓰이고 있고, 일반인들 사이에서도 사용하고 있는 용어이므로 그 용어를 우리말의 다른 용어로 인위적으로 대체할 경우 의미 전달이 명확하지 못할 수 있다는 점이 고려된 것으로 보인다. '인터넷전문은행의 설립 및 운영에 관한 특례법', '스토킹범죄의 처벌 등에 관한 법률', '게임산업 진흥에 관한 법률', '디자인 보호법', '콘텐츠산업 진흥에 관한 법률' 등 일상적으로 흔히 쓰이고 있어 이를 대체할 경우 오히려 일반인이 이해가능성을 낮추게 되는 경우 이를 법률 제명이나 용어로 쓰도록 허용하는 경우가 점차 늘고 있다. 이는 우리 사회에 외래어가 우리말처럼 고착되어 통용되는 경우가 많아짐에 따라 당연한 현상으로 보인다.

이러한 법 제명은 2020년 12월 7일 정무위원회 법안소위원회를 거치면서 금융그룹 대신 금융복합기업집단이라는 용어가 사용되었고, 법 제명도 이에 따라 금융복합기업집단의 감독에 관한 법률로 바뀌게 되었다.

---

1) 법제처, 「법령입안심사기준」(2020), 726면.
2) 법제처, 위의 심사기준(2020), 718면.

〈표 2-1〉 입법단계별 법안 제명 및 금융그룹 용어의 변화

모범규준 (2018. 7. 2.~)	입법예고안 (2020. 6. 5.예고)	정부발의안 (2020. 8. 31.발의)	제정 법률안 (2020. 12. 29.제정)
금융그룹의 감독에 관한 모범규준	**금융그룹의 감독에 관한 법률**	**금융그룹의 감독에 관한 법률**	**금융복합기업집단의 감독에 관한 법률**
제2조(정의) 이 규준에서 사용하는 용어의 정의는 다음과 같다. 3. "**금융그룹**"이란 「독점규제 및 공정거래에 관한 법률」 제2조제2호에 따른 기업집단(이하 "기업집단"이라 한다) 내에 금융업을 영위하는 2 이상의 금융회사가 소속되어 있는 경우 그 기업집단 내 금융회사들로 구성된 집단을 말한다.	**제2조(정의)** 이 법에서 사용하는 용어의 정의는 다음과 같다. 3. 좌 동	**제2조(정의)** 이 법에서 사용하는 용어의 뜻은 다음과 같다. 3. "**금융그룹**"이란 동일한 기업집단에 속한 둘 이상의 금융회사로 구성된 집단으로서 제5조제1항에 따라 지정된 집단을 말한다.	**제2조(정의)** 이 법에서 사용하는 용어의 뜻은 다음과 같다. 3. "**금융복합기업집단**"이란 동일한 기업집단에 속한 둘 이상의 금융회사로 구성된 집단으로서 제5조제1항에 따라 지정된 집단을 말한다.
4. "**복합금융그룹**"이란 다음 각 목 중 2 이상의 업을 영위하는 금융그룹을 말한다. 가. 다음 각 1)부터 5)까지의 어느 하나에 해당하는 업무(이하 "여수신업"이라 한다) 1) 「은행법」에 따른 은행업 2) 「자본시장과 금융투자업에 관한 법률」 제336조에 따른 종합금융회사의 업무 3) 「상호저축은행법」 제11조에 따른 상호저축은행의 업무 4) 「여신전문금융업법」에 따른 여신전문금융업 5) 「대부업 등의 등록 및 금융이용자 보호에 관한 법률」에 따른 대부업(금융위원회에 등록한 대부업자의 업무에 한정한다) 나. 「자본시장과 금융투자업에 관한 법률」에 따른 금융투자업(이하 "금융투자업"이라 한다) 다. 「보험업법」에 따른 보험업(이하 "보험업"이라 한다)	4. 좌 동	복합금융그룹 용어를 삭제하고 제5조제1항의 감독대상 지정요건 부분으로 이동	복합금융그룹에 대응하는 용어 없이 제5조제1항의 금융복합기업집단의 지정요건에 해당 내용을 규정

법 제명을 교체해야 한다는 의견은 2020년 11월 24일 정무위원회 전체회의에서 최초로 제기되었다. 일반적으로 금융그룹이라고 하면 KB, 하나 등과 같은 금융지주그룹을 떠올리게 되므로 본 법안에 따라 감독하는 대상들을 지칭하기 위해서는 금융그룹이라는 말보다는 법상 감독대상이 될 삼성, 현대차 등과 같이 금융산업과 일반산업을 함께 영위하는 집단을 포괄할 명칭이 필요하다고 하며, 이를 정확히 표현하기 위해 '금산복합기업집단'이란 용어를 사용하여야 한다는 주장이 제기된 것이다.

> 2020년 11월 24일 제382회 제6차 정무위원회 회의록[3)]
>
> • **A 위원**: 금융그룹 하면 떠오르는 게 어떤 회사지요? 하나금융그룹·KB금융그룹 이런 데가 떠오를 겁니다. 그런데 이 법이 규율하고자 하는, 즉 감독하고자 하는 대상은 금융복합그룹이지요, 금산복합그룹. … (중략) … 사실 이 법의 취지는 <u>금융산업과 일반 산업을 같이 영위하면서 산업자본에 의한 리스크가 금융으로 전이되는 현상 그리고 여러 가지 금융회사를 가지고서 금융지주회사의 경우에 받는 감독체계와 불균형성하고 통합 리스크를 하는 법</u>이기 때문에 저는 정확한 법률 명칭으로 '<u>**금산복합 기업집단 감독법**</u>', 딱 정확하게 해 줘야지 맞다고 봅니다.

위 주장에 따르면, 금융그룹이라는 용어를 '금융'과 '그룹'의 둘로 나누어 보고 있는 것으로 보인다. 먼저 본 법에 의하면 기업집단 내 금융산업과 일반산업을 같이 영위하는 경우만을 감독하는 것으로 보고 있다. 그러나 본 법은 금융업만을 영위하든, 금융업과 일반 산업을 함께 영위하든 모두 감독대상이 될 수 있다. 현재 모범규준에 따라 감독을 받는 대상 6개 기업들은 금융업과 일반산업을 모두 영위하고 있지만, 만일 금융지주회사가 아니면서 금융업만으로 기업집단을 형성[4)]하였더라도 본 법에 따라 감독대상의 요건을 갖춘다면

---

3) 국회사무처, 앞의 정무위원회 회의록(2020. 11. 24), 제34면.

4) 금융지주회사는 총자산의 50% 이상을 자회사 지분을 소유할 경우 설립해야 할 의무를 가지므로 금융회사가 보유하는 자회사 지분의 비중이 총자산의 50% 미만인 경우 비록 자회사를 여러 개 소유한다 하더라도 금융지주회사를 설립할 의무가 없다. 이러한 금융회사가 다른 업종을 영위하는 금융회사들을 자회사 등으로 보유하여 기업집단을 형성하는 경우에는 비금융회사를 보유하지 않더라도 금융그룹 감독의 필요성은 충분히 있다고 볼 수

얼마든지 감독을 받을 수 있는 것이다. 또한 국제기준도 비금융·비규제회사들을 금융그룹 감독시 고려하라는 취지이지, 비금융·비규제회사가 포함되어 있는 그룹만을 감독하라는 취지가 아니다. 따라서 위와 같은 관점은 본 법의 내용 및 취지를 정확히 반영하였다고 보기 어렵다. 즉, '금산복합'이라는 부분은 ① 금융회사만 존재하는 전업의 금융그룹도 감독대상에 포함될 수 있는 점을 간과하였고, ② 본 법의 수범자는 금융그룹을 구성하는 금융회사들인데 마치 비금융회사도 수범자로서 규율하는 것으로 오인될 소지가 있어 부적절하다고 할 수 있다.

다음으로 '그룹'이라는 용어에 대하여 공정거래법 등 타법을 고려하여 기업집단이라는 용어로 바꿀 필요가 있다고 보는 것으로 보인다. '법리적으로 그룹은 기업집단의 총수만을 인정한다'는 부분은 그 의도를 정확하게 이해하기 어렵다. 그런데 금융그룹이라는 용어는 그 용어 하나 자체가 관용어처럼 쓰이고 있다. 금융그룹은 국내외 금융시장 및 국제기준에서도 폭넓게 사용하고 있는 용어로 총수와 같은 1인 지배주주가 없더라도 동일한 지배적 영향력 하에서 금융회사 집단을 형성하는 경우 금융그룹으로 간주하고 있다. 국제기준 및 EU 등 해외에서도 Financial Conglomerate 용어를 널리 사용하고 있는 것이다. 그것을 굳이 저렇게 금융과 그룹으로 용어를 분리해서 생각하기보다는 '금융그룹' 자체를 하나의 용어로 보는 것이 보다 자연스럽다. 또한 금융그룹은 당시 법안 제2조에서 그 의미·범위를 명확히 정의하고 있었고, 공정서래법과 본 법이 그 목적과 규율방식이 다르기 때문에 반드시 기업집단이라는 명칭으로 통일시킬 필요성도 적다고 할 수 있다.

이러한 주장은 2020년 12월 7일 정무위원회 법안심사제1소위원회에서도 지속되었다. 다만, 위에서 지적한 바와 같이 '금산복합'은 본 법의 취지와 맞지 않으므로 최소한 '금산'이라는 부분은 '금융'으로 바꾸어야 한다는 부분은 받아들여져 금융그룹은 '금융복합기업집단'이라는 용어로 대체하기로 논의되었다.

있다. 예컨대, 교보나 DB, 미래에셋과 같이 비금융의 비중이나 중요도가 높지 않은 기업집단이 비금융계열사를 모두 매각한다 하더라도 여전히 금융그룹 감독 필요성은 존재한다고 볼 수 있다.

'금산복합기업집단' 용어의 문제점

① 금융회사만 존재하는 전업금융그룹도 감독대상에 포함될 수 있는 점을 간과함
② 금융회사뿐 아니라 비금융회사도 규율하는 것으로 오인될 소지가 있음

그러나 '금융복합'이라는 부분도 무엇과 복합이라는 것인지가 불분명하고, 명확하지 못하다. 지금의 법안은 기업집단 내 금융회사들이 수범자로 하고 있는데, 금융복합기업집단은 마치 기업집단 전체가 수범자에 해당하는 것으로 오인될 우려도 있다. 이러한 부분에 대한 염려는 논의 중 제기가 되었음에도 보다 상세히 논의되지 못하고 넘어가면서 해당 용어가 그대로 법률 용어로 확정되었다.

2020년 11월 24일 제382회 제6차 정무위원회 회의록[5)]

- B **위원**: 금융복합 기업집단이면 그 안에 금융도 있고 비금융도 있다는 의미 아니겠어요
- A **위원**: 그것도 있고 금융사끼리 몇 개가, 2개가…
- B **위원**: 금융복합, 금융과 비금융으로 복합되어 있는 집단 내에 금융만 따로 그 의미가 살아나나요, 그렇게 해서
- A **위원**: 나지요
- B **위원**: 금융복합 기업집단 하면 안 살아나는데…
- A **위원**: 영어로 쓰면 파이낸셜 컨글라머레이트(financial conglomerate)…
- B **위원**: 금융과 비금융이 같이 있는 그룹에서 금융만 따로 떼어서 얘기하는 단어 아닙니까.
- A **위원**: 아니, 기업집단이라고 하는 정의 속에, 기업집단 안에 금융이 있는 게 되지요. 데피니션(definition)을 들여다보면 기업집단 중에서 금융회사가 2개 이상 있는 회사로 이렇게 돼 있지 않습니까. 기업집단에서 금융회사가 있다, 2개 이상이 있기 때문에 살아나지요, 정의상으로는, 논리적으로도.
- B **위원**: 금융과 비금융이 섞여 있는 기업집단이 있는데 그 기업집단에서 비금융과 금융 두 그룹 중에 금융그룹만 따로 떼어서 말하는 것 아니에요
- **금융위원회부위원장**: 예, 맞습니다.
- B **위원**: 쉽게 말해서 삼성 안에 비금융과 금융이 같이 있는데….

5) 국회사무처, 앞의 정무위원회 회의록(2020. 12. 3), 제13~14면.

- **A 위원**: 그렇지요.
- **B 위원**: 삼성 안에 있는 금융만 따로 얘기할 때 금융복합 기업집단 그러면 마치 삼성 전체를 얘기하는 것 같다, 이거지.

… (중략) …

- **B 위원**: 글쎄요, 그런데 사실은 제일 좋은 말은 금융소그룹이에요, 그룹 안에 금융만 따로 있는 금융소그룹. 그게 그나마 아마 제일 그 의미를 전달하는 단어일 텐데 그 단어는 이제 안 쓰실 것 아니에요, 그렇지요?
- **금융위원회부위원장**: 예.
- **A 위원**: 법에 그룹이라는 말을 디파인(define) 한 데가 없으니까.
- **B 위원**: 금융소그룹 그러면 딱 오거든요. 금융만으로 구성된 전체의 일부, 이런 그룹으로 되는데 금융복합기업집단이라 그러면 삼성 전체를 의미하는 것 같아 가지고 그래서…
- **C 위원**: 그게 그렇게 되나요? 부위원장님, 이것 정리 좀 해 보세요, 잘못하면 오해가 생길 수 있겠는데.
- **B 위원**: 오해가 어차피 생기고 있어요.
- **금융위원회부위원장**: 맞습니다. 용어가 그렇기는 하지만 그래서 최대한 피해 보고자 금산복합기업집단이라는 표현에서 금융복합기업집단으로 이렇게…
- **C 위원**: 그러니까 그러면 금융 아닌 것은 빠진다는 뜻이에요
- **금융위원회부위원장**: 예, 그렇습니다. 규율 대상에서 완전히 빠지기 때문에…
- **C 위원**: 규율 대상에서 빠지니까 이 법의 대상에서 빠진다
- **금융위원회부위원장**: 그렇습니다.
- **C 위원**: 그러니까 기업집단 중에서 금융 관련된 집단만…
  조금 부족한데, 윤창현 위원님 말씀대로. 이게…
- **B 위원**: 부족하지요. 금융소그룹이라는 단어를 대체할 단어를 만들어 내신 거예요, 지금.

… (중략) …

- **정무위 소위원장**: 그러면 일단 금융복합기업집단으로 해 놓고요 혹시 좋은 아이디어가 생기면 다시 또 건의를 받고 논의하도록 하겠습니다.

이처럼 금융복합기업집단은 애초에 제시되었던 금산복합기업집단이란 용어에서 금산을 금융으로 바꾸는 정도만 수정되었다. 그러다보니 애초에 금융그룹이란 단어가 기업집단 전체에서 금융회사들의 집단만을 지칭하고, 그것이 수범자가 된다는 것을 명확히 하였는데, 이것이 오히려 불명확해진다는 지적이 있었음에도 이에 대하여 제대로 논의조차 되지 못하였다.

불가피하게 그룹이란 용어를 기업집단으로 교체할 필요가 있었다면, 기존의 모범규준 및 입법예고안과 같이 금융그룹과 복합금융그룹을 따로 정의하는 체계를 택하여 '금융기업집단', '복합금융기업집단'이라는 용어를 별도로 정의하는 것이 혼란을 더 최소화할 수 있었을 것으로 보인다.

Ⅱ. 금융복합기업집단 용어의 문제점

1. 용어의 명확성·대표성 부족

위에서 살펴본 바와 같이 금융복합기업집단이라는 용어는 직관적으로 기업집단 내 금융회사들의 집단을 지칭하는 것으로 이해하기에는 어려움이 따른다. 금융회사를 포함하고 있는 기업집단 전체를 지칭하는 것으로 오인할 우려가 있다. 물론 법 제2조에 용어의 정의가 되어 있기는 하나, 용어 자체를 직관적으로 볼 때에는 충분히 오해의 여지가 있을 수 있는 것이다. 예컨대, 삼성이 본 법의 감독대상이라고 할 경우, 삼성 기업집단 내의 금융회사들의 집단이 금융복합기업집단임에도 비금융회사를 포함한 삼성 기업집단 전체를 지칭하는 것으로 오인될 수 있다는 것이다. 즉, 기업집단 내에 금융회사가 복합적으로 포함된 경우 해당 기업집단의 전체를 지칭하는 것처럼 보일 수 있다는 문제가 있다는 것이다. 정의 규정을 살펴본다면 정확한 의미를 서술하고 있긴 하지만, 용어가 그 용어 자체만으로도 오해를 일으킬 우려가 없어야 하기 때문에 문제가 될 수 있는 것이다. 이러한 부분에 대하여 국회 논의 중 문제가 제기되긴 하였으나, 보다 심도있는 논의를 거치지 못한채 문제인식만 가진채로 금융복합기업집단으로 제명과 용어를 확정하게 된 것은 아쉬운 부분이다.

또한 금융복합기업집단은 단어 그 자체로 이 법의 수범자 영역을 대표한다고 보기 어렵다. 금융복합기업집단의 의미를 단어 그대로 직접적으로 분석해보면 금융이 복합된 기업집단이라고 할 수 있다. 의미 그대로를 따르면 금융이 중심이 아니라 마치 금융이 부차적·부수적인 것처럼 보인다. 기업집단에 금융이 복합되어 있다는 의미로 보이기 때문이다. 금융그룹 감독제도는 금융회사들의 그룹을 감독하는 것이 중심이다. 금융회사들이 그룹화되었을 경우 이를 그룹 차원에서 감독하는 것이다. 그렇다면 금융회사들이 그룹화되었을 때, 금융 이외의 비금융 부분이 복합되었는지 여부는 핵심이 아니다. 금융회사들로만 집단을 이룬 경우도 금융그룹 감독이 필요하고, 금융회사들의 집단 이외에도 비금융회사까지 포함되어 그룹을 이룬 경우도 금융그룹 감독이 마찬가지로 필요한 것이다. 다만, 비금융회사와 지분관계로 얽혀 있는 경우는 금융회사들에 비금융회사의 위험이 영향을 미치거나 전이되는지 여부까지 고려해야 하므로 고려요소가 늘어나는 것일 뿐이다. 현재 모범규준에 따라 금융그룹 감독을 받는 6개 금융그룹과 비교해서 본다면 삼성, 현대차, 한화의 경우 비금융영역의 규모가 크므로 금융복합기업집단이라는 명칭이 제법 어울린다. 그러나 교보, 미래에셋, DB의 경우는 금융이 중심이고 비금융 영역은 작은 부분에 불과하므로 금융복합기업집단이라는 명칭이 잘 어울리지 않는다. 서로 다른 금융업종을 영위하여 하나의 그룹을 형성한 것이 중요한 점이 가장 중요하다고 볼 수 있고, 비금융계열사가 포함되어 있다는 것은 그 중요도가 떨어지기 때문이다. 애초에 국회에서 제기되었던 금산복합기업집단이라는 의견에서 '금산'이란 단어가 비금융회사도 규율하는 것으로 오인될 소지가 있어 부적절하다는 이유로 단지 이부분을 '금융'이라는 단어로 바꾸기만 했기에 이러한 문제가 그대로 남아있는 것이다.

또한 금융복합기업집단이라는 용어에서 무엇이 '복합'인지는 더더욱 명확하지 못하다. 여수신, 보험, 금융투자업 등의 여러 금융업종이 복합되어 있다는 것이라면 복합이 금융을 수식했어야 했다. 금융이 복합되어 있다는 것이 아니라 복합적으로 금융업을 영위하는 것임을 명확히 해서 '복합금융'이라는 수식어를 쓰는 것이 보다 명확하였을 것이다. 지금의 의미는 금융이 복합되어 있다고 해석될 여지가 있다. 그러나 국제적으로는 그룹 내 금융과 다른 비금융이 혼합되어 있는지는 금융그룹 감독의 주요 고려요소가 아니다. 우리나라와 같이 금융과 비금융이 의미 있는 규모로 혼재하는 그룹이 거의 없는 탓이다. 우리나라의 예를 들자면 삼성, 현대차, 한화와 같은 기업의 경우 비금융 분야에서도 업계 영향력이 크면서 금융업도 업계의 영향력이 크다. 그러나 해외에 이러한 금융그룹은 거의 찾아보기 어렵다. 대부분 비금융이 영향력이 크다면 금융은 부차적이거나 금융부분의 영향력이 크면 비금융부문이 부차적인 것인 경우가 많다. 오히려 교보, 미래에셋, DB와 유사한 금융그룹이 많다. 따라서 금융그룹에 비금융 부문이 섞여 있다면 그 부분에 대한 고려요소가 추가된다는 의미가 있는 것이지 비금융 부문이 없다고 하여 금융그룹 감독의 필요성이 적은 것이 아니기 때문이다. 따라서 현재의 용어는 우리나라에서 일부 기업집단에 초점을 맞춰서 만든 용어라 볼 수 있다. 특히 삼성을 염두해서 만든 용어라고 볼 수밖에 없다. 일반적으로는 금융만으로 구성된 그룹이거나 금융에 비금융이 일부 포함된 경우가 대다수인데, 지금의 용어는 비금융을 전제로 금융이 복합된 기업집단이라는 용어이므로 이는 국내적으로는 교보, 미래에셋, DB를 포괄하는 것도 부족하고, 국제적으로 통용되는 금융그룹의 모습과도 다르다고 할 수 있다. 금융그룹은 금융부문이 부차적인 것이 아니라 금융부문이 해당 그룹의 핵심이기 때문이다.

'그룹'이라는 외래어의 부분이 법적 용어로 사용하는 것을 자제하려고 하였으면 금융그룹이라는 용어 대신 최소한 '금융기업집단'이라는 용어를 사용하는 것이 보다 적절하였을 것으로 보인다. 또한 여수신, 보험, 금융투자업의 영역을 둘 이상 영위하는 금융그룹을 감독한다는 것을 강조하고 싶었다면 복합금융그룹을 대체할 '복합금융기업집단'이라는 용어를 써야 했을 것으로 보인다. 복합적으로 금융업을 영위하는 기업집단이라는 복합금융기업집단과 금융이 복합된 기업집단이라는 금융복합기업집단은 용어의 생김새는 비슷하더라도 그 의미의 차이는 매우 크기 때문이다.

2. 용어 정의가 금융당국에 의해 지정된 집단으로 한정되는 문제

기존의 모범규준 및 입법예고안은 금융그룹의 범위를 '동일한 기업집단에 속한 둘 이상의 금융회사로 구성된 집단'으로 규정하고 있었다. 그리고 그중 감독의 실익이 있는 집단만을 감독대상으로 지정하여 감독하였다. 반면, 현행 법안에 따르면 금융복합기업집단이란 '동일한 기업집단에 속한 둘 이상의 금융회사로 구성된 집단 중 제5조제1항에 따라 지정된 집단'만을 지칭한다. 이는 금융복합기업집단에 해당하는지 여부가 어떠한 카테고리 안에 들었을 때 결정되는 것이 아니라 당국의 지정행위에 따라 결정이 된다. 이는 금융그룹 감독을 받는 금융그룹만이 금융그룹으로 불리는 것과 같다. 금융그룹이기에 금융그룹 감독을 받는다거나 금융그룹 중 감독을 해야 할 실익이 있어 감독을 받는 것이 아니라 감독을 받도록 당국의 지정을 받으니 금융복합기업집단이 된다는 것이다. 이는 논리적 순서상으로도 맞지 않을 뿐만 아니라 회사의 결합이나 지분관계에 따라 결정될 금융그룹이라는 개념이 당국의 지정행위에 좌지우지 되는 것이다. 예컨대, 모범규준에 따르면 여러 금융그룹 중 감독실익이 있는 교보, 미래에셋, 삼성, 한화, 현대차, DB가 감독대상으로 지정을 받아 금융그룹 감독을 받은 것인데, 현행 안에 따르면 위의 6개 집단은 감독을 하기 위해 지정을 함으로 인하여 금융복합기업집단이 되는 것이다. 이는 금융그룹이라 금융그룹 감독을 받는 것이 아니라 감독을 받으니 금융그룹이 되는 논리적인 비약을 만드는 것과 같다. 당국의 지정행위에 따라 금융복합기업집단의 개념이 바뀌는 것보다 금융복합기업집단의 개념 자체를 정의하고, 해당 집단 중 감독대상이 될 요건을 갖춘 집단을 감독대상으로 지정하는 것이 바람직하였을 것이다.

기업집단 개념을 규정하고 있는 공정거래법과 비교해봐도 모범규준이나 입법예고안과 마찬가지로 강학상으로 동일인의 지배하에 있는 회사의 집단 자체를 기업집단으로 정의하고, 해당 법에 따라 일정한 법적 의무를 준수해야 하는 공시대상기업집단 및 상호출자제한기업집단은 별도로 지정하는 것으로 규정하고 있다. 즉, 기업집단이라는 개념 자체는 사실상 지배력 여하에 따라 결정되는 것이지 공정위의 지정 여부에 따라 결정되는 것이 아닌 것이다.

독점규제 및 공정거래에 관한 법률

제2조(정의) 이 법에서 사용하는 용어의 정의는 다음과 같다.

2. "**기업집단**"이라 함은 동일인이 다음 각목의 구분에 따라 대통령령이 정하는 기준에 의하여 사실상 그 사업내용을 지배하는 회사의 집단을 말한다.
   가. 동일인이 회사인 경우 그 동일인과 그 동일인이 지배하는 하나 이상의 회사의 집단
   나. 동일인이 회사가 아닌 경우 그 동일인이 지배하는 2 이상의 회사의 집단

제14조(상호출자제한기업집단 등의 지정 등) ① 공정거래위원회는 대통령령으로 정하는 바에 따라 산정한 자산총액이 5조원 이상인 기업집단을 대통령령으로 정하는 바에 따라 **공시대상기업집단으로 지정**하고, 지정된 공시대상기업집단 중 일정규모 이상의 자산총

액 등 대통령령으로 정하는 기준에 해당하는 기업집단을 대통령령으로 정하는 바에 따라 **상호출자제한기업집단으로 지정**한다. 이 경우 지정된 기업집단에 속하는 회사에 지정 사실을 대통령령으로 정하는 바에 따라 통지하여야 한다.

3. 용어의 국제적 정합성 부족 및 낮은 이해가능성

국제기준 및 EU 등 해외에서도 Financial Conglomerate(또는 Group) 용어를 주로 사용한다. 직역하면 금융그룹이다. 금융그룹이란 용어는 일반적으로 국제적으로도 통용되는 용어라 할 수 있다. 그런데 현재의 금융복합기업집단은 국제적으로 통용되는 용어와는 차이가 있다. 국제적인 정합성 측면에서는 부족한 용어라 할 수 있다.

일반인의 입장에서는 주위에서 자주 듣고 흔히 쓰고 있는 용어가 이해가능성이 높다. 일반적으로 금융그룹이란 용어는 시장에서 많이 쓰이고 있다. 금융지주회사들도 쓰고 있고, 모범규준에 따라 감독대상이었던 6개 금융그룹들도 이를 사용하고 있었다. 이외에도 대신, 흥국 등 여타 금융회사들도 금융그룹이라는 용어를 사용하고 있다.

또한 지난 2년 이상 모범규준을 통해 '금융그룹'이라는 용어를 사용함에 따라 수범자 및 언론 등에서도 자연스럽게 금융그룹이라는 용어를 쓰고 있었고 이에 따라 일반인의 입장에서도 가장 쉽게 접할 수 있는 용어는 금융그룹이었다. 이에 반해 금융복합기업집단은 시장에서 전혀 사용한 적이 없는 신조

신한금융그룹	KB금융그룹	BNK금융그룹
DB그룹의 일원 DB금융네트워크	대신금융그룹 Daishin Financial Group	OK금융그룹

[그림 2-1] 시장에서 금융그룹 용어의 사용하는 경우 예시

어이고, 그 의미 또한 직관적으로 알기 어렵다. 또한 본 법이 시행되어 법적인 측면에서 본 용어가 쓰이더라도 금융시장 및 일상생활에서는 여전히 금융그룹이라는 용어가 사용될 가능성이 높다. 이는 마치 인터넷, 게임, 스토킹과 같은 단어들에 대한 법적 용어를 달리 규정하여 실생활과 법적 용어와의 괴리를 만드는 것과 같다.

해당 용어에 비록 외래어 등이 포함된다 하더라도 이를 다른 용어로 대체하는 것이 어색하거나 새로운 용어를 인위적으로 만들어야 한다면 일반인이 가장 인식하고 사용하기 쉬운 용어를 법적 용어로 채택하는 것이 바람직하다고 생각한다.

제 2 절 금융회사

금융복합기업집단의 감독에 관한 법률
제2조(정의)
1. "**금융회사**"란 다음 각 목의 어느 하나에 해당하는 회사(외국 법인을 포함한다)를 말한다.
   가. 대통령령으로 정하는 금융업을 영위하는 회사
   나. 금융업의 영위와 밀접한 관련이 있는 사업의 영위를 목적으로 하는 회사로서 대통령령으로 정하는 회사

Ⅰ. 개 관

금융복합기업집단은 기업집단 내 금융회사들로 구성된 집단이다. 따라서 금융복합기업집단의 범위를 명확히 확정하기 위해서는 금융회사의 개념을 명확히 정해야 한다. 또한 이는 기업집단 내에서 금융그룹 감독을 받는 수범자의 범위와 같다. 현재 금융지주그룹은 금융지주회사법에 의해서 금융그룹 차원의 감독을 받는다는 점을 감안하면, 본 법의 금융회사의 범위는 금융지주회

사법의 금융회사 개념과 균형을 맞출 필요가 있다.

법 제2조제1호의 가목에 따른 금융업을 영위하는 회사의 범주는 비교적 간명하다. 본질적인 금융업을 영위하는 회사로 한국표준산업분류상 금융 및 보험업을 영위하는 회사가 이에 해당한다. 다만, 금융지주회사뿐만 아니라 일반지주회사도 한국표준산업분류상 금융업으로 분류되고 있으므로, 일반지주회사는 본 범주에서 제외시킬 필요가 있다.

보다 세부적인 규율이 필요한 것은 나목의 금융업 밀접업종을 영위하는 회사이다. 기본적인 성격은 금융업이라고 볼 수 없으나, 금융업을 지원하기 위한 회사 또는 사실상 금융업을 영위하는 회사를 지원하기 위한 성격의 회사 등이 이에 해당한다. 예컨대 손해사정업 같은 경우, 한국표준산업분류상 금융업에는 해당하지 않으나, 보험업의 영위를 지원하기 위한 회사로 금융업 밀접업종으로 보는 것이 타당한 것이다. 만일 보험회사가 손해사정업무를 자회사 형태로 두는지, 아니면 회사 내부에 사업부로 두는지에 따라서 금융그룹 감독의 범위가 달라질 필요가 없고 사실상 회사가 존재하는 형태의 차이일 뿐으로 어느 경우에나 보험사와 그 손해사정회사를 모두 포함하여 감독하는 것이 합리적이기 때문이다.

구체적인 금융회사의 범위는 시행령과 감독규정에서 규정하고 있다. 그런데 금융복합기업집단법은 금융지주회사와 금융회사의 범위가 거의 비슷하나, 하위규정을 비교해보면 약간의 차이가 있다. 두 법률 모두 금융회사는 크게 금융업을 영위하는 회사와 금융업 밀접업종을 영위하는 회사로 구성된다.

Ⅱ. 금융업을 영위하는 회사

금융업을 영위하는 회사를 살펴보면 금융 및 보험업을 영위하는 회사 중 일반지주회사를 제외하는 것은 금융지주회사법과 같다. 그러나 금융지주회사와 달리 금융복합기업집단은 금융위원회에 등록하지 아니하는 대부업자(시·도지사에게 등록하는 대부업자)도 금융업을 영위하는 회사의 범위에서 제외하고 있다.

금융복합기업집단의 감독에 관한 법률 시행령

제2조(금융회사의 범위) ①「금융복합기업집단의 감독에 관한 법률」 제2조제1호가목에서 "대통령령으로 정하는 금융업"이란 「통계법」 제22조제1항에 따라 통계청장이 고시하는 **한국표준산업분류에 따른 금융 및 보험업 중에서 금융위원회가 정하여 고시하는 업(業)**을 말한다.

금융복합기업집단 감독규정

제2조(금융회사의 범위) ① 영 제2조제1항에서 "금융위원회가 정하여 고시하는 업"이란 「통계법」 제22조제1항에 따라 통계청장이 고시하는 한국표준산업분류에 따른 금융 및 보험업 중에서 **다음 각 호의 업을 제외**한 업을 말한다.

1. 「금융지주회사법」 제2조제1항제1호에 따른 **금융지주회사가 아닌 지주회사**
2. 「대부업 등의 등록 및 금융이용자 보호에 관한 법률」 제3조제2항에 따라 **금융위원회에 등록하는 대부업자가 아닌 대부업자**

〈표 2-2〉 금융복합기업집단과 금융지주회사간 금융업을 영위하는 회사 비교

	금융복합기업집단	금융지주회사
원칙	한국표준산업분류상 금융업·보험업을 영위하는 회사	한국표준산업분류상 금융업·보험업을 영위하는 회사
예외	• 일반지주회사 • 시·도지사 등록 대부업자[6] (금융위원회에 등록하지 않는 대부업자)	• 일반지주회사

6) **대부업 등의 등록 및 금융이용자 보호에 관한 법률**

제3조(등록 등) ① 대부업 또는 대부중개업(이하 "대부업등"이라 한다)을 하려는 자(여신금융기관은 제외한다)는 영업소별로 **해당 영업소를 관할하는 특별시장·광역시장·특별자치시장·도지사 또는 특별자치도지사(이하 "시·도지사"라 한다)에게 등록하여야** 한다. 다만, 여신금융기관과 위탁계약 등을 맺고 대부중개업을 하는 자(그 대부중개업을 하는 자가 법인인 경우 그 법인과 직접 위탁계약 등을 맺고 대부를 받으려는 자를 모집하는 개인을 포함하며, 이하 "대출모집인"이라 한다)는 해당 위탁계약 범위에서는 그러하지 아니하다.

② 제1항에도 불구하고 대부업등을 하려는 자(여신금융기관은 제외한다)로서 **다음 각 호**의 어느 하나에 해당하는 자는 **금융위원회에 등록**하여야 한다. 다만, 대출모집인은 해당 위탁계약 범위에서는 그러하지 아니하다.

1. 둘 이상의 특별시·광역시·특별자치시·도·특별자치도(이하 "시·도"라 한다)에서 영업소

시·도지사에게 등록한 대부업자를 금융회사에서 제외한 이유는 금융위원회에 등록하지 아니하였으므로 금융당국의 직접적인 감독이 쉽지 않다는 점, 그리고 시·도지사 등록 대부업(여수신업)과 외국의 보험업 또는 금융투자업 영위하는 기업집단의 경우, 해당 집단이 금융복합기업집단으로 지정될 가능성이 있는데 이러한 경우 감독실익이 크지 않으므로 원천적으로 차단할 필요성이 있다는 점 등이 고려되었을 것으로 추정할 수 있다. 또한 상호출자제한집단에 속하는 대부업자의 경우 금융위원회에 등록하도록 하고 있으므로 현재 감독대상인 6개 금융복합기업집단 모두 대부업을 영위할 경우 금융위원회에 등록하여야 한다. 따라서 실제 금융복합기업집단에 속하는 대부업 회사가 시·도지사에 등록할 가능성은 매우 낮은 것이다.

그러나 시도지사에게 등록한 대부업자를 금융회사의 범위에서 제외하는 것은 다음과 같은 점에서 문제가 있다. 먼저 시·도지사에 등록하는 대부업이 비록 그 규모가 작고, 금융위원회의 인·허가 등을 필요로 하지 않는다고 하더라도 엄연히 금융업을 영위하는 회사라는 점이다. 금융업을 영위하는 것이 아님에도 불구하고 금융업 영위와 밀접한 관련이 있다는 이유로 금융업 밀접업종까지도 감독대상의 금융회사 범위에 포함시키면서 영위하는 업종의 본질이 금융업인 회사를 금융회사 개념 자체에 포함시키지 않는 것은 합리적이지 못하다. 시·도지사에 등록하는 대부업을 금융회사에 포함시키지 않음으로 인해 금융업 밀접업종을 금융회사의 범위에 포함시킬 필요성 및 타당성마저 약화시킨다고 할 수 있다.

다음으로 현재 지정된 금융복합기업집단은 모두 상호출자제한기업집단에 해당하지만, 향후 추가 지정될 가능성이 높은 태광, 다우키움, 유진 등의 기업집단은 공시대상기업집단이기는 하지만 상호출자제한기업집단에 포함되지 않

를 설치하려는 자
2. 대부채권매입추심을 업으로 하려는 자
3. 「독점규제 및 공정거래에 관한 법률」 제14조에 따라 지정된 상호출자제한기업집단에 속하는 자
4. 최대주주가 여신금융기관인 자
5. 법인으로서 자산규모 100억원을 초과하는 범위에서 대통령령으로 정하는 기준에 해당하는 자
6. 그 밖에 제1호부터 제5호까지의 규정에 준하는 등 대통령령으로 정하는 자

는다. 또한 대신증권과 같은 기업집단은 공시대상기업집단에도 해당하지 않는다. 특히 공정거래법에서 해당 기업집단이 금융업 또는 보험업만 영위하는 경우나 금융업 또는 보험업만을 영위하는 회사가 동일인인 경우에는 공시대상기업집단 및 상호출자제한기업집단의 지정대상에서 제외하고 있다.[7] 따라서 향후 얼마든지 상호출자제한기업집단에 해당하지 않는 기업집단이 금융복합기업집단으로 지정될 수 있고, 이러한 집단이 시·도지사에 등록하는 대부업을 영위하는 경우 규제의 공백 및 사각지대가 발생할 수 있는 것이다. 또한 상호출자기업집단에 해당하는 금융복합기업집단과 감독의 형평성에 있어서도 문제가 있는 것이다. 2013년 동양그룹의 부도에 있어 상대적으로 규제가 약한 대부업체를 도관으로 동양증권 등 금융계열사 자금을 비금융계열사로 우회투입하였던 교훈을 생각한다면 이러한 규제 사각지대가 발생할 가능성을 열어두는 것은 그 자체로도 바람직하지 못하다. 실제 이러한 경우가 다시 발생할 가능성이 거의 없다고 하더라도 법은 그 자체만으로도 만일의 경우 발생할 수 있는 공백 등을 포함하고 있지 않아야 하기 때문이다. 향후 본 시행령에서 시·도지사 등록 대부업자는 금융회사의 범위에서 제외되지 않도록 개정을 할 필요성이 있다.

---

7) **독점규제 및 공정거래에 관한 법률 시행령**

제21조(공시대상기업집단 및 상호출자제한기업집단의 지정 등) ① 공시대상기업집단은 해당 기업집단에 속하는 국내 회사들의 공시대상기업집단 지정 직전사업연도의 대차대조표상의 자산총액(금융업 또는 보험업을 영위하는 회사의 경우에는 자본총액 또는 자본금 중 큰 금액으로 하며, 새로 설립된 회사로서 직전사업연도의 대차대조표가 없는 경우에는 지정일 현재의 납입자본금으로 한다. 이하 이 조에서 같다)의 합계액이 5조원 이상인 기업집단으로 한다. 다만, **다음 각 호**의 어느 하나에 해당하는 기업집단은 **공시대상기업집단에서 제외**한다.

1. **금융업 또는 보험업만을 영위**하는 기업집단
2. **금융업 또는 보험업을 영위하는 회사가 동일인**인 경우의 기업집단

3.~4. (생략)

② **상호출자제한기업집단의 범위**에 관하여는 **제1항을 준용**한다. 이 경우 제1항 각 호 외의 부분 본문 및 단서 중 "공시대상기업집단"은 각각 "상호출자제한기업집단"으로, 제1항 각 호 외의 부분 본문 및 같은 항 제3호 중 "5조원"은 각각 "10조원"으로 본다.

Ⅲ. 금융업 영위와 밀접한 관련이 있는 사업을 영위하는 회사

금융업의 영위와 밀접한 관련이 있는 사업의 영위를 목적으로 하는 금융업 밀접업종에 해당하는 회사에 대하여는 하위규정에서 다음과 같이 규정하고 있다.

금융복합기업집단의 감독에 관한 법률 시행령

제2조(금융회사의 범위) ② 법 제2조제1호나목에서 “대통령령으로 정하는 회사”란 다음 각 호의 업무를 하는 회사 중 금융위원회가 정하여 고시하는 회사를 말한다.

1. 금융업 영위를 위한 전산 관련 용역의 제공
2. 금융업 또는 이와 유사한 분야에 대한 조사·연구
3. 그 밖에 제1호 또는 제2호에 준하는 업무로서 금융위원회가 정하여 고시하는 업무

금융복합기업집단 감독규정

제2조(금융회사의 범위) ② 영 제2조제2항 각 호 외의 부분에서 “금융위원회가 정하여 고시하는 회사”란 다음 각 호의 어느 하나에 해당하는 회사를 말한다.

1. 법 제2조제1호가목의 회사가 금융관계법령에 따라 자회사로 소유하는 회사(법 제2조제1호가목의 회사를 대상으로 하는 업무 수행과 관련된 매출액이 총매출액의 100분의 70 이상인 회사에 한한다)
2. 법 제2조제1호가목의 회사가 금융관계법령에 따라 그 주식의 소유에 관하여 금융위원회의 승인을 받은 경우 그 주식을 발행한 회사(법 제2조제1호가목의 회사를 대상으로 하는 업무 수행과 관련된 매출액이 총매출액의 100분의 70 이상인 회사에 한한다)

③ 영 제2조제2항제3호에서 “금융위원회가 정하여 고시하는 업무”란 다음 각 호의 어느 하나에 해당하는 업종 또는 업무를 말한다.

1. 법 제2조제1호가목의 회사가 소유한 부동산, 그 밖의 자산의 관리
2. 「은행업감독규정」 제49조에 따른 업종
3. 「보험업법」 제115조제1항 각 호 및 같은 법 시행령 제59조제3항에 따른 업무

금융업 영위를 위한 전산 관련 용역의 제공 및 금융업 또는 이와 유사한 분야에 대한 조사 연구를 위한 회사 중 금융관계법령에 따라 자회사로 소유

또는 주식의 소유를 승인받은 회사로서 금융업을 영위하는 회사를 대상으로 하는 업무수행과 관련된 매출액이 70% 이상인 경우로 한정하고 있다. 이는 위와 같은 회사에 대하여 특별한 제한 없이 자회사로 둘 수 있도록 인정하는 금융지주회사와 차이가 있다. 또한 기관전용 사모집합투자가구의 재산운용 등 업무집행사원(이하 "GP"라 한다)으로서 하는 업무를 금융업 밀접업종에 포함시키지 않고 있어, 이를 포함하고 있는 금융지주회사와 차이를 보인다.

〈표 2-3〉 금융복합기업집단과 금융지주회사간 금융업 밀접업종 비교

금융복합기업집단	금융지주회사
• 금융업 영위를 위한 전산 관련 용역의 제공※	• 금융업을 영위하는 회사에 대한 전산·정보처리 등의 용역의 제공
• 금융업 또는 이와 유사한 분야에 대한 조사·연구※	• 금융업과 관련된 조사·연구
※ 금융관계법령에 따라 자회사로 소유 또는 주식소유를 승인받은 회사로서 금융업을 영위하는 회사를 대상으로 하는 업무수행과 관련된 매출액이 70% 이상인 경우	※ 특별한 제한 없음
• 금융업을 영위하는 회사가 소유한 부동산, 그 밖의 자산의 관리	• 금융업을 영위하는 회사가 보유한 부동산 기타 자산의 관리
	• 기관전용 사모집합투자기구의 재산운용 등 그 업무집행사원으로서의 업무
• 은행법상 자회사	• 은행법상 자회사
• 보험업법상 자회사	• 보험업법상 자회사

Ⅳ. 외국법인

금융복합기업집단의 감독에 관한 법률

제2조(정의)

1. "**금융회사**"란 다음 각 목의 어느 하나에 해당하는 회사(**외국 법인을 포함한다**)를 말

한다.
가.~나. (생략)

금융회사의 범위에는 국내뿐만 아니라 외국에 소재한 법인도 포함된다. 기업집단을 형성하면서 국내의 금융회사와 직접 지분관계로 연결이 되거나 비금융회사를 통해 지분관계가 연결이 되므로 국내 금융회사의 위험이 해외의 금융회사에 전이되거나 해외의 금융회사의 위험이 국내 금융회사에 전이될 가능성이 얼마든지 있기 때문이다. 특히 여러 나라에 금융회사를 둔 금융그룹의 경우 기존의 개별업법에 따른 국가별 감독에 있어서 감독의 사각지대가 발생할 가능성이 높다는 것 또한 금융그룹 감독이 필요한 주요 이유 중 하나이다. 따라서 금융그룹 감독을 받기 위한 금융회사의 범위에 외국에 소재한 금융회사도 포함되는 것은 이러한 감독 사각지대를 해소하고, 위험의 전이 가능성 등을 효과적으로 파악하기 위하여 반드시 필요하다고 할 수 있다.

Joint Forum 감독원칙의 주요목적에서도 글로벌 금융그룹에 대한 권역별 규제차이 또는 규제사각지대를 해소하기 위하기 위하여 금융그룹 감독이 필요함을 명시하고 있다.

〈표 2-4〉 Joint Forum 감독원칙의 글로벌 금융그룹에 대한 감독 필요성

2. 주요목적(Objective)
Joint Forum은 감독원칙을 통해 각 국가의 금융당국, 감독자 등에게 금융그룹, **특히 글로벌 금융그룹 감독에 관한 국제적으로 합의한 감독원칙을 제공하고자 한다.** Joint Forum은 권역별 규제차이 및 규제 사각지대를 제거하고, 비규제 금융업무 및 기업의 위험에 대한 효과적 감독을 목적으로 한다. 감독원칙을 통하여 금융그룹의 위험을 적절하게 감독해야 하며, **최소한 대규모 글로벌 금융그룹에는 동원칙을 적용하여 감독해야 한다.**[8)]

8) Joint Forum 감독원칙, 2면.
2. Objective
The Joint Forum's objective in preparing these Principles is to provide national authorities, standard setters, and supervisors with a set of internationally agreed principles that support consistent and effective supervision of financial conglomerates and in particular

제 3 절 기업집단

금융복합기업집단의 감독에 관한 법률
제2조(정의)
2. "**기업집단**"이란 「독점규제 및 공정거래에 관한 법률」 제2조제2호에 따른 기업집단을 말한다.

기업집단 개념 중 대표적으로 사용되는 「공정거래법」상 정의 규정 차용하고 있다. 즉 「공정거래법」 제2조제2호에 따라 동일인이 사실상 그 사업내용을 지배하는 회사의 집단을 말한다. 공정거래법 시행령 제3조에 따른 기업집단의 범위는 친족, 지분관계, 임원의 임면권, 자금·자산·상품·용역·채무보증 등 사회통념상 경제적 동일체 여부 등을 모두 고려한다. Joint Forum 감독원칙에 따른 금융그룹의 개념도 동일한 통제 또는 지배적 영향하의 기업들의 집합을 지칭하므로 기업집단의 범위를 결정짓는 사실상 그 사업내용을 지배하는 범위와 거의 유사하다고 할 수 있다.

또한 금융복합기업집단을 동일한 기업집단에 속하는 금융회사들로 구성하도록 함으로써 사회적으로 동일한 그룹이라는 인식 및 법적으로 동일한 기업집단이라는 점 등과 일치시키고, 감독의 효율성을 높일 수 있는 것이다.

---

those financial conglomerates active across borders. The Joint Forum's aim is to focus on closing regulatory gaps, eliminating supervisory "blind spots," and ensuring effective supervision of risks arising from unregulated financial activities and entities. The 2012 Principles should be applied in a proportionate manner to the risks posed and at least be applied to large internationally active financial conglomerates.

제 4 절 소속금융회사

금융복합기업집단의 감독에 관한 법률
제2조(정의)
4. "**소속금융회사**"란 금융복합기업집단에 속하는 금융회사를 말한다.

소속금융회사란 금융복합기업집단에 속하는 금융회사를 말한다. 금융복합기업집단의 개념이 제5조제1항에 따라 감독을 받도록 지정받은 집단으로 한정하고 있으므로 소속금융회사 또한 금융복합기업집단으로 지정받은 집단에 속하는 금융회사만을 말하는 개념으로 한정된다.

제 5 절 대주주

금융복합기업집단의 감독에 관한 법률
제2조(정의)
5. "**대주주**"란 「금융회사의 지배구조에 관한 법률」 제2조제6호에 따른 대주주를 말한다.

대주주란 「금융회사의 지배구조에 관한 법률」(이하 "지배구조법") 제2조제6호에 따른 주주의 개념을 차용한다. 금융복합기업집단을 구성하는 각 금융회사에 공통적으로 적용되는 법률이므로 지배구조법에서 정하고 있는 대주주의 개념을 차용하는 것이다. 최대주주와 주요주주가 대주주의 개념에 포함된다.

〈표 2-5〉 지배구조법상 대주주의 개념

대주주 구분	요 건
최대주주	의결권주 총수를 기준으로 본인·특수관계인이 **자기 계산 소유주식을 합하여 가장 많은 경우의 그 본인**
주요주주	**다음 중 어느 하나**에 해당하는 자 ① 자기 계산으로 **의결권주 총수 10% 이상 소유자** ② 임원의 임면 등 방법으로 금융회사의 **중요한 경영 사항에 사실상 영향력을 행사하는 주주**

제 6 절 위험집중

금융복합기업집단의 감독에 관한 법률
제2조(정의)
6. "**위험집중**"이란 금융복합기업집단의 거래 상대방이나 거래분야 등이 특정 대상이나 특정 분야 등에 편중되어 있어 해당 금융복합기업집단의 지급 여력 또는 재무 상황을 위태롭게 할 수 있는 상태를 말한다.

위험집중이란 금융그룹의 거래 상대방이나 거래분야 등이 특정 대상·분야에 편중되어 있어 해당 금융그룹의 지급여력 또는 재무상황을 위태롭게 할 수 있는 상태를 말한다. 거래상대방별(대주주·계열사 포함), 산업별·지역별, 위험·투자유형별 거래가 한 곳에 과도하게 집중될 경우 이것이 보다 큰 위험을 일으킬 우려가 있으므로 이에 대한 파악 및 관리가 필요한 것이다. 이러한 위험집중의 의미를 명확히 하기 위해서 정의 규정하였다. EU의 금융그룹 감독지침인 FICOD 역시 이와 마찬가지로 위험집중(risk concentration)을 규정하고 있다. 다른 개별 금융법에서 위험집중을 따로 정의하고 있지 않고, 개별 회사 차원에서는 비록 괜찮았을지라도 그룹 차원에서 자산, 투자, 거래 등이 한 군데 집중될 경우 더 큰 위험이 될 수 있다는 점에서 그룹 차원의 위험을 관리함에 있어 반드시 고려할 요소이므로 법에 명확히 그 개념을 정의해 주는 것이 바람직하다고 할 수 있다.

〈표 2-6〉 EU FICOD에 따른 위험집중(Risk Concentration)의 개념

제2조 정의(Definitions) (19) '위험집중'이라 함은 금융그룹에 속한 규제대상 회사의 전반적인 지급능력이나 재무상태를 위협할 정도의 손실 잠재력이 수반되는 일체의 위험 익스포저를 의미하며 그러한 익스포저가 거래상대방 위험, 신용 위험, 투자 위험, 보험 위험, 시장 위험, 기타 위험 혹은 이러한 위험들의 결합이나 상호작용으로 인해 유발됐는지 여부를 불문한다.[9]

제 7 절 내부거래

금융복합기업집단의 감독에 관한 법률

제2조(정의)

7. "**내부거래**"란 금융회사가 대주주(**그와 대통령령으로 정하는 특수한 관계에 있는 자**를 포함한다. 이하 같다)를 상대방으로 하거나 대주주를 위하여 하는 거래로서 다음 각 목의 어느 하나에 해당하는 행위를 말한다.
   가. 가지급금 또는 대여금 등의 자금을 제공 또는 거래하는 행위
   나. 주식 또는 회사채 등의 유가증권을 제공 또는 거래하는 행위
   다. 부동산 또는 무체재산권 등의 자산을 제공 또는 거래하는 행위
   라. 상품 또는 용역을 제공 또는 거래하는 행위

---

9) EU FICOD *Article 2*(Definitions)

(19) 'risk concentration' means all risk exposures with a loss potential which is large enough to threaten the solvency or the financial position in general of the regulated entities in a financial conglomerate, whether such exposures are caused by counterparty risk/credit risk, investment risk, insurance risk, market risk, other risks, or a combination or interaction of such risks

내부거래란 금융회사가 대주주·특수관계인을 상대방으로 하거나 대주주·특수관계인을 위하여 행하는 거래로서 주식, 상품·용역 등 거래행위를 말한다. 공정거래법상 내부거래와 대체로 동일한 범위로 규정하였다. 다만, 공정거래법은 '계열회사'와의 상품·용역거래에 한정하는 것과 달리,[10] 총량 개념에서 내부거래 파악이 가능하도록 '대주주·특수관계인'과의 상품·용역거래이면 모두 포함하였다.

이는 공정거래법과 금융복합기업집단법의 규제의 목적, 대상, 내용 등에 차이가 있기 때문에 내부거래를 정의하고, 규율하는 것에 그 차이가 있을 수밖에 없다. 공정거래법은 내부거래를 통한 경제력 집중을 방지하고, 시장경쟁을 촉진하기 위한 목적으로 규율하는 반면, 금융복합기업집단법은 내부거래가 금융복합기업집단의 금융위험을 높이거나 위험이 집중, 전이될 수 있는 여지가 있는지 등 금융부문의 건전성 유지를 목적으로 하기 때문이다. 또한 공정거래법은 계열사간 내부거래 공시, 부당이익제공 등을 규제하는 반면, 금융그룹감독은 내부거래가 금융계열사의 부실로 전이될 가능성을 금융리스크 측면에서 점검하고 자본적정성에 미치는 영향 등을 분석·관리한다.

특수관계인의 범위는 시행령에서 지배구조법을 준용하여 범위로 규정하고 있다. 지배구조법은 금융회사에 공통적으로 적용되는 규정이므로 지배구조법과 그 범위를 일치시켜 특수관계인에 대한 규율 범위를 통일시킬 필요가 있다.

---

10) **독점규제 및 공정거래에 관한 법률**

제26조(대규모내부거래의 이사회 의결 및 공시) ① 제31조제1항 전단에 따라 지정된 공시대상기업집단(이하 "공시대상기업집단"이라 한다)에 속하는 국내 회사는 특수관계인(국외 계열회사는 제외한다. 이하 이 조에서 같다)을 상대방으로 하거나 특수관계인을 위하여 대통령령으로 정하는 규모 이상의 다음 각 호의 어느 하나에 해당하는 거래행위(이하 "대규모내부거래"라 한다)를 하려는 경우에는 미리 이사회의 의결을 거친 후 공시하여야 하며, 제2항에 따른 주요 내용을 변경하려는 경우에도 미리 이사회의 의결을 거친 후 공시하여야 한다.

1. 가지급금 또는 대여금 등의 자금을 제공 또는 거래하는 행위
2. 주식 또는 회사채 등의 유가증권을 제공 또는 거래하는 행위
3. 부동산 또는 무체재산권(無體財産權) 등의 자산을 제공 또는 거래하는 행위
4. 주주의 구성 등을 고려하여 대통령령으로 정하는 계열회사를 상대방으로 하거나 그 계열회사를 위하여 상품 또는 용역을 제공 또는 거래하는 행위

금융복합기업집단 감독규정

제3조(특수관계인의 범위) 영 제3조에서 "금융위원회가 정하여 고시하는 자"란 「금융회사의 지배구조에 관한 법률 시행령」 제3조제1항 및 같은 조 제2항제1호에 해당하는 자를 말한다. 다만, **「금융회사의 지배구조에 관한 법률」 제2조제6호나목의 주요주주의 특수관계인은 제외**한다.

〈표 2-7〉 금융회사의 지배구조에 관한 법률상 특수관계인의 범위

• 개인

① **배우자**(사실혼 포함), **6촌 이내의 혈족, 4촌 이내의 인척** 등

② **본인 단독 또는 상기자**(①)**와 합하여 i) 30% 이상 출자**하거나, 임원의 임면 등 중요 경영사항에 대하여 **ii) 사실상 영향력을 행사**하고 있는 **법인·단체와 그 임원***

③ **본인 단독 또는 상기자**(①+②)**와 합하여 i) 30% 이상 출자**하거나, 임원의 임면 등 중요 경영사항에 대하여 **ii) 사실상 영향력을 행사**하고 있는 **법인·단체와 그 임원***

* 단, ②, ③의 경우 본인 단독 또는 상기자와 합하여 임원의 임면 등의 중요한 경영사항에 대하여 사실상 영향력을 행사하고 있지 아니함이 본인의 확인서 등을 통하여 확인되는 경우에는 그 임원은 제외

• 법인·단체

① **임원**, 공정거래법상 **계열회사 및 그 임원**

② **단독 또는 상기자(①)와 합하여 i) 본인에게 30% 이상 출자**하거나, 임원의 임면 등 본인의 중요 경영사항에 대하여 **ii) 사실상 영향력을 행사**하고 있는 **개인**(그와 상기자를 포함) 또는 **법인**(계열회사 제외), **단체와 그 임원**

③ **단독 또는 상기자**(①+②)**와 합하여 i) 30% 이상 출자**하거나, 임원의 임면 등의 중요 경영사항에 대하여 **ii) 사실상 영향력을 행사**하고 있는 경우에는 해당 **법인·단체와 그 임원***

* 본인이 임원의 임면 등의 방법으로 그 법인·단체의 중요한 경영사항에 대하여 사실상의 영향력을 행사하고 있지 아니함이 본인의 확인서 등을 통하여 확인되는 경우에는 그 임원은 제외

EU의 FICOD의 경우도 내부거래에 대하여 명시적으로 규정하고 있다. 계약 및 지불 여부와 관계없이 금융복합기업집단 내 규제대상 금융회사들이 직간접적으로 동일 그룹 내 여타 기업에 의존하거나, 밀접한 관계에 있는 법인

이나 자연인에게 의존하여 발생하는 모든 거래를 말한다.

〈표 2-8〉 EU FICOD에 따른 내부거래(Intra-group Transactions)의 개념

제2조 정의(Definitions) (18) '내부거래'라 함은 금융그룹에 속한 규제대상 회사들이 동일한 그룹에 속한 다른 회사들 혹은 계약에 의해서건 지급을 위해서건 채무의 이행을 목적으로 밀접한 연계를 통해 그룹에 속한 회사들과 연계된 자연인이나 법인에 직간접적으로 의존하는 일체의 거래를 의미한다.[11]

제 8 절 금융관계법령

금융복합기업집단의 감독에 관한 법률
제2조(정의)
8. "금융관계법령"이란 대통령령으로 정하는 금융 관계 법령 및 이에 상당하는 외국의 금융 관계 법령을 말한다.

금융관계법령이란 대통령령으로 정하는 금융 관계 법령 및 이에 상당하는 외국의 금융 관계 법령을 말한다. 특수관계인과 마찬가지로 대부분의 금융법을 규정하는 지배구조법상 금융 관계 법령과 범위를 일치시켜 시행령에 규정하고 있다.

11) EU FICOD *Article 2*(Definitions)
(18) 'intra–group transactions' means all transactions by which regulated entities within a financial conglomerate rely directly or indirectly on other undertakings within the same group or on any natural or legal person linked to the undertakings within that group by close links, for the fulfilment of an obligation, whether or not contractual, and whether or not for payment;

금융복합기업집단의 감독에 관한 법률 시행령

제4조(금융관계법령) 법 제2조제8호에서 "대통령령으로 정하는 금융 관계 법령"이란 「금융회사의 지배구조에 관한 법률 시행령」 제5조에 따른 법령을 말한다.

제 3 장 적용범위 및 다른 법률과의 관계

제 1 절 적용범위

금융복합기업집단의 감독에 관한 법률

제3조(적용범위) ① 이 법은 다음 각 호의 어느 하나에 해당하는 금융회사에는 적용하지 아니한다.

1. 「금융지주회사법」 제2조제1호에 따른 **금융지주회사 및** 같은 법 제4조제1항제2호에 따른 **자회사등**
2. 다음 각 목의 어느 하나에 해당하는 은행이 속한 기업집단의 금융회사
   가. 「한국산업은행법」에 따른 **한국산업은행**
   나. 「한국수출입은행법」에 따른 **한국수출입은행**
   다. 「중소기업은행법」에 따른 **중소기업은행**

② 금융위원회는 **금융회사의 업무·규모 등을 감안하여 해당 규정을 적용할 실익이 크지 아니**한 경우 등 대통령령으로 정하는 사유에 해당하는 경우에는 제7조에 따른 **대표금융회사의 신청에 따라 해당 금융회사에 대하여 제14조부터 제16조까지 및 제20조의 규정을 적용하지 아니**한다.

Ⅰ. 법 전체 적용의 제외

관련 개별법이 별도로 존재하여 이 법의 적용 필요성이 적은 ① 금융지주

회사 및 그 자회사등과 ② 국책은행이 속한 기업집단의 금융회사들은 이 법의 적용을 제외하도록 하고 있다.

1. 금융지주회사 및 그 자회사

금융지주회사 및 그 자회사로 구성된 금융지주그룹의 경우 금융지주회사법에 따른 규제를 받는다. 금융지주회사법에 따를 경우 금융지주회사는 그 자회사를 포함하여 연결 기준으로 BIS비율을 산출하는 등 건전성 규제를 받는다. 또한 비금융회사를 소유하는 것을 제한하고(금융지주회사법 제6조의3), 자회사 이외의 계열회사 지분을 소유하는 것을 제한하는 등(금융지주회사법 제6조의4) 그룹 전체의 지배구조를 단순·투명하게 유지할 수 있도록 규제하고 있다. 그리고 보고·공시의 경우 금융지주회사가 자회사에 관련된 내용을 포함하도록 하고 있어 그룹 전체에 대한 주요사항을 보고·공시하게 된다. 이렇듯 금융지주회사법을 통하여 금융그룹 차원의 건전성에 관한 사항을 규제하고, 금융당국이 관리하는 것이다. 이러한 점을 고려하여 금융지주회사를 법 적용 대상에서 제외한 것이다.

그러나 금융지주회사법이 그룹 차원의 건전성 등을 규제·관리하기 위한 내용들이 포함되어 있다고 하더라도 이는 금융지주회사를 규제하다보니 부차적으로 존재하는 내용이라 할 수 있다. 금융지주회사법은 말 그대로 '금융지주회사'를 규율하기 위한 법이기 때문이다. 따라서 금융지주회사의 설립을 촉진하면서 그 부작용을 최소화 하는 것이 해당 법의 주된 목적이라고 할 수 있다. 금융그룹 차원의 건전성 관리는 그 주된 내용은 아닌 것이다. 비록 금융지주회사법에 금융지주그룹 전체에 대한 건전성을 관리·감독하기 위한 내용이 포함되어 있다고 하더라도 금융복합기업집단법과 비교할 때 동일한 수준의 규제를 받는다고 보기도 어렵다.

따라서 금융지주회사 및 그 자회사도 최소한 금융지주회사법과 중복되지 않는 범위 내에서는 금융복합기업집단법의 적용을 받을 필요가 있다고 본다. 예컨대 금융복합기업집단법은 금융지주회사법과 달리 내부통제·위험관리정책을 수립하고 관리하는 등의 의무를 직접 규정하고 있고, 자본적정성 규제에 있어 은행 및 보험회사를 모두 포함하는 등 그룹 전체의 금융회사를 포함하여 그 비율을 산출하고, 해당 비율 산정에 있어 집단 차원의 위험을 반영하는 등 그 차이가 있다.[1] 이러한 점을 고려할 때 금융지주회사가 일부 조항이더라도 금융복합기업집단법의 적용을 받을 필요가 있다고 본다.

물론 최초의 제도 시행 시부터 일정기간까지는 감독당국의 감독 역량, 수범자인 금융그룹의 적응 등을 고려할 필요가 있는 점, 금융지주회사는 금융지주회사법 적용을 통해 이미 그룹 차원의 관리가 되고 있었던 점 등을 고려할 때 현재 비지주금융그룹 등에 비해 비교적 체계를 잘 갖추고 있는 금융지주회사까지 당장 금융복합기업집단법을 적용할 필요가 적다고 할 수 있다. 그러나 이 법의 시행에 따라 감독을 받는 금융복합기업집단들이 제도에 적응하여 그룹 차원의 위험관리 등이 정착된 이후에는 금융지주회사와의 규제 형평성 등을 고려할 필요가 있고, 금융지주회사도 본 법의 적용을 받을 필요가 있다고 본다. 금융그룹을 형성하여 시장에서 활동하는 경우 금융지주회사인지 아닌지에 따라 규제의 정도가 달라지는 것은 불합리하다고 볼 수 있기 때문이다.

최초의 입법예고안에서는 금융지주회사가 법 적용제외 대상이 아니라 감독대상 지정의 예외이었는데, 이것이 법제심사를 거치면서 아예 법 적용대상

〈표 3-1〉 입법단계별 금융지주회사의 본 법 적용 여부에 관한 변화

입법예고안 (2020. 6. 5. 예고)	정부입법발의안 (2020. 8. 31. 발의)	제정 법률안 (2020. 12. 29. 제정)
제5조(감독대상의 지정) ② 금융위원회는 제1항에도 불구하고 다음 각 호의 어느 하나에 해당하는 금융그룹을 감독대상에서 제외할 수 있다. 1. 「금융지주회사법」에 따른 금융지주회사 및 그 자회사등으로 구성된 경우	**제3조(적용제외)** 다음 각 호의 어느 하나에 해당하는 금융회사에는 이 법을 적용하지 아니한다. 1. 「금융지주회사법」 제2조 제1호에 따른 금융지주회사 및 같은 법 제4조 제1항제2호에 따른 자회사등	**제3조(적용제외)** 이 법은 다음 각 호의 어느 하나에 해당하는 금융회사에는 적용하지 아니한다. 1. 「금융지주회사법」 제2조 제1호에 따른 금융지주회사 및 같은 법 제4조 제1항제2호에 따른 자회사등

1) 금융지주회사와 금융복합기업집단 간의 규제 차이에 대하여는 제3편제2장제2절에서 보다 자세히 살펴보도록 한다.

에서 제외가 되었다. '감독실익 등을 고려하여 감독대상에서 제외할 수 있다'와 '법 적용을 제외한다'는 그 차이가 크다. 전자의 경우 법률의 개정 없이도 규제환경, 감독여건 등의 변화에 따라 감독대상에 포함될 여지가 있으나, 후자의 경우 법률을 개정하기 전에는 법 적용의 여지 자체가 배제되기 때문이다.

이와 같이 금융지주회사 및 그 자회사등을 포함하는 금융지주그룹의 경우 법 적용이 제외됨에 따라 이 법에 따른 감독을 받지 않게 되었다. 이처럼 금융지주회사에 대하여 보충적으로나마 제대로 된 그룹 차원의 감독을 받지 않는다는 것은 아쉬운 점이라 할 수 있다. 특히, 금융지주회사법상 규제와 금융복합기업집단법상의 규제에는 차이가 있기 때문이다. 장기적으로는 금융지주회사 형태의 금융그룹과 비지주 형태의 금융그룹간 그룹 차원의 감독을 통합해나갈 필요가 있다. 큰 틀에서 금융지주와 비지주 금융그룹을 포괄하여 통일적인 그룹 감독을 할 수 있도록 장기적으로 금융지주회사법과 금융복합기업집단법을 통합해나가는 것도 생각해볼 수 있다. 이상 금융지주회사와 비지주 금융그룹간의 금융그룹 감독의 차이를 비교하고 이를 통합해나가는 방안 등에 관하여는 제3편제2장에서 보다 자세히 검토하도록 한다.

2. 국책은행그룹

「한국산업은행법」에 따른 한국산업은행, 「한국수출입은행법」에 따른 한국수출입은행, 「중소기업업은행법」에 따른 중소기업은행 등이 속하는 기업집단의 경우, 본 법의 적용이 제외된다. 이와 같은 국책은행의 경우 정책 목적 달성을 위하여 설립되었고, 각 개별법에 따라 그 목적의 범위 내에서 경영활동을 하고 있고 이에 대하여 당국의 감독을 받는다. 또한 공공기관으로서 「공공기관의 운영에 관한 법률」에 따른 경영감독을 받는다.

이러한 국책은행들의 설립 목적을 비교해보면 「한국산업은행」은 산업의 개발·육성, 사회기반시설의 확충, 지역개발, 금융시장 안정 및 그 밖에 지속가능한 성장 촉진 등에 필요한 자금의 공급·관리, 「한국수출입은행」은 수출입, 해외투자 및 해외자원개발 등 대외 경제협력에 필요한 금융의 제공, 「중소기업은행」은 중소기업자의 자주적인 경제활동을 원활하게 하고 그 경제적 지위의 향상을 도모함을 각각 목적으로 한다. 즉, 영업의 이익을 위한 것이 아니라

〈표 3-2〉 각 근거법에 따른 국책은행 설립 목적의 비교

한국산업은행법	한국수출입은행법	중소기업은행법
제1조(목적) 이 법은 **산업의 개발·육성, 사회기반시설의 확충, 지역개발, 금융시장 안정 및 그 밖에 지속가능한 성장 촉진 등에 필요한 자금을 공급·관리**하는 한국산업은행을 설립하여 금융산업 및 국민경제의 건전한 발전에 이바지함을 목적으로 한다.	**제1조(목적)** 이 법은 한국수출입은행을 설립하여 **수출입, 해외투자 및 해외자원개발 등 대외 경제협력에 필요한 금융을 제공**함으로써 국민경제의 건전한 발전을 촉진함을 목적으로 한다.	**제1조(목적)** 이 법은 중소기업은행을 설치하여 중소기업자(中小企業者)에 대한 효율적인 신용제도를 확립함으로써 **중소기업자의 자주적인 경제활동을 원활하게 하고 그 경제적 지위의 향상을 도모**함을 목적으로 한다.

각 정책 목적의 달성 위해 금융활동을 하는 것이다.

이렇듯 정책 목적의 실현을 위한 국책은행이 경우에 따라서는 보험·증권업을 영위하는 금융회사를 설립하거나 인수하는 경우가 생긴다. 이 경우 금융그룹 감독을 할 필요성이 있는지가 문제된다. 그러나 애초에 정책목적의 실현을 위해 별도로 설립되어 해당 목적에 따라 경영활동을 하고 있는지 당국의 감독을 받는 국책은행이 금융그룹 감독까지 보충적으로 받아야 할 필요성은 적다. 만일 금융그룹 감독을 받는다면 건전성의 유지와 정책목적 사이의 상충이 발생할 우려도 있다. 예컨대, 한국산업은행이 구조조정 중인 기업을 직접 인수하여 일정기간 동안 해당 기업의 경영이 정상화되도록 하여 다시 매각하려고 하는 경우 이러한 활동이 금융그룹 차원의 건전성 유지에는 부정적인 영향이 있을 수 있다. 그렇다고 하여 정책적인 필요성을 외면하고 건전성 유지 측면만 고려하여 기업의 구조조정 여부를 결정할 수는 없다. 해당 금융그룹에 부정적 영향이 다소 있더라도 국가 경제에 미치는 영향 및 그 중요성 등을 고려하여 인수 여부를 결정할 수 있는 것이다. 또한 중소기업은행의 경우 중소기업자에 대한 자금의 대출 등에 있어 정책목적에 따라 초기 사업자 또는 영세 사업자 등에 대하여 대출 문턱을 낮출 수도 있는데, 이러한 활동을 건전성 유지 측면만을 고려해서 판단할 수는 없는 것이다.

또한 국책은행의 경우 경영상의 판단이 아니라 정책목적 실현을 위해 일시적으로 금융그룹이 형성되는 경우가 많다. 예컨대 한국산업은행이 기업구조조정을 위해 경영이 어려워진 보험사나 증권사를 인수하여 복합금융그룹이 되는 경우 이는 은행·보험·증권 등의 다양한 분야의 금융업을 영위함으로써 금융그룹으로 시장에 참여하는 경우와는 차이가 있다고 할 수 있다. 즉, 기업의 구조조정이 완료된 후 매각하기 위해 일시적으로 인수하는 것이다. 이러한 일시적인 인수의 경우에도 금융그룹 감독을 받도록 할 필요성은 낮다고 할 수 있다.

다만, 입법과정에서 이러한 국책은행그룹의 경우는 감독대상의 예외가 아니라 아예 법 적용대상에서 제외된 점은 아쉬운 부분이라 할 수 있다. 국책은행도 장기적·지속적인 경영 목적 및 계획에 따라 보험·증권 분야의 자회사를 설립하거나 인수하여 금융그룹을 형성하는 경우 등에는 예외적으로 금융그룹 감독을 받을 필요가 있다고 할 수 있다. 예컨대, 중소기업자의 주식 응모·인수 등을 원활하게 하기 위해 중소기업은행이 자회사로 증권사를 설립하고 지속적으로 경영하기로 하는 경우 등에는 금융그룹 감독의 필요성이 있다고 볼 수 있다. 이러한 점을 고려하면 국책은행그룹도 감독대상에서 원칙적으로 제외하되, 예외적으로 포함시킬 여지를 남겨두는 것이 보다 나았다고 본다. 그럼에도 불구하고, 아예 법 적용대상에서 제외해버린 점은 아쉬운 부분이라 할 수 있다.

제 2 절 다른 법률과의 관계

금융복합기업집단의 감독에 관한 법률

제4조(다른 법률과의 관계) 금융복합기업집단의 감독에 관하여 다른 법률에 특별한 규정이 있는 경우를 제외하고는 이 법에서 정하는 바에 따른다.

금융복합기업집단법은 '다른 법률에 특별한 규정이 있는 경우'를 제외하고 그 외의 부분에 대하여 본 법에 따르도록 규정하고 있다. 이는 금융그룹 감독이 보충적 감독임을 법에 명시적으로 규정한 것이다. 즉, 각 금융회사에 적용되는 개별업법에 먼저 따르고, 이에 대하여 보충적으로 금융그룹 감독이 적용된다는 것이다. 이는 금융그룹 차원에 있어 발생할 수 있는 위험 또는 규제 사각지대를 규율하기 위한 취지를 법에 명시적으로 반영한 것이다. 따라서 일각에서 제기되는 금융복합기업집단법이 개별금융업법이 있음에도 불구하고 중복적인 규제라든지, 개별업법 취지를 무시할 수 있다든지 하는 우려는 법에서 사전적으로 차단하고 있다고 볼 수 있다. 또한 본 규정으로 인하여 금융복합기업집단법이 상법 및 공정거래법 등의 회사·기업집단에 관한 규정, 개별금융업법 등에 대한 특별법이 아니라 이러한 법규에서 규율하지 않는 부분에 대하여 보충적으로 적용되는 규정임을 명시적으로 밝히고 있는 것이다. 따라서 개별업법과 금융복합기업집단법의 중복적인 적용, 해석상의 충돌 등에 대한 우려를 본 규정을 통해 해소하고 있다고 볼 수 있다.

[그림 3-1] 개별업법과 금융복합기업집단법의 관계[2)]

2) 금융위원회 블로그 "금융복합기업집단 건전성, 금융시장, 안정 금융소비자 보호, 금융복합기업집단의 감독에 관한 법률 12월 9일 국회 본회의 통과"(https://blog.naver.com/blogfsc/222169526803).

제 4 장 금융복합기업집단(감독대상)의 지정 및 해제

제 1 절 입법의 취지

금융복합기업집단법의 적용을 위해서는 적용대상인 금융복합기업집단의 범위와 그 지정·해제절차를 법에 명확히 규정할 필요가 있다. 특히, 금융복합기업집단의 지정 및 해제 요건은 「금융그룹 감독」 적용대상을 특정하기 위한 핵심내용이므로 반드시 법률에 그 구체적 내용을 명시적으로 규정할 필요가 있는 것이다. 따라서 본 법에는 감독대상인 금융복합기업집단을 지정·해제하는 요건을 명시하고 있고, 이러한 지정 및 해제를 위하여 금융위원회가 금융회사 또는 그 대주주에 대해 자료제출을 요구할 수 있는 근거를 규정하고 있다. 이하에서는 금융복합기업집단의 지정 요건 및 그 제외대상, 그 지정절차, 해제의 요건 및 절차, 그리고 지정과 관련한 쟁점들을 살펴보도록 한다.

제 2 절 지정요건 및 지정해제 요건

Ⅰ. 지정요건

동일한 기업집단에 속하는 금융회사들로 구성된 집단이 다음 5가지 요건을 모두 충족하는 경우 금융위원회가 금융복합기업집단으로 지정한다.

금융복합기업집단의 감독에 관한 법률

제5조(금융복합기업집단의 지정) ① 금융위원회는 동일한 기업집단에 속한 금융회사들이 다음 각 호의 요건을 모두 충족하는 경우 대통령령으로 정하는 바에 따라 해당 금융회사들로 구성된 집단을 금융복합기업집단으로 지정한다.

1. **영위하는 업(業)**이 다음 각 목의 업 중 **둘 이상**에 해당할 것
   가. 다음의 어느 하나에 해당하는 업(이하 **"여수신업"**이라 한다)
      1) 「은행법」에 따른 은행업
      2) 「자본시장과 금융투자업에 관한 법률」에 따른 종합금융회사의 업무
      3) 「상호저축은행법」에 따른 상호저축은행의 업무
      4) 「여신전문금융업법」에 따른 여신전문금융업
      5) 「대부업 등의 등록 및 금융이용자 보호에 관한 법률」에 따른 대부업
      6) 그 밖에 여신(與信) 또는 수신(受信)을 하는 업으로서 대통령령으로 정하는 금융업
   나. 「자본시장과 금융투자업에 관한 법률」에 따른 금융투자업(이하 **"금융투자업"**이라 한다)
   다. 「보험업법」에 따른 보험업(이하 **"보험업"**이라 한다)
2. 대통령령으로 정하는 바에 따라 산정한 **자산총액**의 합계가 **5조원 이상**으로서 대통령령으로 정하는 금액 이상일 것
3. 금융관계법령에 따라 금융위원회의 **인가** 또는 **허가**를 받거나 금융위원회에 **등록**을 한 **금융회사가 하나 이상**일 것
4. 제2호에 따라 산정한 자산총액의 합계액에서 「금융산업의 구조개선에 관한 법률」에 따른 부실금융기관 또는 이에 준하는 금융회사로서 대통령령으로 정하는 금융회사의 자산총액의 합계액이 차지하는 비율이 대통령령으로 정하는 비율 이하일 것
5. 금융회사들이 영위하는 여수신업, 금융투자업, 보험업 각각의 자산이나 자기자본의 비중·규모 및 금융관계법령의 내용·취지 등을 고려할 때 이 법에 따른 감독의 실익이 적은 경우로서 대통령령으로 정하는 경우에 해당하지 아니할 것

1. 여수신·보험·금융투자업 中 2개 이상의 업(業) 영위

동일한 기업집단 내 여수신업, 보험업, 금융투자업 중 어느 하나에 해당하는 업종을 영위하는 금융회사가 둘 이상 있어야 한다. 예컨대 한 기업집단 내 보험사와 증권사가 모두 있는 경우라면 둘 이상의 업종을 영위하는 경우에 해당한다고 볼 수 있다. 여수신업은 은행, 종금사, 저축은행, 여전업, 대부업 및 기타 여신 또는 수신업무를 수행하는 금융업이 포함된다. EU FICOD의 경우에도 여수신의 성격을 지닌 다양한 금융업을 모두 'Banking Sector(은행부문)'로 폭넓게 묶어서 하나의 영역으로 보고 있다. 다만, 미국과 달리 은행업과 증권업의 경계가 느슨한 유럽의 특징을 반영하여 은행부문과 증권부문을 하나의 영역으로 보고 있다는 점에서 차이가 있다.

〈표 4-1〉 EU FICOD에 따른 여수신업(Banking Sector)의 범위

제2조 정의(Definitions)

(8) '금융부문'이란 이하의 회사들 중 하나 이상으로 구성된 부문을 의미한다.[1]

(a) 지침 **제2006/48/EC호 제4조(1), (5), (21)에 규정된 여수신회사, 금융기관 또는 보조 서비스 회사**(이하 총칭하여 **'은행 부문(banking sector)'**)

> 제2006/48/EC호 *Article 4*[2]
>
> (1) **'여수신회사'**이라 함은; **'credit institution'** means
>
> (a) **일반인으로부터 예금 또는 기타 상환 가능한 자금을 수신하고 본인의 계산으로 신용을 제공하는 영업을 수행하는 회사**를 의미한다. 혹은
>
> (b) 지침 제2000/46/EC호에 규정된 전자화폐기관을 의미한다
>
> (5) '금융기관'이라 함은 여수신회사를 제외하고 주된 활동으로 금융자산을 인수하거나 **부속서(ANNEX) I 제2항~제12항에 열거된 활동[3]을 1가지 이상 영위**하는 회사를 의미한다.

---

1) EU FICOD ***Article2*** Definitions

(8) **'financial sector'** means a sector composed of one or more of the following entities:

(a) a credit institution, a financial institution or an ancillary services undertaking within the meaning of Article 4(1), (5) or (21) of Directive 2006/48/EC (hereinafter referred to collectively as 'the banking sector');

2) 제2006/48/EC호 *Article 4*

(1) **'credit institution'** means

국제기준인 Joint Forum 감독원칙 역시 2개 이상 업종을 '실질적'으로 영위하는 복합금융그룹에 대하여 감독하도록 권고하고 있다. 또한 EU의 FICOD 역시 은행·증권 부문 및 보험 부문에 각 1개 이상의 규제대상 금융회사를 보유하면서 각 부문의 총자산 및 필요자본 비중이 10%를 초과하거나 규모가 60억 유로를 초과하도록 하여 둘 이상의 업종을 실질적으로 영위하는지를 여부를 고려하여 감독대상을 정하고 있다.

금융그룹 감독의 주요 취지가 같은 그룹 내에서 서로 다른 금융업을 영위하면서 발생할 수 있는 규제차익, 이해상충 등을 방지하여 그룹위험을 미리 관리·감독하여 금융회사들이 동반 부실화되는 것을 방지하기 위한 것을 고려할 때 둘 이상의 다른 업종을 영위하는 그룹이 그 감독의 필요성이 높다고 할

(a) an undertaking whose business is **to receive deposits or other repayable funds from the public and to grant credits for its own account**; or

(b) an electronic money institution within the meaning of Directive 2000/46/EC (1);

(5) '**financial institution**' means an undertaking other than a credit institution, the principal activity of which is to acquire holdings or to carry on one or more of the activities **listed in points 2 to 12 of Annex I**

3) ANNEX I

2. Lending including, inter alia: consumer credit, mortgage credit, factoring, with or without recourse, financing of commercial transactions (including forfeiting)
3. Financial leasing
4. Money transmission services
5. Issuing and administering means of payment (e.g. credit cards, travellers' cheques and bankers' drafts)
6. Guarantees and commitments
7. Trading for own account or for account of customers in:
   (a) money market instruments (cheques, bills, certificates of deposit, etc.);
   (b) foreign exchange;
   (c) financial futures and options;
   (d) exchange and interest-.rate instruments; or
   (e) transferable securities.
8. Participation in securities issues and the provision of services related to such issues
9. Advice to undertakings on capital structure, industrial strategy and related questions and advice as well as services relating to mergers and the purchase of undertakings
10. Money broking
11. Portfolio management and advice
12. Safekeeping and administration of securities

수 있다. 그리고 금융복합기업집단법은 이러한 취지를 반영하였다고 할 수 있다. 따라서 여수신업·보험업·금융투자업 중 하나의 업종만을 영위하는 동종금융그룹의 경우는 금융복합기업집단의 지정대상에 해당하지 않는 것이다.

다만, Level 2(동종) 금융그룹에 대하여도 연결 감독을 하는 등 동종금융그룹에 대한 별도의 감독이 되고 있지 않고 있고, 또한 하나의 금융회사를 중심으로 수직적으로 연결되어 있는 유럽 등과 달리 같은 업종을 영위하는 금융회사라 하더라도 비금융계열사 등을 통해 복잡한 지배구조로 얽혀있어 하나의 재무제표로 연결되지 않는 금융그룹도 존재하는 점 등을 고려할 때, 우리나라의 동종금융그룹의 경우 일정 부분 그룹 차원의 감독이 필요하다고 할 수 있다. 이 부분에 대하여는 제3편제3장제2절에서 보다 자세히 살펴보도록 하겠다.

〈표 4-2〉 Joint Forum 감독원칙의 적용범위

3. 적용범위(Scope of application) 감독원칙은 그룹 차원으로 적용되어야 하며, 규제대상 금융권역인 **은행·증권·보험 권역 중 최소한 2개 이상의 권역에서 실질적인 금융업무를 수행**하는 금융지주회사를 포함하여 모든 금융그룹에 대하여 적용되어야 한다.[4]

※ [EU FICOD] 둘 이상 권역의 실질적 영위 여부 고려
① **"은행·증권"/"보험"** 부문 **모두 규제대상 금융회사 1개 이상** 보유
② **"은행·증권"/"보험"** 부문 **총자산 및 필요자기자본 비중**이 전체 금융부문의 10% 초과 or **자산규모가 각각 60억 유로 초과**

그렇다면 이러한 여수신업·보험업·금융투자업의 업종 영위 기준은 국내

4) Joint Forum 감독원칙, 5면
3. Scope of application
The Principles should be applied, on a group-wide basis, to a financial conglomerate, defined for the purpose of this framework as any group of companies under common control or dominant influence, including any financial holding company, which conducts material financial activities in at least two of the regulated banking, securities or insurance sectors.

에 한정되는 것인지가 문제된다. 예컨대, 국내에서 은행업을 영위하는 회사가 국내에서는 보험업을 영위하지 않으나, 외국에 출자를 통해 보험회사를 설립하여 보험업을 영위하는 경우가 있을 수 있기 때문이다. 이러한 경우 서로 다른 업종을 영위하면서 발생할 수 있는 금융그룹 차원의 위험은 국내에서 둘 이상의 업종을 영위하는 경우보다 결코 낮다고 하기 어렵다. 오히려 규제차익 등으로 인하여 발생 가능한 그룹 위험은 오히려 높고, 감독의 사각지대의 발생 우려도 높을 수 있다고 할 수 있다. 따라서 국내뿐만 아니라 외국을 포함하여 둘 이상의 서로 다른 업종을 영위하는 경우에는 금융그룹 감독을 해야 할 필요성이 높다. 금융복합기업집단법은 둘 이상의 업을 영위하는 기준을 각 근거법에서 정의하고 있는 업종으로 규정하고 있다. 예컨대, 보험업의 경우 보험업법에 따른 보험업과 같이 국내에서 인·허가, 등록을 받은 기준이 아니라 각 업종의 고유의 성격만을 규정하고 있는 것이다. 그리고 각 개별업법에서는 해당 업종의 일반적인 성격을 정의하고 있다.

은행법

제2조(정의) ① 이 법에서 사용하는 용어의 뜻은 다음과 같다.

1. "**은행업**"이란 예금을 받거나 유가증권 또는 그 밖의 채무증서를 발행하여 불특정 다수인으로부터 채무를 부담함으로써 조달한 자금을 대출하는 것을 업(業)으로 하는 것을 말한다.

보험업법

제2조(정의) 이 법에서 사용하는 용어의 뜻은 다음과 같다.

2. "**보험업**"이란 보험상품의 취급과 관련하여 발생하는 보험의 인수(引受), 보험료 수수 및 보험금 지급 등을 영업으로 하는 것으로서 생명보험업·손해보험업 및 제3보험업을 말한다.

자본시장과 금융투자업에 관한 법률

제6조(금융투자업) ① 이 법에서 "**금융투자업**"이란 이익을 얻을 목적으로 계속적이거나 반복적인 방법으로 행하는 행위로서 다음 각 호의 어느 하나에 해당하는 업(業)을 말한다.

1. 투자매매업
2. 투자중개업
3. 집합투자업
4. 투자자문업
5. 투자일임업
6. 신탁업

따라서 국내에서 인·허가, 등록을 받지 아니하고 외국에서 해당 업종을 영위한다고 하더라도 은행업, 보험업, 금융투자업의 개념에는 포함될 수 있다고 볼 수 있다. 그리고 본 법 제2조에 따른 금융회사의 정의에서도 외국의 법인을 포함하고 있으므로 여수신업·금융투자업·보험업 중 국내와 외국을 모두 포함하여 둘 이상의 업종을 영위하는 금융회사가 기업집단 내 존재하는 경우에는 금융그룹 감독대상이 될 수 있다고 보는 것이 타당하다.

다만, 국내 금융시장의 안정 및 금융소비자 보호를 위한 것이 본 법의 취지이므로 국내 금융회사의 자산 규모가 일정 이상이거나 국내에 인·허가, 등록된 금융회사가 일정 개수 이상일 필요가 있다. 예컨대, 해외에서는 둘 이상의 업종을 영위하고, 자산규모도 크나 국내에서 금융업을 영위하는 규모가 미미한 경우까지 모두 금융그룹 감독을 할 필요성은 적기 때문이다. 특히 외국의 거대 금융그룹이 국내에 일부 지점 등을 설립한 경우가 이에 해당할 수 있다. 이러한 경우 국내 금융업 규모가 작으므로 위험이 전이되더라도 국내 금융시장에 미치는 영향이 작기 때문에 개별업법에 따른 감독 외에 금융그룹 감독까지 자원을 투입할 필요성은 적다고 할 수 있다. 따라서 감독대상으로 포함시킬 금융그룹은 국내에서의 금융업 영위 수준이 일정 이상인 금융그룹으로 제한할 필요성이 있고, 이는 아래에서 살펴볼 제2호와 제3호의 규정에 따라 제한된다.

2. 국내 소속금융회사의 자산총액 합계 5조원 이상

기업집단에 속하는 국내 금융회사들의 재무상태표에 따른 자산총액 합계가 5조원 이상이어야 한다. 이에 대하여는 그 기준을 5조원으로 설정한 이유와 그것이 합리적인지 여부가 문제된다.

금융복합기업집단의 감독에 관한 법률 시행령
제6조(금융복합기업집단의 지정) ② 법 제5조제1항제2호에서 "대통령령으로 정하는 바에 따라 산정한 자산총액"이란 동일한 기업집단에 속하는 **국내 금융회사들**의 직전 사업연도 말의 재무상태표에 따른 **자산총액**(직전 사업연도 말의 재무상태표가 없는 경우에는 설립 시의 납입자본금을 말한다. 이하 이 조에서 같다)을 말하며, "대통령령으로 정하는 금액"이란 **5조원**을 말한다.

(1) 국제기준 및 해외 주요국과의 비교

감독대상 금융그룹의 자산 기준에 대하여는 국제기준 등에 따로 정하여진 바가 없다. 각국은 경제규모, 감독필요성 등을 고려하여 금융그룹 감독대상의 범위를 자율적으로 결정하고 있다. 따라서 각국의 감독대상을 선정하는 기준이 다르게 나타난다. 일본의 경우는 둘 이상의 업을 영위하는 금융그룹(이하 "복합금융그룹"이라 한다) 전체를 감독대상으로 지정하여 약 140여 개의 금융그룹을 감독한다. 호주의 경우는 복합금융그룹 중 감독당국의 재량(감독필요성)에 따라 감독대상으로 지정하여 감독한다. 이처럼 자산에 대하여 별다른 기준을 두고 있지 않는 경우가 대부분이다. EU의 경우도 자산과 관련한 요건은 있으나, 우리와 같이 총자산 요건을 두고 있는 것은 아니다. 은행·증권 부문과 보험 부문 중 적은 부문이 비중이 10%에 미치지 못하는 경우라 하더라도 그 규모가 60억 유로 이상인 경우에는 감독대상에 포함시키는 것이다. 따라서 EU의 경우 총 자산이 60억 유로에 미치지 못하더라도 얼마든지 감독대상에 포함될 수 있다. 예컨대 금융그룹의 총자산이 600억 유로라 하더라도 비중이 작은 부문의 자산이 30억 유로밖에 되지 않는다면 그 비중이 5%밖에 되지 않고, 규모도 60억 유로에 미치지 못하여 감독대상이 되지 않으나, 은행·증권 부문과 보험 부문의 자산이 각 20억 유로인 경우는 총 자산이 40억 유로밖에 되지 않더라도 감독대상에 포함될 수 있는 것이다. 이렇듯 해외의 다른 주요 국가들과 비교하면 외국에 없는 총자산 기준에 따라 감독대상 여부를 결정한다고 볼 수 있다.

〈표 4-3〉 주요국의 감독대상 금융그룹 지정 기준 및 현황

	감독대상 기준	감독대상 금융그룹 수	감독대상 현황
EU **복합금융 그룹지침** (FICOD) '02년 제정 '05년 각국 법제화	"은행·증권", "보험" **각 1개 이상 금융회사** 보유 일정규모* 이상 금융그룹 * 각 부문의 비중(10%)·최소 자산규모(€60억) 등 고려 * (그룹분류) 금융지주, 혼합금융지주, 혼합지주	**총 80개** 英 12개, 佛 10개, 獨 7개 등 ('19.12월 기준)	
독일 금융그룹 감독법 '13년 시행	"은행·증권", "보험" **각 1개 이상 금융회사** 보유 일정규모* 이상 금융그룹 * 금융부문 자산비중(40%), 각 부문의 비중(10%)·최소 자산규모(€60억) 등 고려	**7개** ('18.10월 기준)	• 자산규모 13조~1,312조원 (Allianz 그룹 제외 시 자산규모 평균 180조원) • 감독대상 중 6개 그룹이 보험업종 주력
일본 복합금융그룹 감독지침 '05년 시행	은행·증권·보험업 중 **2개 이상**을 복수로 영위하는 금융그룹 * (그룹분류) 금융지주, 사실상 지주, 금융기관 모회사 그룹, 외국지주회사	**140개** ('18.3월 기준)	• 자산규모 26조~3,790조원 (3대 금융지주(MUFG, Sumitomo Mitsui, Mizuho) 제외 시 자산 규모 평균 210조원) • 자산규모에 대한 별도의 감독기준은 없음 • 외국 금융사의 일본 내 법인·지점까지 포괄
호주 금융그룹 감독규정 '17년 시행	은행·증권·보험업 중 **2개 이상 업종**을 영위하는 금융그룹	**8개** ('18.8월 기준)	• 자산규모 23조~795조원 (4대 은행 그룹(ANZ, NAB, Commonwealth, Westpac) 제외 시 자산규모 평균 100조원) • 자산규모에 대한 별도의 감독기준은 없음 • 세부기준을 명문화하지 않고 원칙 중심으로 선정

(2) 총자산 요건의 필요성 여부

외국과 달리 금융복합기업집단을 지정하는데 있어 자산요건을 추가할 필요가 있는지 여부가 문제된다. 반드시 자산이 일정기준 이상인 금융그룹만이 그룹 차원의 위험이 존재하는 것이 아니라 규모가 작은 금융그룹도 충분히 그룹 차원의 위험이 생길 수 있기 때문이다.

법 시행 이후 약 31개의 (비지주)복합금융그룹 중 6개 금융그룹을 금융복합기업집단으로 지정하여 감독을 실시하고 있다.

해외 주요국의 감독대상 그룹 수를 비교해보면 전체 복합금융그룹을 감독대상으로 하는 일본이 140개 금융그룹을 감독하는 것을 제외하면 영국 12개, 프랑스 10개, 독일 7개, 호주 8개 등 대부분 10개 내외의 금융그룹에 대하여 감독을 하고 있다.

〈표 4-3〉 국내 금융그룹 현황(2019년 말)[5)]

구 분	금융그룹 수 (금융회사 수)	총자산 (조원, %)		자기자본 (조원, %)	
금융지주그룹	10(85)	3,019	(50)	316	(50)
특수은행그룹	2(11)	644	(11)	52	(8)
(비지주)복합금융그룹[1)]	31(114)	1,281	(21)	153	(24)
동종금융그룹[1)]	86(192)	185	(3)	27	(4)
금융그룹 소계[2)]	**129(402)**	**5,130**	**(86)**	**547**	**(86)**
금융회사 전체[3)]	–(4,457)	5,985	(100)	634	(100)

주1) 복합금융그룹은 여수신(은행·저축은행·여전업·종금사·대부업)·보험·금융투자업 中 2개 이상 업을 영위하는 금융그룹이며, 동종금융그룹은 1개 업만 영위하는 금융그룹을 의미

주2) 금융그룹 소속 금융회사(금융지주·은행(신탁계정 포함)·보험업·금융투자업·종합금융사·저축은행·여신전문금융업·대부업자)의 개별 재무제표 합산

주3) 금융지주·은행(신탁계정 포함)·보험업·금융투자업·종합금융사·저축은행·여신전문금융업·대부업자·상호금융의 개별 재무제표 합산

자료: 금융위원회.

5) 국회 정무위원회, 앞의 법률안 검토보고서(2020. 11), 7면.

하나의 금융그룹은 수많은 금융계열사와 비금융계열사를 포함하고 있고, 경우에 따라 해외까지 계열사가 진출해 있는 경우가 많고, 금융그룹마다 주력으로 삼는 업종, 지배구조 형태, 주요 위험 등이 제각각 다르므로 개별업법에 따른 하나의 금융회사를 감독하는 것에 비하여 상당히 많은 감독자원을 요구한다. 따라서 감독당국의 감독 역량에 맞추어 적절한 숫자의 감독대상을 선정할 필요가 있다. 현재 하고 있는 6개 감독대상의 숫자 또한 외국의 사례에 비추어 볼 때 합리적인 수준이라고 볼 수 있다. 감독자원 및 역량을 고려하지 않고 오히려 욕심을 부려 너무 많은 숫자의 금융그룹을 감독하려고 할 경우 전체적으로 감독의 수준이 떨어지고 부실해질 우려도 있기 때문이다. 다만, 추후 감독 역량이 확대됨에 따라 감독대상의 숫자 및 그 범위는 점차 늘려나갈 필요성은 있다. 이에 대하여는 제3편제3장에서 보다 자세히 논의하도록 한다.

또한 금융그룹 감독은 위기시 국가 경제에 중요한 영향을 미칠 가능성이 높은 금융그룹에 집중할 필요가 있다. 이러한 금융그룹을 선정하는데 있어 총자산은 매우 중요한 지표라 할 수 있다. 즉, 금융계열사 및 비금융계열사에 위기가 발생하는 등 그룹 차원의 위험이 개별 금융회사로 넘어와 금융소비자가 막대한 피해를 입는 것을 막기 위한 제정안의 취지를 고려할 때, 자산규모가 일정 이상인 금융그룹을 감독 대상으로 삼을 필요성이 인정된다고 할 수 있는 것이다.[6] 즉, 일정 이상의 자산을 기준으로 감독대상을 결정하는 것은 중요한 금융그룹을 선별하기 위한 합리적인 방식이라 할 수 있다.

(3) 국내 금융회사 자산으로 한정할 필요성

금융복합기업집단법 시행령에서는 금융복합기업집단 지정을 위한 금융회사의 자산합계 산정시 국내 금융회사의 자산총액이 5조원 이상일 것으로 규정하고 있다. 즉, 해외 금융회사의 자산을 제외한 국내 금융회사의 자산합계만으로 판단하는 것이다. 이렇게 자산규모 산정시 국내 금융회사의 자산으로 한정할 필요성이 있는지 문제된다. 금융복합기업집단법의 주요 목적은 대규모 금융그룹에 발생할 수 있는 위험을 효과적으로 관리·감독하여 금융시장의 안

6) 국회 정무위원회, 앞의 법률안 검토보고서(2020. 11), 18면.

정을 도모하고, 금융소비자를 보호하는 것이다. 따라서 국내 금융시장에 크고 중요한 영향을 미칠 수 있는 집단을 선정하여 감독하는 것이 중요하다. 그러므로 국내 자산규모가 일정 수준 이상인 금융회사 집단을 금융복합기업집단으로 선정하여 관리·감독할 필요성이 높은 것이다. 예컨대 A그룹은 국내 금융회사 자산합계가 10조원, 해외 금융회사 자산은 1조원이고, B그룹은 국내 금융회사 자산이 1,000억원, 해외 금융회사 자산은 100조원이라고 할 경우 해당 집단의 총자산은 B그룹이 더 높지만 해당 그룹이 부실화될 경우 국내 금융회사에 더 큰 영향을 미칠 수 있는 집단은 국내 금융자산이 보다 큰 A그룹이라고 할 수 있다. 반면 B그룹의 경우 집단 전체의 규모는 보다 크지만 A그룹에 비하여 국내 금융시장에 미치는 영향은 적을 가능성이 크다. 따라서 한정적인 감독자원을 효과적으로 활용하기 위해서는 총자산합계 기준을 국내 금융회사 자산으로 한정하여 국내 금융자산 규모가 일정 이상인 경우 금융복합기업집단으로 지정하여 감독할 필요가 있는 것이다.

(4) 5조원 기준의 타당성 여부

감독대상인 금융복합기업집단을 지정하는데 있어 총자산 기준을 둔 것이 합리적이라고 하면 5조원의 기준은 타당한지 여부가 문제된다. 현행 5조원 이상의 자산 기준이 감독대상 범위를 과도하게 확장할 우려가 있어 다소 과도하다는 의견도 일부 제기된다. 가장 작은 금융부문의 자산규모 60억 유로(약 7조원) 이상을 요구하는 EU 기준 등과 비교할 때, 현행 기준은 과도할 여지가 있다는 것이다.[7)]

그러나 앞에서 살펴본 바와 같이 EU의 기준은 은행·증권 부분과 보험 부문에 있어 작은 부문의 비중이 10%에 미치지 못하더라도 그 규모가 60유로가 넘으면 실질적으로 두 영역 모두 실질적으로 영위하고 있다고 보아 감독대상에 포함하겠다는 것으로 이것을 자산의 최소기준이라고 보기는 어렵다. 즉, EU는 금융그룹의 총자산 기준을 설정하지는 않고 있어 단순히 본 법의 기준과 비교하기는 어렵다. 또한 EU 각국의 감독대상 금융그룹 수도 약 10개 내외에 불과하므로 감독대상의 숫자 면에서 볼 때는 6개가 감독대상인 우리나라의

---

7) 2020. 1. 29. 정책간담회(민세진).

기준이 과도하게 그 범위를 확장하고 있다고 보기는 어렵다.

감독대상 선정을 위한 자산기준을 설정할 때, 국내 타 법령의 주요 준거 기준 등을 비교하여 합리적인 범위 내에서 결정할 필요가 있다. 따라서 기업집단과 관련하여 비교해 본다면 각 5조원, 10조원인 공정거래법의 공시대상기업집단 또는 상호출자제한기업집단의 지정기준 등을 들 수 있다.[8] 금융복합기업집단법은 공정거래법상 공시대상기업집단 지정기준과 유사하게 그 기준을 5조원으로 설정한 것으로 보인다.

2018년 7월부터 모범규준을 통한 금융그룹 감독제도 시범운영 과정에서 이미 2년 이상 현행 5조원 기준으로 운영되면서 형성된 시장의 신뢰, 정책 예측가능성, 타 법령과의 조화 등 고려하여 금융복합기업집단법에서도 이와 동일하게 5조원으로 설정하였다. 5조원의 기준으로 운영하면서 특별한 문제가 없었다면 시장에 이미 신뢰가 형성된 기준을 바꿀 필요성이 적다고 본다.

현행 복합금융그룹의 자산 분포를 보면 5조원보다 상향(예: 10조원)하거나 3조원 등으로 하향하더라도 실제 감독대상 그룹이 크게 달라지지는 않는다. 다만, 5조원 이상 10조원 미만의 금융그룹이 없으므로 10조원으로 상향시에는 금융그룹의 성장 등에 따라 감독대상에 신규로 편입될 여지가 매우 적어진다. 비록, 금융그룹 감독대상이 아니더라도 향후 이에 포함될 가능성이 높다면 미리 이를 준비할 여지가 있는 반면 포함될 가능성이 매우 낮다면 이를 미리 준비할 가능성도 적다고 할 수 있다. 감독대상에 포함될 여지를 두고 그룹 위험관리 등을 준비한다는 측면의 긍정적인 면을 감안한다면 10조원의 기준은 너

---

8) **독점규제 및 공정거래에 관한 법률 시행령**

제21조(공시대상기업집단 및 상호출자제한기업집단의 지정 등) ① **공시대상기업집단**은 해당 기업집단에 속하는 국내 회사들의 공시대상기업집단 지정 직전사업연도의 대차대조표상의 자산총액(금융업 또는 보험업을 영위하는 회사의 경우에는 자본총액 또는 자본금 중 큰 금액으로 하며, 새로 설립된 회사로서 직전사업연도의 대차대조표가 없는 경우에는 지정일 현재의 납입자본금으로 한다. 이하 이 조에서 같다)의 합계액이 **5조원 이상**인 기업집단으로 한다. 다만, 다음 각 호의 어느 하나에 해당하는 기업집단은 공시대상기업집단에서 제외한다.

1.~4. (생략)

② **상호출자제한기업집단**의 범위에 관하여는 제1항을 준용한다. 이 경우 제1항 각 호 외의 부분 본문 및 단서 중 "공시대상기업집단"은 각각 "상호출자제한기업집단"으로, 제1항 각 호 외의 부분 본문 및 같은 항 제3호 중 "5조원"은 각각 "***10조원***"으로 본다.

무 높은 기준이 될 수 있는 것이다. 또한 다른 금융그룹은 본 감독대상에 포함될 여지가 없이 기존의 감독대상만이 지속적으로 감독을 받는다면 형평성 논란도 있을 수 있다.

〈표 4-4〉 감독 가능 복합금융그룹의 자산 분포('19년말 기준)

50조원 이상	10조원~ 50조원 미만	5조원~ 10조원 미만	3조원~ 5조원 미만	3조원 미만	총 계
8개	7개	–	4개*	10개	29개**

* BNP 파리바(보험 주력), 오릭스(여수신 주력), 상상인(여수신 주력), 군인공제회(여수신 주력)
** 전업 GP 그룹 2개(MBK파트너스, 웰투시인베스트먼트) 제외

이렇듯 국내 타 법령, 경제적 규모, 금융그룹의 자산 규모 등을 종합할 경우 현재의 5조원 기준은 상당히 타당성이 있다. 물론 이러한 기준은 추후 경제적 상황, 금융산업의 규모 등의 변화에 따라 보다 합리적으로 조정할 수 있다고 본다. 다만, 3조원 미만인 복합금융그룹을 모두 포함하더라도 29개 정도인 점을 고려할 때, 향후 감독제도가 정착되고 감독 역량이 향상되었을 때는 좀 더 감독대상을 확대할 수 있도록 5조원의 기준을 현행보다 하향하는 것도 검토해볼 필요가 있을 것이다. 물론 이를 위해서는 법 개정이 수반되어야 할 것이다.

〈표 4-5〉 자산총액 5조원 이상 복합금융그룹[9]의 주력·비주력 업종 비중

(국내 소속 금융회사 '20년말 기준/단위: 조원, %)

기업집단	금융 자산		주력 업종 자산 (비중)	주력 업종 자본 (비중)	주력外 업종 자산 (비중)	주력外 업종 자본 (비중)	권역 外 자산
삼성	487.4	보험	401.5 (82.4)	55.3 (80.4)	85.5 (17.6)	13.5 (19.6)	0.34
한화	158.6	보험	145.4 (91.7)	13.8 (86.3)	13.1 (8.3)	2.2 (13.7)	0.11
미래에셋	136.3	금투	86.3 (65.0)	10.9 (61.7)	46.4 (35.0)	6.8 (38.3)	3.64
교보	126.1	보험	116.0 (92.1)	12.2 (88.6)	9.9 (7.9)	1.6 (11.4)	0.13
SC	83.7	여수신	83.3 (99.6)	4.7 (94.0)	0.3 (0.4)	0.3 (6.0)	–
현대차	71.3	여수신	62.7 (87.9)	9.3 (89.5)	8.6 (12.1)	1.1 (10.5)	0.04
DB	69.4	보험	59.3 (85.5)	6.8 (85.6)	10.0 (14.5)	1.1 (14.4)	0.08
현대해상	49.3	보험	48.8 (99.9)	4.8 (93.7)	0.1 (0.1)	0.3 (6.3)	0.37
씨티	46.4	여수신	45.2 (97.5)	6.3 (91.8)	1.2 (2.5)	0.6 (8.2)	–
태광	46.0	보험	43.6 (94.8)	2.8 (84.6)	2.4 (5.2)	0.5 (15.4)	0.02
다우키움	37.2	금투	32.1 (89.0)	2.8 (64.4)	4.0 (11.0)	1.5 (35.6)	1.13
카카오	27.6	여수신	26.6 (99.6)	2.8 (90.6)	0.1 (0.4)	0.3 (9.4)	0.80
대신	20.2	금투	15.5 (89.9)	2.0 (84.5)	1.7 (10.1)	0.4 (15.5)	2.98
유안타	14.9	금투	14.3 (96.7)	1.4 (86.3)	0.5 (3.3)	0.2 (13.7)	0.08
유진	13.6	금투	10.0 (77.1)	0.9 (47.9)	3.0 (22.9)	1.0 (52.1)	0.63

* ▭ : 현재 지정된 금융복합기업집단(6개)

자료: 금융위원회.

9) 동일 기업집단 내 속하는 금융회사들이 여수신·금투·보험업 중 둘 이상을 영위하는 경우.

〈표 4-6〉 금융자산 5조원 이상 금융그룹 현황

('20년말 기준, 단위: 조원)

복합금융그룹(15개)						
그룹	소속회사	금융자산	권역별 자산			권역外자산
			여수신	보험	금투	
삼성	16	487.4	23.5	401.5	62.1	0.34
한화	10	158.6	1.1	145.4	12.0	0.11
미래에셋	32	136.3	5.8	40.5	86.3	3.64
교보	8	126.1	–	116.0	9.9	0.13
SC	2	83.7	83.3	–	0.3	–
현대차	5	71.3	62.7	–	8.6	0.04
DB	12	69.4	1.8	59.3	8.2	0.08
현대해상	7	49.3	–	48.8	0.1	0.37
씨티	2	46.4	45.2	–	1.2	–
태광	7	46.0	2.3	43.6	0.1	0.02
다우키움	27	37.2	4.0	–	32.1	1.13
카카오	6	27.6	26.7	–	0.1	0.80
대신	74	20.2	1.7	–	15.5	2.99
유안타	3	14.9	0.5	–	14.3	0.08
유진	12	13.6	3.0	–	10.0	0.63

□는 주력금융업종, 나머지는 비주력금융업종

전업GP 금융그룹(1개)						
그룹	소속회사	금융자산	권역별 자산			권역外자산
			여수신	보험	금투	
MBK	26	18.7	14.5	–	0.1	4.15

금융지주 및 특수은행 금융그룹(12개)						
그룹	소속회사	금융자산	권역별 자산			권역外자산
			여수신	보험	금투	
KB지주	28	672.4	516.5	71.4	55.5	29.1
신한지주	27	598.8	448.5	70.6	43.4	36.3
NH지주	22	503.6	340.8	78.5	61.7	22.6
하나지주	20	464.3	400.5	6.4	32.5	24.9
우리지주	16	406.7	378.6	–	4.7	23.4
기업은행	8	359.1	344.5	9.6	5.0	0.1
산업은행	37	284.0	258.3	20.0	0.1	5.6
BNK지주	10	119.5	110.1	–	3.0	6.4
DGB지주	9	82.4	62.2	6.5	9.9	3.8
한투지주	20	77.1	8.7	–	59.1	9.3
메리츠지주	6	69.2	6.6	25.3	35.4	1.9
JB지주	5	55.0	52.2	–	0.1	2.8

동종금융그룹(9개)						
그룹	소속회사	금융자산	권역별 자산			권역外자산
			여수신	보험	금투	
다자보험	3	56.7	–	56.7	–	–
메트라이프	2	23.4	–	23.4	–	–
오케이	14	16.9	16.5	–	–	0.4
신영증권	6	10.6	–	–	10.4	0.2
롯데	3	9.3	9.3	–	–	–
KT	5	7.7	7.4	–	–	0.3
애큐온	3	7.2	7.2	–	–	–
J&W파트너스	18	6.1	–	–	5.1	1
웰컴	8	5.8	5.6	–	–	0.2

1) 국내 금융회사 기준, 2) 권역外 자산은 지주회사, 창투사, 보험대리점, 사모펀드 등.
자료: 금융위원회.

〈표 4-7〉 자산총액 5조원 이상의 복합금융그룹 현황[10]

('20년말 기준, 단위: 조원)

금융그룹	총자산	주요 소속금융회사
삼성	487.4	삼성생명, 삼성카드, 삼성화재, 삼성증권, 삼성자산운용
한화	158.6	한화생명, 한화손해보험, 한화투자증권, 한화자산운용
미래에셋	136.3	미래에셋대우, 미래에셋생명, 미래에셋캐피탈, 미래에셋자산운용
교보	126.1	교보생명, 교보증권, 교보악사자산운용, KCA손해사정
SC	83.7	SC은행, SC증권
현대차	71.3	현대캐피탈, 현대카드, 현대차증권, 현대커머셜
DB	69.4	DB손해보험, DB생명, DB캐피탈, DB금융투자, DB자산운용
현대해상	49.3	현대해상, 현대인베스트먼트자산운용, 현대하이카손해사정
씨티	46.4	씨티은행, 씨티그룹글로벌마켓증권회사
태광	46.0	흥국생명, 흥국화재, 고려저축은행, 예가람저축은행
다우키움	37.2	키움증권, 키움투자자산운용, 키움저축은행, 키움예스저축은행, 키움캐피탈
카카오	27.6	한국카카오은행, 카카오페이증권, 카카오페이, 카카오벤처스
대신	20.2	대신증권, 대신저축은행
유안타	14.9	유안타증권, 유안타인베스트먼트, 유안타저축은행
유진	13.6	유진투자증권, 유진투자선물, 유진저축은행 등

* □: 현재 감독대상 금융그룹/ ■: 대표금융회사

자료: 금융위원회.

3. 인허가·등록을 한 금융회사 1개 이상 보유

금융그룹 감독은 기업집단에 속하는 해외 금융회사를 모두 포함하여 감독을 한다. 그런데 국내 금융회사 중 중요한 금융회사가 최소한 1개라도 있어야 그 감독의 실익이 있다고 할 수 있다. 즉, 금융위원회의 인·허가를 받거나 등록을 한 금융회사가 1개 이상은 있어야 한다고 할 수 있다. 예컨대 국내에

10) 국회 정무위원회, 앞의 법률안 검토보고서(2020. 11), 20면 참조.

서는 금융업 밀접업종만을 영위하면서 해외에서 여수신업, 보험업, 금융투자업을 영위하는 경우 둘 이상의 업종을 영위한다고 할 수 있다. 위와 같은 집단의 금융자산이 5조원이 넘는 경우 기계적으로는 금융복합기업집단에 지정될 수 있다. 그러나 이러한 집단에 대하여 집단 차원의 감독을 할 중요성 및 필요성은 낮은 편이다. 최소한 금융위원회의 인·허가를 받거나 등록을 한 금융회사가 최소한 1개 이상은 있도록 하여 이러한 가능성을 차단하는 것이다.

EU FICOD에서도 감독대상 금융그룹의 요건으로 '은행·증권 부문' 및 '보험 부문'에서 각각 규제대상 금융회사를 1개 이상 보유하도록 하고 있다.

※ EU FICOD
제2조 정의(Definitions)
(14)(a),(b),(ii) 그룹 내 보험부문과 은행·증권부문에 적어도 1개 이상의 규제 금융회사가 각각 존재해야 한다.[11)]

금융위원회의 인·허가 및 등록대상 금융회사는 <표 4-8>과 같다. 어느 정도 이상의 중요성을 갖는 대부분의 금융회사는 모두 금융위원회의 인·허가를 받거나 등록을 하도록 하고 있다. 위 요건은 해당 기업집단에 최소한 1개 이상 국내에 중요성을 갖는 금융회사가 있을 것을 전제로 한다고 볼 수 있다. 그러나 법 제5조제1항제1호에 따른 여수신업·금융투자업·보험업을 영위하는 회사는 모두 금융위원회의 인·허가 등록 대상에 해당하므로(시·도지사 등록 대부업자의 경우 시행령 제2조에 따라 금융회사의 범위에서 제외되었다) 사실상 독자적인 의미가 없는 규정이라고 할 수 있다. 법 제5조제1항제1호로 인해 있으나 마나한 규정이기 때문이다. 생각건대, 추후 법률 개정 등의 사유가 있는 경우 지정요건을 간결하게 정리하기 위해 삭제할 필요가 있다.

---

11) EU FICOD *Article 2* Definitions
(14)(a),(b),(ii) at least one of the entities in the group or subgroup is within the insurance sector and at least one is within the banking or investment services sector.

〈표 4-8〉 금융위원회의 인가·허가 또는 등록 대상 금융회사[12)]

구 분	금융회사	근거법
인가 대상	금융지주회사	금융지주회사법 제3조
	은행	은행법 제8조
	인터넷전문은행	인터넷전문은행 설립 및 운영에 관한 법률 제4조제2항
	상호저축은행	상호저축은행법 제6조
	금융투자업자* (투자매매업, 투자중개업, 집합투자업, 신탁업)	자본시장법 제12조
	종합금융회사	자본시장법 제336조
허가 대상	보험회사	보험업법 제4조
	신용카드사	여신전문금융업법 제3조제1항
등록 대상	은행, 종금사 등이 신용카드업 영위 시	여신전문금융업법 제3조제1항 단서
	시설대여업자, 할부금융업자, 신기술사업금융업자	여신전문금융업법 제3조제2항
	대부업자 (둘 이상의 시·도에 영업소 설치하는 자 등)	대부업법 제3조제2항
	금융투자업자* (투자자문업, 투자일임업, 온라인소액투자중개업)	자본시장법 제18조, 제117조의4

* 금융투자업 중 영위하려는 업무의 단위별로 각각 인가 또는 등록
자료: 금융위원회.

4. 부실금융회사의 비율이 50% 미만

금융복합기업집단의 감독에 관한 법률 시행령
제6조(금융복합기업집단의 지정) ③ 법 제5조제1항제4호에서 "「금융산업의 구조개선에 관한 법률」에 따른 부실금융기관 또는 이에 준하는 금융회사로서 대통령령으로 정하는 금융회사"란 다음 각 호의 금융회사를 말하며, "대통령령으로 정하는 비율"이란 100분의 50을 말한다.

12) 국회 정무위원회, 앞의 법률안 검토보고서(2020. 11), 18면 참조.

1. 「금융산업의 구조개선에 관한 법률」에 따른 부실금융기관
2. 「예금자보호법」에 따른 부실금융회사 및 부실우려금융회사
3. 「채무자 회생 및 파산에 관한 법률」에 따른 회생절차의 개시가 결정되어 그 절차가 진행 중인 금융회사
4. 「채무자 회생 및 파산에 관한 법률」에 따른 파산선고를 받아 파산절차가 진행 중인 금융회사

금산법상 부실금융기관, 「예금자보호법」상 부실우려금융회사, 「채무자 회생 및 파산에 관한 법률」(이하 "채무자회생법"이라 한다)상 회생절차 또는 파산절차가 진행 중인 금융회사의 자산총액이 전체 자산총액의 50% 이상인 경우에는 금융복합기업집단으로 지정하지 않도록 하고 있다.

위 법들에 의한 부실금융회사이거나 회생·파산절차가 진행되고 있는 금융회사는 사실상 건전성이 형해화된 상태로 금융당국 또는 법원에 의하여 필요한 조치가 진행되고 있다고 할 수 있다. 이 경우 정부의 주도하에 출자 등을 통해 해당 금융회사를 정부가 인수하거나 다른 금융회사 등에 이를 매각하도록 하는 등 정책적인 측면의 결정이 이루어질 수도 있고, 법원의 주도 하에 해당 금융회사를 파산 절차를 통해 정리할 수도 있다. 이러한 금융회사가 해당 집단의 일부인 경우에는 다른 금융회사들은 이러한 위험이 집단 내에 미치는 영향 등을 고려하여 위험관리를 할 필요성이 높다. 그러나 이러한 부실금융회사 등의 비중이 해당 집단의 50%를 넘어간다고 한다면 사실상 집단 전체의 건전성이 형해화 된 상태라 볼 수도 있다. 이 경우 정부나 법원은 해당 집단 전체의 향방을 고려하여 해당 부실금융회사들의 처분을 결정할 필요가 있다. 해당 부실금융회사들을 인수하여 남은 금융회사들의 건전성을 도모할 것인지, 아니면 매각 절차 등을 통해 매각 자금을 바탕으로 남은 금융회사들의 정상적인 경영을 도모할 것인지 등을 결정해야 한다.

이러한 경우에도 해당 집단을 금융복합기업집단으로 지정하여 집단 차원의 감독을 한다면 사실상 부실금융회사들의 정리나 파산 등을 결정하는 정부나 법원과 컨트롤타워가 중복될 가능성이 높다. 따라서 이러한 상황에서는 부실금융회사를 담당하는 금융당국이나 법원으로 컨트롤타워를 일원화하는 것

이 오히려 효율적인 결정을 가능하게 할 수 있는 것이다. 또한 이러한 상황의 기업집단에 대하여 금융그룹 감독을 한다는 것이 사실상 무의미한 상태일 수 있다. 따라서 이러한 부실금융회사의 비중이 50%를 상회하는 경우에는 금융복합기업집단 지정의 예외로 삼을 필요가 있는 것이다.

물론 이러한 경우에도 집단 차원의 건전성에 대한 감독에 대한 예외를 두고 있는 것이고, 각 개별금융회사의 건전성에 관한 개별업법은 여전히 적용되고 있다. 그리고 이러한 부실금융회사에 대한 정리나 회생·파산 등의 절차가 완료되고 해당 집단이 금융복합기업집단의 지정기준을 충족한다면 그때부터는 다시 금융복합기업집단으로 지정하여 감독을 하면 될 것이다.

5. 감독의 실익이 적은 경우가 아닌 경우

법 제5조제1항제5호는 여수신업·금투업·보험업 각각 자산이나 자기자본의 비중·규모, 금융관계법령의 내용·취지 등을 고려하여 이 법에 따른 감독의 실익이 적은 경우는 금융복합기업집단의 지정에서 제외하도록 하고 있다. 예컨대, 여수신업과 보험업을 영위하여 둘 이상의 업을 영위하고 있기는 하나, 여수신업의 비중은 매우 낮아 사실상 보험업만 영위하는 금융그룹과 큰 차이가 있다고 볼 수 없는 경우에도 이 법에 따라 감독을 하게 된다면 한정된 감독자원을 복합금융그룹을 감독하는데 효과적으로 활용하는데 오히려 방해가 될 수 있다. 따라서 금융복합기업집단으로 지정하여 감독할 실익이 적은 경우는 지정대상에서 제외할 필요가 있다. 이 법에 따른 감독실익이 적은 경우란 다음과 같다.

(1) 비주력 업종의 자산규모가 5조원 미만인 경우

금융복합기업집단의 감독에 관한 법률 시행령

제6조(금융복합기업집단의 지정) ④ 법 제5조제1항제5호에서 “대통령령으로 정하는 경우”란 다음 각 호의 경우를 말한다.

1. 여수신업·금융투자업 또는 보험업 중 자산총액(**국내 금융회사만 해당**한다. 이하 이 호에서 같다) 합계가 **가장 큰 업종을 제외한 다른 업종들의 자산총액 합계가 5조원 미만**의 범위에서 금융위원회가 정하여 고시하는 금액 미만인 경우

금융복합기업집단 감독규정
제5조(금융복합기업집단 지정의 제외 등) ① 영 제6조제4항제1호에서 "금융위원회가 정하여 고시하는 금액"이란 5조원을 말한다.

여수신업·금융투자업·보험업 중 자산총액 합계(국내 금융회사 기준)가 가장 큰 업종을 제외한 다른 업종들의 자산총액 합계가 5조원 미만의 범위에서 금융위원회가 정하여 고시하는 금액 미만인 경우에는 금융복합기업집단 지정대상에서 제외한다. 즉, 주력으로 영위하는 업종을 제외한 나머지 두 업종의 규모가 일정 이상인 경우에만 감독대상으로 지정하도록 한 것이다. 두 가지 이상의 업종을 영위하고 있기는 하나, 실질적으로 주력으로 영위하는 업종의 규모는 큰 반면 그 이외의 업종 규모는 작아 동종금융그룹과 큰 차이가 없는 경우를 지정대상에서 제외하기 위한 취지로 보인다. 일응 그 취지는 타당성이 있어 보인다. EU의 경우에도 보험부문과 은행·증권 부문 중 규모가 작은 부문의 총자산 및 필요자기자본 비중이 금융부문 전체의 10%를 초과하거나 총자산 규모가 60억 유로를 초과하는 경우에만 감독대상으로 포함하여 실질적으로 둘 이상의 업종을 영위하는지 여부를 고려하고 있다. 그러나 본 호는 아래와 같은 이유로 인하여 큰 문제점이 있다.

1) 법에서는 영위하는 업종의 비중·규모를 모두 고려하도록 하고 있으나, 시행령에서는 규모만 고려(EU FICOD와 차이)

법 제5조제1항제1호에서는 '금융회사들이 영위하는 여수신업·금융투자업·보험업 각각의 자산이나 자기자본의 비중·규모' 등을 고려하도록 하고 있다. 즉, 영위하는 업종의 비중과 규모를 고려하여 감독실익이 적은 경우 이를 지정대상에서 제외할 수 있도록 하고, 그 구체적인 사항은 하위규정에서 정하도록 하고 있다. 즉, 법에서는 영위하는 업종의 비중과 규모를 모두 고려하도록 하였다고 보는 것이 타당하다. 그럼에도 불구하고 시행령에서는 비주력 업종의 규모만을 고려하고 있다. 즉, 비중은 애초에 고려하지 않는 것이다.

EU FICOD의 경우도 영위하는 업종의 비중과 규모를 모두 고려하고 있다. 은행·증권부문과 보험부문 중 작은 부문의 비중이 10% 이하인 경우는 감독대상에서 제외하나, 그럼에도 불구하고 그 자산규모가 60억 유로(약 8조원)를 초과하는 경우에는 감독대상에 포함한다는 것이다. 이는 해당 금융그룹에서 작은 부문이 차지하는 비중이 10%에 미치지 못하여 미미하더라도 그 자체의 규모가 60억 유로를 넘어 매우 큰 경우에는 포함시킬 수 있도록 한 것이다. 예컨대 EU의 경우 만일 비주력 업종의 자산 규모에 대한 규정이 없고, 비중만 고려한다고 가정해보자. A금융그룹의 경우 금융부문 총자산이 60억 유로이고, 보험부문 자산이 7억 유로라고 한다면 A금융그룹은 감독대상에 포함될 것이다. 반면 B금융그룹의 경우 금융부문의 총자산은 1,000억 유로이고, 보험부문의 자산이 90억 유로라고 한다면 감독대상에 포함되지 않을 것이다. 이 경우 B금융그룹의 보험부문이 A금융그룹의 총자산보다 큼에도 불구하고 A금융그룹은 감독대상에 포함되고, B금융그룹은 작은 부문의 비중이 10%에 미치지 못한다는 이유로 감독대상에서 제외되는 불합리한 결과를 초래할 수 있는 것이다. 따라서 비주력 부문의 자산 규모를 고려하여 이러한 불합리한 결과를 방지하고, 비록 금융그룹 내에서 비주력 부문의 비중이 낮다고 하더라도 그 자체로도 일정 규모를 넘어가는 경우에는 감독대상에 포함될 수 있도록 하고 있는 것이다.

반면 본 호의 경우 이러한 비중에 대한 고려는 없이 오로지 비주력 업종의 자산규모만을 고려하고 있다. 이러한 경우 실질적으로 비주력 업종의 비중이 상당함에도 불구하고 지정대상에서 제외되는 결과를 초래할 수 있는 것이다.

예컨대 다음 표와 같은 사례를 보도록 하자.

	자 산				지정 대상
	여수신업	금융투자업	보험업	총 계	
X금융그룹	3.5조원	3조원	2조원	8.5조원 (주력 3.5조원/비주력 5조원)	○
Y금융그룹	6조원	2조원	2조원	10조원 (주력 6조원/비주력 4조원)	×
Z금융그룹	2조원	2조원	2조원	6조원 (주력 2조원/비주력 4조원)	×

이러한 경우 X금융그룹은 비주력업종의 규모가 5조원 이상이므로 지정대상에 해당하나, Y와 Z금융그룹은 비주력업종의 규모가 5조원 미만이므로 지정대상에 해당하지 않게 된다. 그런데 Y와 Z 금융그룹은 X금융그룹에 비해 지정의 실익이 과연 적다고 할 수 있을까? 먼저 Y금융그룹은 X금융그룹에 비해 총자산의 규모도 보다 크고, 비주력업종의 비중도 40%나 되어 결코 미미하다고 보기 어렵다. 그럼에도 불구하고 Y금융그룹은 지정대상에서 빠지게 되는 것이다. 또한 Z금융그룹의 경우는 총자산이 5조원이 넘고, 비주력업종의 비중이 67%나 되어 X금융그룹보다도 비주력업종의 비중이 높고, 주력업종에 비해서도 비주력업종의 비중이 높음에도 불구하고 지정대상에서 제외된다. Y나 Z의 경우는 둘 이상의 업종을 실질적으로 영위한다고 볼 수 있음에도 불구하고 지정대상에서 제외된다고 볼 수 있다. X와 Y, Z금융그룹간 결정적인 차이점이 없음에도 지정여부에 있어 차이가 발생하는 것이다. 이처럼 감독대상의 지정에 있어 둘 이상의 업종을 실질적으로 영위하면서도 오히려 총자산 규모마저 높은 금융그룹도 지정대상에서 제외되어 기준의 형평성에 어긋나고 자의적인 기준이라는 문제가 제기될 수 있다.

이처럼 비주력업종의 비중은 고려하지 않고, 규모만 고려한 결과 그 비중이 상당한 경우에도 지정대상에서 제외되게 되었고, 결국 현재의 6개 집단만이 금융복합기업집단으로 지정받게 된 것이다. 이로 인해 앞의 <표 4-5> 등에서 보는 바와 같이 총자산규모가 10조원이 넘고, 비주력업종의 비중이 10%를 상회함에도 불구하고, 그 자산규모가 5조원에 미치지 못하여 다우키움, 유진 등의 금융그룹이 지정대상에서 제외되는 결과를 초래하게 되었다. 또한 총자산 규모가 40조원이 넘고, 비주력업종의 비중이 5%를 상회하는 태광과 같은 금융그룹도 지정대상에서 제외되었다. 그리고 카카오와 같은 금융그룹도 비주력업종인 증권, 보험업의 규모가 5조원을 넘어갈 때까지 지정대상에서 제외될 수밖에 없게 되었다. 즉, 본 호로 인하여 지정대상 집단의 수를 매우 협소하게 좁혀놓는 결과를 초래하였고, 향후 상당기간 동안 현행 6개 집단만이 본법에 따른 감독을 받게 될 가능성이 높아졌다. 이는 인위적으로 지정대상의 범위를 법이 아닌 시행령으로 좁히게 되는 결과를 초래한 것이다. 적어도 이러한 방식으로 지정대상 범위를 좁히려고 했으면 법률에 반영했어야 할 것이다.

2) 영위하는 업종을 국내 금융회사로만 판단

법률에서 특별한 제한을 하고 있지 않으나, 영위하는 업종을 판단하는데 있어 이를 국내금융회사로 한정하고 있다. 이는 법률의 위임 범위를 넘었다고 볼 수 있다. 또한 그 취지에 있어서도 다음과 같은 문제점이 있다.

본 호의 규정으로 인하여 최소 국내에서 2개 이상의 업종을 영위하여야 한다. 그러나 서로 다른 업종을 영위하면서 위험이 전이될 수 있거나 이해상충이 발생할 우려는 국내외를 가리지 않는다. 오히려 규제의 사각지대가 발생할 수 있는 해외에 출자하여 금융회사를 설립하는 것이 위험의 전이 가능성이 높을 수 있는 측면이 있다. 예컨대, 국내에서 여수신업을 영위하는 기업집단의 금융회사가 해외에 보험회사를 설립하여 보험업을 영위하는 경우에는 국내에 보험회사를 설립하여 보험업을 영위하는 경우와 달리 이 법의 감독대상에서 제외되는 것이다. 이는 금융업 밀접업종만을 영위하거나 하나의 업종을 영위하는 기업집단이 해외에 다수의 금융회사를 설립하여 본 법의 감독을 회피할 수 있는 여지를 줄 수 있다.

또한 본 호의 규정으로 인해 국내에서 여수신업·금융투자업·보험업 중 둘 이상의 업종을 영위해야 하는데, 감독규정 제2조제1항제2호에서 시·도지사에 등록한 대부업자는 금융회사에서 제외하도록 함으로써 세 업종 중 금융위원회에 인가·허가·등록을 요하지 않는 금융회사는 존재하지 않게 되었다. 즉, 이 법에 따라 금융복합기업집단으로 지정되기 위해서는 금융위원회에 인가·허가·등록을 한 금융회사가 2개는 존재해야 하게 되는 것이다. 그렇다면 '금융관계법령에 따라 금융위원회의 인가 또는 허가를 받거나 금융위원회에 등록을 한 금융회사가 하나 이상 존재할 것'을 규정한 법 제2조제1항제3호의 규정은 아예 불필요한 규정이 되어 버렸다. 즉, 하위규정의 제정을 통해 법률의 조항 자체를 불필요하도록 만들어 버린 것이다. 최소한 이러한 방향으로 지정대상의 범위를 좁힐 의도였다면 이는 법에 반영되어야 했을 것이다. 하위규정으로 본 법률의 규정을 배제하도록 하는 것은 바람직하지 못하기 때문이다.

〈표 4-9〉 EU FICOD에 따른 금융그룹(Financial Conglomerate)의 요건

금융그룹 요건(FICOD §1~§3)

[1] 그룹 최상위회사(Head)가 규제대상 금융회사(Regulated entity)인 경우

① 최상위회사가 금융부문 내 모회사(Parent Undertaking)[1] or 지분참여(Participation)[2] or 상호연결(Relationship)[3]

> 1) 자회사 등에 대한 지배적 영향력(dominent influence*) 행사
> * 주주 or 조합원 과반수, 임원 과반수의 임명·해임권, 행정·관리·감독 권한 보유 등
> 2) 직·간접적으로 지분 20% 이상 보유 or 의결권 보유
> 3) 모회사의 지배적 영향력 하에 있거나 모회사에 의해 통합적으로 관리

② 보험부문 & 은행·증권부문에 각각 1개 이상의 규제 금융회사 보유

③ 보험부문 & 은행·증권부문 모두 "중요성(Significant) 기준"※ 충족

> ※ [중요성 기준] 1) or 2) 중 하나 충족
> 1) 보험 & 은행·증권 부문의 총자산 및 필요자기자본 비중이 각각 금융부문 전체의 10% 초과
> 2) 보험 or 은행·증권부문 중 규모가 작은 부문의 총자산이 60억 유로 초과

[2] 그룹 최상위회사가 규제대상 금융회사가 아닌 경우

① 금융업을 그룹의 주된 영업으로 영위 → 금융부문 자산이 그룹 전체 자산의 40% 초과

② [1] – ②와 동일

③ [1] – ③과 동일

> ※ 다만, 감독대상 복합금융그룹이 위 기준을 충족 못하게 되는 경우, 그 이후 3년간 ① 40% → 35%, ③-1) 10% → 8%, ③-2) 60억 유로 → 50억 유로로 기준을 하향 적용함

(2) 전업 GP그룹(전업 GP가 기업집단 지배구조의 최상위에 있는 경우)

금융복합기업집단의 감독에 관한 법률 시행령

제6조(금융복합기업집단의 지정) ④ (생 략)

2. **다음 각 목의 자로만 구성된 기업집단**인 경우. 다만, 나목 또는 다목에 따른 금융회사가 두 개 이상 포함된 기업집단 중 나목 또는 다목에 따른 금융회사만으로도 법 제5조제1항에 따른 금융복합기업집단의 지정 요건을 충족하는 기업집단은 제외한다.

가. 「자본시장과 금융투자업에 관한 법률」에 따른 **기관전용 사모집합투자기구 또는 해당 사모집합투자기구가 출자한 투자목적회사**
나. 가목에 따른 **기관전용 사모집합투자기구 또는 투자목적회사가 출자한 금융회사**
다. **나목에 따른 금융회사가 출자한 금융회사**
라. 그 밖에 **기관전용 사모집합투자기구의 집합투자재산 운용업무를 영위하는 금융회사로서 금융위원회**가 정하여 고시하는 금융회사[13)]

금융복합기업집단 감독규정
제5조(금융복합기업집단 지정의 제외 등) ② 영 제6조제4항제2호라목에서 "금융위원회가 정하여 고시하는 금융회사"란 「자본시장과 금융투자업에 관한 법률」 제249조의15에 따라 등록한 업무집행사원 중 **경영참여형 사모집합투자기구의 집합투자재산 운용업무만을 영위하는 업무집행사원**을 말한다.[14)]

시행령 제6조제4항제2호에서는 업무집행사원(무한책임사원－GP)[15)] 중 오로지 기관전용 사모집합투자기구(이하 "기관전용 사모펀드"라 한다)를 설립하고

13) 2021년 4월 20일 자본시장법 개정(2021년 10월 21일 시행)으로 사모집합투자기구의 체계를 기존에 운용목적에 따라 '전문투자형 사모집합투자기구'와 '경영참여형 사모집합투자기구'로 분류하던 것을 투자자를 기준으로 '일반 사모집합투자기구'와 '기관전용 사모집합투자기구'로 분류하게 되었다. 현행 기관전용 사모집합투자기구는 경영참여형 사모집합투자기구와 큰 틀에서는 유사하나 일반투자자나 전문투자자로부터 자금을 조달할 수 있는 현재와 달리 업무집행사원(GP)에 대한 검사감독 능력이 있는 기관(LP; 국가, 한은, 은행, 보험사, 금융투자회사, 증금, 종금사, 자금중개회사, 금융지주, 여전사, 저축은행 및 중앙회, 산림조합중앙회, 신협중앙회, 금융공기업, 연기금, 공제회 등)으로부터만 자금을 조달할 수 있도록 개선하게 되었다. 따라서 기존의 개인투자자들은 재간접 펀드를 통해 투자가 가능하게 되었다(금융위원회, 「혁신성장과 일자리 창출을 뒷받침하기 위한 사모펀드 발전방향 토론회 개최」, 보도자료(2018. 9. 27), 5면 참조).
14) 기존의 사모펀드 체계를 개편하는 개정 자본시장법이 2021년 10월 21일자로 시행되었음에도 법 시행일 현재 감독규정에서는 여전히 개정 전 사모펀드 명칭인 '경영참여형 사모집합투자기구'라는 용어를 그대로 사용하고 있다. 조속히 용어의 개정이 필요할 것으로 보인다.
15) GP－General partner: 펀드를 운용하는 업무집행사원으로서, 펀드를 구성하는 출자자 중 그 채무에 대해 무한책임을 지는 사원을 말한다. 즉, LP(유한책임사원)들이 자금을 출자하면 펀드를 운용하는 운용사나 출자자 중 무한책임을 지는 사원이다. GP는 해당 펀드 운용과 동시에 투자결과에 대해 무한책임을 지는 역할을 한다. 또한 LP는 펀드 운용의 대가로 GP에게 운용 수수료를 지급하기도 한다.

운용하는 업무만을 영위하는 업무집행사원(이하 "전업 GP"라 한다)이 지배구조의 최상위에 있는 기업집단(이하 "전업 GP그룹"이라 한다)의 경우 금융복합기업집단 지정의 예외사유로 포함하고 있다. 일반적으로 전업 GP그룹의 경우 기관전용 사모펀드를 통해 회사를 인수·합병(M&A)하고 기업가치를 높여 매각하는 업무를 전문적으로 수행한다. 예컨대, MBK파트너스, JKL파트너스, 한앤컴퍼니, IMM인베스트먼드 등이 이에 해당한다. 2019년 12월 MBK파트너스가 롯데카드를, JKL파트너스가 롯데손해보험을 인수한 것과 같이 전업 GP그룹의 기관전용 사모펀드가 금융회사를 인수하는 경우도 있는데, 이러한 경우 금융복합기업집단의 지정요건을 갖추게 된다면 금융복합기업집단으로 지정하여 감독을 할 필요가 있는지가 문제된다.

일반적으로 기관전용 사모펀드는 무한책임을 지는 업무집행사원(GP)에 의해 설립되는데, 이때 GP는 경영에는 참여하지 않으면서 단지 재무적 투자자로서 이익을 추구하는 LP(유한책임사원)[16]의 투자를 함께 얻어 기관전용 사모펀드를 설립하게 된다.[17] LP의 경우, 경영에 참여하지 아니하므로 본인의 투자금액이 전부 손실될 위험만을 부담하므로 유한한 책임을 지게 되는 것이다. 따라서 LP의 경우 기업의 지배구조에 있어 큰 중요성을 갖지 않는다. 반면 GP의 경우 기관전용 사모펀드의 운용을 책임지면서 경영에 참여하므로 지배구조에 있어 중요한 영향을 미친다. 따라서 GP로 투자한 경우와 LP로 투자한 경우 기업집단에 포함되는 범위에 차이가 있다. GP의 경우, GP 본인과 GP가 기관전용 사모펀드를 통해 투자한 투자회사에 실질적 지배력이 있는 경우 모두 기업집단의 범위에 포함되나, LP의 경우는 포함되지 않는다.

---

16) LP – Limited partner: 펀드의 출자자 중 출자액을 한도로 하여 유한책임을 지는 사원을 말한다. 예를 들어 재무적 투자를 하는 개인과 국민연금, 연기금, 금융기관 등의 기관을 포함한 유한책임투자자가 이에 해당한다.

17) 금융위원회, 「혁신성장과 일자리 창출을 뒷받침하기 위한 사모펀드 발전방향 토론회 개최」, 보도자료(2018. 9. 27), 붙임3 '혁신성장과 일자리 창출을 뒷받침하기 위한 사모펀드 체계 개편방향' 3면

〈표 4-10〉 금융복합기업집단에 속하는 기관전용 사모펀드 및 그 투자회사의 범위

※ 금융복합기업집단에 포함되는 금융회사의 범위는 공정거래법상 기업집단의 범위와 동일하게 판단

• 최다출자자로 30% 이상, 대표이사·임원 50% 이상 선임 등 (공정거래법 시행령 제3조의2)
① GP(General partner, 무한책임투자)로 투자한 기관전용 사모펀드*
 * LP(Limited partner, 유한책임투자)로 투자한 경우에는 포함하지 않음
② GP로 투자한 기관전용 사모펀드가 투자한 금융회사 중 실질적 지배력이 있는 경우

〈표 4-11〉 무한책임사원과 유한책임사원의 차이[18]

무한책임사원 (GP: General Partner)	• 기관전용 사모펀드에 대한 투자결과에 **무한책임**을 지며, GP 중 사모펀드의 재산운용을 담당하는 **업무집행사원***을 선임함 * 기관전용 사모펀드는 정관으로 **무한책임사원 중 1인 이상을 업무집행사원**으로 정하여 그 업무집행사원이 회사의 업무를 집행할 권리와 의무를 지도록 한다(자본시장법 제249조의14). **일반적으로는 업무집행사원이 무한책임사원이 되어 기관전용 사모펀드를 운용**하고, 다른 일반투자자의 경우 유한책임사원이 된다.
유한책임사원 (LP: Limited Partner)	• 투자자로서 기관전용 사모펀드에 대한 투자결과에 대해 **출자액 범위 이내**에서만 **책임**을 **부담**함

기관전용 사모펀드에 있어 이러한 GP의 업무는 일반적으로 금융회사가 맡아서 수행한다.[19] 그중에서도 MBK파트너스, 한앤컴퍼니, IMM인베스트먼

---

18) 금융감독원, 「2020년 PEF 동향 및 시사점」, 보도자료(2021. 7. 22), 7면 참조.
19) **자본시장 및 금융투자에 관한 법률**
제249조의14(업무집행사원 등) ② 금융관련 법령 중 대통령령으로 정하는 법령에서 규정하고 있는 업무를 영위하고 있는 자는 그 법령에도 불구하고 업무집행사원이 될 수 있다. 이 경우 그 업무집행사원은 그 법령에서 제한하거나 금지하는 규정을 위반하지 아니하는 범위에서 업무를 집행할 수 있으며, 대통령령으로 정하는 방법으로 기관전용 사모집합투자기구의 집합투자재산을 운용하여야 한다.
자본시장 및 금융투자에 관한 법률 시행령
제271조의20(업무집행사원 등) ① 법 제249조의14제2항 전단에서 "대통령령으로 정하는 법

트, JKL파트너스 등과 같이 기관전용 사모펀드의 운용만을 목적으로 설립한 전업 GP들도 존재한다. 최근에는 전업 GP의 수(20년말 기준 245개)는 계속 증가하여 전체의 70% 수준을 상회하고 있다.[20]

〈표 4-11〉 운용 중인 GP 현황[21]

(단위: 개)

구 분	'15년말	'16년말	'17년말	'18년말	'19년말	'20년말
전 업	94(56.3%)	115(60.5%)	138(66.0%)	168(66.4%)	210(69.1%)	245(72.7%)
금융회사	41(24.5%)	41(21.6%)	35(16.8%)	37(14.5%)	38(12.5%)	36(10.7%)
창투계회사*	32(19.2%)	34(17.9%)	36(17.2%)	49(19.1%)	56(18.4%)	56(16.8%)
계	167(100%)	190(100%)	209(100%)	254(100%)	304(100%)	337(100%)

* 창업투자회사, 신기술사업금융사 등

령"이란 법, 이 영과 다음 각 호에 해당하는 법령을 말한다.

1. 「은행법」
2. 「한국산업은행법」
3. 「중소기업은행법」
4. 「한국수출입은행법」
5. 「보험업법」
6. 「상호저축은행법」
7. 「여신전문금융업법」
8. 「신용보증기금법」
9. 「기술보증기금법」
10. 「신용협동조합법」
11. 「새마을금고법」
12. 「신용정보의 이용 및 보호에 관한 법률」
13. 「금융회사부실자산 등의 효율적 처리 및 한국자산관리공사의 설립에 관한 법률」
14. 「한국주택금융공사법」
15. 「부동산투자회사법」
16. 「선박투자회사법」
17. 「산업발전법」
18. 「벤처투자 촉진에 관한 법률」

20) 금융감독원, 앞의 보도자료(2021. 7. 22), 3면.
21) 금융감독원, 위의 보도자료(2021. 7. 22), 8면 참조.

이러한 전업 GP가 지배구조상 최상위회사로서 기업집단을 형성하는 경우 계열관계를 형성하고 유지하면서 지속적인 경영을 추구하는 일반적인 기업집단과 차이를 보인다. 즉, 전업 GP가 기업을 인수하고 경영하는 목적은 일시적으로 해당 기업을 인수하여 가치를 향상시키고 해당 회사의 지분을 재매각하여 차익을 추구하는 것이다. 따라서 이러한 전업 GP그룹에 대하여는 금융복합기업집단 지정의 예외를 인정할 필요가 있다. 일각에서는 이에 대하여 MBK파트너스 등 일부 전업 GP에 대한 특혜가 아니냐는 지적도 제기된다.[22]

이하에서는 전업 GP그룹의 지정 예외 필요성에 대하여 보다 자세히 살펴보도록 한다. 앞에서 살펴본 바와 같이 금융그룹 감독은 개별업권 감독체계의 공백 등을 메우기 위한 보충적 역할을 하는 것이다. 따라서 개별법상의 감독만으로도 충분히 감독이 되는 경우에는 금융그룹 감독을 수행할 필요성이 적어진다고 할 수 있다. GP 및 기관전용 사모펀드, 그리고 기관전용 사모펀드가 출자한 회사의 경우 자본시장법에 따라 보다 엄격한 규제를 받고 있다. 따라서 이러한 회사들로만 구성된 전업 GP그룹에 대하여 추가적으로 금융그룹 감독을 할 감독실익이 있는지, 이렇게 예외를 인정할 경우 규제회피 가능성이 있다거나 금융지주그룹과 형평성에 어긋나지 않는지를 살펴보도록 한다.

〈표 4-12〉 Joint Forum 감독원칙에 따른 금융그룹 감독의 보충적 취지[23]

※ [Joint Forum 감독원칙] 「금융그룹감독」의 보충적 감독 취지 강조

- 감독원칙은 … 은행·증권·보험 권역 중 최소한 2개 이상의 권역에서 실질적인 금융업무를 수행하는 금융그룹에 적용되어야 한다.
- 감독원칙은 기존 권역별 감독체계를 대체하는 것이 아니라 **보충하는 역할**이다.
- 감독원칙은 비금융회사나 SPC 등 금융당국의 규제를 받지 않는 **비규제기업에 대한 직접적인 감독권한을 부여하고 있지 않는다**(금융그룹에 미치는 **영향만을 고려**토록 함).

---

22) 머니투데이, “금융그룹 감독 MBK ‘특혜 vs 특수성’ 논란” 제하 기사, 2019. 6. 14. (https://news.mt.co.kr/mtview.php?no=2019061315180834754)

23) 금융위원회, 「머니투데이 6. 14일자 “금융그룹 감독 MBK ‘특혜 vs 특수성’ 논란” 제하 기사 관련」, 보도자료(2019. 6. 14), 2면.

먼저 감독실익 측면을 보면 다음과 같이 기관전용 사모펀드의 성격과 자본시장법상의 규제 등을 고려할 때 금융그룹 감독을 추가적으로 할 필요성이 적다.

첫째로 전업 GP의 경우 기관전용 사모펀드를 통한 수익실현을 위해 기관전용 사모펀드가 출자하여 투자하는 회사를 한시적으로 보유하므로 감독의 실익이 적다고 할 수 있다. 즉, 금융회사를 인수하더라도 금융그룹 형성을 위한 장기적인 보유 목적으로 인수하는 것이 아닌 것이다. 자본시장법은 기관전용 사모펀드가 경영참여목적으로 투자를 한 경우에는 15년 이내에 해당 지분증권을 제3자에게 처분하여야 하도록 하고 있다(자본시장법 제249조의7제5항, 제249조의12제1항). 보유기간을 제한하고 있는 것이다. 반면, 이러한 회사의 인수 및 합병 등의 업무가 용이하게 수행될 수 있도록 기관전용 사모펀드나 투자목적회사가 지주회사에 해당하게 되거나 금융지주회사의 요건을 갖추게 되는 경우에도 10년간 지주회사 및 금융지주회사 규정을 적용받지 않도록 예외를 인정하고 있다(자본시장법 제249조의19제1항·제3항). 이는 사모펀드를 통해 금융회사를 인수하는 경우 금융지주회사로 인가를 받고 제한을 받도록 하지 않기 위한 취지이다. 즉, 금융회사를 인수한다고 하여 사모펀드나 그 피투자회사가 금융지주회사 인가를 받아야 한다면 금융회사는 인수합병 시장에서 제대로 된 가치로 매각되기 어려울 것이다. 따라서 금융회사도 인수 후 가치를 향상시켜 매각할 수 있도록 사모펀드가 금융지주회사로서 감독을 받지 않도록 보장해주는 것이다. 기관전용 사모펀드는 지속적인 기업집단의 형성 및 영위가 아니라 회사 매입 후 기업가치를 향상시킨 후 매각을 통하여 차익을 실현하는 것이 주목적이고, 그 이익을 투자자들에게 돌려주어야 하기 때문에 한시적인 기간을 부여하고, 이 기간 내에 기관전용 사모펀드를 통해 기업을 인수하여 가치를 높힌 후 매각하는 과정이 원활하게 진행될 수 있도록 법적으로 보호하고 있는 것이다. 그러므로 기관전용 사모펀드가 인수한 회사의 경우 일반적으로 그 매각의 주기가 길지 않을 수밖에 없다. 따라서 전업 GP 그룹에 대하여는 자본시장법상의 취지를 반영함으로써 금융복합기업집단 지정의 예외를 인정하여 금융회사 또한 사모펀드를 통한 투자가 자유롭게 이루어지도록 보장할 필요가 있다.

둘째로 기관전용 사모펀드를 통한 의사결정은 위험전이·이해상충 가능성이 상대적으로 적다. 동일한 GP가 투자·설립한 기관전용 사모펀드가 여러 개 있다고 하더라도 서로 상이한 LP들로 구성되어 있으므로 투자와 관련한 의사결정은 서로 독립적으로 이루어질 수밖에 없다. 그리고 자본시장법상 GP가 기관전용 사모펀드의 운용시 이해관계인과의 거래를 제한하고 있어 내부거래 등이 이루어지기 어렵다(자본시장법 제249조의14).

셋째로 전업 GP 그룹이 감독대상에서 제외되는 경우에도 금융감독이나 규제가 촘촘하게 이루어지게 된다. 개별 기관전용 사모펀드 및 그 피투자 금융회사에 대해서는 인수시 대주주 적격성 심사, 자본적정성 규제 등 금융회사의 안정성 확보를 위한 개별업권 감독이 지속 적용된다.[24)]

넷째로 기관전용 사모펀드의 경우 투자자의 범위를 개인이 아니라 기관투자자 또는 이에 준하는 자[25)]로 제한하고 있고(자본시장법 제249조의10제6항), 이러한 전문성을 갖추고 있는 기존투자자가 기관전용 사모펀드 또는 출자한 피투자회사에 대하여 검사할 수 있는 권한을 부여하고 있다(자본시장법 제249조의14제10항). 따라서 전문투자자등에 의한 검사를 통하여 GP의 업무에 대한 견제가 활발히 이루어지게 된다.

다섯째로 금융당국이 기관전용 사모펀드 및 GP의 업무에 대하여 금융시장 안정 또는 건전한 거래질서 등을 위해 필요한 조치를 명할 수 있고, 감독·검사를 할 수 있는 권한을 보유하고 있다(자본시장법 제249조의14제12항·제13항). 특히 전업 GP의 경우 지배구조상 지주회사와 같은 위치에 있다고 볼 수 있으므로 이들에 대해 사실상 금융지주회사와 유사한 감독권한을 갖추고 있다고 할 수 있다.

따라서 전업 GP그룹을 금융복합기업집단으로 지정하여 감독을 별도로 시행할 필요성은 낮다고 할 수 있다.

다음으로 전업 GP그룹에 대하여 금융복합기업집단 지정의 예외로 인정할 경우 규제회피 가능성이 있는지가 문제된다. 지정 예외의 대상이 되는 전

24) 금융위원회, 앞의 보도자료(2019. 6. 14), 2면.
25) 국가, 한국은행, 금융기관, 법률에 따라 설립된 연기금·공제회, 금융투자상품 잔고가 100억원 이상인 주권상장법인 등(자본시장법 시행령 제271조의14제4항·제5항).

업 GP그룹은 전업 GP가 지배구조의 최상위에 있으면서, 기관전용 사모펀드와 그 피투자회사로만 구성된 경우이다. 따라서 기존에 기업집단을 형성하여 영위하던 집단 내에 전업 GP를 만들고 기관전용 사모펀드를 설립하더라도 지정의 예외에 해당하지 않는다. 또한 전업 GP그룹의 기관전용 사모펀드가 인수한 회사가 자회사 등을 포함하여 그 자체로 금융복합기업집단에 지정될 그룹에 해당하는 경우는 지정의 예외에 해당하지 않도록 하여 그 기업집단은 본법의 감독을 받도록 하고 있다. 예컨대 전업 GP그룹의 기관전용 사모펀드가 현행 지정대상인 그룹의 최상위회사인 교보생명, DB 손해보험 등을 인수한다고 하면 그 자회사까지 한꺼번에 인수하는 효과가 있어 사실상 해당 금융그룹 전체를 인수하는 것과 같다. 이러한 경우까지도 전업 GP그룹이라고 하여 예외로 인정한다면 감독의 회피 수단이 될 수 있기 때문이다. 따라서 시행령 제6조제4항제2호의 단서에서는 전업 GP그룹에서도 기관전용 사모펀드 및 그 피투자회사가 출자한 금융회사 및 그 금융회사가 출자한 금융회사로 금융복합기업집단의 지정요건을 충족하는 경우에는 예외사유에서 제외하도록 하고 있다. 따라서 이러한 경우 이들 금융회사들로 구성된 집단을 금융복합기업집단으로 지정하여 감독할 수 있도록 하고 있다.

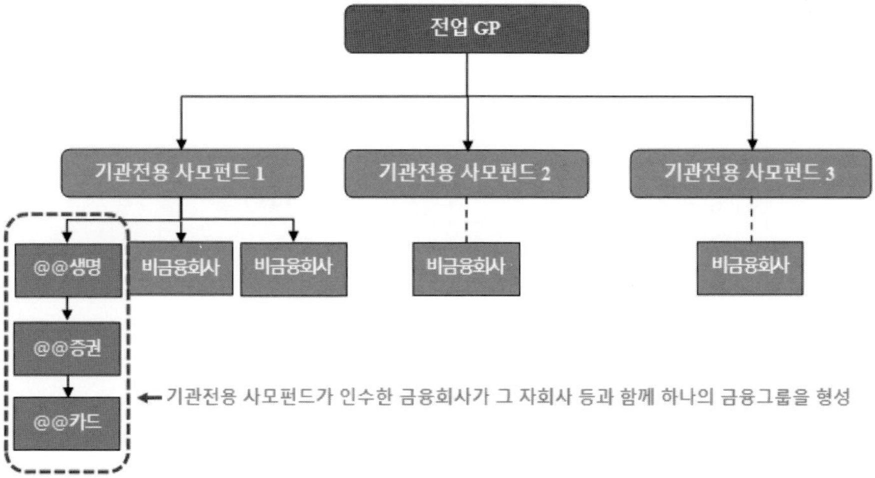

[그림 4-1] 기관전용 사모펀드가 출자한 금융회사가 하나의 금융그룹을 형성하는 경우

(3) 외국에서 실질적으로 금융그룹 감독을 받고 있는 경우(다만, 외국소재 금융회사 자산이 국내 금융회사 자산보다 큰 경우)

금융복합기업집단의 감독에 관한 법률 시행령

제6조(금융복합기업집단의 지정) ④ (생략)

3. 다음 각 목의 요건을 모두 충족하는 경우
   가. **외국의 법령에 따라 금융복합기업집단에 준하는 집단으로 인정되어 금융복합기업집단 수준 이상의 감독**을 받고 있을 것
   나. 가목에 따른 집단 중 **외국에 소재하는 금융회사들의 자산총액이 국내에 소재하는 금융회사들의 자산총액보다 클 것**

〈표 4-13〉 금융그룹 감독을 받는 해외의 주요 금융그룹 현황

국 가	E U	영 국	미 국	호 주	일 본
감독기관	유럽중앙은행(ECB[26])	금융감독청(FCA[27]) 금융건전성감독청(PRA[28])	FRB, 州별 감독청	APRA	금융감독청
감독대상 수	65개	12개	① 지주 490여 개 ② SIFI[29] 9개	8개	140개
감독대상 주요 그룹	• Allianz(독일) • 산탄데르(스페인) • AXA(프랑스) • BNP Paribas(프랑스) 등	• HSBC • 슈로더스 • 인베스코 • 로이드 등	• JP모건 • Citi그룹 • 모건스탠리 • 웰스파고 등	• 맥쿼리 • Suncorp • AMP • ANZ 등	• 미쓰비시 • 미즈호 • 미쓰이스미토모 등

26) European Central Bank, EU 회원국 내 2개국 이상에서 영업을 영위하는 경우에는 ECB에서 감독하는 것을 원칙으로 하고, 단일국가에서 영업시 해당 국가의 금융감독기구(예: 독일 Bafin 등)가 감독하는 것을 원칙으로 한다.
27) Financial Conduct Authotity.
28) Prudentioal Regulation Authotity.
29) Systemically important financial institution, 전 세계 금융시스템에 영향을 주는 중요한 금융기관을 말한다. 금융안정위원회(FSB)가 전 세계 29개 대형은행을 G-SIFI로 선정하여 1.0~2.5%의 추가자본 적립의무를 부과함. SIFI가 반드시 은행의 존재를 전제로 한 것은 아니나,

금융그룹 감독은 국제적으로 확립된 기준으로서 유럽, 미국, 일본, 호주 등 주요 국가들에 도입되어 운용되고 있다. 금융그룹 감독을 받는 경우, 해당 그룹에 속하는 해외 금융계열사까지 포함하여 감독을 받게 되므로 다른 국가에서 금융그룹 감독을 받는 경우에도 국내에서 본 법의 감독을 받는다면 이중의 규제를 받게 되는 것이라 할 수 있다. 따라서 해외에서 금융그룹에 대한 감독을 받고 있다면 비록 본 법의 지정요건에 해당하더라도 국내에서 이중으로 규제를 받지 않도록 예외를 인정할 필요가 있다. 다만, 그럼에도 불구하고 해외에 소재한 금융회사들의 규모에 비하여 국내 금융회사들의 자산이 보다 큰 경우는 국내에서 본 법에 따른 감독을 받을 필요가 있는 것이다.

(4) 기관전용 사모펀드 및 투자목적회사(금투업) 외에 다른 1개 업종(여수신 or 보험업)의 금융업만 영위하는 경우

> **금융복합기업집단 감독규정**
> **제5조(금융복합기업집단 지정의 제외 등)** ③ 영 제6조제4항제4호에서 "금융위원회가 정하여 고시하는 사유"란 해당 금융복합기업집단이 **경영참여형 사모집합투자기구**(그 집합투자재산 운용업무를 영위하는 업무집행사원을 포함한다) **및 투자목적회사 외에 다른 금융투자업을 영위하지 않으면서, 여수신업, 보험업 중 1개의 업만을 영위하는 경우**를 말한다.[30)]

이 법에 따른 지정대상이 되기 위해서는 실질적으로 2개 이상의 권역에서 금융업을 영위하여야 한다. 그런데 기관전용 사모펀드 및 투자목적회사는 자본시장법상 집합투자업을 영위하는 회사(합자회사)로서 금융투자업을 영위하는 금융회사에는 해당하나,[31)] 이를 영위하기 위해 별도로 금융위원회에 인

현재 미국에서의 SIFI는 전부 은행지주에 해당한다.

30) 앞에서 언급한 바와 마찬가지로 기존의 사모펀드 체계를 개편하는 개정 자본시장법(2021년 10월 21일 시행)을 반영하여 용어의 개정이 필요할 것으로 보인다.

31) **자본시장 및 금융투자업에 관한 법률**
제6조(금융투자업) ① 이 법에서 "금융투자업"이란 이익을 얻을 목적으로 계속적이거나 반복적인 방법으로 행하는 행위로서 다음 각 호의 어느 하나에 해당하는 업(業)을 말한다.
1. 투자매매업
2. 투자중개업

가를 요하지 아니하므로 금융투자업자라고 보기는 어렵다.[32] 기관전용 사모펀드나 기관전용 사모펀드가 출자한 투자목적회사의 운용은 실질적으로 업무집행사원이 이를 운용하기 위해서는 업무집행사원이 기관전용 사모펀드의 업무집행사원으로서 등록[33]할 뿐인 것이다. 즉, 기관전용 사모펀드 및 그 투자목적회사는 형식적으로는 금융투자업을 영위하는 금융회사이나, 그 실질은 사실상 돈을 모아놓은 펀드와 유사한 성격을 갖는다. 그 자체로 의사결정을 하면서 자발적으로 업무를 영위하는 금융회사라고 보기 어렵다. 즉, 기업집단 내에 기관전용 사모펀드 및 그 투자목적회사만이 금융투자업을 영위하는 경우라고 한다면 이는 금융투자업을 실질적으로 영위하고 있다고 보기 어려운 것이다. 즉, 이들 이외에 여수신업 또는 보험업 중 한 가지의 업종만을 영위하고 있다면 실질적으로 2개 이상의 금융업을 영위하고 있다고 보기 어려운 것이다. 따라서 이러한 경우를 금융복합기업집단 지정의 예외사유로 인정할 필요가 있는 것이다.

Ⅱ. 지정해제 요건

금융복합기업집단 지정의 해제는 기존에 지정된 금융복합기업집단이 법에 따른 지정요건 중 충족하지 못하는 요건이 발생하는 경우에 문제된다. 금융복합기업집단에 지정되기 위한 요건을 충족시키지 못하게 된다면 당연히 그 지정을 해제하여야 한다고 볼 수 있다. 그러나 해당 요건 중 그 충족 여부가

3. 집합투자업
4. 투자자문업
5. 투자일임업
6. 신탁업

32) **자본시장 및 금융투자업에 관한 법률**
제11조(무인가 영업행위 금지) 누구든지 이 법에 따른 금융투자업인가(변경인가를 포함한다)를 받지 아니하고는 금융투자업(투자자문업, 투자일임업 및 일반 사모집합투자업은 제외한다. 이하 이 절에서 같다)을 영위하여서는 아니된다.

33) **자본시장 및 금융투자업에 관한 법률**
제249조의15(업무집행사원의 등록 등) ① 경영참여형 사모집합투자기구의 업무집행사원으로서 경영참여형 사모집합투자기구의 집합투자재산 운용업무를 영위하려는 자는 다음 각 호의 요건을 갖추어 금융위원회에 등록하여야 한다.

시기 등에 따라 수시로 변하는 경우도 있을 수 있다. 예컨대 총자산 기준과 같은 경우 일정 기준선보다 높아졌다 낮아졌다를 반복할 수도 있는데, 이러한 경우 요건을 불충족시키거나 충족시킬 때마다 그 지정해제와 지정을 반복할 경우 제대로 된 감독도 되지 않을 뿐만 아니라 혼란만 가중시킬 수 있기 때문이다.

1. 원 칙

> **금융복합기업집단의 감독에 관한 법률**
> **제6조(금융복합기업집단 지정의 해제)** ① 금융위원회는 금융복합기업집단이 제5조제1항 각 호의 요건 중 어느 하나 이상에 해당하지 아니하게 된 경우 직권으로 또는 제7조에 따른 대표금융회사의 신청에 따라 금융복합기업집단의 지정을 해제한다. … (후단 생략) …

법 제5조제1항의 요건을 충족하지 못하게 되는 경우 금융복합기업집단의 지정 해제 사유가 된다. 다음과 같은 경우가 하나라도 발생하게 된 경우에는 금융복합기업집단에서 해제할 수 있는 요건을 충족하게 된다.

(ⅰ) 해당 기업집단이 여수신업·금융투자업·보험업 중 하나의 업만을 영위하거나 하나도 영위하지 않게 된 경우

> 예: 여수신업과 금융투자업을 영위하던 A 금융복합기업집단이 증권사를 매각함에 따라 여수신업만 영위하게 된 경우

(ⅱ) 금융복합기업집단의 자산총액이 5조원 미만이게 된 경우

> 예: 5조 1천억원이었던 금융복합기업집단의 총자산 규모가 3조 9천억원으로 하락하게 된 경우(자산감소, 금융계열사 매각 등)

(ⅲ) 금융위원회에 인가·허가·등록이 된 금융회사가 하나도 없게 된 경우

> 예: 5조 1천억원이었던 금융복합기업집단의 총자산 규모가 3조 9천억원으로 하락하게 된 경우(자산감소, 금융계열사 매각 등)

(ⅳ) 부실금융회사의 자산비중이 금융복합기업집단 전체 자산비중의 50%를 초과하게 된 경우

> 예: 10조원의 자산규모인 B 금융복합기업집단에서 소속금융회사 X, Y, Z(자산합계 6조원)가 금산법상 부실금융기관에 해당하게 된 경우

(ⅴ) 이 법에 따른 감독의 실익이 적게 된 경우

> 예: • 주력업종인 여수신업을 제외한 금융투자업과 보험업의 자산 규모가 5.4조원에서 3.8조원으로 하락하게 된 경우
> • 외국 금융회사들 자산 규모가 국내 금융회사들의 자산 규모보다 크면서, 외국에서 금융복합기업집단에 준하는 집단으로 인정받아 감독을 받게 된 경우 등

2. 예 외

금융복합기업집단의 감독에 관한 법률
제6조(금융복합기업집단 지정의 해제) ① … (전단 생략) … **다만, 지정요건을 일시적으로 충족하지 못하는 경우 등 금융복합기업집단의 지정을 유지할 필요성이 있는 경우**로서 대통령령으로 정하는 경우에는 지정을 해제하지 **아니할 수** 있다.

금융복합기업집단의 감독에 관한 법률 시행령
제6조(금융복합기업집단의 지정 해제) ① 법 제6조제1항 단서에서 "대통령령으로 정하는 경우"란 금융복합기업집단이 법 제5조제1항제2호 또는 이 영 제6조제4항제1호에 따른 지정 요건을 **1년의 범위**에서 금융위원회가 정하여 고시하는 기간 동안 충족하지 못하는 경우로서 **해당 기간 동안 금융위원회가 정하여 고시하는 금액 기준을 유지하고 있는 경우**를 말한다.

금융복합기업집단 감독규정
제6조(금융복합기업집단 지정의 해제 등) ① 영 제7조제1항에서 "금융위원회가 정하여 고시하는 기간"이란 **1년**을 말한다.

② 영 제7조제1항에서 "금융위원회가 정하여 고시하는 금액 기준"이란 **4조원** 이상을 말한다.

법 제6조제1항 단서에서는 지정요건을 일시적으로 충족하지 못하는 등 금융복합기업집단의 지정을 유지할 필요성이 있는 경우에는 지정을 해제할 수 있도록 하고 있다. 특히, 자산과 같이 그 수치가 유동적으로 변하는 요건에 대하여는 일시적인 하락 등에 대하여는 일정기간 그 유예 등을 부여하여 해당 집단에 대하여 안정적으로 감독을 유지할 필요가 있는 것이다. 일시적인 자산 변동 등에 따라 이를 제외함으로써 지정대상에서 제외되었다 다시 지정되었다를 반복하게 된다면 금융당국이 안정적으로 감독을 하지 못하게 할 뿐만 아니라 해당 기업집단도 지정과 해제의 준비를 반복하면서 혼란을 겪을 우려가 있기 때문이다. 즉, 향후 금융복합기업집단에 다시 지정될 가능성이 현저히 적은 경우에 이를 지정대상에서 제외되도록 할 필요가 있는 것이다. 따라서 다음과 같은 경우에는 금융복합기업집단의 지정을 유지하여 지속적으로 감독을 할 필요가 있다.

(i) 금융복합기업집단의 자산총액이 5조원 미만으로 하락하였으나, 1년 이내의 기간 동안 4조원 이상을 유지하는 경우
(ii) 금융복합기업집단의 비주력업종 자산총액이 5조원 미만으로 하락하였으나, 1년 이내의 기간 동안 4조원 이상을 유지하는 경우

총자산이나 비주력 업종의 자산규모가 5조원 미만으로 하락하더라도 그 즉시 지정을 해제하는 것이 아니라 1년 이상의 기간 동안 5조원 미만으로 하락한 상태가 지속되어야 하는 것이다. 자산규모는 가지고 있는 자산의 가치 변화 등에 따라 등락이 있을 수 있고, 이에 따라 상승하기도 하락하기도 하는 것이다. 만일 지정된 금융복합기업집단의 총자산이나 비주력 업종 자산의 규모가 5조원 미만이었다 5조원 이상이었다가를 반복하는 경우 그때마다 해당 집단에 대한 지정과 지정해제를 반복한다는 것은 오히려 불필요한 행정력을

낭비하게 할 뿐만 아니라 해당 집단이 제대로 감독에 대비하기 못하도록 혼란만 가중시킬 수 있는 것이다. 따라서 자산과 관련된 기준은 지정 이후 80% 수준인 4조원 미만으로 하락하지 않는다면 1년 이상 하락 상태가 지속되어야 지정에서 해제하는 것이다. 즉, 총자산이나 비주력 업종 자산의 규모가 5조원 미만이 되고, 이 상태가 1년 이상 지속되었을 때 지정 해제의 대상이 되는 것이다. 만일, 자산 등이 5조원 밑으로 떨어졌다가 일시적으로라도 다시 자산이 5조원 이상으로 회복된 경우에는 다시 자산이 5조원 미만으로 하락한 이후 1년 이상의 기간이 지속되었을 때 해제의 대상이 된다. 다만, 해당 집단 전체의 자산규모 등을 정확히 확인하기 위해서는 분기별로 작성되는 재무제표 등을 통해 확인해야 되므로 실질적으로는 4개의 분기 동안 총자산 또는 비주력업종 자산 규모가 4조원 이상 5조원 미만인 상태가 지속되어야 할 것이다. 그리고, 이러한 자산 등이 4조원 미만으로 하락하게 된 경우에는 그 즉시 지정 해제의 대상이 된다.

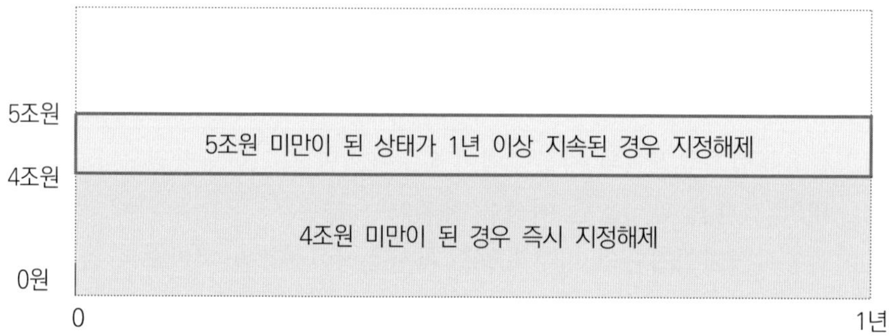

EU의 경우도 감독대상 금융그룹이 기준을 충족하지 못하게 되는 경우에는 급격한 제도의 변경을 피하기 위하여 3년간 그 기준을 일정 부분 하향하여 적용한다.

〈표 4-14〉 EU FICOD의 금융그룹 지정기준 미충족시 하향 적용에 관한 규정

제3조 금융그룹의 식별 기준(Thresholds for idenfying a financial conglomerate)[34]

6. 제1항과 제2항의 적용과 관련하여, 기존에 보충적 감독의 대상이었던 그룹에 대해 제1항과 제2항에 규정된 비율이 각각 40%와 10% 미만으로 하락한 경우에는 급격한 제도 변경을 피하기 위하여, 이후 3년 동안 그보다 낮은 비율인 35%와 8%를 각각 적용한다.

마찬가지로, 제3항의 적용과 관련하여, 기존에 보충적 감독의 대상이었던 그룹에 대해 그룹에서 가장 규모가 작은 금융 부문의 대차대조표 자산 총액이 60억 유로 미만으로 하락한 경우에는 급격한 제도 변경을 피하기 위하여, 이후 3년 동안 그보다 낮은 액수인 50억 유로를 적용한다.

※ 감독대상인 금융그룹이 지정된 기준을 충족하지 못하게 되는 경우, 그 이후 **3년간 해당 기준을 하향 적용한다.**

① **금융업**을 그룹의 **주된 영업**으로 영위(→**금융부**문 자산이 그룹 전체 자산의 40% **초과**) ⇒ 35%로 하향 적용

② 보험 or 은행·증권 부문 중 작은 부문의 **총자산 및 필요자기자본 비중이 금융부문 전체의 10% 초과** ⇒ 8%로 하향 적용

③ 보험 or 은행·증권 부문 중 작은 부문의 총자산이 60억 유로 **초과** ⇒ 50억 유로로 하향 적용

법 제6조제1항 단서에 따라 지정 해제를 위한 기준을 하향하여 적용하는 기간은 1년이다. 생각건대, 급격한 변동 등을 방지하기 위해서는 1년보다 좀 더 긴 기간을 유예기간으로 부여하는 것이 좋았을 것으로 보인다. 현재의 코로나19와 같이 외부 환경 등에 따라 시장 전체의 영업이 감소하는 등 악재가

34) EU FICOD *Article 3* Thresholds for idenfying a financial conglomerate

6. For the application of paragraphs 1 and 2, if the ratios referred to in those paragraphs fall below 40% and 10% respectively for conglomerates already subject to supplementary supervision, a lower ratio of 35% and 8% respectively shall apply for the following three years to avoid sudden regime shifts.

Similarly, for the application of paragraph 3, if the balance sheet total of the smallest financial sector in the group falls below EUR 6 billion for conglomerates already subject to supplementary supervision, a lower figure of EUR 5 billion shall apply for the following three years to avoid sudden regime shifts.

발생할 수 있는데, 이러한 기간이 1년 이상 지속될 가능성도 있고, 그러한 악재로부터 자유로워지는데는 보다 긴 기간이 지속될 수도 있다. 예컨대 특정 A 그룹이 코로나19와 같이 1년 이상 지속되는 외부 시장 악재 등으로 인하여 영업이 어려워져 자산 규모가 5조원 이상에서 4조원대로 낮아졌다고 하자. 이러한 경우 현재화 같은 기준이라면 오히려 해당 집단의 부실화 등을 방지하기 위해 보다 면밀히 지켜봐야 하는 상황에서 감독대상에서 제외시켜 버리는 경우가 생길 수 있다. 또한 금융복합기업집단의 소속금융회사가 가지고 있는 자회사 등의 지분 가치 등이 하락하여 자산 규모가 하락할 수도 있는데, 주식시장의 불황 및 호황 주기가 1년 이상 지속될 수 있다는 점 등을 고려할 때, 1년보다 긴 기간을 유예할 필요가 있다. 특히 자산 규모가 5조원의 80% 수준인 4조원 밑으로 떨어지는 경우는 바로 지정대상에서 제외된다는 점을 고려할 때, 80% 이상 수준을 유지하는 경우는 EU의 3년과 같이 1년보다 긴 기간을 지켜볼 필요가 있다고 본다.

제 3 절 지정 및 지정해제의 절차

Ⅰ. 지정 절차

1. 지정의 주체

금융복합기업집단의 감독에 관한 법률
제5조(금융복합기업집단의 지정) ① **금융위원회**는 동일한 기업집단에 속한 금융회사들이 다음 각 호의 요건을 모두 충족하는 경우 대통령령으로 정하는 바에 따라 해당 금융회사들로 구성된 집단을 금융복합기업집단으로 **지정한다**.
1.~5. (생략)

금융복합기업집단의 감독에 관한 법률 시행령
제23조(업무의 위탁) ① 금융위원회는 법 제31조에 따라 다음 각 호의 업무를 **금융감독원장에게 위탁**한다.
2. 법 제5조제1항에 따른 **금융복합기업집단의 지정 요건 검토** 및 같은 조 제2항에 따른 **자료의 제출 요청**

법 제5조제1항에 따른 요건을 모두 충족하는 경우, 금융위원회는 해당 집단을 금융복합기업집단으로 지정하여야 한다. 금융복합기업집단에 지정되어 감독을 받기 위하여 해당 집단에서 신청을 하는 경우란 사실상 생각하기 어려우므로 금융위원회가 직권으로 지정하도록 규정되어 있다. 다만, 지정요건에 해당하는지 여부를 검토하거나 지정요건 충족 여부 확인을 위해 자료의 제출을 요청하는 것은 금융감독원에 권한을 위탁하고 있다.

2. 자료 제출의 요청

금융복합기업집단의 감독에 관한 법률
제5조(금융복합기업집단의 지정) ② 금융위원회는 제1항에 따른 지정을 위하여 금융회사 또는 그 대주주에게 **금융회사의 업종, 자산·자기자본, 종업원 수 등의 일반 현황, 금융회사의 주주 및 임원**(「금융회사의 지배구조에 관한 법률」 제2조제2호에 따른 임원을 말한다. 이하 같다) **구성, 대주주 현황, 주식 소유 현황, 그 밖에 대통령령으로 정하는 자료**의 제출을 요청할 수 있다.

금융복합기업집단의 감독에 관한 법률 시행령
제6조(금융복합기업집단의 지정) ⑤ 법 제5조제2항에서 "대통령령으로 정하는 자료"란 다음 각 호의 자료를 말한다.
1. 제3항 각 호의 금융회사에 해당하는지에 관한 자료
2. 「주식회사 등의 외부감사에 관한 법률」에 따른 감사보고서. 다만, 외부감사를 받지 않는 회사의 경우에는 세무조정계산서를 말하며, 세무조정계산서도 없는 경우에는 결산서를 말한다.

법 제5조제2항에 따라 금융위원회는 금융복합기업집단 지정을 위하여 금융회사 또는 그 대주주에게 금융회사의 업종, 자산·자기자본, 종업원 수 등의 일반 현황, 금융회사의 주주 및 임원 구성, 대주주 현황, 주식 소유 현황, 금융회사에 해당하는지에 관한 자료, 「주식회사 등의 외부감사에 관한 법률」에 따른 감사보고서 등의 제출을 요청할 수 있다.

3. 지정의 시기

금융복합기업집단의 감독에 관한 법률 시행령
제6조(금융복합기업집단의 지정) ① 금융위원회는 법 제5조제1항에 따라 **매년 7월 31일까지** 금융복합기업집단을 지정해야 한다. 다만, 금융시장의 안정과 금융회사 간의 위험관리 등을 위해 긴급하거나 중대한 사유가 있는 경우에는 해당 기한이 지난 후에도 지정할 수 있다.

매년 7월 31일까지 금융복합기업집단을 지정해야 한다. 1년에 한 번 금융복합기업집단의 지정여부를 종합적으로 검토한다고 볼 수 있다. 즉, 전년도 연말의 재무제표 등을 바탕으로 신규로 지정할 집단이 있는지를 검토하는 것이다. 다만, 지정시점과 무관하게 기업의 인수합병 등으로 유의미한 변화에 따라 지정요건을 충족하는 등의 경우에는 이를 다음 해 7월 31일까지 기다리는 것보다 즉시 지정하는 것이 나을 수 있다. 이러한 점 등을 고려하여, 시행령 제6조제1항에서는 금융시장의 안정과 금융회사 간의 위험관리 등을 위해 긴급하거나 중대한 사유가 있는 경우에는 해당 기한이 지난 후에도 지정할 수 있도록 하고 있다.

생각건대, 감독대상 선정 작업 등의 효율성을 고려할 때 전년도 말 재무제표 등을 일치된 시점의 재무제표를 한꺼번에 고려하여 연중 한 차례 지정을 하는 것이 수시로 지정을 하는 것보다 효율적으로 보인다. 다만 7월 31일이라는 시점은 전년도말 재무제표가 3월말에 나오는 점, 당해 1분기 재무제표가 6월말에 나오는 점 등에 비추어볼 때 너무 늦은 시점으로 보인다. 당해 1분기 재무제표가 나온 마당에 전년도 말 기준으로 심사를 한다는 것은 시의성에서도 적절하지 않기 때문이다. 공정거래위원회의 공시대상기업집단의 지정이 전년도말 기준으로 하여 5월 1일, 늦어도 5월 15일 이전에 마무리 된다는 점에 비추어 보면 이 결과 등을 참고한다고 하더라도 적어도 2분기말인 6월말 또는 7월 1일 정도를 지정기일로 정하는 것이 마지노선으로 보인다. 다만, 추측건대 시행령의 입법예고상의 기간도 7월 1일이었던 점에 비추어보면 법이 2021년 6월 30일이 시행일이므로 시행일과 동시에 해당 법에 따라 금융복합기업집단을 지정하기는 무리가 있어 7월 31일이라는 시점으로 정해진 것으로 보인다(실제로 금융복합기업집단의 지정을 위한 금융위원회는 2021년 7월 13일 이루어져 지정을 완료하고, 외부에 이 사실을 공개하였음[35])). 향후 시행령 등의 개정이 이루어진다면 이러한 점들을 고려하여 보다 앞당겨진 시점으로 지정시기를 조정할 것을 검토할 필요가 있다.

4. 대표금융회사에의 통지

금융복합기업집단의 감독에 관한 법률
제5조(금융복합기업집단의 지정) ③ 금융위원회는 제1항에 따라 금융복합기업집단을 지정하였을 때에는 그 사실을 제7조에 따른 **대표금융회사**(대표금융회사를 선정하지 못한 금융복합기업집단에 대해서는 **자산총액이 가장 큰 금융회사**를 말한다)에 **서면으로** 통지하여야 한다.

금융위원회는 금융복합기업집단의 지정하였을 때에는 그 사실을 대표금융회사에 서면으로 통지하여야 한다. 다만, 통지 당시 대표금융회사를 선정하지 못한 금융복합기업집단에 대해서는 자산총액이 가장 큰 금융회사에 통지하여야 한다.

35) 금융위원회, 「2021년도 금융복합기업집단 지정」, 보도자료(2021. 7. 13), 1면.

Ⅱ. 지정해제 절차

금융복합기업집단의 감독에 관한 법률
제6조(금융복합기업집단 지정의 해제) ① 금융위원회는 금융복합기업집단이 **제5조제1항 각 호의 요건 중 어느 하나 이상에 해당하지 아니**하게 된 경우 **직권**으로 또는 제7조에 따른 **대표금융회사의 신청**에 따라 금융복합기업집단의 지정을 해제한다. … (후략) …
② 제1항 본문에 따라 대표금융회사가 금융복합기업집단의 지정 해제를 신청하는 경우 **해제 사유 및 관련 자료 등**을 대통령령으로 정하는 바에 따라 금융위원회에 제출하여야 한다.
③ 금융위원회는 제1항에 따른 해제를 위하여 소속금융회사 또는 그 대주주에게 금융회사의 업종, 자산·자기자본, 종업원 수 등의 일반 현황, 금융회사의 주주 및 임원 구성, 대주주 현황, 주식 소유 현황, 그 밖에 대통령령으로 정하는 **자료의 제출을 요청할 수** 있다.
④ 금융위원회는 제1항에 따라 금융복합기업집단의 **지정을 해제**하거나 **유지하기로 결정**한 때에는 그 사실을 제7조에 따른 **대표금융회사**에 **서면으로 통지**하여야 한다.

금융복합기업집단의 감독에 관한 법률 시행령
제7조(금융복합기업집단의 지정 해제) ② 대표금융회사가 법 제6조제2항에 따라 금융복합기업집단의 지정 해제를 신청하려는 경우에는 금융위원회가 정하여 고시하는 지정 해제 신청서에 다음 각 호의 서류를 첨부하여 금융위원회에 제출해야 한다.
1. 금융복합기업집단의 지정 해제 사유서
2. 금융복합기업집단의 지정 해제 사유를 입증하는 서류

1. 지정해제의 요건 충족

앞에서 살펴본 바와 같이 법 제5조제1항 각 호의 요건 중 어느 하나 이상에 해당하지 아니하게 된 경우 지정해제의 요건을 충족한다.

2. 금융위원회의 직권 또는 대표금융회사의 신청

지정해제의 요건을 갖춘 경우 직권 또는 대표금융회사의 신청에 따라 금융위원회가 금융복합기업집단의 지정을 해제한다.

3. 자료의 제출 및 자료 제출의 요청

대표금융회사가 금융복합기업집단의 지정 해제를 신청하는 경우 해제 사유 및 관련 자료 등을 금융위원회에 제출하여야 한다. 대표금융회사가 법 제6조제2항에 따라 금융복합기업집단의 지정 해제를 신청하려는 경우에는 금융복합기업집단명, 대표금융회사명, 국내 소속금융회사의 수, 업권별 자산총액 등이 포함된 지정 해제 신청서에 금융복합기업집단의 지정 해제 사유서와 금융복합기업집단의 지정 해제 사유를 입증하는 서류 첨부하여 금융위원회에 제출해야 한다(금융복합기업집단법 제6조제2항, 동 시행령 제7조제2항, 동 감독규정 제6조제3항).

또한 금융위원회는 지정의 해제를 위하여 소속금융회사 또는 그 대주주에게 금융회사의 업종, 자산·자기자본, 종업원 수 등의 일반 현황, 금융회사의 주주 및 임원 구성, 대주주 현황, 주식 소유 현황, 금융회사에 해당하는지에 관한 자료, 「주식회사 등의 외부감사에 관한 법률」에 따른 감사보고서 등의 자료 제출을 요청할 수 있다(금융복합기업집단법 제6조제3항, 동 시행령 제7조제3항). 이는 직권으로 지정을 해제하는 경우뿐만 아니라 대표금융회사의 신청에 따라 지정을 해제하려고 하는 경우에도 가능하다.

4. 대표금융회사에의 통지

금융복합기업집단의 지정을 해제하거나 유지하기로 결정한 때에는 그 사실을 대표금융회사에 서면으로 통지하여야 한다.

제 4 절 현재 지정된 금융복합기업집단

2021년 6월 30일 금융복합기업집단법이 시행된 이후, 금융위원회는 7월 13일 제13차 정례회의를 개최하여, '삼성, 한화, 미래에셋, 교보, 현대차, DB'의 6개 집단을 금융복합기업집단으로 지정하였다. 동일 기업집단 내 금융회사들의 자산합계가 5조원 이상인 35개의 집단 중 6개 집단이 금융복합기업집단법상 지정요건을 모두 충족한다고 판단하였다고 본 것이다.[36)]

반면, 동일 기업집단 내 금융회사들의 자산규모가 5조원 이상인 집단 중 비주력 금융업종이 5조원 미만인 경우 금융복합기업집단으로 지정되지 않았다. 다우키움, 유진, 태광, 카카오, 현대해상의 5개 기업집단이 이에 해당하며, 향후 비주력업종의 자산규모 증가시 금융복합기업집단으로 지정될 가능성이 있다.

〈표 4-15〉 2021년 금융복합기업집단 지정에서 제외된 집단('20년말 기준)[37)]

기업집단	다우키움	유 진	태 광	카카오	현대해상
주력업종	금투 (32.1조원)	금투 (10조원)	보험 (43.6조원)	여수신 (26.7조원)	보험 (48.8조원)
비주력업종	여수신 (4.0조원)	여수신 (3.0조원)	여수신·금투 (2.4조원)	금투 (0.5조원)	금투 (0.06조원)

〈표 4-16〉 6개 금융복합기업집단의 국내 소속금융회사 현황[38)]

('20년말 기준, 단위: 조원)

집단명	업 종	국내 소속 금융회사 (자산)	비 중
삼성 (국내16사, 437.4조원)	여수신	삼성카드(23.35), 삼성벤처투자(0.13)	5.0%
	보 험	삼성생명(309.8), 삼성화재(91.72)	84.9%
	금 투	삼성증권(58.34), 삼성선물(2.93), 삼성자산운용(0.62), 삼성에스알에이자산운용(0.09), 삼성액티브자산운용(0.06), 삼성헤지자산운용(0.01)	10.0%
	기 타	삼성생명서비스손해사정(96), 삼성화재서비스손해사정(49), 삼성카드고객서비스(49), 삼성생명금융서비스보험대리점(45), 삼성화재애니카손해사정(44), 삼성화재금융서비스보험대리점(27)	-

36) 금융위원회, 「2021년도 금융복합기업집단 지정」, 보도자료(2021. 7. 13), 1면.
37) 금융위원회, 위의 보도자료(2021. 7. 13), 2면.
38) 6개 금융복합기업집단별 2020년도말 기준 금융그룹 공시 中 재무현황 항목 참조.

집단명	업 종	국내 소속 금융회사 (자산)	비 중
한화 (9사, 158.6조원)	여수신	한화저축은행(1.09)	0.6%
	보 험	한화생명(127.53), 한화손보(19.48), 캐롯손보(0.09)	92.8%
	금 투	한화투자증권(11.26), 한화자산운용(0.77)	7.6%
	기 타	한화63시티(0.05), 한화라이프에셋(0.03), 한화손해사정(0.02)	–
미래에셋 (32사, 136.3조원)	여수신	미래에셋캐피탈(5.83)	4.4%
	보 험	미래에셋생명(40.55)	30.6%
	금 투	미래에셋증권(83.48), 미래에셋자산운용(2.74), 멀티에셋자산운용(0.07), 에너지인프라자산운용(0.01)	65%
	기 타	미래에셋벤처투자(0.19), 미래에셋펀드서비스(0.17), 미래에셋금융서비스(0.02), PEF 15개사(2.33), SPC 8개사(0.94)	–
교보 (9사, 126.1조원)	여수신	–	–
	보 험	교보생명(115.5), 교보라이프플래닛생명(0.52)	92%
	금 투	교보증권(9.67), 교보자산신탁(0.17), 교보악사자산운용(0.07)	8%
	기 타	KCA손해사정(0.04), KCA서비스(0.02), 교보리얼코(0.1), 교보정보통신(0.08)	–
현대차 (국내5사, 71.3조원)	여수신	현대캐피탈(33.68), 현대카드(19.94), 현대커머셜(9.37)	88.2%
	보 험	–	–
	금 투	현대차증권(9.17)	12.8%
	기 타	블루월넛(0.04)	–
DB (12사, 69.4조원)	여수신	DB저축은행(1.45), DB캐피탈(0.36)	2.6%
	보 험	DB손해보험(47.12), DB생명보험(12.18)	85.5%
	금 투	DB금융투자(8.16), DB자산운용(0.06)	11.9%
	기 타	DB CAS손해사정(0.02), DB MNS(0.02), DB CSI손해사정(0.01), DB자동차보험손해사정(0.01), DB CNS자동차손해사정(0.01), DB금융서비스(0.01)	–

제 5 절 실무상 시사점

현재 지정된 6개 금융복합기업집단의 경우, 2018년 7월부터 법 시행시까지 약 3년간 시범운용 과정을 거치면서 자연스럽게 금융그룹 감독제도에 적응 과정을 거쳤다. 그러나 향후 새롭게 금융복합기업집단으로 지정되는 금융그룹의 경우 일부 주요 규정에 대하여 6개월의 유예기간을 갖고, 그 후부터는 다른 집단과 마찬가지로 감독을 받게 된다. 금융복합기업집단 차원의 위험을 해소하거나 지배구조의 문제점 등을 해결하기 위해서는 상당한 기간이 필요할 것으로 보인다. 특히, 지배구조가 수직적이지 않고, 복잡한 그룹이거나 비금융 계열사와의 거래·지분관계 등으로 얽혀 있는 경우 위험관리 등에 필요한 소속금융회사간 의사연락체계를 갖추는데도 상당한 노력이 필요하다. 따라서 단시간 내에 자산의 증가 등으로 인해 지정이 예상되는 금융그룹의 경우 미리 준비해나갈 필요가 있다. 비록 이 법의 수범자가 아니더라도 감독대상인 금융복합기업집단과 유사한 수준으로 그룹 리스크를 사전에 점검하고 대비한다면 분명 해당 기업집단의 위험관리에 큰 도움이 될 것이다.

통상적으로 2개 이상의 금융회사가 계열관계를 형성하고 있는 경우 이 법에 따른 감독 필요성이 인정될 수 있으나, 한정된 감독자원과 역량, 비용 등을 고려시 일정한 수준으로 지정대상을 한정하고 있다. 따라서 시행 초기의 감독 역량 등을 고려할 때, 현재 많은 지정의 예외사유가 규정이 있으나, 향후 감독 역량이 확대되고 제도가 정착됨에 따라 예외의 범위도 줄고, 점차 지정대상이 확대될 가능성도 고려할 필요가 있다. 또한 금융시장의 성장에 따라 지정대상인 금융그룹이 늘어날 수도 있다.

특히, 사회적 영향력이 높은 빅테크 그룹 등에 대한 감독 필요성이 제기되고 있는 상황이므로 이에 대한 가능성도 고려할 필요가 있다. 이는 제3편제3장제3절에서 보다 자세히 살펴보도록 하겠다.

제 5 장 대표금융회사의 선정 및 업무

제 1 절 입법의 취지: 대표금융회사의 필요성

다수의 소속금융회사로 구성된 금융복합기업집단 전체의 내부통제·위험관리 및 건전성 관리 업무 등을 효과적으로 수행하기 위하여 해당 업무를 총괄하는 금융회사를 둘 필요가 있다. 이러한 대표금융회사[1]는 금융그룹 수준의 전체적인 위험 및 자본적정성 등 현황을 총괄하여 점검·관리하고, 기타 소속금융회사는 이러한 대표금융회사의 업무에 필요한 자료 제출 요청 등에 적극 협조함으로써 금융복합기업집단 전체의 내부통제 및 위험관리 등의 업무를 효과적으로 수행할 수 있는 것이다. 금융지주그룹의 경우 금융지주회사가 당연히 이러한 역할을 수행하게 된다. 그러나 금융복합기업집단의 경우는 해당 집단의 지배구조가 수직적이어서 어느 특정한 금융회사가 다른 소속금융회사들의 지분을 상당부분 소유하여 자연스럽게 이러한 역할을 수행하도록 비교적 명확하게 드러나는 경우도 있지만, 그렇지 않아 어느 금융회사가 대표적인 역할을 수행할 수 있도록 선정하도록 할 필요가 있는 경우도 있다. 현재 지정된 6개 금융복합기업집단도 각 집단에 따라 특정 금융회사를 중심으로 지

1) 모범규준 시행시까지는 '대표회사'라는 명칭으로 사용하였으나, 금융복합기업집단은 기업집단에 속하는 금융회사들로 구성되어 있고, 해당 소속금융회사들 중 대표로서의 역할을 수행한다는 점 등을 고려하여 법제심사 과정에서 명칭을 '대표금융회사'로 변경하였다.

배구조가 형성된 경우도 있고, 그렇지 않은 경우도 있다. 따라서 법에 명확히 대표금융회사를 선정하여 금융복합기업집단 전체의 내부통제 및 위험관리 등의 업무를 총괄하면서 금융당국과의 메신저 역할을 수행할 수 있도록 유도할 필요가 있는 것이다.

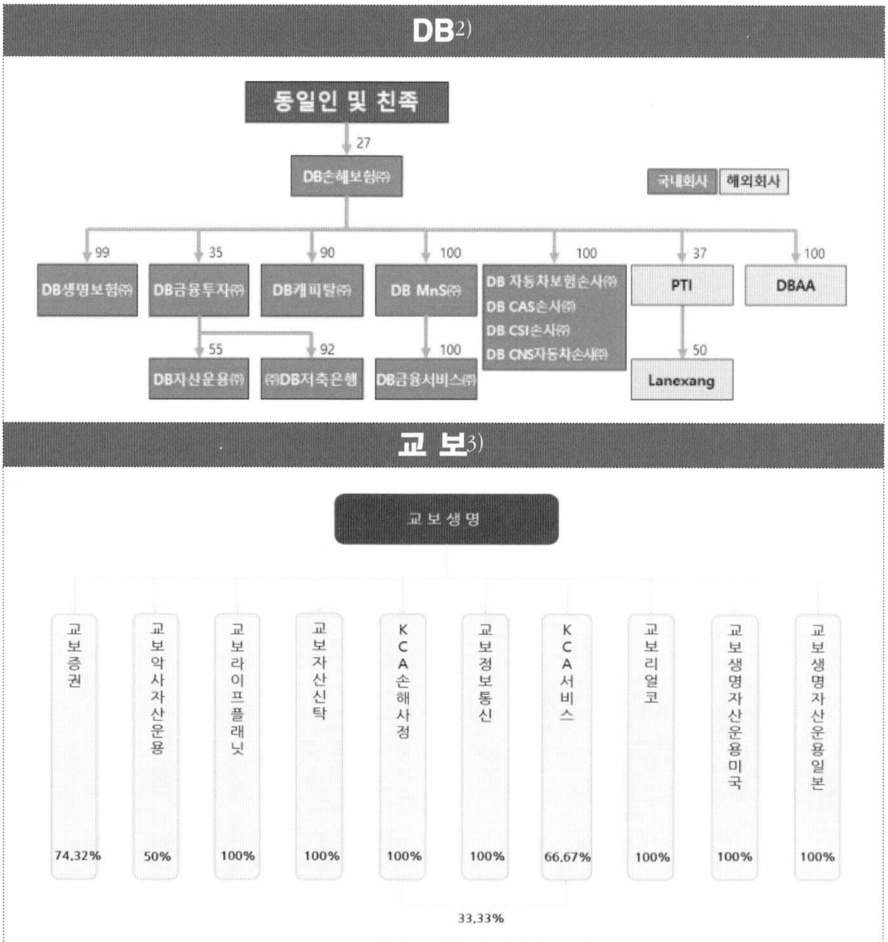

[그림 5-1] 6개 금융복합기업집단의 지배구조도(1)

2) DB손해보험, “2020년 DB금융그룹 현황(2020. 1. 1～2020. 12. 31)”, DB금융그룹공시, 5면.
3) 교보생명, “2020년 교보금융그룹 현황(2020. 1. 1～2020. 12. 31)”, 교보금융그룹공시, 3면.

미래에셋[4]

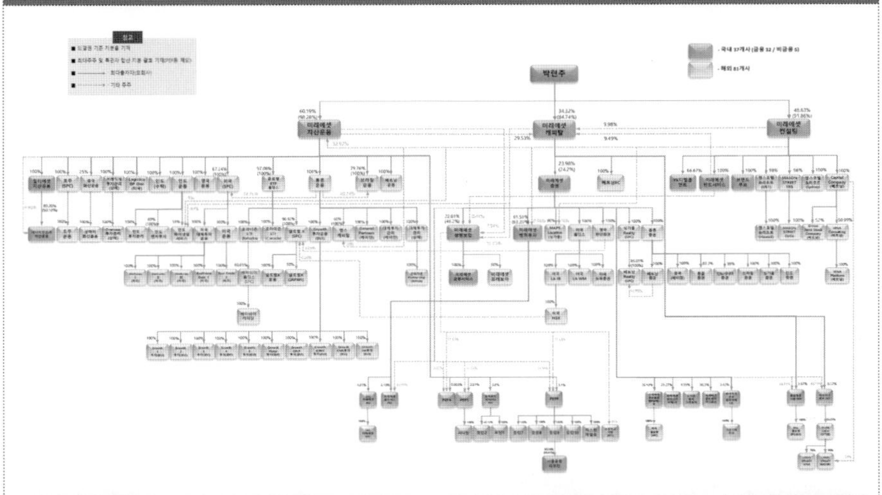

삼 성[5]

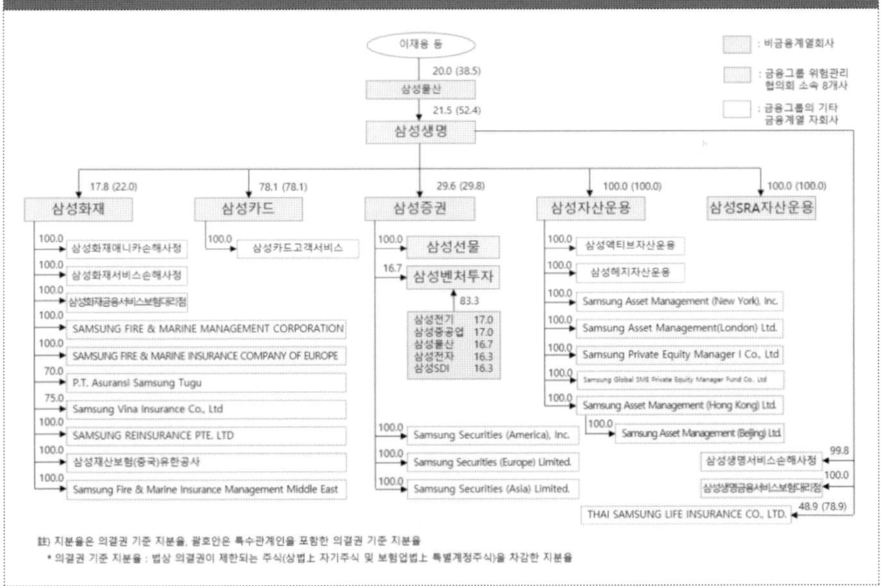

[그림 5-1] 6개 금융복합기업집단의 지배구조도(2)

---

4) 미래에셋증권, “2020년 교보금융그룹 현황(2020. 1. 1~2020. 12. 31)” 별첨1 미래에셋 금융그룹 지배구조도, 미래에셋금융그룹 공시, 1면.

5) 삼성생명, “2020년 삼성금융그룹 공시(2020. 1. 1~2020. 12. 31)” 삼성금융그룹 공시, 7면.

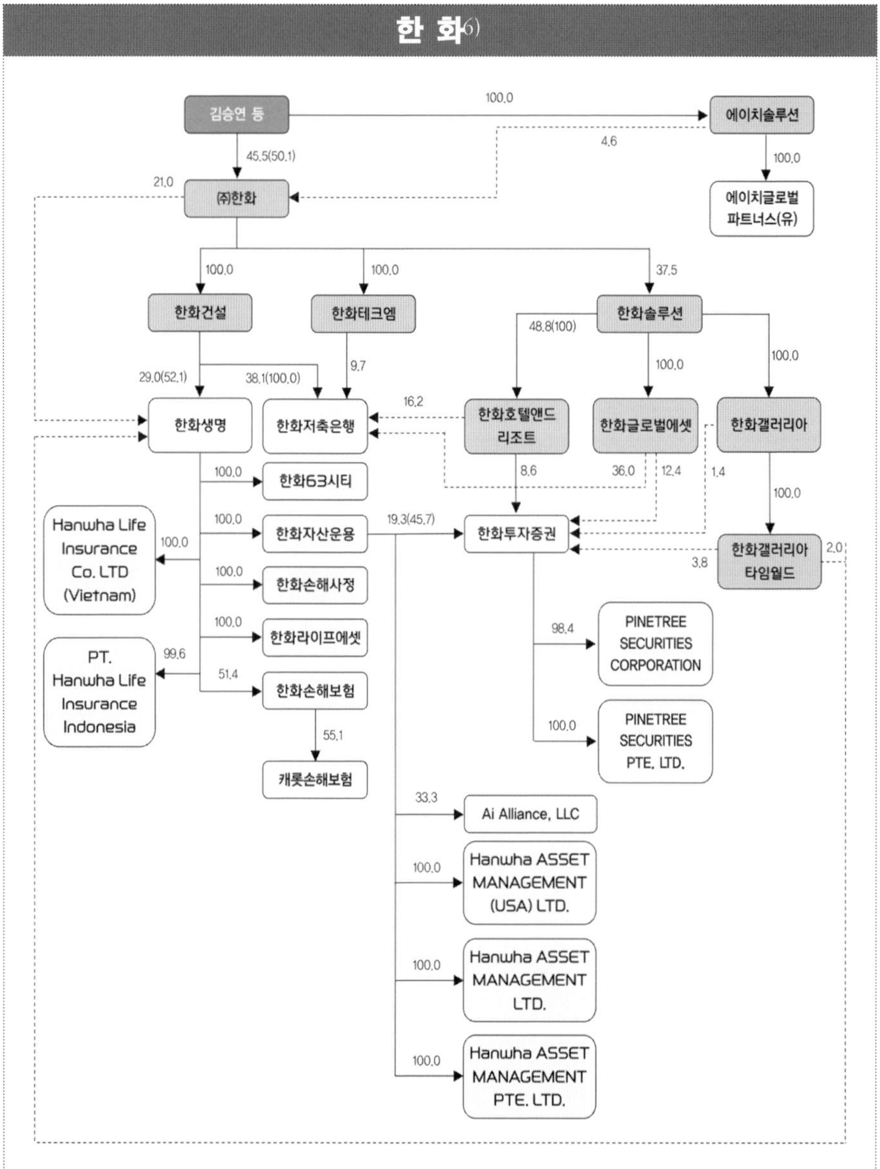

[그림 5-1] 6개 금융복합기업집단의 지배구조도(3)

6) 한화생명, "2020년 한화금융그룹 공시(2020. 1. 1~2020. 12. 31)" 한화금융그룹 공시, 8면.

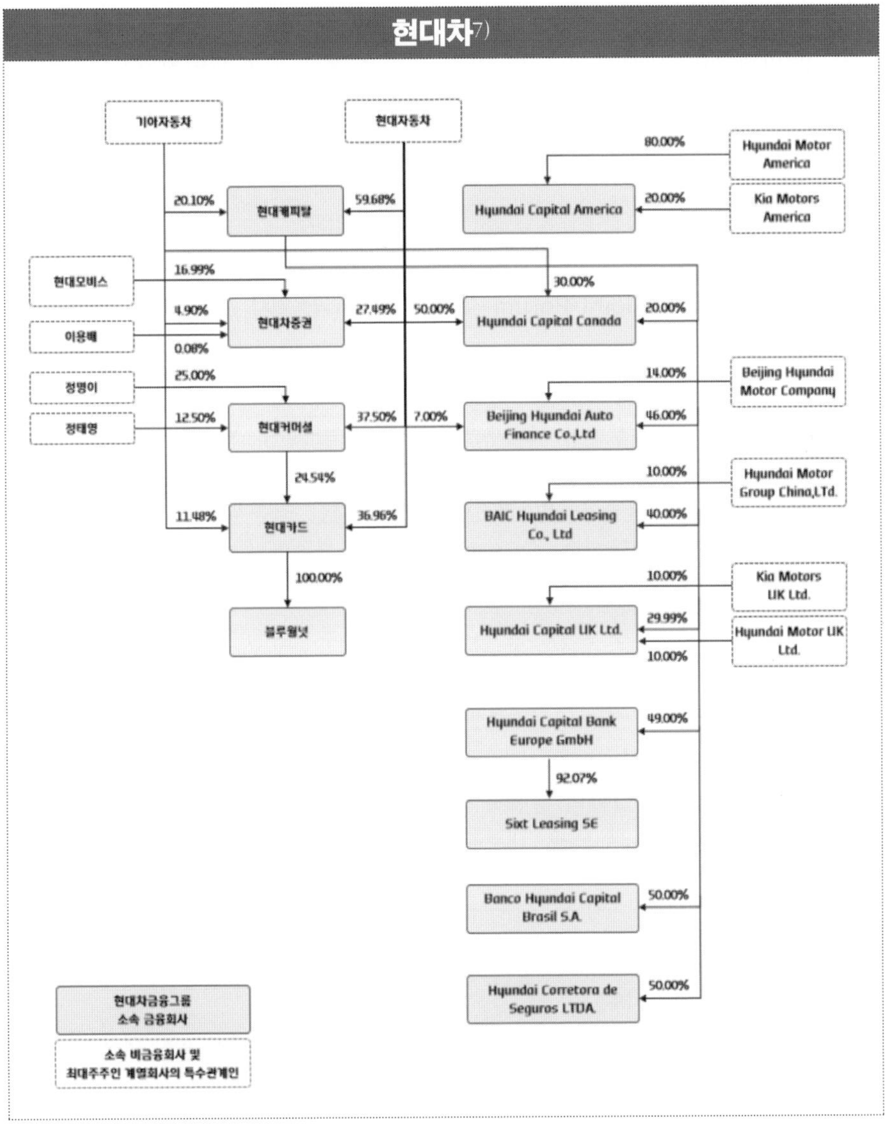

[그림 5-1] 6개 금융복합기업집단의 지배구조도(4)

7) 현대캐피탈, “2020년 현대차금융그룹 공시(2020. 1. 1～2020. 12. 31)” 현대차금융그룹 공시, 5면.

Joint Forum 감독원칙 역시 금융그룹의 본사 이사회가 금융그룹 건전성 유지 및 위험관리, 내부통제 등의 업무 전반을 총괄하고 책임질 수 있는 구조를 갖추도록 권고하고 있다. 즉, 가장 중심이 되는 하나의 회사(본사)를 구심점으로 하여 금융그룹 전체의 위험을 감시하고 관리할 수 있는 체계를 갖추도록 하는 것이다.

〈표 5-1〉 Joint Forum 감독원칙의 대표금융회사 관련 규정

※ [Joint Forum 감독원칙] 금융그룹 본사(Head) 이사회의 책임을 강조

[§10(a)] 감독자는 금융그룹이 지배구조와 관련한 최소한의 기준을 갖추기를 요구해야 함. 동 기준을 통해 금융그룹 구성기업들이 건전성 및 법적 기준을 효율적으로 준수할 수 있음. **금융그룹의 건전한 경영에 대한 최종책임은 금융그룹 본사(Head)*의 이사회**에 있다.[8)]

* 금융그룹 본사는 금융그룹을 실질적으로 지배·경영하는 실체로서 최상위에 있는 금융회사(Glossary)를 의미한다.

[§13] 감독자는 **금융그룹 본사 이사회가** 금융그룹의 경영전략·위험감수성향을 **적절히 설정하고 그룹내 모든 규제·비규제 기업에 동 경영전략이 실행되도록 요구해야** 한다.[9)]

[§21(e)] 감독자는 금융그룹의 통합적 업무처리를 보장하기 위하여 **금융그룹 본사 이사회가 그룹 위험, 내부통제, 내부감사 및 준법감시업무를 전반적으로 책임질 것을 요구**해야 한다.[10)]

---

8) Joint Forum 감독원칙, 18면.

[§10(a)] Supervisors should require that the corporate governance framework of the financial conglomerate has minimum requirements for good governance of the entities of the financial conglomerate which allow for the prudential and legal obligations of its constituent entities to be effectively met. The ultimate responsibility for the sound and prudent management of a financial conglomerate rests with the board of the head of the financial conglomerate.

9) Joint Forum 감독원칙, 22면.

[§13] Supervisors should require that the board of the head of the financial conglomerate appropriately defines the strategy and risk appetite of the financial conglomerate, and ensures this strategy is implemented and executed in the various entities, both regulated and unregulated.

10) Joint Forum 감독원칙, 32면.

하나의 대표금융회사를 중심으로 해당 금융그룹 전체의 위험을 관리하기 위해서는 그 금융그룹 지배구조의 정점에서 다른 금융회사들을 지배하는 수직적인 구조를 갖추고 있는 경우가 유리하다. 비지주 형태의 금융그룹에 비하여는 금융지주회사 체계에 편입되어 있는 금융그룹이 하나의 회사를 중심으로 금융그룹 전체 차원의 일률적인 위험관리를 위한 정책을 수립하고, 체계를 갖추기 유리한 것이다. 금융복합기업집단의 경우에도 금융지주회사와 유사하게 하나의 금융회사를 중심으로 수직적인 지배구조를 갖춘 경우에는 집단 전체의 위험 관리 등을 총괄하기에 적합한 대표금융회사가 비교적 명확하게 드러난다. DB, 교보와 같은 금융복합기업집단은 각각 DB손해보험, 교보생명이 지배구조 최상위에 위치하여 중심으로 수직적인 구조를 형성하고 있기 때문에 해당 회사들을 중심으로 위험관리 등을 총괄하기에 유리한 구조이다. 다른 집단의 경우 지분관계, 지배구조 등을 고려할 때 대표금융회사가 다른 금융회사를 지배할 만한 요건을 갖추지 못한 경우가 있어 해당 역할을 원활히 수행하기에 불리할 수 있다. 그러나 집단 전체의 위험관리 등을 대표금융회사를 중심으로 총괄하기에 구조상 유리한 것과 실제 위험관리를 잘 수행하는지는 다른 문제이다. 지배구조상 유리하다는 것은 실제 내부통제 및 위험관리체계를 갖추고, 집단 차원의 적절한 자본적정성을 유지하며, 위기시의 비상계획 등을 잘 수립하기에 도움이 된다는 것이지 그 자체를 대변하는 것은 아니기 때문이다. 따라서 수직적인 지배구조를 갖추지 못한 금융복합기업집단도 대표금융회사를 중심으로 협의 과정을 통해 위와 같은 체계를 효과적으로 갖춰 나갈 수 있다. 이때 다른 금융회사들의 의견 조율을 주도할 대표금융회사가 필요한 것이다.

다만, 금융복합기업집단의 내부통제·위험관리 등이 대표금융회사를 중심으로 하여 보다 효과적으로 이루어지기 위해 지배구조를 스스로 개선해나가는 것도 금융복합기업집단이 향후 해야 할 과제이다. 선진국의 경우에도 기업

[§21(e)] Supervisors should require that the board of the head of the financial conglomerate has overall responsibility for the financial conglomerate's group-wide risk management, internal control mechanism, internal audit and compliance functions to ensure that the group conducts its affairs with a high degree of integrity.

이 성장해 나가는 과정에서 기업공개, 유상증자 등을 통해 자금을 공급받아 기업이 성장한 뒤에는 의사결정 등의 효율성을 증가시키기 위해서 회사 및 그룹 내 많아진 외부의 지분을 줄여가기 위해 꾸준히 자사주나 자회사 지분을 매입하면서 지배구조를 개선해나가는 과정을 거치는 경우가 많다. 특히 지배구조를 개선해나가는 것은 급격하게 추진하기 어려우므로 해당 그룹이 장기적인 계획에 따라 꾸준히 추진해 나가야 한다. 현재의 금융복합기업집단도 대표금융회사를 중심으로 효과적으로 집단 전체의 위험관리 등을 수행할 수 있도록 금융지주회사 체제로의 전환 또는 지배구조의 개선 등을 지속적으로 추진할 필요가 있다.

제 2 절 대표금융회사의 선정

금융복합기업집단의 감독에 관한 법률

제7조(대표금융회사의 선정) ① 금융복합기업집단은 소속금융회사의 **출자관계, 자산·자본총액 및 소유·지배구조 등**에 관하여 대통령령으로 정하는 기준을 고려하여 해당 금융복합기업집단을 대표하는 금융회사(이하 “대표금융회사”라 한다)를 **선정하여야** 한다.

② 금융위원회는 금융복합기업집단이 제5조제1항에 따른 **지정일부터 1개월 이내**에 대표금융회사를 선정하지 아니하는 경우 소속금융회사 중에서 대표금융회사를 선정할 수 있다. 이 경우 선정된 대표금융회사에 그 사실을 서면으로 통지하여야 한다.

③ 금융복합기업집단은 제1항 및 제2항에도 불구하고 해당 금융복합기업집단에 속한 **다른 소속금융회사를 대표금융회사로 선정하는 것이 적절하다고 판단**되는 경우에는 소속금융회사들간의 협의를 거쳐 대표금융회사를 **달리 선정**하거나 선정된 대표금융회사를 **변경**할 수 있다.

④ 금융복합기업집단은 제1항 또는 제3항에 따라 대표금융회사를 **선정**하거나 **변경**한 경우 금융위원회에 그 사실을 **보고하여야** 한다.

금융복합기업집단의 감독에 관한 법률 시행령
제8조(대표금융회사의 선정기준) 법 제7조제1항에서 "대통령령으로 정하는 기준"이란 다음 각 호의 기준을 말한다.
1. 해당 소속금융회사의 자산 및 자본총액의 규모
2. 다른 소속금융회사에 대한 출자 규모 및 출자 횟수
3. 다른 소속금융회사에 대한 영향력 및 지배력의 정도
4. 그 밖에 제1호부터 제3호까지의 기준에 준하는 것으로서 금융위원회가 정하여 고시하는 기준

금융복합기업집단 감독규정
제7조(대표금융회사의 선정) ① 영 제8조제4호에서 "금융위원회가 정하여 고시하는 기준"이란 다른 소속금융회사의 대표이사 또는 임원(「금융회사의 지배구조에 관한 법률」 제2조제5호에 따른 업무집행책임자는 제외한다)에 대한 선임 권한을 말한다.
② 감독원장은 법 제7조제2항에 따른 대표금융회사를 선정하는데 필요한 자료의 제출을 요구할 수 있다.
③ 법 제7조제4항에 따라 대표금융회사를 선정 또는 변경사항을 보고하고자 하는 금융복합기업집단은 감독원장이 정하는 서식에 따른 보고서 및 첨부서류를 금융위원회에 제출하여야 한다.

금융복합기업집단은 소속금융회사의 출자관계, 자산·자본총액 및 소유·지배구조 등에 관하여 대통령령으로 정하는 기준을 고려하여 해당 금융복합기업집단을 대표하여 업무를 수행할 대표금융회사를 선정하여야 한다(법 제7조제1항). 대통령령으로 정하는 기준이란 해당 소속금융회사의 자산 및 자본총액의 규모, 다른 소속금융회사에 대한 출자 규모 및 출자 횟수, 다른 소속금융회사에 대한 영향력 및 지배력의 정도, 소속금융회사의 대표이사 또는 임원[11]에 대한 선임 권한을 말한다. 금융복합기업집단으로 지정되는 경우 지정일로부터 1개월 이내에 해당 집단을 대표할 대표금융회사를 선정하여 금융위원회에 보고하여야 한다. 만일 금융복합기업집단으로 지정된 이후 1개월 이내에 대표금융회사를 선정하지 아니하는 경우 금융위원회가 소속금융회사 중에서

11) 지배구조법 제2조제5호에 따른 업무집행책임자는 제외한다.

어느 하나를 대표금융회사를 선정할 수 있다. 이 경우 선정된 대표금융회사에 그 사실을 서면으로 통지하여야 한다(법 제7조제2항). 또한 금융복합기업집단은 직접 또는 금융위원회에 의하여 이미 대표금융회사를 선정한 경우에도 다른 소속금융회사를 대표금융회사로 선정하는 것이 적절하다고 판단되는 경우에는 소속금융회사들간의 협의를 거쳐 대표금융회사를 달리 선정하거나 이미 선정된 대표금융회사를 다른 소속금융회사로 변경할 수 있다(법 제7조제3항). 이렇게 대표금융회사를 선정하거나 변경하는 경우에는 금융위원회에 그 사실을 보고하여야 한다(법 제7조제4항).

처음 모범규준 시행시나 정부 입법발의안에서는 금융위원회가 사실상 가장 큰 영향력을 행사하는 금융회사를 대표금융회사를 선정하도록 규정되었었다. 그리고 그럼에도 불구하고 사실상 가장 큰 영향력을 행사할 수 있는 금융회사가 존재한다고 보기 어렵거나 그 역할을 효과적으로 수행하기 어려운 경우, 다른 소속금융회사가 그 역할을 수행하기에 보다 적절하다고 요청하는 경우에는 대표금융회사를 다른 금융회사로 선정하거나 변경할 수 있도록 하였었다. 그러나 정무위원회 법안 소위원회 과정에서 대표금융회사를 금융당국이 선정한 후에도 얼마든지 사정에 따라 변경이 가능하다는 점, 사실상 가장 큰 영향력을 행사하는 금융회사라는 개념 등이 모호할 수 있다는 점 등을 고려할 때 금융당국이 선정하기보다는 금융복합기업집단이 스스로 대표금융회사를 선정할 수 있도록 하는 것이 보다 합리적이라는 의견이 제기되었다.[12] 금융복합기업집단이 대표금융회사를 선정하여 금융당국에 보고하도록 하고, 선정을 하지 않고 있는 경우 등에는 금융위원회가 지정하도록 하는 것이다. 이후 최종적으로는 정무위에서 지적한 바와 같이 대표금융회사를 금융복합기업집단이 직접 선정하여 금융위원회에 보고하도록 하고, 지정 후 1개월 이내에 선정하지 않는 경우에는 이를 금융위원회가 선정하도록 하는 방식으로 법안이 통과되었다.

12) 국회사무처, 앞의 정무위원회 회의록(2020. 12. 3), 16면.

〈표 5-2〉 입법단계별 대표금융회사 선정방식의 차이

정부입법발의안	제정 법률안
제7조(대표금융회사의 선정) ① **금융위원회는** 제5조제1항에 따른 지정을 하는 경우 금융회사의 출자관계, 자산·자산총액 및 소유·지배구조 등에 관하여 대통령령으로 정하는 기준을 고려하여 해당 금융그룹에 **사실상 가장 큰 영향력을 행사할 수 있는 금융회사**를 해당 금융그룹을 대표하는 금융회사(이하 "대표금융회사"라 한다)로 **선정하여야** 한다. ② **금융위원회는** 제1항에도 불구하고 다음 각 호의 어느 하나에 해당하는 경우 소속금융회사들과의 협의를 거쳐 대표금융회사를 **달리 선정**하거나 선정된 대표금융회사를 **변경**할 수 있다. 1. 사실상 가장 큰 영향력을 행사할 수 있는 금융회사가 존재한다고 보기 어려운 경우 2. 사실상 가장 큰 영향력을 행사할 수 있는 금융회사가 이 법에 따른 대표금융회사의 역할을 효과적으로 수행할 수 없다고 판단되는 경우 3. 하나 이상의 소속금융회사가 해당 금융그룹에 속한 다른 소속금융회사를 대표금융회사로 선정하는 것이 적절하다고 금융위원회에 요청하는 경우 ③, ④ (생 략)	**제7조(대표금융회사의 선정)** ① **금융복합기업집단은** 소속금융회사의 출자관계, 자산·자본총액 및 소유·지배구조 등에 관하여 **대통령령으로 정하는 기준을 고려**하여 해당 금융복합기업집단을 대표하는 금융회사(이하 "대표금융회사"라 한다)를 **선정하여야** 한다. ② **금융위원회는** 금융복합기업집단이 제5조제1항에 따른 지정일로부터 **1개월 이내**에 대표금융회사를 **선정하지 아니하는 경우** 소속금융회사 중에서 대표금융회사를 **선정할 수** 있다. 이 경우 선정된 대표금융회사에 대하여 그 사실을 서면으로 **통지**하여야 한다. ③ **금융복합기업집단은 제1항 및 제2항에도 불구**하고 해당 금융복합기업집단에 속한 다른 소속금융회사를 대표금융회사로 선정하는 것이 적절하다고 판단되는 경우에는 소속금융회사들간의 협의를 거쳐 대표금융회사를 **달리 선정**하거나 선정된 대표금융회사를 **변경**할 수 있다. ④ 금융복합기업집단은 제1항 또는 제3항에 따라 대표금융회사를 선정하거나 변경한 경우 금융위원회에 그 사실을 보고하여야 한다.

2021년 6월 30일 법이 시행됨에 따라 지정된 6개 금융복합기업집단의 대표금융회사는 <표 5-3>과 같다. 보험회사가 4개, 증권회사와 여신전문금융업을 영위하는 금융회사가 각 1개이다.

〈표 5-3〉 금융복합기업집단별 대표금융회사 선정현황

금융복합기업집단		대표금융회사	
	영위업종(밑줄 주력업종)		업 종
교보	보험(생보)·금투	교보생명	보험(생보)
미래에셋	금투·여전·보험(생보)	미래에셋증권	금투(증권)
삼성	보험(생보·손보)·금투·여전	삼성생명	보험(생보)
한화	보험(생보·손보)·금투·저축	한화생명	보험(생보)
현대차	여전·보험(생보)	현대캐피탈	여전
DB	보험(손보·생보)·금투·저축·여전	DB손해보험	보험(손보)

제 3 절 대표금융회사의 업무 및 역할

금융복합기업집단의 감독에 관한 법률

제8조(대표금융회사의 업무 등) ① 대표금융회사는 해당 금융복합기업집단에 대한 다음 각 호의 업무를 총괄한다.

1. 제9조 및 제10조에 따른 금융복합기업집단 내부통제정책 수립, 금융복합기업집단 내부통제기준 제정·개정 및 금융복합기업집단 내부통제체계에 관한 업무
2. 제11조 및 제12조에 따른 금융복합기업집단 위험관리정책 수립, 금융복합기업집단 위험관리기준 제정·개정 및 금융복합기업집단 위험관리체계에 관한 업무
3. 제13조부터 제16조까지의 규정에 따른 금융복합기업집단의 건전성 관리에 관한 업무
4. 제20조에 따른 보고·공시에 관한 업무
5. 제1호부터 제4호까지의 업무에 부수하는 업무

② 대표금융회사는 제1항 각 호의 업무를 총괄하기 위하여 해당 금융복합기업집단에 속한 다른 소속금융회사에 필요한 자료의 제출 및 이 법에 따른 조치의 이행 등을 요청할 수 있다. 이 경우 요청을 받은 소속금융회사는 특별한 사유가 없으면 그 요청에 적극적으로 협조하여야 한다.

대표금융회사는 해당 금융복합기업집단의 내부통제·위험관리 및 건전성 관리 등에 관한 업무를 총괄하여 수행한다(법 제8조제1항). 구체적으로는 금융복합기업집단 내부통제·위험관리정책의 수립 및 내부통제위험관리기준의 제·개정, 내부통제·위험관리체계 운영 등 금융복합기업집단의 내부통제 및 위험관리 전반에 관한 업무, 금융복합기업집단의 건전경영의 확보, 자본적정성·내부거래·위험집중·위험전이 관리 등 건전성 관리에 관한 업무, 금융복합기업집단에 대한 보고·공시 업무, 기타 이에 부수하는 업무 등을 수행한다.

대표금융회사가 위와 같이 해당 금융복합기업집단의 내부통제·위험관리 등의 업무를 총괄하기 위하여 소속금융회사에 대한 자료제출 및 조치·이행 등을 요청할 수 있다. 소속금융회사는 이러한 대표금융회사의 자료제출 및 조치·이행 요청에 대하여 적극적으로 협조할 의무 규정하고 있다(법 제8조제2항).

이렇게 대표금융회사가 해당 금융복합기업집단을 총괄하여 업무를 수행하는 경우, 그 권한은 금융복합기업집단의 내부통제·위험관리 등의 업무를 위한 협의를 진행해나가며, 금융당국과의 메신저 역할을 하는데 국한된다고 볼 수 있다. 내부통제·위험관리 등의 업무를 소속금융회사간 협의를 통하여 진행하는 것을 원칙으로 하는 금융복합기업집단법의 전체적인 취지 등을 고려할 때, 대표금융회사가 '총괄하여 수행한다'는 것은 대표금융회사가 소속금융회사와 관련된 사항을 직접 수행한다는 것이 아니라 금융복합기업집단의 전체적인 정책 등을 마련하는 절차 및 협의를 주도하고, 자료 제출 등을 취합한다는 의미로 보아야 한다. 따라서 이러한 업무를 수행하기 위하여 대표금융회사가 소속금융회사에 대하여 자료제출 및 조치 등을 요청하는 경우는 법상 금융당국에 제출이 필요하거나 이행이 필요한 사항을 제외하고는 소속금융회사간 협의를 전제로 하는 사항일 수밖에 없다. 소속금융회사와 협의되지 아니한 자료를 제출받거나 조치를 이행하도록 강제할 수는 없는 것이다. 다만, 대표금융회사가 금융복합기업집단의 내부통제·위험관리 등을 위해 소속금융회사간 협의된 범위 내에서 자료제출 및 조치 등의 이행을 요청하거나 금융당국에 보고·공시 등을 위한 자료제출을 요청하는 경우 등에는 적극적으로 협조할 필요가 있다. 특별한 이유없이 협의 자체를 거부하거나 협조를 해태하여서는 아니된다고 보아야 한다.

제 4 절 대표금융회사의 선정 및 업무 수행에 관한 쟁점 (상법상 개별회사 독립의 원칙과 충돌 여부)

Ⅰ. 대표금융회사의 권한 정도

금융복합기업집단법에 규정되어 있는 대표금융회사의 권한은 소속금융회사에 대한 자료제출 및 조치·이행 요청 권한이다. 즉, 금융복합기업집단의 내부통제·위험관리 등의 업무를 총괄하여 수행하기 위해 소속금융회사에 대한 자료제출 및 조치·이행을 요청할 수 있는 것이다. 그러나 이는 대표금융회사가 행정적·절차적 측면에서 총괄을 위해 자료제출 등을 요청할 수 있는 것이지 실질적으로 다른 회사에 대하여 지시·명령할 권한을 갖는 것이 아니다. 즉, 대표금융회사는 금융복합기업집단의 내부통제·위험관리 등을 위한 소속금융회사의 협의 진행을 주도하고, 이러한 협의를 통해 도출된 계획 및 그 실행 등 해당 집단의 관련 현황 등을 감독기관에 취합하여 전달하는 역할을 수행한다. 법에서도 대표금융회사가 소속금융회사에 이러한 목적에 따른 자료제출 등을 '요청'할 수 있도록만 하고 있고, 강제로 자료를 받을 수 있도록 하는 등의 강제권을 부여하고 있지 않다.

따라서 이렇게 대표금융회사가 행정적·절차적인 권한만을 갖고 실질적으로 소속금융회사를 조율할 권한을 법에 규정하지 않은 것에 대하여 본 법의 실효성에 대하여 의문을 제기하는 경우도 있다. 대표금융회사가 소속금융회사에 대하여 강제적인 권한을 갖고 실질적으로 세부적인 사항들을 조율할 수 있는 권한을 법에 마련해야 한다는 의견을 제기하는 것이다. 그러나 금융복합기업집단법이 소속금융회사간 자율적인 협의를 통하여 스스로 해당 금융복합기업집단의 내부통제·위험관리체계 등을 발전시켜 나가고, 건전성을 유지하도록 하는 것이 그 본질적인 취지라는 점을 고려할 때 대표금융회사에 실질적인 강제권을 부여하는 것은 적절하지 않다고 본다. 만약 대표금융회사의 요청에 대하여 소속금융회사의 협조가 제대로 이루어지지 않아 대표금융회사의 업무

수행에 지장이 생길 경우, 법 제21조에 따라 실시하는 금융복합기업집단에 대한 정기적인 위험관리 실태평가 시 해당 집단의 내부통제 또는 위험관리체계가 미비하다고 평가할 수 있다. 이러한 요인으로 인하여 위험평가 수준이 일정 이하로 떨어질 경우 금융당국이 해당 금융복합기업집단에 대하여 위험관리 또는 내부통제체계 개선계획 제출을 명령할 수 있고(금융복합기업집단법 제22조제2항제1호), 개선계획이 부실하거나, 개선계획을 이행하지 않는다면 재차 개선계획의 수정·보완 또는 이행명령 조치를 할 수 있으며(금융복합기업집단법 제23조제1항제1호·제2호), 이러한 조치도 이행하지 않는 금융회사에 대해서는 직접적인 제재를 할 수 있다(금융복합기업집단법 제25조 별표제7호). 이와 같이 금융복합기업집단법에는 대표금융회사의 업무 수행 시 소속금융회사가 제대로 협조하지 않는 경우 이를 보완할 수 있도록 하는 제도적 장치들이 뒷받침되고 있다.

상법상의 원칙에 따르면 다른 회사에 영향력을 행사하기 위해서는 해당 회사의 지분을 소유하는 것이 유일한 방법이다. 그렇지 않고 다른 방식으로 실질적인 영향력을 행사하는 것은 올바른 방식이 아니다. 금융회사 이외의 경우에도 선진국의 경우 해당 회사 및 자회사 등에 대한 영향력을 향상시키기 위해 상장 후 자금 수급 등을 통해 어느 정도 성장세를 이룬 이후에는 자사주나 자회사 지분을 매입하여 그 지분을 늘리기 위해 노력한다. 따라서 법에 지분과 관계없이 실질적인 권한을 부여하는 것은 또 다른 특혜의 제공에 해당할 수 있다.

〈표 5-4〉 금융지주회사와 대표금융회사의 차이점

금융지주회사	금융지주그룹 전체가 수직적 출자관계로 소유·지배관계가 명확하며, 금융지주회사는 지배구조의 최상위에 위치하면서 지분 **소유를 통한 '주주로서의 권리'에 기반**하여 자회사등(그룹 전체)에 대한 **실질적 지배 권한을 확보**하고 있음
대표금융회사	금융복합기업집단의 경우 각 금융회사의 지분구조상 외부의지분이 많은 등 금융지주회사에 비하여 **소유·지배관계가 상대적으로 느슨**하고, **대표금융회사가** 각 소속금융회사에 대하여 **지분을 통한 실질적 지배력을 가지고 있지 않은 경우가 많아 소속금융회사들**(그룹 전체)에 대한 **실질적 지시·조정 권한을 확보하기 어려움**

금융복합기업집단의 대표금융회사가 금융지주회사와 다른 점도 금융지주회사는 자회사의 지분 소유를 통하여 '주주'로서의 권리에 기반하여 권한을 행사한다는 것이다. 따라서 대표금융회사가 실질적으로 의사결정을 주도할 수 있는 수준의 지분을 갖지 않고 있는 소속금융회사를 강제적으로 컨트롤 할 수 있도록 법적인 권한을 부여하는 것은 적절하지 않을 수 있다. 따라서 대표금융회사에 대하여 현재와 같이 행정적·절차적 권한 수준을 부여하는 것이 적절하다고 본다.

Ⅱ. 대표금융회사의 존재가 상법상 개별회사 독립의 원칙과 충돌하는지 여부

앞서 제5장제3절에서 살펴본 바와 같이 금융복합기업집단 차원의 내부통제·위험관리 등의 업무를 총괄하는 대표금융회사의 역할이 상법(商法)상 ① '개별회사 독립원칙'과 ② 이사의 선관주의의무·충실의무와 상충될 우려가 있다는 견해가 있다. 그러나 대표금융회사는 개별 소속금융회사의 경영을 직접 지휘·감독 않고, 금융복합기업집단 차원의 위험관리 등을 위한 행정적·절차적 측면에서의 총괄·창구역할에 국한한다. 따라서 개별 소속금융회사는 집단

〈표 5-5〉 법안 내 대표금융회사의 강제적 권한이 없음을 보여주는 규정 예시

① 금융회사는 **개별 금융업법 및 상법** 등이 정한 법규상 의무에 대해 **해당 법을 우선 준수**하므로, 대표금융회사가 **해당 법령에 반하여 개별 소속금융회사의 경영을 과도하게 침해할 수 없다**(법 제4조). * (제4조) …다른 법률에 특별한 규정이 있는 경우를 제외하고는 이 법에서 정하는 바에 따른다. ② 금융복합기업집단의 경영개선계획 등은 **각 소속금융회사의 상황을 고려**하여 **소속금융회사들 간 협의**를 통해 그 내용을 결정하며, **대표금융회사가 강제할 수 있는 권한이 없다(법 제22~23조).** * 소속금융회사의 비협조 등으로 경영개선계획이 미흡하거나 부족한 경우, 일정한 조치가 필수적인 소속금융회사에 대하여 감독당국이 필요한 조치를 직접 명령하며, 대표금융회사가 개별 소속금융회사에 명령하거나 강제하는 것은 아님

전체의 위험 등을 고려하여 각사의 경영계획[13]을 세우고, 이에 따른 위험부담 수준 등을 독자적 판단에 따라 결정할 수 있다. 각 개별 소속금융회사가 최종 의사결정 및 이행의 주체인 것이다. 그러므로 대표금융회사가 상법상 개별회사 독립의 원칙과 충돌한다고 보기는 어렵다.

제 5 절 실무상 시사점

금융복합기업집단법에서의 대표금융회사는 행정적·절차적 책임을 가지고, 이 법에 따른 내부통제·위험관리 등의 업무를 총괄하여 취합하는 역할을 수행한다. 따라서 금융지주회사와 같이 소속금융회사에 대하여 지시할 권한을 갖지 못한다. 물론 지주회사와 유사한 형태의 지분구조를 갖추어 지분에 근거하여 지시할 권한을 갖춘 대표금융회사도 나올 수 있으나 대부분의 경우는 소속금융회사와 평등한 관계에 있을 것이다. 따라서 대표금융회사로 선정되었다는 이유로 Top－Down 방식으로 지시·명령하거나 업무를 직접 주도하는 방식으로는 이 법의 취지에 맞게 대표금융회사의 역할을 효과적으로 수행한다고 볼 수 없다.

대표금융회사는 소속금융회사의 적극적이고 자발적 참여를 유도하고, Bottom－up 방식으로 의사결정을 이끌어내는 역할을 해낼 필요가 있다. 따라서 전체 소속금융회사의 협조와 협력을 기반으로 금융복합기업집단 차원의 내부통제·위험관리 등의 업무를 수행해나갈 수 있도록 체계를 갖추어 나가는 것이 중요하다. 본 법의 준수와 그룹 차원의 위험을 관리해나가는 것이 대표금융회사를 비롯한 모든 소속금융회사의 참여와 협력하에 원활히 이루어질 수 있다는 것을 각 소속금융회사의 경영진 등이 충분히 이해하고 공감하여 각자의 역할을 수행할 때 금융복합기업집단 차원의 위험관리는 빛을 발할 수 있을 것이다.

---

13) 연도별 사업계획 작성, 신규사업 진출·기존사업 정리, (위험)자산 취득·매각 등.

제 6 장 금융복합기업집단의 내부통제

제 1 절 금융그룹 차원의 내부통제 필요성

최근 DLF[1] 불완전판매 사태[2]와 같이 동일한 금융그룹 내에서 자산운용사가 상품을 개발하고 이를 은행, 증권사에서 판매하는 등 금융그룹 내 여러 업권이 연계되어 공동으로 투자하거나 금융상품을 개발·판매하는 경우가 많아졌다. 이에 따라 금융그룹 전체의 평판을 공유하는 정도가 높아짐으로써 소속금융회사간 연계된 금융사고 및 법 위반사례 방지를 위해 금융그룹 전체 차원의 내부통제수준 향상을 위한 체계 구축의 필요성이 커졌다. 이는 특히 최근 금융상품의 개발, 운용과 판매가 분리되는 경향이 심화되면서 같은 기업집

---

1) 파생결합펀드(Derivative Linked Fund), 주가 및 주가지수를 비롯해 실물자산 등을 기초자산으로 하는 파생결합증권(DLS)을 편입한 펀드로서 국내 은행과 증권사들은 금리가 만기까지 미리 설정한 기준에 머무를 경우 연 3~4%의 수익률을 보장하는 반면, 기준치 밑으로 떨어지면 원금을 모두 손실할 수 있는 금리 연계 DLF를 대규모로 판매하였는데, 2018년 판매 당시에는 금리가 안정적이었으나 2019년 8월 브렉시트 위험 등으로 국제 금융시장 상황이 급변하면서 독일, 미국, 영국 등의 국가의 장단기 금리차가 불안정해지자, 여기에 투자했던 DLF 투자자들이 원금을 대규모로 손실할 우려가 현실화되면서 사회적 문제가 되었다. 특히, 독일 국채 금리에 연동된 DLF는 원금을 100% 손실하는 경우도 발생할 정도로 금융소비자의 피해가 컸다. 이에 DLF 상품들을 판매한 은행, 증권사 등의 불완전판매여부가 문제되었다(참조: 시빅뉴스, "우리은행 만기 독일 DLF 원금 100% 손실, 넉달만에 86억원 전액 날려" 제하 기사(2019. 9. 26)).

2) 서울파이낸스, "DLF 불완전판매 사태 재발 막는다 … 은행 '내부 통제' 강화", 2020. 9. 28.기사.

단 내 계열금융사간 연계가 강화되고 있다. 예컨대, A금융그룹의 소속금융회사인 X사와 Y사가 공동으로 상품을 개발하는 경우나 X사에서 개발한 상품을 Y사에서 판매하는 경우 등에 Y사의 내부통제 위반이 금융그룹 내 다른 소속금융회사들의 평판에도 영향을 미쳐 영향을 받을 수 있는 것이다. 만일 A금융그룹에 속하는 X자산운용이 개발한 펀드 상품을 Y증권사에서 판매하면서 반드시 고지해야 될 위험 등을 숨긴채 판매하였다면 Y증권사의 내부통제 미흡으로 인하여 X자산운용사 마저도 비윤리적인 금융회사로 인식받을 수 있고, 이에 더해 상품 판매와 관련이 없는 그룹 내 은행, 보험사 등도 평판에 영향을 받을 수 있는 것이다. 또한 공동으로 상품을 개발하거나 판매하지 않더라도, 예컨대 A그룹에 속하는 증권사가 상품을 불완전 판매한 경우, A그룹에 속하는 은행, 증권사 등 전체 금융회사가 모두 도덕적으로 해이하거나 법규 위반의 가능성이 높은 회사로 금융소비자에게 인식될 수 있고, 이것이 고객감소 및 자금 이탈 등으로 이어져 다른 소속금융회사의 건전성에도 영향을 미칠 수 있는 것이다. 이는 동일한 브랜드를 공유하고 있는 금융그룹의 경우 소속금융회사 상호간 평판 등의 영향이 더 클 수 있다.

특히, 손해사정사, 보험중개사 등 준법감시인 선임이나 내부통제기준을 마련할 의무가 없는 작은 규모의 금융회사[3]의 법규 위반, 도덕적 해이 등의 문제도 금융그룹 전체의 평판 등에 상당한 영향을 미칠 수 있으므로, 금융그룹 차원에서 내부통제수준 향상을 추진할 필요가 있다. 따라서 금융그룹 전체 차원의 내부통제수준 향상은 소속금융회사들의 건전한 경영을 지속적으로 유지하는데 있어 매우 중요한 요소라고 볼 수 있다. 다만, 금융그룹 전체 차원의 내부통제 강화는 중요하나, 획일적인 기준을 정해서 따르게 하기보다는 소속금융회사간의 협의를 통해 자율적으로 체계를 갖추도록 할 필요가 있다. 즉, 금융그룹 차원 내부통제 수준 향상을 위해 공통된 정책과 기준을 마련·준수하는 등 소속금융회사간 협의를 통한 금융그룹의 자발적 개선 노력을 유도할 필요가 있는 것이다.

또한 Joint Forum 감독원칙도 ① 자본적정성, ② 위험관리, ③ 지배구조의 3가지 요소를 금융그룹 감독의 주요원칙으로 강조하면서, 특히 금융그룹 차원

3) 지배구조법 제2조제1호 이외의 금융회사를 말한다.

의 탄탄한 내부통제 시스템, 효율적인 내부감사·준법감시 시스템 등을 갖출 것을 권고하고 있다.[4] 따라서 제도의 국제적 정합성과 감독 실효성을 높이기 위해서도 금융그룹 전체 차원의 내부통제 시스템을 갖추는 것은 매우 중요하다.

〈표 6-1〉 Joint Forum 감독원칙의 금융그룹 내부통제에 관한 규정

※ [Joint Forum 감독원칙]
금융그룹 전체 차원의 내부통제·준법감시 시스템 확립을 요구

[§10(a)] 감독자는 금융그룹이 **지배구조와 관련한 최소한의 기준**을 갖추기를 요구해야 한다. **동 기준을 통해** 금융그룹 구성기업들이 **건전성 및 법적 기준을 효율적으로 준수**할 수 있다. 금융그룹의 건전한 경영에 대한 최종책임은 금융그룹 본사의 이사회에 있다.[5]

[§10.2] **그룹의 지배구조는** 확실한 위험관리체계·**탄탄한 내부통제 시스템·효율적인 내부감사 및 준법감시 시스템을 보유해야** 하며, 임직원이 독립적이고 청렴하게 업무를 처리하도록 해야 한다.[6]

[§10.3] **그룹 차원의 지배구조**는 **금융그룹 본사뿐만 아니라 금융그룹 내 모든 중요한 업무행위 및 기업에 적용**된다.[7]

---

4) 금융위원회, 「금융그룹 CEO·전문가 간담회를 개최하여 금융그룹 감독제도 시범운영 현황을 점검하고, 금융그룹감독 제도 개선방안을 논의하였습니다」, 보도자료(2020. 2. 24), 첨부2 금융그룹 감독제도 개선방안 8면.

5) Joint Forum 감독원칙, 18면.
[§10(a)] Supervisors should require that the corporate governance framework of the financial conglomerate has minimum requirements for good governance of the entities of the financial conglomerate which allow for the prudential and legal obligations of its constituent entities to be effectively met. The ultimate responsibility for the sound and prudent management of a financial conglomerate rests with the board of the head of the financial conglomerate.

6) Joint Forum 감독원칙, 19면.
[§10.2] The group's corporate governance framework should notably include a strong risk management framework (refer to the Risk Management section), a robust internal control system, effective internal audit and compliance functions, and ensure that the group conducts its affairs with appropriate independence and a high degree of integrity.

7) Joint Forum 감독원칙, 19면.
[§10.3] Group-wide governance not only involves the governance of the head of the financial conglomerate, but also applies group-wide to all material activities and entities of the financial conglomerate.

비록 현재 개별 금융회사 차원의 준법감시 등 내부통제는 「금융회사 지배구조법」에 따라 규율 중이나, 금융복합기업집단 차원의 내부통제체계에 대한 규율은 여전히 공백이 있었다. 따라서 금융복합기업집단에 대한 내부통제 규율을 도입한 것은 개별회사 차원의 내부통제만으로는 부족한 부분을 금융그룹 차원에서 보완하는 보충적 규제로서 개별회사의 내부통제와 중복되지 않는다고 볼 수 있다. 임원 인사교류(겸직·이직), 내부거래, 업무위·수탁, 공동투자, 공동 금융상품 개발 및 판매 등 금융복합기업집단 내 다수 소속금융회사 간 공동 또는 상호 연계되어 이루어지는 활동 등과 관련된 절차·기준을 스스로 점검함으로써, 그룹 차원에서 책임소재 등이 불명확함으로 인하여 발생 가능한 법규 위반, 금융사고 등을 사전에 방지 가능하다는데 그 의미가 있다고 할 수 있다.

제 2 절 금융복합기업집단 내부통제정책 수립·추진

Ⅰ. 주요내용

금융복합기업집단의 감독에 관한 법률

제9조(내부통제정책 수립 등) ① 금융복합기업집단은 금융복합기업집단의 건전한 내부통제를 위하여 다음 각 호의 사항을 포함한 금융복합기업집단 수준의 내부통제정책(이하 "금융복합기업집단 내부통제정책"이라 한다)을 수립하고 그 추진 상황을 정기적으로 평가·점검하여야 한다.

1.~6. (생략)

③ 금융복합기업집단 내부통제정책 및 금융복합기업집단 내부통제기준에 관한 세부 사항은 대통령령으로 정한다.

금융복합기업집단의 감독에 관한 법률 시행령
제9조(금융복합기업집단내부통제정책 등의 세부 사항) ① 금융복합기업집단은 법 제9조 제1항에 따른 금융복합기업집단 내부통제정책(이하 "금융복합기업집단내부통제정책"이라 한다)의 추진 상황과 같은 조 제2항에 따른 금융복합기업집단 내부통제기준(이하 "금융복합기업집단내부통제기준"이라 한다)의 운영 상황을 **매년 평가·점검해야** 한다. 다만, 건전한 내부통제를 위해 **긴급하거나 중대한 사유**가 있는 경우에는 **추가로 평가·점검할 수** 있다.

금융복합기업집단은 해당 집단의 건전한 내부통제를 위하여 소속금융회사들 공동으로 다음의 각 사항을 포함한 금융복합기업집단 전체 차원의 내부통제정책을 수립하고, 정기적으로 추진상황을 평가·점검하여야 한다(법 제9조 제1항 본문). 시행령에서는 금융복합기업집단이 이러한 내부통제정책의 추진상황을 매년 평가·점검하도록 규정하고 있고, 다만 건전한 내부통제를 위해 긴급하거나 중대한 사유가 있는 경우에는 이를 추가로 평가·점검할 수 있도록 하고 있다(시행령 제9조제1항).

〈표 6-2〉 금융복합기업집단 내부통제정책에 포함될 사항[8]

① 금융복합기업집단 **내부통제정책의 운영**에 관한 사항
② 금융복합기업집단의 금융관계법령 위반 방지 등을 위하여 **업무 수행시 준수하여야 할 원칙 등**에 관한 사항
③ 금융복합기업집단의 **내부통제 취약 부분에 대한 점검 및 대응방안**에 관한 사항
④ 금융복합기업집단의 고객, 소속금융회사, 소속비금융회사 등 이해관계자 사이의 **이해상충 방지**에 관한 사항
⑤ 소속금융회사의 **임원 선임 시 금융복합기업집단 수준에서 고려하여야 할 원칙** 등에 관한 사항
⑥ 금융복합기업집단의 임직원의 윤리의식 및 준법의식 등 **내부통제 수준 제고**에 관한 사항

이하에서는 금융복합기업집단 내부통제정책에 포함될 사항에 대하여 제

8) 금융복합기업집단법 제9조제1항 제1호~6호 참조.

기될 수 있는 쟁점에 대하여 살펴보도록 하겠다.

Ⅱ. 금융복합기업집단 내부통제정책의 '이해상충방지'와 위험관리정책의 '이해상충으로 인한 위험관리'의 차이

금융복합기업집단 내 이해상충과 관련하여 내부통제와 위험관리 측면에서 필요한 역할은 각각 다르다고 할 수 있다. 내부통제 측면에서는 이해관계자 사이의 이해상충 방지를 위하여 사전에 이해상충이 발생 가능한 사항에 대하여 미리 점검하고 이를 방지하기 위한 체계 구축이 필요하다. 예컨대, 금융복합기업집단 내에서 업무상 이해상충이 발생 가능한 직위·직책을 겸직하거나 이직하지 않도록 사전에 인사규정 등을 정비하는 것 등이 이에 해당한다고 볼 수 있다.

그러나 이러한 노력에도 불구하고, 이해상충의 발생을 사전에 100% 예측·방지하는 것은 어려우므로 이해상충으로 인한 위험은 언제든지 발생 가능하다. 예컨대, A, B 금융회사가 공동으로 부동산 인수 계약(A사 1천억원, B사 1백억원 투자했다고 가정)을 하면서 계약을 먼저 파기하는 경우에 대하여 상대 회사에 대한 배상금 규정 등도 마련하였으나, 계약 진행 과정에 있어 실사를 한 결과 해당 부동산의 법적 권리상 문제점 등이 발견된 경우를 가정해보자. 이 경우 투자금을 많이 투입한 A금융회사는 계약을 그대로 이행하는 것이, B금융회사는 계약금 및 상대회사 배상금을 지불하더라도 계약을 중도파기하는 것이 유리하다고 할 때, 각 금융회사는 금융복합기업집단 전체 차원의 입장에서 고려할 때와 해당 금융회사의 입장에서 고려할 때 다른 선택을 할 수 있을 것이다. 이러한 상황에 마주했을 때는 어떠한 선택이 소속금융회사의 위험을 줄이면서도 금융복합기업집단 차원의 위험을 최소화할 수 있는지, 특정한 선택을 했을 때 어떠한 위험이 해당 집단에 영향을 미칠 수 있는지 등에 대하여 실질적으로 검토하고, 결정할 수 있는 체계가 필요한 것이다. 즉, 위험관리 측면에서는 이러한 위험이 현실화되었거나 그러할 가능성이 높은 상황에서 이를 어떻게 대비·통제할지 여부 등에 대한 검토 및 대응이 필요한 것이다.

Ⅲ. 금융복합기업집단 내부통제정책 중 이해상충방지를 위한 이해관계자 범위에 '금융그룹의 고객'을 포함할 필요성

금융복합기업집단에 대한 감독은 개별 금융회사에 대한 감독을 보완하는 보충적 성격의 감독으로, 금융복합기업집단 차원의 이해상충방지는 개별회사 차원에서 준수하고 있는 이해상충방지로는 부족한 부분에 대한 규율이 필요하다. 즉, 지배구조법에 따라 개별 금융회사에 대한 내부통제를 규율하고 있지만 이는 어디까지나 개별회사 차원의 규율체계이므로 집단 차원의 이해상충 방지와 관련하여는 미흡한 영역이 존재한다고 볼 수 있다. 금융복합기업집단 차원의 관점에서 보면 보다 다양한 이해상충 가능성이 있으므로 이에 대한 금융복합기업집단 수준의 목표를 스스로 세우고 관리할 필요가 있다. 이해상충 방지를 위한 이해관계자의 범위에 "금융그룹의 고객"이 포함된 것은 금융그룹 수준에서 금융소비자 보호 등을 위해 필요한 사항을 내부통제정책에 반영하도록 하는 취지라 볼 수 있다. 예컨대, 금융복합기업집단 소속금융회사와 고객 사이의 이해상충(예: 동일 집단에 속하는 A금융회사와 B금융회사 고객간)이나, 금융그룹 내 고객 간의 이해상충(예: 동일 집단에 속하는 A금융회사 고객과 B금융회사 고객간 등)이 있을 수 있기 때문이다.

〈표 6-3〉 금융복합기업집단 고객의 이해상충 예시

※ **소속금융회사의 상품 운용을 동일 금융복합기업집단 내 다른 소속금융회사에 위탁하는 경우** • 동일한 A금융복합기업집단에 속하는 A보험사가 A자산운용사에 변액보험의 운용을 위탁하였는데, 위탁사인 **A보험사 변액보험 고객의 수익률보다 B자산운용사의 수익을 추구**하여 **A자산운용사의 자사 펀드상품 편입률을 높여 운용 포트폴리오를 구성**하는 경우* * 예) A보험사의 변액보험에 타 자산운용사의 유사 펀드에 비해 운용수수료가 높은 A자산운용사 T펀드 편입율을 10% 높임

자료: 금융위원회.

Ⅳ. 금융복합기업집단 내부통제정책에 임원 선임시 금융복합기업집단 수준에서 고려할 원칙을 포함할 필요성

금융회사의 임원 선임에 있어 전문성이 결여된 낙하산 인사, 비금융계열사와의 무분별한 겸직·이직 등의 방지를 위한 제도적 개선 필요성이 그간 지속 제기되었다. 개별 금융회사 차원에서도 문제가 되지만, 특히 기업집단 내 보상 인사 등으로 인하여 전문성이 결여된 사람이 금융회사의 임원으로 선임하거나 비금융계열사에 특혜 등을 제공하기 위해 임원을 겸직하도록 것은 그룹 차원에서 금융회사의 건전성을 해치는 요인이라는 비판이 많았다. 이에 20대 국회의 이학영 의원안에서는 비금융계열사 임원의 금융사 임원 겸직·교류 제한하도록 하는 등 강력한 제한을 하려는 시도도 있었다.

그러나 금융복합기업집단의 임원 인사와 관련하여 이처럼 비금융계열사 임원 출신이라고 하여 교류 자체를 제한하는 것은 또 다른 부작용을 낳을 수 있다. 이러한 일률적인 규제 도입으로 인해 다양한 분야의 전문인력 활용에 오히려 제약이 되고, 인사권 침해 등의 문제 발생의 우려가 있는 것이다. 예컨대, 최근 활발히 진행되는 핀테크 등의 활성화를 위해 IT 분야의 전문성이 있는 사람을 임원으로 선임해야 할 필요성이 있다든지, 재무·M&A 등의 전문성이 있어 비금융계열사에서 근무하던 임원이라 하더라도 금융회사에 필요한 인재로 채용할 필요가 있는 경우도 있다. 일률적인 규제는 이러한 경우까지도 모두 막아버려 경영의 다양성 및 자율성을 해치는 부작용을 일으킬 우려가 있다. 특히, 어느 금융회사에서나 탐내는 인재를 영입하려는 경우에도 오히려 같은 기업집단의 비금융계열사에서 근무했다는 이유만으로 이러한 기회를 배제당하는 것은 금융복합기업집단의 건전한 경영에도 방해가 될 수 있다.

따라서 금융복합기업집단 소속금융회사의 인사 원칙에 포함될 사항을 법령에 일률적으로 정하여 제한하는 것보다는 각 금융복합기업집단이 스스로 인사원칙을 정하여 내부통제정책에 반영하고, 이를 준수할 수 있도록 자율성을 부여하는 것이 보다 효과적일 수 있다. 이러한 취지에 따라 금융복합기업집단법은 각 금융복합기업집단별로 내부통제정책에 ① 금융그룹 인사원칙 마련·준수하고, 이를 ② 외부에 공시하여, ③ 시장·투자자 등의 외부평가로 이어지는 Comply or Explain 체계를 도입한 것으로 볼 수 있다.

다만, 실질적으로는 낙하산 인사 등 문제가 있는 임원 선임임에도 불구하고 그럴듯한 인사원칙을 마련하여 형식적으로 요건만 맞추어 인사를 하고, 홍보함으로써 오히려 합리적인 인사로 포장할 가능성도 있다. 따라서 이러한 문제점이 발생하지 않도록 충실한 인사원칙의 수립, 상세한 공시 등이 이루어질 수 있도록 감독할 필요가 있다. 금융그룹 감독을 통해 감독당국이 개별 인사에 개입하거나 이를 평가하기 어려우므로 최대한 시장에서 올바른 평가를 받을 수 있도록 해야 하기 때문이다.

제 3 절 금융복합기업집단 내부통제기준 마련 의무

I. 주요내용

금융복합기업집단의 감독에 관한 법률
제9조(내부통제정책 수립 등) ② 금융복합기업집단은 금융복합기업집단 수준에서 법령을 준수하고, 경영을 건전하게 하며, 주주 및 이해관계자 등을 보호하기 위하여 **소속금융회사의 임직원이 직무를 수행할 때 준수하여야 할 기준 및 절차**(이하 "금융복합기업집단 내부통제기준"이라 한다)를 마련하여야 한다.
③ 금융복합기업집단 내부통제정책 및 금융복합기업집단 내부통제기준에 관한 세부 사항은 대통령령으로 정한다.

금융복합기업집단은 금융복합기업집단 수준에서 법령을 준수하고, 경영을 건전하게 하며, 주주 및 이해관계자 등을 보호하기 위하여 소속금융회사의 임직원이 직무를 수행할 때 준수하여야 할 기준 및 절차를 마련하여야 한다(법 제9조제2항). 금융복합기업집단 차원의 내부통제 강화를 위하여 소속금융회사 임직원이 직무수행시 준수하여야 할 공통된 기준을 협의를 통해 마련하도록 하고 있다.

금융복합기업집단의 감독에 관한 법률 시행령

제9조(금융복합기업집단내부통제정책 등의 세부 사항) ② 금융복합기업집단내부통제기준에는 다음 각 호의 사항이 포함되어야 한다.

1. 직무를 수행할 때 준수해야 하는 절차 및 방법
2. 내부통제를 위한 전담 조직 및 인력
3. 이해상충 방지·관리를 위한 절차 및 방법
4. 금융복합기업집단내부통제기준을 위반한 임직원의 처리 절차
5. 금융복합기업집단내부통제기준의 제정 또는 변경 절차
6. 소속금융회사 간 또는 소속금융회사와 법 제9조제1항제4호에 따른 소속비금융회사 간 임원의 인사운영에 관한 점검 및 관리
7. 그 밖에 제1호부터 제6호까지의 사항에 준하는 것으로서 금융위원회가 정하여 고시하는 사항

③ 제1항 및 제2항에서 규정한 사항 외에 금융복합기업집단내부통제정책 등의 평가·점검 및 금융복합기업집단내부통제기준에 관하여 필요한 세부 사항은 금융위원회가 정하여 고시한다.

금융복합기업집단 감독규정

제8조(금융복합기업집단의 내부통제기준 등) ② 영 제9조제2항제7호에 따라 금융복합기업집단 내부통제기준에 포함하여야 할 사항은 다음 각 호를 말한다.

1. 금융복합기업집단 내부통제기준이 적용되는 소속금융회사의 범위
2. 소속금융회사 또는 소속비금융회사와 공동 또는 상호간 이루어지는 업무에 대한 내부통제에 관한 사항
   가. 소속금융회사 간 또는 소속금융회사와 소속비금융회사 간 내부거래에 관한 사항
   나. 소속금융회사 간 또는 소속금융회사와 소속비금융회사 간 업무위·수탁에 관한 사항
   다. 소속금융회사 간 공동 투자에 관한 사항
   라. 소속금융회사 간 공동 금융상품 개발 또는 판매에 관한 사항
3. 내부통제기구의 구성 및 역할
4. 그 밖에 금융복합기업집단의 내부통제수준 제고를 위해 소속금융회사 및 그 임직원이 준수하여야 할 사항

이러한 금융복합기업집단 내부통제기준에는 ① 직무를 수행할 때 준수해야 하는 절차 및 방법, ② 내부통제를 위한 전담 조직 및 인력, ③ 이해상충 방지·관리를 위한 절차 및 방법, ④ 기준을 위반한 임직원의 처리 절차, ⑤ 기준의 제정 또는 변경 절차, ⑥ 소속금융회사 간 또는 소속금융회사와 소속비금융회사 간 임원의 인사운영에 관한 점검 및 관리, ⑦ 기준이 적용되는 소속금융회사의 범위, ⑧ 소속금융회사 또는 소속비금융회사와 공동 또는 상호간 이루어지는 업무[9]에 대한 내부통제에 관한 사항, ⑨ 내부통제기구의 구성 및 역할, ⑩ 그 밖에 금융복합기업집단의 내부통제수준 제고를 위해 소속금융회사 및 그 임직원이 준수하여야 할 사항 등이 포함되어야 한다(시행령 제9조제2항, 감독규정 제8조제2항).

〈표 6-4〉 금융복합기업집단 내부통제기준 포함사항 예시[10]

- **금융그룹의 법령준수·윤리경영의무 선언**
- **금융그룹 내부통제협의회 설치근거**
- **금융그룹 내부통제협의회 구성·역할**
  - 대표회사 및 소속금융회사 준법감시인 등
- **기준의 적용범위**
- **금융그룹 차원의 공통의 기본방침**
  - 계열사간 내부거래
  - 계열사간 이해상충방지·관리
  - 계열사간 임원 인사원칙
  - 계열사간 공동 또는 상호간 이루어지는 업무 등에 관한 내부통제 등

금융복합기업집단법은 금융복합기업집단 내부통제기준을 마련하도록 하고 있으나, 이를 준수할 의무는 직접 부여하고 있지는 않고 있다. 다만, 금융복합기업집단은 금융복합기업집단 내부통제기준의 운영 상황을 매년 평가하고,

9) 가. 소속금융회사 간 또는 소속금융회사와 소속비금융회사 간 내부거래에 관한 사항
나. 소속금융회사 간 또는 소속금융회사와 소속비금융회사 간 업무 위·수탁에 관한 사항
다. 소속금융회사 간 공동 투자에 관한 사항
라. 소속금융회사 간 공동 금융상품 개발 또는 판매에 관한 사항

10) 금융위원회, 앞의 보도자료(2020. 2. 24), 10면.

점검해야 하도록 하고 있고, 건전한 내부통제를 위해 긴급하거나 중대한 사유가 있는 경우에는 추가로 평가·점검할 수 있도록 하고 있다(시행령 제9조제1항). 또한 금융당국이 감독·검사, 위험관리실태평가, 보고 등을 통하여 금융복합기업집단 내부통제기준의 준수 정도를 살펴보고, 공시를 통하여 금융복합기업집단의 내부통제 수준을 시장에서 평가받도록 하여 금융복합기업집단이 금융복합기업집단 내부통제기준을 스스로 잘 준수하도록 간접적으로 유도하고 있다.

Ⅱ. 금융복합기업집단 내부통제정책과 내부통제기준의 차이

'금융복합기업집단 내부통제정책'은 금융복합기업집단 차원에서 내부통제 수준을 향상시키기 위해 추진하는 일체의 계획·전략 등을 말한다. 예컨대, 금융복합기업집단 전체 차원의 법규준수율 향상을 위한 전략의 수립 등이 이에 해당할 수 있다.

'금융복합기업집단 내부통제기준'은 금융복합기업집단 내부통제정책 중 금융그룹에 속하는 금융회사의 임직원이 반드시 준수하여야 할 사항 및 절차 등을 반영하여 구체화시킨 것을 말한다. 예를 들면, 금융복합집단 내 임원 이직·겸직시 반드시 준수할 기준·절차 등을 명문화하여 규정으로 만든 경우가 이에 해당한다.

즉, 금융복합기업집단의 내부통제정책은 내부통제기준을 포괄하는 보다 상위의 개념이라고 볼 수 있다.

Ⅲ. 지배구조법상 개별 금융회사의 내부통제기준과의 차이

각 개별 금융회사는 지배구조법에 따라 내부통제기준을 마련하여야 한다. 금융회사의 내부통제기준이란 법령을 준수하고, 경영을 건전하게 하며, 주주 및 이해관계자 등을 보호하기 위하여 금융회사의 임직원이 직무를 수행할 때 준수하여야 할 기준 및 절차를 의미한다.[11] 이러한 개별 금융회사의 내부통제

11) 임정하, 「금융회사의 내부통제(금융회사의 지배구조에 관한 법률을 중심으로)」, 한국경제법학회, 경제법연구 제15권제2호(2016. 8), 155면; 지배구조법 제24조제1항.

기준은 내부통제와 관련하여 이사회, 임원 및 준법감시인이 수행하여야 하는 역할, 이를 수행하는 전문성을 갖춘 인력과 지원조직, 내부고발자에 대한 비밀보장 및 불이익금지 등 보호조치 등의 내용을 포함하고 있다.[12)]

금융회사의 지배구조에 관한 법률

제24조(내부통제기준) ① 금융회사는 법령을 준수하고, 경영을 건전하게 하며, 주주 및 이해관계자 등을 보호하기 위하여 금융회사의 임직원이 직무를 수행할 때 준수하여야 할 기준 및 절차(이하 "내부통제기준"이라 한다)를 마련하여야 한다.

금융회사의 지배구조에 관한 법률 시행령

제19조(내부통제기준 등) ① 법 제24조제1항에 따른 내부통제기준(이하 "내부통제기준"이라 한다)에는 금융회사의 내부통제가 실효성있게 이루어질 수 있도록 **다음 각 호의 사항이 포함되어야** 한다.

1. 업무의 분장 및 조직구조
2. 임직원이 업무를 수행할 때 준수하여야 하는 절차
3. 내부통제와 관련하여 이사회, 임원 및 준법감시인이 수행하여야 하는 역할
4. 내부통제와 관련하여 이를 수행하는 전문성을 갖춘 인력과 지원조직
5. 경영의사결정에 필요한 정보가 효율적으로 전달될 수 있는 체제의 구축
6. 임직원의 내부통제기준 준수 여부를 확인하는 절차·방법과 내부통제기준을 위반한 임직원의 처리
7. 임직원의 금융관계법령 위반행위 등을 방지하기 위한 절차나 기준(임직원의 금융투자상품 거래내용의 보고 등 불공정행위를 방지하기 위한 절차나 기준을 포함한다)
8. 내부통제기준의 제정 또는 변경 절차
9. 준법감시인의 임면절차
10. 이해상충을 관리하는 방법 및 절차 등(금융회사가 금융지주회사인 경우는 예외로 한다)
11. 상품 또는 서비스에 대한 광고의 제작 및 내용과 관련한 준수사항(금융지주회사만 해당한다)
12. 법 제11조제1항에 따른 임직원 겸직이 제11조제4항제4호 각 목의 요건을 충족하는지에 대한 평가·관리
13. 그 밖에 내부통제기준에서 정하여야 할 세부적인 사항으로서 금융위원회가 정하여 고시하는 사항

12) 지배구조법 시행령 제19조제1항, 동 감독규정 제11조제2항.

금융회사 지배구조 감독규정

제11조(내부통제기준 등) ② 금융회사는 다음 각 호의 사항 및 별표 3의 기준에 따른 사항을 **내부통제기준에 포함하여야** 한다.

1. 내부고발자 제도의 운영에 관한 다음 각 목의 사항
   가. 내부고발자에 대한 비밀보장
   나. 내부고발자에 대한 불이익 금지 등 보호조치
   다. 회사에 중대한 영향을 미칠 수 있는 위법·부당한 행위를 인지하고도 회사에 제보하지 않는 사람에 대한 불이익 부과
2. 위법·부당한 행위를 사전에 방지하기 위하여 명령휴가제도 도입 및 그 적용대상, 실시주기, 명령휴가 기간, 적용 예외 등 명령휴가제도 시행에 필요한 사항
3. 사고발생 우려가 높은 단일거래에 대해 복수의 인력 또는 부서가 참여하도록 하는 직무분리기준에 대한 사항
4. 새로운 금융상품 개발 및 금융상품 판매 과정에서 금융소비자 보호 및 시장질서 유지 등을 위하여 준수하여야 할 업무절차에 대한 사항(금융지주회사만 해당한다)
5. 영업점 자체점검의 방법·확인사항·실시 주기 등에 대한 사항
6. 「특정 금융거래정보의 보고 및 이용 등에 관한 법률」 제2조제4호에 따른 자금세탁행위 및 같은 조 제5호에 따른 공중협박자금조달행위(이하 "자금세탁행위등"이라 한다)를 방지하기 위한 다음 각 목의 사항(법 제2조제1호 나목의 금융투자업자 중 투자자문업자는 제외한다)
   가. 「특정 금융거래정보의 보고 및 이용 등에 관한 법률」 제2조제2호에 따른 금융거래에 내재된 자금세탁행위 등의 위험을 식별, 분석, 평가하여 위험도에 따라 관리 수준을 차등화하는 자금세탁 위험평가체계의 구축 및 운영
   나. 자금세탁행위등의 방지 업무를 수행하는 부서로부터 독립된 부서 또는 외부전문가가 그 업무수행의 적절성, 효과성을 검토·평가하고 이에 따른 문제점을 개선하기 위한 독립적 감사체계의 마련 및 운영
   다. 소속 임직원이 자금세탁행위등에 가담하거나 이용되지 않도록 하기 위한 임직원의 신원사항 확인 및 교육·연수

지배구조법에 따라 개별 금융회사가 내부통제기준을 마련하여 준수하도록 하고 있음에도 불구하고,[13] 금융복합기업집단법은 금융복합기업집단 수준

13) 지배구조법 제24조는 내부통제기준을 마련할 의무만 부여하고 있고 이에 대한 준수의무를 직접 부여하고 있지는 않다. 다만, 은행법 제34조의3, 자본시장법 시행령 제64조 등에서 임

의 내부통제기준을 별도로 마련하도록 하고 있다. 개별 소속금융회사들이 각각 내부통제기준을 제정하고 이를 준수하고 있음에도 불구하고 별도로 금융복합기업집단 전체에 적용할 내부통제기준을 마련하도록 하는 것은 중복된 규제라는 비판이 있을 수 있다. 그러나 다음과 같은 이유에서 금융복합기업집단 전체에 적용될 내부통제기준이 별도로 필요하다고 할 수 있다. 먼저, 현재 각 소속금융회사별로 내부통제기준을 마련하고 있지만 그 수준 및 정도 등에 있어서는 금융복합기업집단 차원의 균형에 있어 공백이 생길 수 있다. 즉, 각 소속금융회사별로 그 수준에 있어 차이가 발생할 수 있는 것이다. 그리고 현재 지배구조법에 따라 내부통제기준을 마련해야 하는 금융회사는 금융지주회사를 비롯하여 은행, 금융투자업자, 종합금융회사, 보험회사, 상호저축은행, 여신전문금융회사로 한정된다. 그러나 금융복합기업집단을 구성하는 금융회사는 대부업자, 손해사정사 등의 금융업 밀접업종 등이 포함된다. 그러나 이들에 대하여는 지배구조법상 내부통제기준을 마련할 의무를 부여하지 않고 있고, 실제로도 내부통제기준을 마련하지 않고 있는 실정이다.

그런데 금융복합기업집단의 내부통제는 각 개별 금융회사만 충실하게 한다고 해서 완벽하게 이루어진다고 보기 어렵다. 각 소속금융회사는 회사명에 상표 등을 공유하고 있거나 금융소비자에게 하나의 집단으로 인식되는 경향이 강하다. 따라서 같은 금융복합기업집단에 속하는 다른 소속금융회사의 내부통제가 미흡하여 금융소비자에게 피해를 입히거나 비윤리적인 상황 등이 발생한 경우 등에는 해당 집단에 속하는 모든 소속금융회사가 이에 대한 소비자의 비난을 감수해야 하는 경우가 얼마든지 발생할 수 있는 것이다. 예컨대 A금융복합기업집단에 속하는 A손해사정사가 고객에게 할 설명의무를 의도적으로 위반하고 고객에게 불리한 산정을 한 것이 밝혀진 경우 A손해사정사와 연관된 A생명, A화재 등도 비윤리적인 회사로 비춰질 우려가 있고, 이에 더해 이와 무관하던 A증권사도 비윤리적인 회사로 인식되어 고객이 기피할 우려가 있는 것이다. 또한 내부통제기준을 마련하지 않는 B대부업체가 자금세탁행위

직원의 내부통제기준 준수의무를 규정하고 있다. 실제로 내부통제기준의 위반을 금융회사 및 임직원 제재처분의 근거로 삼고 있어 실질적으로 내부통제기준을 준수할 의무를 부과하고 있다고 볼 수 있다. 이와 같이 내부통제기준 위반을 제재처분의 근거로 삼는 것은 법적 근거가 부족하고 과도한 제재라는 비판도 일부 제기되고 있다.

를 방지하기 위한 체계 등이 제대로 마련되지 않아 자금세탁 등에 이용된 사실이 밝혀진 경우 B대부업체가 속한 B금융복합기업집단 전체가 비윤리적인 집단으로 인식되는 등 평판이 하락할 우려가 있다. 이와 같이 내부통제는 해당 금융회사가 이를 충실히 관리한다 하더라도 금융복합기업집단이 전체의 평판, 이미지들을 공유하므로 다른 소속금융회사의 사소한 내부통제 위반이나 미흡이 다른 소속금융회사에 영향을 미칠 수 있는 가능성이 크다. 해당 금융복합기업집단에서 비중이 작은 소속금융회사의 사소한 내부통제 위반이 집단 전체에 큰 영향을 미칠 수 있는 것이다.

따라서 금융복합기업집단은 해당 집단 전체의 내부통제 수준을 향상시키도록 노력할 필요성이 크다. 그러므로 금융복합기업집단 공통의 내부통제기준을 마련하는 것은 중요하다. 이러한 금융복합기업집단 내부통제기준은 개별 금융회사 내부통제기준에 포함될 공통된 내용 및 지침을 제시하는 역할을 한다고 볼 수 있다. 예컨대, 헌법과 법률의 관계와 같이 금융복합기업집단의 내부통제기준은 소속금융회사의 내부통제기준의 포괄적인 상위 기준으로서 일종의 가이드라인 역할을 하게 되고, 각 소속금융회사의 내부통제기준은 금융복합기업집단 내부통제기준의 주요내용을 포함하고, 이에 배치되지 않도록 해야 할 것이다.

금융복합기업집단 내부통제기준은 소속금융회사들이 금융복합기업집단 내에서 내부통제의 수준이 높은 소속금융회사와 수준을 비슷하게 맞추어 그 수준이 상향 평준화되는 것을 목표로 한다. 그러나 이러한 목적과 달리 금융복합기업집단 내부통제기준의 수준을 의도적으로 하향 평준화할 경우는 오히려 법의 취지를 몰각할 수 있다. 다만, 실제로 이러한 하향 평준화는 쉽지는 않을 것으로 보인다. 만일 의도적으로 내부통제 수준을 하향 평준화할 경우 기존에 높은 수준으로 내부통제를 수행하던 소속금융회사가 업권별 경쟁사들에 비해 경쟁력이 약화될 우려가 있으므로 이러한 선택을 할 가능성이 높지는 않다. 다만, 금융소비자 및 해당 업권별 감독자가 인식하기 어렵도록 눈에 보이지 않게 하향 평준화하는 일이 없도록 해당 금융복합기업집단의 검사 등에 있어 금융복합기업집단 내부통제기준의 제정으로 인한 기존 소속금융회사별 내부통제기준의 변화 등을 면밀히 살펴야 할 것이다.

〈표 6-5〉 개별 금융회사 내부통제기준과 금융복합기업집단 내부통제기준의 차이

	개별 금융회사 내부통제기준	금융복합기업집단 내부통제기준
목 적	개별 금융회사의 내부통제 강화	금융복합기업집단 전체의 내부통제 수준 강화
적용법조	지배구조법 제24조	금융복합기업집단법 제10조제2항
적용대상	개별 금융회사* * 금융지주회사 / 은행 / 금융투자업자 / 종금사 / 보험사 / 상호저축은행 / 여신전문금융회사 등)	금융복합기업집단의 모든 소속금융회사* * 지배구조법상 금융회사에 포함되지 않는 대부업자, 금융업 밀접업종 등도 모두 포함

제 4 절 금융복합기업집단 내부통제체계 확립

Ⅰ. 금융복합기업집단 내부통제 주요사항의 심의·의결

금융복합기업집단의 감독에 관한 법률

제10조(금융복합기업집단 내부통제체계) ① 금융복합기업집단 **내부통제정책의 수립, 금융복합기업집단 내부통제기준의 주요 내용에 관한 제정·개정, 그 밖에 대통령령으로 정하는 금융복합기업집단의 내부통제에 관한 중요한 사항**은 소속금융회사 간 협의를 거친 후 대표금융회사 이사회의 심의·의결을 거쳐 확정한다.

금융복합기업집단의 감독에 관한 법률 시행령

제10조(내부통제에 관한 중요 사항의 범위) 법 제10조제1항에서 "대통령령으로 정하는 금융복합기업집단의 내부통제에 관한 중요한 사항"이란 **제9조제1항에 따른 금융복합기업집단내부통제정책 및 금융복합기업집단내부통제기준의 평가 결과에 관한 사항**을 말한다.

금융복합기업집단 내부통제정책의 수립, 금융복합기업집단 내부통제기준의 주요 내용에 관한 제정·개정, 그 밖에 금융복합기업집단 내부통제정책의 추진 상황과 금융복합기업집단 내부통제기준의 운영 상황의 평가·점검에 관한 사항 등 중요한 사항은 소속금융회사 간 협의를 거친 후 대표금융회사 이사회의 심의·의결을 거쳐 확정한다(법 제10조제1항, 시행령 제9조제1항, 제10조). 이처럼 중요한 사항을 대표금융회사 이사회에 보고하고 심의·의결을 거치도록 한 것은 소속금융회사간 협의를 통해 금융복합기업집단 전체 차원에서 추진하고자 하는 내부통제에 관한 사항을 책임있게 최종적으로 의결할 주체가 필요하기 때문이다. 이를 각 소속금융회사로 구성된 위원회 등으로 정할 수도 있지만, 이는 금융회사의 경영에 필요한 상시적인 조직이 아니고, 각 소속금융회사 모두에게 책임이 분산되므로 책임있는 의결을 기대하기 어려울 수 있다. 여기서의 책임이라는 것은 특정 금융회사가 금융복합기업집단 전체에 대한 법적 책임을 지는 것이 아니므로 대표로서의 절차적 책임을 말한다. 예컨대, 대표금융회사 이사회의 의결을 거친 금융복합기업집단의 내부통제정책이 실질적으로 작동하지 않을 경우 이를 의결한 대표금융회사에 대하여 법적인 책임을 물을 수는 없다. 그러나 실무진끼리의 협의 정도가 아니라 대표금융회사 이사회의 심의·의결을 거쳐 확정된 사안을 제대로 이행하지 않은데에 대하여 각 소속금융회사 및 금융복합기업집단 전체가 시장 및 금융소비자 등에 대하여 책임감을 느끼기에는 충분하다. 다만, 대표금융회사가 자의적으로 결정한 사안이 아니라는 점의 증명을 위해 소속금융회사 간의 충분한 협의가 이루어져야 하고, 대표금융회사 이사회의 심의·의결이란 소속금융회사 간의 협의가 된 사항에 대한 절차적인 정당성을 부여하는 행위라고 보는 것이 타당하다.

Joint Forum 감독원칙은 금융그룹의 본사 이사회가 내부통제, 내부감사 및 준법감시업무를 전반적으로 책임질 것을 요구하고 있다. 대부분의 선진국 금융그룹의 경우 금융지주회사와 유사하게 수직적인 지배구조의 정점에 있는 본사의 존재가 명확한 경우가 많다. 반면, 금융복합기업집단의 경우 본사의 개념에 대응할만한 금융회사가 없는 경우도 있다. 따라서 대표금융회사에 대하여 실체적 책임을 부여하기는 어렵지만, 어느 하나의 금융회사를 구심점으로 하여 체계를 갖추도록 하고 있는 국제기준의 취지 등을 고려할 때, 대표금융회사 이사회에 절차적인 책임을 부여하는 것은 어느 정도 타당성이 있다.

[Joint Forum 감독원칙 §21(e)] 감독자는 금융그룹의 통합적 업무처리를 보장하기 위하여 <u>금융그룹 본사 이사회가 그룹 위험, 내부통제, 내부감사 및 준법감시업무를 전반적으로 책임질 것을 요구</u>해야 한다.[14]

Ⅱ. 금융복합기업집단 내부통제기구의 구성·운영

1. 금융복합기업집단 내부통제협의회 설치 및 운영

금융복합기업집단의 감독에 관한 법률
제10조(금융복합기업집단 내부통제체계) ② 금융복합기업집단은 제1항에 따른 대표금융회사 이사회의 내부통제에 관한 업무를 보좌하기 위하여 **<u>금융복합기업집단 내부통제기구</u>**를 둘 수 있다.
③ 제2항의 금융복합기업집단 내부통제기구는 소속금융회사들이 참여하는 **<u>협의회로 구성</u>**한다. … (생략) …
④ 제2항 및 제3항에 따른 금융복합기업집단 내부통제기구의 구성·운영 등에 관한 세부 사항은 금융위원회가 정하여 고시한다.

금융복합기업집단 감독규정
제9조(금융복합기업집단 내부통제기구의 구성·운영) ② 법 제10조제3항 본문에 따른 금융복합기업집단 내부통제기구(이하 "금융복합기업집단 내부통제협의회"라 한다)는 **<u>법 제5조제1항제1호에 따라 영위하는 업을 대표하는 소속금융회사가 각각 하나 이상 포함되도록</u>** 하여야 한다.
③ 금융복합기업집단 내부통제협의회는 소속금융회사의 준법감시인 또는 「금융회사의

---

14) Joint Forum 감독원칙, 32면.
[§21(e)] Supervisors should require that <u>the board of the head of the financial conglomerate has overall responsibility for the financial conglomerate's group-wide risk management, internal control mechanism, internal audit and compliance functions</u> to ensure that the group conducts its affairs with a high degree of integrity.

지배구조에 관한 법률」 제26조제1항에 따른 **준법감시인의 자격요건을 갖춘 자**(이하 "준법감시인 등"이라 한다)가 참여하여야 하며, 금융복합기업집단 내부통제협의회의 의장은 대표금융회사의 준법감시인 등으로 한다.

④ 대표금융회사는 **금융복합기업집단 내부통제협의회에서 협의한 사항**을 지체없이 **소속금융회사**(제8조제2항제1호에 따라 금융복합기업집단 내부통제기준이 적용되는 소속금융회사를 말한다)**에 전달하여야** 한다.

금융복합기업집단의 내부통제에 관한 중요한 사항은 대표금융회사 이사회의 심의·의결을 거치도록 하고 있으나, 이러한 과정을 통해 최종적으로 확정되기 위해서는 소속금융회사간 협의가 반드시 필요하다. 여기서의 협의란 절차적으로 협의만 거치면 된다는 뜻이라기보다는 실질적으로 합의를 도출해내는 것으로 이해할 수 있다. 따라서 이러한 금융복합기업집단의 내부통제 업무가 원활하게 수행되는데 있어 소속금융회사간 협의가 잘 진행되는 것이 그 전제라고 볼 수 있다. 이에 금융복합기업집단의 내부통제업무를 효율적으로 수행하고, 대표금융회사의 이사회의 업무를 보좌하기 위해 금융복합기업집단 내부통제기구를 둘 수 있다(법 제10조제2항).

금융복합기업집단 내부통제기구(이하 "금융복합기업집단 내부통제협의회"라 한다)는 소속금융회사들로 구성된 협의회로 구성한다(법 제10조제3항). 그러나 금융복합기업집단 내의 모든 소속금융회사가 참여하도록 할 경우 규모나 비중이 아주 미미하거나 해외에 소재하고 있어 실질적으로 협의회에 참석할 의미가 적은 소속금융회사까지 모두 참여하도록 강제할 우려가 있다. 따라서 금융복합기업집단 내부통제협의회는 주요 소속금융회사로 그 구성을 하되, 여수신업·금융투자업·보험업 중 영위하는 업을 대표하는 소속금융회사가 각각 하나 이상 포함되도록 하여야 한다(감독규정 제9조제2항). 금융복합기업집단 내부통제협의회는 소속금융회사의 준법감시인 또는 지배구조법 제26조제1항에 따른 준법감시인의 자격요건[15]을 갖춘 자(이하 "준법감시인 등"이라 한다)가 참

15) **금융회사의 지배구조에 관한 법률**
제26조(준법감시인의 자격요건) ① 준법감시인은 다음 각 호의 요건을 모두 충족한 사람이어야 한다.

여하여야 하며, 그 의장은 대표금융회사의 준법감시인 등으로 한다(감독규정 제9조제3항).

대표금융회사는 금융복합기업집단 내부통제협의회에서 협의한 사항을 지체없이 소속금융회사에 전달하여야 한다(감독규정 제9조제4항). 협의회 참여의 필요성이 적은 금융회사를 제외하고 주요 소속금융회사로 구성하기는 하나, 참여하지 않은 소속금융회사에 불리하거나 동의하기 어려운 내용이 협의사항으로 결정되는 것을 방지하고, 이에 대한 이의를 제기할 기회를 줄 필요가 있기 때문이다. 따라서 협의한 사항을 소속금융회사들에 전달하고, 참여하지 아니한 소속금융회사 중 이에 대하여 이의를 제기하는 사항이 있는 경우 이는 다시 협의회를 통하여 해당 내용에 대한 논의를 하거나, 이의가 있는 사항을 제외하고 대표금융회사의 심의·의결 절차를 진행하면 될 것이다.

---

1. 최근 5년간 이 법 또는 금융관계법령을 위반하여 금융위원회 또는 금융감독원(「금융위원회의 설치 등에 관한 법률」에 따른 금융감독원을 말한다. 이하 같다)의 원장(이하 "금융감독원장"이라 한다), 그 밖에 대통령령으로 정하는 기관으로부터 제35조제1항 각 호 및 제2항 각 호에 규정된 조치 중 문책경고 또는 감봉요구 이상에 해당하는 조치를 받은 사실이 없을 것
2. 다음 각 목의 어느 하나에 해당하는 사람. 다만, 다음 각 목(라목 후단의 경우는 제외한다)의 어느 하나에 해당하는 사람으로서 라목 전단에서 규정한 기관에서 퇴임하거나 퇴직한 후 5년이 지나지 아니한 사람은 제외한다.
   가. 「금융위원회의 설치 등에 관한 법률」 제38조에 따른 검사 대상 기관(이에 상당하는 외국금융회사를 포함한다)에서 10년 이상 근무한 사람
   나. 금융 관련 분야의 석사학위 이상의 학위소지자로서 연구기관 또는 대학에서 연구원 또는 조교수 이상의 직에 5년 이상 종사한 사람
   다. 변호사 또는 공인회계사의 자격을 가진 사람으로서 그 자격과 관련된 업무에 5년 이상 종사한 사람
   라. 기획재정부, 금융위원회, 「금융위원회의 설치 등에 관한 법률」 제19조에 따른 증권선물위원회, 감사원, 금융감독원, 한국은행, 「예금자보호법」 제3조에 따라 설립된 예금보험공사(이하 "예금보험공사"라 한다), 그 밖에 금융위원회가 정하여 고시하는 금융 관련 기관에서 7년 이상 근무한 사람. 이 경우 예금보험공사의 직원으로서 「예금자보호법」 제2조제5호에 따른 부실금융회사 또는 같은 조 제6호에 따른 부실우려금융회사와 같은 법 제36조의3에 따른 정리금융회사의 업무 수행을 위하여 필요한 경우에는 7년 이상 근무 중인 사람을 포함한다.
   마. 그 밖에 가목부터 라목까지의 규정에 준하는 자격이 있다고 인정되는 사람으로서 대통령령으로 정하는 사람

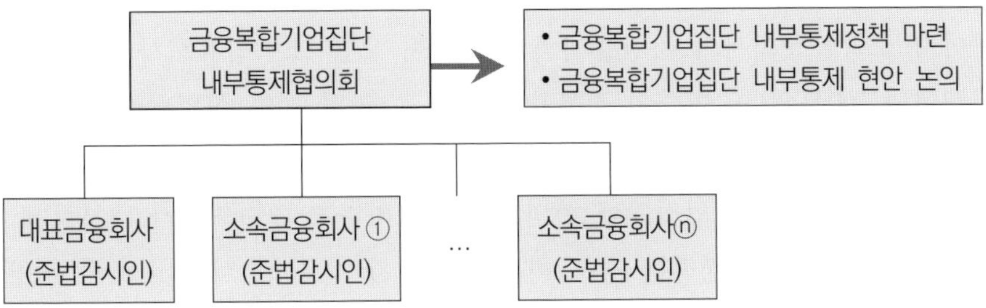

※ (예시) **대표금융회사** 준법감시인을 중심으로 정기적 또는 수시로 **협의회를 개최**하여
↳ (예) 의장 ↳ (예) 분기별 ↳ (예) 현안발생시
금융그룹 내부통제정책 마련 및 주요 현안 **논의** 등 실시
↳(예) 금융소비자보호, 자금세탁방지 등

[그림 6-1] 금융복합기업집단 내부통제기구 운영방안 예시[16)]

2. 금융복합기업집단 내부통제협의회를 설치하지 않아도 되는 경우

금융복합기업집단의 감독에 관한 법률
제10조(금융복합기업집단 내부통제체계) ③ …(생략)… 다만, **소속금융회사의 사업비중이 크지 아니한 경우 등 협의회의 설치가 적절하지 아니**한 경우 대표금융회사는 다음 각 호의 어느 하나에 해당하는 기구 또는 사람을 금융복합기업집단 내부통제기구로 지정할 수 있다.
1. 금융회사의 지배구조에 관한 법령에 따른 **대표금융회사의 내부통제 관련 기구**
2. **대표금융회사의** 「금융회사의 지배구조에 관한 법률」 제25조제1항에 따른 **준법감시인**

대표금융회사에 비하여 다른 소속금융회사 사업비중이 크지 않은 경우 등 별도로 금융복합기업집단 내부통제협의회를 둘 필요성이 적은 경우 대표금융회사 내부통제위원회 또는 준법감시인으로 대체하여 지정이 가능하다(금융복합기업집단법 제10조제3항). 여기서 "소속금융회사의 사업비중이 크지 아니

16) 금융위원회, 「금융그룹 CEO·전문가 간담회를 개최하여 금융그룹 감독제도 시범운영 현황을 점검하고, 금융그룹감독 제도 개선방안을 논의하였습니다 中 첨부2 금융그룹 감독제도 개선방안」, 보도자료(2020. 2. 24), 9면.

한 경우 등 협의회의 설치가 적절하지 아니한 경우"란 대표금융회사를 제외한 나머지 소속금융회사의 자산총액의 합계액이 모든 소속금융회사의 자산총액 합계액의 100분의 10 이하인 경우를 말한다. 그러나 이는 협의회를 두지 않을 수 있도록 예외를 인정해준 것이고, 반드시 두지 말아야 하는 것은 아니다. 따라서 해당 금융복합기업집단에 협의회가 필요하다고 판단되거나 내부통제 등에 도움이 된다고 인정하는 경우 이를 얼마든지 자율적으로 설치하여 운영할 수 있다.

제 5 절 실무상 시사점

최근 ESG 등에 대한 관심이 증가하는 등 일반인들도 보다 윤리적이고, 사회적으로 기여도가 높으며, 자체적인 내부통제가 확실하고, 지배구조가 건전한 기업을 선호하는 추세가 높아졌다. 금융회사의 경우도 마찬가지이다. 오너리스크, 지배구조리스크, 기업의 윤리적 리스크 등에 보다 민감해졌다. 따라서 금융복합기업집단 차원에서 내부통제를 관리해 나갈 필요성이 높아졌다. 앞으로도 이러한 추세는 보다 강화될 것으로 예상된다. 특히 금융회사의 비윤리성, 미흡한 내부통제 등은 고객 돈이 안전하게 관리되고 있지 않다는 인식을 주어 장기적으로 금융회사로부터 고객이 등을 돌리게 하는 원인이 될 수 있으므로 이에 대한 각별한 주의가 필요하다.

또한 특정 소속금융회사의 내부통제 실패는 해당 집단의 평판을 떨어뜨리고, 다른 소속금융회사마저 비윤리적인 회사로 낙인찍는 등 그 피해를 해당 금융복합기업집단 전반으로 확산시키기 쉽다. 따라서 집단 차원에서 관리가 필요하다. 특히, 작은 규모의 금융회사, 해외 영업소 등에서 벌어지는 내부통제의 실패도 전체 집단에 큰 영향을 미칠 수 있다. 예컨대 "OO금융그룹"의 어느 한 금융회사의 횡령사건, 직원의 고객 홀대 사건 등이 외부에 알려질 경우 그 금융회사의 규모와 관계없이 해당 금융그룹의 모든 금융회사가 영향을 받을 수 있는 것이다.

따라서 이러한 내부통제를 강화하기 위해서 집단 전체 차원의 정책을 세우고, 기준을 마련하고, 내부통제 수준을 평가·점검하는 등의 노력이 필요하다. 이러한 내부통제의 관리는 사건·사고 등이 현실화되지 않는 경우 주목받지 못하고 경영진의 관심을 받기 어려울 수 있으나, 내부통제는 큰 사고가 발생하기 전에 경영진이 항상 관심을 가지고 관리해나갈 필요가 있다. 평상시의 호미질이 불필요하게 느껴질 수 있으나, 호미로 막을 일을 가래로 막지 않기 위해서는 항상 작은 준비들이 상시적으로 이루어져야 할 것이다.

제 7 장 금융복합기업집단의 위험관리

제 1 절 입법취지: 금융그룹 차원의 위험관리 필요성

앞의 제1편제2장의 '금융그룹 감독의 필요성' 부분에서 살펴본 바와 같이 자본의 중복이용, 위험의 집중·전이 등으로 인한 금융그룹 차원의 다양한 위험이 얼마든지 발생·존재할 수 있다. 금융그룹의 그룹위험을 제대로 관리하는 것은 금융그룹 감독의 본질적 목적이라고 할 수 있다. 금융그룹의 그룹위험을 제대로 관리한다는 것은 금융그룹의 건전성을 유지해 나가기 위한 가장 기초적이고 근본적인 수단이라고 할 수 있다.

따라서 금융복합기업집단에 대하여 그룹 차원의 위험을 체계적으로 관리할 수 있도록 해당 집단에 공통적으로 적용 가능한 위험관리정책과 기준을 마련하고 준수하는 등 소속금융회사간 협의를 통한 금융복합기업집단의 자발적 개선 노력을 유도할 필요가 있다. 또한 대표금융회사의 이사회가 금융복합기업집단의 위험관리와 관련한 업무를 총괄하고, 소속금융회사간의 원활한 협의를 진행해 나갈 수 있도록 이를 보좌할 수 있는 협의기관을 설치할 필요가 있는 것이다.

Joint Forum 감독원칙도 금융그룹 전체 차원의 위험관리체계 확립의 필요성과 이에 대한 감독의 중요성을 강조하고 있다. 금융그룹은 사업의 복잡성

〈표 7-1〉 그룹 위험의 주요 유형[1]

구 분	금융리스크 발생 경로	Joint Forum 감독원칙 관련 부분
1. 자본의 적정성 (Capital Adequacy)		
① 기업집단간 교차출자	• **기업집단간 교차출자**를 통해 **금융복합기업집단 자본의 충실성이 훼손**될 가능성	§17(e) * 서로 다른 기업집단간 지분 보유시 자본 과다계상 초래
② 차입자금으로 자본확충 (debt – downstream)	• **모회사가 자본의 질이 낮은 차입자금**으로 지배력 강화 등을 위해 **자회사에 출자**하는 경우	§18 * 과도한 레버리지 및 모회사 차입으로 자회사에 이전 행위 고려
③ 자본의 이전가능성 (transfer of capital)	• 외부지분이 높을수록 금융복합기업집단 내 신속한 **자본재배분에 제약**	§19 * 내부 자본이전과 관련한 잠재적 제약사항 등을 고려
2. 위험관리의 적정성 (Risk Management)		
① 내부거래 의존도 과다 (intra – group transaction)	• **거래상대방인 계열사의 실적 악화**가 **금융계열사의 건전성 악화** 등으로 직결될 가능성	§28(b) * 금융복합기업집단 중요 내부거래, 익스포저를 효과적으로 포착·평가·보고
② 부외계정 투자 (off – balance sheet activities)	• **재무제표에 반영된 위험액을 초과하는 손실** 발생 가능성	§29.1 * SPC, 부외거래 등 집단 내 모든 종류의 위험을 포괄·관리
3. 지배구조 (Corporate Governance)		
• 소속금융회사를 동원한 계열사 지원 (conflict of interest)	• 소속금융회사사가 **금융복합기업집단의 이익**에 반하여 **계열사 지원에 동원**될 가능성	§10(d) / §10(e) / §10.6 1) 금융복합기업집단의 지배구조가 금융소비자 이익 및 소속 금융회사 건전성에 미치는 영향을 감안 2) 금융복합기업집단의 지배구조가 내부의 잠재적 이해상충 문제를 방지

1) 금융감독원, 「금융그룹통합감독 관련 업계 간담회 개최」, 보도자료(2018. 4. 25), 첨부2 금융그룹 그룹리스크의 주요 유형 및 사례 1면 참조.

또는 多금융권역에 걸친 업무수행 등의 특징과 관계없이 기본적으로 위험감수형 업무를 하기 때문에 탄탄한 위험관리가 가장 중요하다는 것이다. 이러한 위험관리가 제대로 되지 않을 경우 이것이 금융그룹 내 다른 소속금융회사를 위험하게 만들 수도 있고, 자본의 손실 등을 초래하여 자본적정성 등에 영향을 미칠 수도 있는 것이기 때문이다. 따라서 금융그룹 차원의 위험관리는 금융그룹 감독에 있어 가장 필수적이면서도 중요한 부분이라 할 수 있다.

〈표 7-2〉 Joint Forum 감독원칙의 금융그룹 위험관리에 관한 규정

※ [Joint Forum 감독원칙]
<u>금융그룹 전체 차원의 위험관리체계 확립 및 이에 대한 감독을 요구</u>

Ⅴ. 위험관리(Risk management)

금융그룹은 위험을 다루는 업무를 수행하기 때문에 <u>탄탄한 위험관리체계 보유 여부를 중점적으로 감독</u>해야 한다. 본 장은 <u>위험관리문화, 위험감수정도, 스트레스 테스트 및 위험집중 등 그룹의 위험관리체계에 관한 건전하고 포괄적인 감독원칙</u>에 대하여 설명한다.2)

[§21(a)] 감독자는 금융그룹이 포괄적이고 <u>일관적인 위험관리체계를 그룹 내 모든 부문의 기업에 적용</u>하고, 동 체계가 <u>위험관리부서·위험관리프로세스·위험관리시스템을 갖추도록 요구</u>해야 한다.3)

[§21(d)] 감독자는 필요한 경우 금융그룹 내에 <u>금융그룹의 위험을 다루는 별도의 위험관리위원회</u>를 설치할 것을 요구해야 한다.4)

[§21(f)] 감독자는 금융그룹이 <u>정기적으로 그룹 위험관리체계 효율성 및 허용 가능한 총 위험한도를 점검하는 전사적 위험관리 프로세스를 마련</u>하도록 요구해야 한다.5)

[§21.1.] 금융그룹은 사업의 복잡성 또는 多금융권역에 걸친 업무수행 등의 특징과 관계없이 <u>기본적으로 위험감수형 업무를 하기 때문에 탄탄한 위험관리가 가장 중요</u>하다.6)

---

2) Joint Forum 감독원칙, 31면.

V. Risk Management

Since financial conglomerates are in the business of risk-taking, good risk management is a crucial focus of supervision. This section provides principles for the sound and

제 2 절 금융복합기업집단 위험관리정책의 수립·추진

금융복합기업집단의 감독에 관한 법률
제11조(위험관리정책의 수립 등) ① 금융복합기업집단은 자산 운용이나 각종 거래, 그 밖의 업무 수행으로 발생하는 금융복합기업집단 차원의 위험을 관리하기 위하여 다음 각 호의 사항을 포함한 금융복합기업집단 수준의 위험관리정책(이하 "금융복합기업집단 위험관리정책"이라 한다)을 수립하고 **그 추진상황을 정기적으로 평가·점검**하여야 한다.
1. ~ 5. (생략)

금융복합기업집단의 감독에 관한 법률 시행령
제11조(금융복합기업집단위험관리정책 등의 세부 사항) ① 금융복합기업집단은 법 제11조제1항에 따른 금융복합기업집단 위험관리정책(이하 "금융복합기업집단위험관리정책"이라 한다)의 추진 상황과 같은 조 제2항에 따른 금융복합기업집단 위험관리기준(이

---

comprehensive supervision of risk management frameworks in financial conglomerates. It covers factors ranging from risk culture and tolerance, to the use of stress and scenario testing and the monitoring of risk concentrations.

3) Joint Forum 감독원칙, 31면.
[§21(a)] Supervisors should ensure that the risk management framework is comprehensive, consistent across entities supervised in all sectors and covers the risk management function, risk management processes and governance, and systems and controls.

4) Joint Forum 감독원칙, 31면.
[§21(d)] Supervisors should, where they consider it appropriate, require that a separate risk management committee at the board of directors level is established by the financial conglomerate.

5) Joint Forum 감독원칙, 31면.
[§21(f)] Supervisors should require that the financial conglomerate has an established enterprise-wide risk management process for, among others, periodically reviewing the effectiveness of the group-wide risk management framework and for ensuring appropriate aggregation of risks.

6) Joint Forum 감독원칙, 31면.
[§21.1] Financial conglomerates, irrespective of their particular mix of business lines or financial sectors, are in the business of risk taking. Therefore, strong risk management is of paramount importance.

하 "금융복합기업집단위험관리기준"이라 한다)의 운영 상황을 **매년 평가·점검해야** 한다. 다만, 건전한 위험관리를 위해 **긴급하거나 중대한 사유가 있는 경우에는 추가로** 평가·점검할 수 있다.

앞에서 살펴본 금융복합기업집단 내부통제정책과 마찬가지로, 금융복합기업집단은 자산 운용이나 각종 거래, 그 밖의 업무 수행으로 발생하는 집단 차원의 위험을 관리하기 위하여 다음 각 사항을 포함한 금융복합기업집단 전체에 대한 위험관리정책을 수립하고 그 추진상황을 정기적으로 평가·점검하여야 한다(법 제11조제1항 본문). 금융복합기업집단은 이러한 금융복합기업집단 위험관리정책의 추진상황을 매년 평가·점검하여야 하고, 다만 건전한 내부통제를 위해 긴급하거나 중대한 사유가 있는 경우에는 이를 추가로 평가·점검할 수 있다(시행령 제11조제1항).

〈표 7-3〉 금융복합기업집단 위험관리정책에 포함될 사항[7)]

① 금융복합기업집단 **위험관리정책의 운영**에 관한 사항
② 금융복합기업집단의 **위험에 대한 인식·평가·감시 및 통제**에 관한 사항
③ 사업 영역, 거래 권역(圈域) 등 **분야별, 소속금융회사별 위험부담한도의 설정 및 자본의 배분**에 관한 사항
④ 금융복합기업집단의 고객, 소속금융회사, 소속비금융회사 등 **이해관계자 사이의 이해상충으로 인한 위험관리**에 관한 사항
⑤ **그 밖에 금융복합기업집단 차원의 위험을 관리하기 위하여 필요**한 사항

7) 금융복합기업집단법 제11조제1항 제1호~6호 참조.

제 3 절 금융복합기업집단 위험관리기준의 마련 의무

Ⅰ. 주요내용

금융복합기업집단의 감독에 관한 법률
제11조(위험관리정책의 수립 등) ② 금융복합기업집단은 금융복합기업집단 수준에서 자산의 운용이나 업무의 수행 또는 각종 거래에서 발생하는 위험을 제때에 인식·평가·감시 및 통제하는 등 위험관리를 하기 위한 기준 및 절차(이하 "금융복합기업집단 위험관리기준"이라 한다)를 마련하여야 한다.

금융복합기업집단은 금융복합기업집단 수준에서 자산의 운용이나 업무의 수행 또는 각종 거래에서 발생하는 위험을 제때에 인식·평가·감시 및 통제하는 등 위험관리를 하기 위한 기준 및 절차를 마련하여야 한다(법 제11조제2항). 금융복합기업집단 차원의 위험관리를 효과적으로 할 수 있도록 하기 위하여 소속금융회사들이 공통적으로 적용할 기준을 협의를 통해 마련하도록 하고, 이를 스스로 준수해 나가도록 유도하는 것이다.

금융복합기업집단의 감독에 관한 법률 시행령
제11조(금융복합기업집단위험관리정책 등의 세부 사항) ② 금융복합기업집단위험관리기준에는 다음 각 호의 사항이 포함되어야 한다.
1. 직무를 수행할 때 준수해야 하는 위험관리의 절차 및 방법
2. 위험관리 운영을 위한 전담 조직 및 인력
3. 금융복합기업집단의 위험에 대한 인식·평가·감시 및 통제를 위한 절차 및 방법
4. 소속금융회사별 위험부담한도 및 자본배분의 결정 절차 및 방법
5. 이해상충으로 인한 위험관리의 절차 및 방법
6. 금융복합기업집단위험관리기준을 위반한 임직원에 대한 처리절차
7. 금융복합기업집단위험관리기준의 제정 또는 변경 절차
8. 그 밖에 제1호부터 제7호까지의 사항에 준하는 것으로서 금융위원회가 정하여 고시

하는 사항

③ 제1항 및 제2항에서 규정한 사항 외에 금융복합기업집단위험관리정책 등의 평가·점검 및 금융복합기업집단위험관리기준에 관하여 필요한 세부 사항은 금융위원회가 정하여 고시한다.

금융복합기업집단 감독규정

제10조(금융복합기업집단의 위험관리기준 등) ② 영 제11조제2항제8호에 따라 금융복합기업집단 위험관리기준에 포함하여야 할 사항은 다음 각 호를 말한다.

1. 금융복합기업집단 위험관리기준이 적용되는 소속금융회사의 범위
2. 대표금융회사 이사회와 「금융회사의 지배구조에 관한 법률」에 따른 위험관리위원회의 역할분담
3. 금융복합기업집단 수준의 위기상황에 대응하기 위한 다음 각 목의 사항
   가. 위기관리체계의 운영 및 점검
   나. 조기경보체제의 구축 및 운영
   다. 통합 위기상황분석
   라. 금융복합기업집단 수준의 비상계획
4. 위험관리기구의 구성 및 역할
5. 그 밖에 금융복합기업집단의 위험관리를 위한 방법 및 절차 등에 관한 사항

이러한 금융복합기업집단 위험관리기준에는 ① 직무를 수행할 때 준수해야 하는 위험관리의 절차 및 방법, ② 위험관리 운영을 위한 전담 조직 및 인력, ③ 금융복합기업집단의 위험에 대한 인식·평가·감시 및 통제를 위한 절차 및 방법, ④ 소속금융회사별 위험부담한도 및 자본배분의 결정 절차 및 방법, ⑤ 이해상충으로 인한 위험관리의 절차 및 방법, ⑥ 금융복합기업집단 위험관리기준을 위반한 임직원에 대한 처리절차, ⑦ 기준이 적용되는 소속금융회사의 범위, ⑧ 대표금융회사 이사회와 「금융회사의 지배구조에 관한 법률」에 따른 위험관리위원회의 역할분담, ⑨금융복합기업집단 수준의 위기상황에 대응하기 위한 사항(이에 포함될 자세한 사항은 아래에서 세부적으로 살펴본다), ⑩ 위험관리기구의 구성 및 역할, ⑪ 그 밖에 금융복합기업집단의 위험관리를 위한 방법 및 절차 등에 관한 사항 등이 포함되어야 한다(시행령 제11조제2항, 감

독규정 제10조제2항).

Ⅱ. 금융복합기업집단 수준의 위기상황 대응체계

금융복합기업집단 위험관리기준에는 금융복합기업집단 수준의 위기상황에 대응하기 위한 체계가 포함되어야 한다. 이는 금융복합기업집단이 위기상황을 조기에 파악하여 이에 대처함은 물론, 위기가 현실화 되었을 때에도 당황하지 않고 기준에 따라 체계적으로 대응함으로써 위기를 신속하고 무난하게 벗어날 수 있도록 하기 위한 것이다. 특히 위기가 발생하였을 경우, 사전에 협의되거나 정해진 기준이나 체계가 없다면 각 소속금융회사는 집단 차원의 위기 극복을 위한 최선의 선택을 하기보다는 각자의 판단에 따라 움직여 결과적으로 위험을 증폭시킬 우려가 있다. 이보다도 더 안좋은 경우는 2013년 동양그룹과 같은 대규모 부도사태를 겪을 수도 있다. 그룹 전체에 유동성 등의 위기가 왔음에도 이러한 위험에 대하여 실무진이나 위험관리에 전문성을 가진 인력이 감지하여 적절히 대응한 것이 아니라, 그룹의 총수와 그 최측근의 경영진만이 이러한 사정을 알고 위험을 감추기에 급급하여 회사채 발행 등으로 돌려막기를 함으로써 부도의 규모를 엄청나게 키우고 고객 약 4만 명에게 1.6조원의 피해를 입히게 된 것이다.[8] 이 당시 가장 큰 문제 중 하나는 그룹 전체의 위기·위험이 재무·위험관리 등을 담당하는 실무진에 정확히 공유되지 않았다는 점이었다. 이때도 그룹 전체를 아울러 위험을 감지하고 대비하는 위기상황 대응체계가 마련되어 있어 실무적인 대응이 이루어졌다면 이렇게 부도의 규모가 확대되도록 진행되지 않았을 것이다. 금융복합기업집단에도 내부적 요인 또는 외부경제상황 등으로 인하여 얼마든지 위기가 닥칠 수 있으므로 사전에 이러한 위기의 파악 및 대응을 위한 체계적인 대응체계를 마련하는 것은 금융복합기업집단 위험관리에 있어 핵심적인 사항이라 할 수 있고, 이러한 대응체계가 신속하면서도 정확하게 이루어지기 위하여 이를 사전에 기준으로 명확히 마련해 둘 필요가 있는 것이다. 이러한 위기상황 대응체계에는 위기관리체계의 운영 및 점검, 조기경보체제의 구축 및 운영, 통합 위기상황

8) 금융위원회, 앞의 보도자료(2013. 11. 21), 붙임 2면.

분석, 금융복합기업집단 수준의 비상계획에 대한 내용이 포함되어야 한다(감독규정 제10조제2항제3호 가~라목). 아래에서는 이러한 금융복합기업집단 수준의 위기상황 대응체계에 포함될 사항에 대한 세부적 내용을 자세히 살펴보도록 하겠다(감독규정 별표2).

1. 위기관리체계

대표금융회사는 금융복합기업집단의 위기상황을 조기에 감지하여 선제적으로 대응할 수 있도록 조기 위험인식, 위기상황단계 설정, 영향 분석, 위기상황 단계별 조치 이행, 동 조치 결과 보고 등을 포함한 금융복합기업집단 수준의 위기관리체계를 수립하여야 한다. 그리고 소속금융회사는 금융복합기업집단 수준의 위기관리체계에 부합하는 당해 회사의 위기관리체계를 수립하여야 한다.

2. 조기경보체계

대표금융회사는 위기 유형별로 또는 종합적인 위험에 대하여 위기유발 요인을 선정하여 조기경보지표를 설정하고, 조기경보 발령에 따른 대응방안 및 업무절차 등을 포함하는 위기관리체계를 수립하여야 한다.

3. 통합 위기상황분석

통합 위기상황분석은 금융복합기업집단 수준에서 예외적이지만 발생 가능한 사건에 대한 금융복합기업집단의 잠재적인 취약성을 평가하기 위해 사용하는 금융복합기업집단의 위험관리기법을 하는 것으로 경영환경을 고려한 위기상황 시나리오 설정, 동 시나리오별 영향 분석 및 동 분석 결과에 대한 대응 방안 마련, 위기상황 시나리오 검증 및 수정·보완 등의 절차에 따라 실시한다.

대표금융회사 위험관리책임자 또는 지배구조법에 따른 위험관리책임자의 자격요건을 갖춘 자(지배구조법 제28조제3항)는 금융회사별 위험 특성 및 영업 규모 등을 감안하여 정한 주요 소속금융회사를 대상으로 연 1회 이상 통합 위기상황분석을 실시하고, 그 실시결과 및 대응방안을 금융복합기업집단 위험관리기구 및 대표금융회사 이사회 또는 위험관리위원회[9]에 보고하여야 한다.

9) 지배구조법 제16조제1항제3호.

주요 소속금융회사 위험관리책임자 등은 집단 차원의 통합 위기상황분석의 실시를 위해 자체 위기상황분석을 실시하여 그 실시 결과 및 대응방안을 당해 회사 이사회 등에 보고한 후 대표금융회사 위험관리전담부서에 이를 제출하여야 한다.

대표금융회사는 이러한 통합 위기상황분석 결과를 금융복합기업집단 수준의 위험부담한도 설정, 위기관리체계 개선 등 중요 의사결정과정에 반영하여야 한다.

4. 금융복합기업집단 수준의 비상계획

대표금융회사는 통합 위기상황분석 결과를 활용하여 유동성 위기상황단계별 대응방안, 조달 가능한 자금 규모, 위기대책반 운영 등에 관한 사항을 포함한 금융복합기업집단 수준의 비상계획을 수립하여야 한다. 또한 대표금융회사 위험관리책임자 등은 금융복합기업집단 수준의 비상계획을 연 1회 이상 점검·갱신하고, 이를 이사회 등에 보고하여야 한다.

제 4 절 금융복합기업집단 위험관리체계 확립

Ⅰ. 금융복합기업집단 위험관리 주요사항의 심의·의결

금융복합기업집단의 감독에 관한 법률
제12조(금융복합기업집단 위험관리체계) ① 금융복합기업집단 **위험관리정책의 수립, 금융복합기업집단 위험관리기준의 주요 내용에 대한 제정·개정, 그 밖에 대통령령으로 정하는 금융복합기업집단의 위험관리에 관한 중요한 사항**은 소속금융회사 간 협의를 거친 후 대표금융회사 이사회의 심의·의결을 거쳐 확정한다.

앞의 금융복합기업집단 내부통제체계의 확립 부분에서 살펴본 바와 같이 금융복합기업집단 위험관리정책의 수립, 금융복합기업집단 위험관리기준의 주요 내용에 관한 제정·개정, 그 밖에 대통령령으로 정하는 금융복합기업집단의 내부통제에 관한 중요한 사항은 소속금융회사 간 협의를 거친 후 대표금융회사 이사회의 심의·의결을 거쳐 확정한다(법 제12조제1항). 국제기준인 Joint Forum 감독원칙이 금융그룹의 본사 이사회가 그룹 위험과 관련된 업무를 전반적으로 책임질 것을 요구하는 취지[10] 등을 반영하여 대표금융회사 이사회의 심의·의결이란 소속금융회사간의 협의가 된 사항에 대한 절차적인 정당성을 부여하는 것이다.

Ⅱ. 금융복합기업집단 위험관리기구의 구성·운영

1. 금융복합기업집단 위험관리협의회 설치 및 운영

금융복합기업집단의 감독에 관한 법률

제12조(금융복합기업집단 위험관리체계) ② 금융복합기업집단은 제1항에 따른 **대표금융회사 이사회의 위험관리에 관한 업무를 보좌**하기 위하여 **금융복합기업집단 위험관리기구**를 둘 수 있다.

③ 제2항의 금융복합기업집단 위험관리기구는 소속금융회사들이 참여하는 **협의회로 구성**한다. … (생략) …

④ 제2항 및 제3항에 따른 금융복합기업집단 위험관리기구의 구성·운영 등에 관한 세부 사항은 금융위원회가 정하여 고시한다.

금융복합기업집단 감독규정

제11조(금융복합기업집단 위험관리기구의 구성·운영) ② 법 제12조제3항 본문에 따른 금융복합기업집단 위험관리기구(이하 "금융복합기업집단 위험관리협의회"라 한다)는 **법 제5조제1항제1호에 따라 영위하는 업을 대표하는 소속금융회사가 각각 하나 이상 포함되도록** 하여야 한다.

③ 금융복합기업집단 위험관리협의회는 소속금융회사의 위험관리책임자 또는 「금융회사

10) Joint Forum 감독원칙 제21조(e).

의 지배구조에 관한 법률」 제28조제3항에 따른 **위험관리책임자의 자격요건을 갖춘 자**(이하 "위험관리책임자 등"이라 한다)가 참여하여야 하며, 금융복합기업집단 위험관리협의회의 의장은 대표금융회사의 위험관리책임자 등으로 한다.

④ 대표금융회사는 금융복합기업집단 위험관리협의회에서 협의한 사항을 지체 없이 소속금융회사(제10조제2항제1호에 따라 금융복합기업집단 위험관리기준이 적용되는 소속금융회사를 말한다)에 전달하여야 한다.

금융복합기업집단의 위험관리에 관한 중요한 사항 역시 대표금융회사 이사회의 심의·의결을 거쳐야 한다. 따라서 이러한 금융복합기업집단의 위험관리와 관련한 업무를 위한 소속금융회사간 협의가 잘 진행됨으로써 대표금융회사의 이사회의 업무를 보좌할 수 있도록 하기 위해 금융복합기업집단 위험관리기구를 둘 수 있다(법 제12조제2항).

금융복합기업집단 위험관리기구는 소속금융회사들로 구성된 협의회(이하 "금융복합기업집단 위험관리협의회"라 한다)로 구성한다(법 제12조제3항). 이러한 금융복합기업집단 위험관리협의회는 내부통제협의회와는 별도로 구성된다. 따라서 구성하는 소속금융회사 및 구성원도 다를 수 있다. 금융복합기업집단 위험관리협의회 역시 주요 소속금융회사로 그 구성을 하되, 여수신업·금융투자업·보험업 중 영위하는 업을 대표하는 소속금융회사가 각각 하나 이상 포함되도록 하여야 한다(감독규정 제11조제2항). 그리고 금융복합기업집단 위험관리협의회는 소속금융회사의 위험관리책임자(CRO; Chief Risk Officer) 또는 「금융회사의 지배구조에 관한 법률」 제28조제3항에 따른 위험관리책임자의 자격요건[11]을 갖춘 자(이하 "위험관리책임자 등"이라 한다)가 참여하여야 하며, 그 의

11) **금융회사의 지배구조에 관한 법률**
제28조(위험관리책임자의 임면 등) ③ 위험관리책임자는 위험관리에 대한 전문적인 지식과 실무경험을 갖춘 사람으로서 다음 각 호의 요건을 모두 충족한 사람이어야 한다.
1. 최근 5년간 이 법 또는 금융관계법령을 위반하여 금융위원회 또는 금융감독원장, 그 밖에 대통령령으로 정하는 기관으로부터 제35조제1항 각 호 및 제2항 각 호에 규정된 조치 중 문책경고 또는 감봉요구 이상에 해당하는 조치를 받은 사실이 없을 것
2. 다음 각 목의 어느 하나에 해당하는 사람일 것. 다만, 다음 각 목의 어느 하나에 해당하는 사람으로서 다목에서 규정한 기관에서 퇴임하거나 퇴직한 후 5년이 지나지 아니한 사람은 제외한다.

장은 대표금융회사의 위험관리책임자 등으로 한다(감독규정 제11조제3항).

2. 금융복합기업집단 위험관리협의회를 설치하지 않아도 되는 경우

금융복합기업집단의 감독에 관한 법률
제12조(금융복합기업집단 위험관리체계) ③ … (생략) … 다만, **소속금융회사의 사업비중이 크지 아니한 경우 등 협의회의 설치가 적절하지 아니한 경우** 대표금융회사는 다음 각 호의 어느 하나에 해당하는 기구 또는 사람을 금융복합기업집단 위험관리기구로 지정할 수 있다.

1. **대표금융회사의**「금융회사의 지배구조에 관한 법률」제16조제1항제3호에 따른 **위험관리위원회**
2. 대표금융회사의「금융회사의 지배구조에 관한 법률」제28조제1항에 따른 **위험관리책임자**

앞에서 살펴본 금융복합기업집단 내부통제협의회와 마찬가지로 대표금융회사에 비하여 다른 소속금융회사 사업비중이 크지 않은 경우 등 별도로 금융복합기업집단 위험관리협의회를 둘 필요성이 적은 경우 대표금융회사 위험관리위원회 또는 위험관리책임자로 대체하여 지정이 가능하다(법 제12조제3항). 여기서 "소속금융회사의 사업비중이 크지 아니한 경우 등 협의회의 설치가 적절하지 아니한 경우"란 대표금융회사를 제외한 나머지 소속금융회사의 자산총액의 합계액이 모든 소속금융회사의 자산총액 합계액의 100분의 10 이하인 경우를 말한다. 그러나 이러한 예외에도 불구하고 해당 금융복합기업집단에 협의회가 필요하다고 판단되거나 위험관리에 도움이 된다고 인정하는 경우 이를 집단 차원에서 자율적으로 결정하여 설치·운영할 수 있다.

가.「금융위원회의 설치 등에 관한 법률」제38조에 따른 검사 대상 기관(이에 상당하는 외국금융회사를 포함한다)에서 10년 이상 근무한 사람
나. 금융 관련 분야의 석사학위 이상의 학위소지자로서 연구기관 또는 대학에서 위험관리와 관련하여 연구원 또는 조교수 이상의 직에 5년 이상 종사한 사람
다. 금융감독원, 한국은행, 예금보험공사, 그 밖에 금융위원회가 정하는 금융 관련 기관에서 위험관리 관련 업무에 7년 이상 종사한 사람
라. 그 밖에 가목부터 다목까지의 규정에 준하는 자격이 있다고 인정되는 사람으로서 대통령령으로 정하는 사람

제 5 절 실무상 시사점

본 법을 통해 금융복합기업집단 차원의 위험을 상시적으로 감시·관리하고, 이에 대한 주요 정보를 소속금융회사간 공유한다는 점에서 상당한 의미가 있다. 사실 그간 같은 기업집단 내에서도 주요 위험을 총수와 그 측근만이 공유하고, 실무자 차원에서는 위험이 공유되지 않는 경우가 많았다. 같은 계열 금융회사끼리도 서로 위험에 관한 정보는 공유하지 않는 경우가 많았다. 예컨대, 동양그룹의 부도시에도 부도의 목전에 이르기까지 총수와 그 측근끼리 그 위험을 대비했을 뿐 실무적인 위험관리부서에서 제대로 된 대응이 없었다. 그러나 본 법을 통해 금융복합기업집단 차원의 위험을 소속금융회사의 위험관리부서간 공유하고, 전달함으로 인하여 관련 실무자 차원에서 사전에 대응이 원활하게 이루어질 수 있도록 체계를 갖추게 된다는 점에서 그 의미가 크다. 위험에 관한 정보가 민감한 사항이므로 이를 숨기기 급급할 수 있는데 이를 소속금융회사간 공유할 수 있다는 것은 위험이 잠재적으로 커 나가는 것을 방지하는데 첫 단추가 될 수 있는 것이다. 따라서 본 법의 취지를 살려 위험을 상시적으로 감시·관리하기 위해서는 소속금융회사의 위험관리부서 실무자까지도 주요 위험에 대한 상세한 내용을 서로 공유하고, 이에 대한 대비를 철저히 할 수 있어야 할 것이다.

다음으로 집단 차원의 위험관리를 위해서는 각 소속금융회사의 적절한 위험한도의 배분이 필요할 것이다. 금융지주회사의 경우 지주회사가 각 자회사의 연간 위험부담한도를 결정하여 배분해주는데, 금융복합기업집단의 경우는 금융지주회사와 같이 지분에 근거한 지배력을 갖추지 못한 경우가 대부분이므로 이렇게 특정 소속금융회사가 위험부담한도를 결정하여 주는 역할을 수행하는 것이 적절하지 않다. 따라서 소속금융회사간 협의를 통해 적절한 위험한도를 배분할 필요가 있다. 특히 금융복합기업집단의 자본적정성 비율이 좋지 않은 경우는 위험한도를 적게 배분하여 그 비율을 보다 높일 필요가 있을 것이다. 그러나 각 소속금융회사의 위험부담한도는 곧 영업실적과 직결되므로 이를 보다 크게 가져가려는 경향이 있을 수 있다. 따라서 이러한 위험부담한도를 원활히 결정하기 위해서는 이를 결정하는 기준을 합리적이고 명확하게 설정할 필요가 있을 것이다.

또한 비상계획을 통해 위험발생시 질서정연하고, 체계적인 대응이 가능하도록 해야 할 것이다. 실제 위험이 현실화되고, 위기가 발생하여 이를 직면하였을 때에는 당황하여 적절한 의사결정을 하지 못할 가능성이 있다. 특히 이러한 위기가 집단 전체의 수준일 경우는 더더욱 그러할 것이다. 따라서 평상시 발생 가능한 위험을 다양하게 예측하고 가정해서 이러한 위험이 현실화되었을 때에 대한 대비를 철저하게 하여야 할 것이다.

제 8 장 금융복합기업집단의 건전성 관리

제 1 절 입법의 취지: 금융그룹 차원의 건전성 관리 필요성

금융그룹 차원의 내부통제를 충실히 하고, 그룹위험을 제대로 관리한다면 해당 금융그룹은 건전성을 잘 유지할 수 있을 것이다. 금융그룹의 내부통제·위험관리가 건전한 경영을 유지하기 위한 과정과 노력이라고 한다면 건전성이란 이러한 과정과 노력들이 얼마나 충실히, 효과적으로 이루어졌는지를 나타내는 결과적 지표라 할 수 있다.[1)] 예를 들면, 내부통제·위험관리는 지적 수준의 향상 및 유지를 위해 학교에서 공부를 하는 것과 같다면, 건전성 관리란 이러한 지식 수준의 향상을 측정하기 위한 시험성적과 같다고 할 수 있다. 시험을 통해 현재의 위치를 파악하고 부족한 부분을 발견해 다시 공부하고 보충할 수 있는 것과 같이 건전성 유지를 위해 내부통제·위험관리의 부족한 부분을 더 충실히 함으로써 건전성을 향상시킬 수 있는 선순환의 관계에 있다고 할 수 있다. 자본적정성 등 금융그룹의 건전성을 제대로 살펴본다면 현재 금

1) Joint Forum 감독원칙 역시 건전성(Prudential)과 위험관리(Risk Management)를 별도로 구별하여 규정하고 있다. 건전성 관리는 손실흡수능력(자본적정성)에 영향을 미치는 요인 및 그 관리에 대한 내용을 중심으로, 위험관리는 위험을 일으킬 수 있는 요인(신용, 운영, 전략, 평판위험 등 일상적인 거래에서도 상시적으로 포함하고 있는 위험을 포함)을 중심으로 규정하고 있다.

융그룹이 어느 정도의 건전한 경영을 유지하고, 어떠한 문제점이 있는지를 알 수 있고, 그 과정에서 어느 부분이 부족하고 보충해야 할지 또한 알 수 있다. 즉, 내부통제·위험관리를 통해 금융그룹의 건전성을 유지·향상시킬 수 있고, 이러한 건전성 측정을 통해 내부통제·위험관리에 있어 부족한 부분들을 점검·확인해 나가고, 이를 보충할 수 있는 것이다. 따라서 금융그룹의 건전성을 관리하고 유지하는 것은 금융그룹 감독의 본질적인 목적이라고 할 수 있다.

다만, 금융그룹의 위험이란 잠재적 요인이고 위험관리는 이를 인식하고 이러한 위험으로부터의 영향을 예측하여 감소시키려는 노력인데 반하여, 건전성이란 현재 금융그룹이 얼마나 건전한 재무상태를 갖추고 있는지를 보여주는 것이다. 그러므로 위험이 현실화되어 건전성에 영향을 미치기까지는 어느 정도의 시간적 간격이 있을 수 있다. 반대로 이러한 위험을 제대로 인식하고, 그것을 관리하기 위하여 노력이 실제 위험을 감소시키고 건전성에 반영될 때까지의 시간적 간격이 있을 수 있다. 따라서 건전성을 측정하는 지표인 자본적정성에 금융그룹의 현재 위험 및 그 위험을 감소시키려는 노력의 정도가 반영이 될 수 있어야 금융그룹의 위험의 정도와 건전성에 대한 지표간 시간적 간격에 따른 오차를 줄일 수 있을 것이다. 이러한 건전성의 지표가 적절히 측정되어야 이를 분석함으로써 보다 적절한 내부통제·위험관리를 가능하게 할 수 있다.

제 2 절 금융복합기업집단의 자본적정성 관리

Ⅰ. 자본적정성 관리 필요성

금융복합기업집단의 건전한 경영을 담보하기 위하여는 위기시 완충 역할을 해줄 수 있는 금융복합기업집단 수준의 자본적정성 확보 의무를 부여할 필요가 있다. 즉, 예기치 못한 내·외부적인 충격에 대한 완충장치로서 금융복합기업집단의 재무건전성 유지를 위한 자본적정성을 확보할 필요가 있는 것이다.

Joint Forum 감독원칙도 자본의 중복이용, 내부거래·위험집중, 전이위험 등을 고려한 금융그룹의 자본적정성 관리 및 평가를 자세하게 규정하고 있다.

〈표 8-1〉 Joint Forum 감독원칙의 자본적정성 관리에 관한 규정

[§7(b)] 감독자는 자본중복계상·전이위험·집중위험·이해상충·내부거래 등 금융그룹의 위험을 적절히 진단할 수 있도록 건전성 기준을 설정해야 한다.[2]
[§7.2] 감독자는 효율적으로 금융그룹을 감독하기 위하여 금융그룹을 적절히 평가할 수 있는 튼튼한 최소 건전성 기준체계를 마련하여야 한다.[3]
[§15(iii)] 감독자는 금융그룹이 자본적정성 평가시 그룹 차원의 위험 요소를 고려·평가하도록 요구해야 한다.[4]
[§16(a)] 감독자는 그룹 내 모든 규제·비규제기업을 대상으로 그룹 자본적정성을 평가하도록 요구해야 한다. 비규제기업도 대안지표(capital proxy) 또는 공제 방식으로 그룹 자본적정성 평가에 포함되어야 한다.[5]
[§16(b)] 감독자는 필요자본 기준 계산시 특정 기업의 중요 위험 및 투자를 포함하여 권역별 필요자본 기준을 감안한 추가자본 요구기준을 마련해야 한다.[6]

2) Joint Forum 감독원칙, 15면.
[§7(b)] Supervisors should ensure that prudential standards adequately address risks that are heightened for financial conglomerates, including double gearing, contagion risk, concentration risk, conflicts of interest and intra-group exposures.

3) Joint Forum 감독원칙, 15면.
[§7.2] Effective supervision of financial conglomerates also requires a strong framework of minimum prudential standards against which supervisors are able to appropriately assess the financial conglomerates.

4) Joint Forum 감독원칙, 25면.
[§15(iii)] considers and assesses the group-wide risk profile when undertaking capital management.

5) Joint Forum 감독원칙, 27면.
[§16(a)] Supervisors should require that all entities, whether regulated or unregulated, are included in the capital assessment of the group. Unregulated entities should be brought into the group-wide assessment via capital proxy or through deduction.

6) Joint Forum 감독원칙, 27면.
[§16(b)] Supervisors should, where appropriate and taking into account sectoral requirements,

Ⅱ. 주요내용

금융복합기업집단의 감독에 관한 법률
제13조(금융복합기업집단 건전경영의 확보) 금융복합기업집단은 **금융복합기업집단 수준의 자기자본을 충실히 하고 적정한 유동성을 유지하며 관련 위험을 적절히 관리하는 등** 금융복합기업집단 수준의 경영 건전성을 확보하여야 한다.

제14조(금융복합기업집단의 자본적정성 관리) ① 금융복합기업집단은 **금융복합기업집단의 재무건전성을 확보할 수 있는 수준의 자기자본을 갖추어야** 한다.
② 금융복합기업집단은 금융복합기업집단 수준의 추가적인 위험을 발생시킬 수 있는 다음 각 호의 사항을 고려하여 금융복합기업집단 수준의 자본적정성을 정기적으로 점검·평가하여야 한다.
1. 소속금융회사 간 자본의 중복이용
2. 내부거래 또는 위험집중에 따른 손실 가능성
3. 금융복합기업집단 내부통제체계 또는 금융복합기업집단 위험관리체계의 취약성에 따른 위험의 전이 가능성
4. 소속비금융회사와의 이해상충 및 소속비금융회사의 재무·경영 위험 등으로 인한 금융복합기업집단의 부실 가능성
5. 그 밖에 통상적인 금융거래 외의 요인으로 인한 위험 발생 가능성

③ 제2항에 따른 금융복합기업집단 수준의 추가적인 위험을 고려한 자본적정성의 점검·평가에 대한 구체적인 기준은 대통령령으로 정한다. 이 경우 추가적인 위험을 고려하는 사항이 서로 중복되지 아니하도록 하고, 제2항제3호에 따른 금융복합기업집단 내부통제체계와 금융복합기업집단 위험관리체계에 대한 평가 결과가 금융복합기업집단 위험의 감경요인이 되지 아니하도록 하여야 한다.
④ 금융위원회는 제1항 및 제2항에 따른 금융복합기업집단의 자본적정성을 정기적으로 평가·감독하여야 한다.

금융복합기업집단은 금융복합기업집단 수준에서 자기자본의 충실성 및 적정한 유동성 확보, 관련 위험의 적절한 관리 등 금융복합기업집단 수준의 경영 건전성을 확보하여야 한다(법 제13조). 이러한 경영 건전성 확보를 위해

---

impose specific additional capital requirements, including for material risk exposures and investments in particular entities, when calculating capital requirements.

서는 재무건전성을 확보할 수 있는 수준의 자기자본을 갖추어야 한다(법 제14조제1항). 그리고 금융복합기업집단은 소속금융회사간 자본의 중복이용, 내부거래 또는 위험집중에 따른 손실 가능성, 내부통제·위험관리체계의 취약성에 따른 위험전이 가능성, 소속비금융회사의 위험으로 인한 동반부실위험 가능성, 그 밖에 통상적인 금융거래 외의 요인으로 인한 위험발생 가능성 등 금융복합기업집단 수준의 추가적인 위험을 발생시킬 수 있는 사항들을 고려하여 금융복합기업집단의 자본적정성을 정기적으로 점검·평가하여야 한다(법 제14조제2항). 이 경우 금융복합기업집단 수준의 추가적인 위험의 가산 등 금융복합기업집단의 자본적정성 비율을 산정하는 구체적인 기준과 방법 등은 기술적·전문적인 사항이므로 시행령 및 하위규정에 위임하고 있다(법 제14조제3항). 이에 대하여는 아래에서 자세히 살펴보도록 하겠다. 이러한 추가적인 위험을 고려하는 경우 위험을 고려하는 사항이 서로 중복되지 아니하도록 하여야 한다. 본 내용은 국회 정무위원회 검토보고서에서 권고한 사항이 법안에 반영된 것이다.[7] 그러나 사실 평가항목 구성시 위험을 고려하는 사항이 서로 중복되지 않도록 하는 것은 기본적으로 평가의 합리성을 확보하기 위해서 당연히 필요한 사항이다. 그럼에도 불구하고 단서의 내용이 들어간 것은 사족에 불과하다고 볼 수 있다.

또한 자본적정성 평가시 내부통제체계 및 위험관리체계에 대한 평가 결과가 위험의 감경요인이 되지 않도록 하고 있다. 이는 내부통제체계나 위험관리체계에 대한 평가를 통해 이것이 잘 갖추어졌다고 하여 금융복합기업집단 차원의 위험을 과소하게 평가하여 추가 적립해야 하는 필요자본을 당국이 인위적으로 낮출 우려가 있다는 의견이 반영된 것이다.[8] 그러나 내부통제체계 및 위험관리체계는 금융복합기업집단 차원의 위험의 평가에 있어 상당히 중요한 요인이라고 할 수 있다. 내부통제체계·위험관리체계를 잘 갖출 경우 집단 차원의 위험 전이 등에 대한 완충 작용을 충실히 할 수 있다. 반면 이를 관

7) 국회 정무위원회, 앞의 법률안 검토보고서(2020. 11), 35면.
8) 경제개혁연대, 「금융그룹감독법 제정안 입법예고에 대한 의견제출」, 보도자료(2020. 7. 16), 1면; 이후 정의당 배진교 의원을 통해 국회 법사위 소위원회 논의 과정에서 해당 의견이 제기되고, 최종 법안에 반영되었다.

점을 바꾸어 보면 내부통제체계·위험관리체계를 잘 갖추지 못한 경우는 집단위험을 높이게 되는 요인이 될 수 있다. 본 규정으로 인하여 내부통제체계 및 위험관리체계가 잘 안 갖추어진 경우 이를 추가적인 위험의 평가시 위험이 가산되는 것으로 보는 것으로 평가를 할 수밖에 없다. 그러나 이는 큰 의미는 없다. 내부통제체계·위험관리체계를 잘 갖추지 못하였으면 위험을 추가로 가산한다는 것이나 내부통제체계·위험관리체계를 잘 갖추었으면 위험을 감경한다는 것이나 결과적으로는 같은 의미이기 때문이다. 이 또한 불필요한 규정이라고 생각한다.

법 제14조제2항에 따라 금융복합기업집단은 스스로 해당 집단의 자본적정성을 정기적으로 점검·평가하여야 하고, 제4항에 따라 금융위원회가 다시 이러한 금융복합기업집단에 대한 자본적정성을 정기적으로 평가·감독하도록 하고 있다. 즉, 금융복합기업집단이 당국에 의해 수동적으로만 평가를 받도록 한 것이 아니라 스스로 먼저 자본적정성을 점검·평가하도록 의무를 부여한 것이다.

Ⅲ. 자본적정성 평가의 세부내용

1. 평가의 개요

금융복합기업집단 전체의 통합자기자본이 통합필요자본 이상이 되도록 유지하여야 한다. 즉, 자본의 중복이용을 고려한 실제 손실흡수능력(통합자기자본)이 집단 수준의 추가적인 위험을 가산한 최소 자본기준(통합필요자본) 이상 유지되도록 한 것이다. 감독당국이 매년 금융복합기업집단 차원의 추가적인 위험을 평가하고, 그 평가결과에 따라 산정된 위험가산자본이 통합필요자본에 가산되도록 하였다.[9] 자기자본합계액 및 중복자본의 구체적 산정방법은 [2. 통합자기자본 산정] 부분에서, 최소요구자본합계액 및 추가적인 위험의 평가 방법, 그에 따른 가산비율 등에 대하여는 [3. 통합필요자본 산정] 부분에서

9) 금융위원회, 「금융복합기업집단의 건전한 경영을 위한 「금융복합기업집단의 감독에 관한 법률」이 시행됩니다」, 보도자료(2021. 6. 21), 3면.

보다 자세히 살펴보도록 하겠다. 통합자기자본, 통합필요자본 등의 개념은 <표 8-2>와 같다.

〈표 8-2〉 금융복합기업집단 자본적정성 평가방안[10)]

$$\text{자본적정성 지표} = \frac{\text{통합자기자본 (① 자기자본합계액 - ② 중복자본)}}{\text{통합필요자본 (③ 최소요구자본합계액 + ④ 위험가산자본)}} \geq 100\%$$

구분	내용
① 자기자본합계액	소속금융회사에 대하여 금융관계법령에 따라 자기자본으로 인정된 금액을 합산한 금액
② 중복자본	소속금융회사간 출자금액 등 자본으로서 활용가능성이 제약되는 가공의 자본
③ 최소요구자본 합계액	금융관계법령에서 정한 자본적정성 기준을 충족하기 위해 소속금융회사가 최소한으로 보유하여야 하는 자기자본 등을 합산한 금액[11)]
④ 위험가산자본	금융복합기업집단 수준의 추가적인 위험에 대한 평가에 따라 금융복합기업집단이 추가적으로 보유하여야하는 요구자본

2. 통합자기자본의 산정

(1) 자기자본합계액의 산정

소속금융회사의 자기자본은 해당 금융관계법령에서 정한 자본적정성 기준에 따라 산출한 자기자본으로 한다. 즉, 은행의 경우 BIS비율, 보험의 경우 RBC, 증권사의 경우 新NCR 등 각각 해당 업권법에서 정하는 자본적정성 기준에서 인정하고 있는 자기자본을 말한다. 다만, 대부업이나 보험중개업 등의 금융업 밀접업종과 같이 금융관계법령에 별도의 자본적정성 기준이 없는 소속금융회사 경우 그 자기자본은 다음 산식에 따라 산정한다.

10) 금융위원회, 앞의 보도자료(2021. 6. 21), 3면.
11) 중복자본에 대하여 최소한으로 보유하여야 할 자기자본은 제외한다.

자기자본=재무상태표상의 자기자본(재무상태표상의 자산총액에서 부채총액을 차감)
　　　　　　- 무형자산 - 이연법인세자산

다만, 해외 현지법인인 소속금융회사는 소재지국의 감독당국이 별도의 자본적정성 기준을 정하고 있는 경우에는 그 기준에 따라 자기자본으로 인정되는 금액으로 하며, 소재지국의 감독당국이 별도의 자본적정성 기준을 정하고 있지 않은 경우에는 당해 회사의 사업내용과 유사한 국내 금융회사에 적용되는 자본적정성 기준을 준용할 수 있다.

소속금융회사가 다른 소속금융회사의 종속회사이고, 지배회사인 다른 소속금융회사의 자본적정성 규제가 연결재무제표를 기준으로 되어 있는 경우로서 가목에 따라 산출된 지배회사의 자기자본에 종속회사의 자기자본이 이미 반영되어 있는 경우에는 종속회사에 대한 자기자본을 별도로 산정하지 않는다.

투자매매·중개업자의 경우 자기자본은 「금융투자업규정」 제3-11조제1항에 따라 산출한 영업용순자본을 의미한다. 그리고 보험회사의 경우 자기자본은 보험업법령 및 관련 규정에 따른 연결대상회사를 기준으로 해당 자본적정성 기준 등에 따라 산출한 자기자본으로, 구체적인 산출 방법은 금융감독원장이 정한다.[12)]

(2) 중복자본의 산정

통합자기자본의 산정에 있어 중복자본을 산정하는 것은 매우 중요하다. 각 업권별 자본적정성 기준에 있어서는 각각의 금융회사에서 적격자본으로 인정받지만, 금융복합기업집단 차원에서 볼 때는 해당 자본은 사실상 하나에서 이중으로 파생된 가공의 자본과 같기 때문이다.

중복자본으로 인정되는 금액은 다음과 같다.

먼저 자기자본으로 인정되는 금액 중 소속금융회사간에 보유한 보통주 주식의 경우 중복자본으로 인정한다.[13)] 즉, 소속금융회사 A가 소속금융회사 B

12) 금융복합기업집단 감독규정 제12조제3항, [별표3] 자본적정성 비율 산정기준 1. 참조.
13) 금융복합기업집단 감독규정 제12조제3항, [별표3] 자본적정성 비율 산정기준 2. 가. 참조.

의 주식에 출자한 경우 해당 출자액에 해당하는 금액은 중복자본에 해당한다. 이 경우 A금융회사는 B금융회사의 주식을 자본으로 인정받고, B금융회사는 A사로부터 출자받은 자본금을 자본으로 인정받으므로 이중으로 자본이 계상되는 효과가 있기 때문이다.

그리고 그 외 해당 금융관계법령에서 정한 자본적정성 기준에 따라 자기자본으로 인정되는 항목에 대하여 소속금융회사간 거래한 금액은 중복자본으로 산정한다.[14] 예컨대, 소속금융회사 C와 소속금융회사 D가 상품에 대하여 내부거래를 한 경우 C사는 물건을, D사는 물건 대금을 받는다고 하자. 이 경우 현찰거래를 하여 거래가 종료된 경우는 문제가 되지 않는다. 그러나 C사가 먼저 물건을 받고 대금은 추후에 지급하기로 한 경우, C사는 해당 물건이 자본에 계상된다. 또한 D사도 해당 거래대금이 채권으로서 자본에 계상된다. 이렇게 자본이 이중으로 계상되게 되므로 해당 자본은 중복자본으로 차감할 필요가 있다. 이러한 중복자본을 산정하는 것은 그 의미가 크다. 재무제표 작성 시기에 맞추어 내부거래를 통해 양 금융회사가 자본을 증액할 여지가 있는데 금융복합기업집단은 자본적정성 평가시 이러한 자본이 중복자본으로 차감되기 때문에 실질적인 손실흡수능력이 있는 자본을 정확히 파악할 수 있는 것이다.

또한 소속금융회사가 다른 회사 등을 경유하여 동일 또는 다른 소속금융회사에 순환 또는 우회하여 출자한 경우 해당 출자 금액도 중복자본에 해당한다.[15] 그리고 해당 금융복합기업집단 외의 회사와 자본증권 등을 상호 보유하는 경우로서 상호간에 체결된 약정 등 그 밖의 사유로 인하여 손실 보전을 위한 실질적인 자본으로서의 활용 가능성이 제약되는 경우 해당 보유액도 중복자본에 해당한다.[16] 다만, 이 경우 손실 보전을 위한 자본으로서의 활용 가능성이 제약되지 않는다는 점을 금융감독원장에게 증명한 경우에는 차감하지 않는다. 예컨대 E 금융복합기업집단의 E 증권사가 해당 집단 외의 다른 회사와 지분 교환하면서 상대방의 동의가 없는 한 처분을 금지하는 약정을 하였다면 해당 지분은 쉽게 자본으로서 환가하기 어려운 자본이라고 볼 수 있다. 따

14) 금융복합기업집단 감독규정 제12조제3항, [별표3] 자본적정성 비율 산정기준 2. 가. 참조.
15) 금융복합기업집단 감독규정 제12조제3항, [별표3] 자본적정성 비율 산정기준 2. 나. 참조.
16) 금융복합기업집단 감독규정 제12조제3항, [별표3] 자본적정성 비율 산정기준 2. 다. 참조.

라서 이러한 경우 중복자본으로서 차감할 필요가 있다.

다만, 연결재무제표를 기준으로 산출한 자본적정성 계산시 다른 소속금융회사에 대한 출자액 등의 중복자본이 이미 제거된 경우에는 이를 다시 중복자본으로 인정하여 이중으로 차감하지 않는다.[17]

3. 통합필요자본의 산정

(1) 최소요구자본합계액의 산정

소속금융회사의 최소요구자본은 해당 금융관계법령에서 정한 자본적정성 기준을 충족하기 위하여 최소한 보유하여야 할 자기자본과 해당 금융관계법령에 따른 경영개선권고를 적용받지 않기 위해 보유하여야 할 자기자본 중 큰 금액으로 한다.[18] 예컨대, 은행의 경우 경영개선권고를 받지않기 위한 BIS 비율은 8%이다. 그러나 자본적정성 평가시 은행에 따라 경기대응완충자본 0~2.5%, 자본보전완충자본 2.5%, 시스템적으로 중요한 은행(D-SIB) 1% 등을 가산하게 된다. 예컨대, A은행이 자본적정성 평가시 자본보전완충자본 2.5%와 D-SIB으로 1%를 가산한다면 해당 기준은 11.5%일 것이다. 이 경우 최소요구자본이란 BIS 비율 11.5%를 충족시키기 위해 최소한 보유하여야 하는 자기자본을 말한다.

금융관계법령에서 별도의 자본적정성 기준이 없는 소속금융회사의 최소요구자본은 다음 산식에 따라 산정한다.

> 최소요구자본=[재무상태표상의 자산(부외자산을 포함하며, 자기자본에서 전액 공제되는 항목은 제외한다)]×8%

다만, 해외 현지법인인 소속금융회사는 소재지국의 감독당국이 별도의 자본적정성 기준을 정하고 있는 경우에는 동 기준을 충족하기 위하여 최소한 보유하여야 할 자기자본으로 하며, 소재지국의 감독당국이 별도의 자본적정성

---

17) 금융복합기업집단 감독규정 제12조제3항, [별표3] 자본적정성 비율 산정기준 2. 라. 참조.
18) 금융복합기업집단 감독규정 제12조제3항, [별표3] 자본적정성 비율 산정기준 3. 가. 참조.

기준을 정하고 있지 않은 경우에는 당해 회사의 사업내용과 유사한 국내 금융회사에 적용되는 자본적정성 기준을 준용할 수 있다.[19] 예컨대, 현대캐피탈 미국법인의 경우 미국에 여전업에 대한 별도의 자본적정성 규제를 하고 있지 않으므로 해당 소재지국에 별도로 정하고 있는 자본적정성 기준이 없다. 따라서 재무상태표의 자산의 8%에 해당하는 금액이 최소요구자본에 해당한다. 그러나 여전업에 대한 국내 기준을 적용받는 경우 여전업에 대하여는 조정총자산(총자산－현금 등 공제항목)의 7%에 해당하는 금액이 최소요구자본에 해당한다. 이러한 경우 현대캐피탈의 한국법인과 미국법인은 같은 형태의 영업을 하고 있음에도 불구하고, 해외에 있으면서 해당국가에 자본적정성 규제가 별도로 없다는 이유로 오히려 더 과중하게 최소요구자본을 요구받게 되는 것이다. 그러므로 해당 업종에 대한 국내의 규제가 있는 경우 국내의 기준에 따라 적용할 수 있도록 할 필요가 있는 것이다.

소속금융회사가 다른 소속금융회사의 종속회사이고, 지배회사인 다른 소속금융회사의 자본적정성 규제가 연결재무제표를 기준으로 되어 있는 경우로서 가목에 따라 산출된 지배회사의 최소요구자본에 종속 금융회사의 최소요구자본이 이미 반영되어 있는 경우에는 종속회사에 대한 최소요구자본을 별도로 산정하지 않는다.[20]

투자매매·중개업자의 경우 최소요구자본은 「금융투자업규정」 제3－11조제2항에 따라 산출한 총위험액에 같은 규정 제3－6조제2호에 따른 필요유지자기자본을 합산하여 계산한다. 그리고 보험회사의 경우 최소요구자본은 보험업법령 및 관련 규정에 따른 연결대상 회사를 기준으로 해당 자본적정성 기준 등에 따라 산출한 최소요구자본으로, 구체적인 산출 방법은 금융감독원장이 정한다.[21]

각 금융업권의 관계법령에 따른 최소요구자본의 구체적인 기준은 <표 8－3>과 같다.

---

19) 금융복합기업집단 감독규정 제12조제3항, [별표3] 자본적정성 비율 산정기준 3. 나. 참조.
20) 금융복합기업집단 감독규정 제12조제3항, [별표3] 자본적정성 비율 산정기준 3. 다. 참조.
21) 금융복합기업집단 감독규정 제12조제3항, [별표3] 자본적정성 비율 산정기준 3. 라. 참조.

〈표 8-3〉 각 업권별 최소요구자본 산출 방안

업 권		자본적정성 기준	최소요구자본 산출기준	
① 은행업	은행 [BIS비율]	$\frac{\text{자기자본}}{\text{위험가중자산}} \geq 8\%+\alpha$	소요자기자본	= (신용+시장+운영)위험가중자산×[8% + α*] * 경기대응완충자본 0~2.5%(현재0%) 자본보전완완충자본 2.5% 시스템적중요은행(D-SIB) 추가자본 1%
	저축은행 [BIS비율]	$\frac{\text{자기자본}}{\text{위험가중자산}} \geq 7\sim8\%$	소요자기자본	= (신용+시장+운영)위험가중자산×7~8%* * 자산 1조원 이상 저축은행 8%/자산 1조원 미만 7%
② 보험업 [RBC]		$\frac{\text{가용자본}}{\text{요구자본}} \geq 100\%$	요구자본	= (보험+금리+신용+시장+운영) 위험액
③ 금투업	1종(증권업) [新NCR]	$\frac{\text{영업용순자본 - 총위험액}}{\text{필요유지자기자본}} \geq 100\%$	총위험액 + 필요유지자기자본	= (신용+시장+운영)위험액+필요유지 자기자본* * 인가업무 단위별 법정 필요자기자본의 70%
	2종(집합투자) [최소영업자본비율]	$\frac{\text{자기자본}}{\text{최소영업자본액}} \geq 100\%$	최소영업자본액	= 필요유지자기자본+고객자산운용필요자본*+고유자산운용필요자본** * 고객자산 유형에 따라 0.02~0.03% 적립 ** 고위험자산 투자금액의 5~10% 적립
	3종(신탁업) [舊NCR]	$\frac{\text{영업용순자본}}{\text{총위험액}} \geq 150\%$	총위험액 × 1.5	= (신용+시장+운영)위험액×150%
④ 여신전문금융업 [조정자기자본비율]		$\frac{\text{조정자기자본}}{\text{조정총자산}} \geq 7\sim8\%$	조정자기자본	= 조정총자산(총자산-현금 등 공제항목)×7~8%* * 캐피탈업권 7%, 카드업권 8%
⑤ 비규제업권 [대안지표]		-	대안지표	= 대차대조표상(B/S) 총자산 × 8%

[쟁점] 금융복합기업집단 자본적정성의 필요자본 산정시 증권사의 경우 다른 금융업종과 마찬가지로 新NCR의 분모인 필요유지자기자본을 최소요구자본으로 보아야 하는 것 아닌지?

- **금융복합기업집단**의 위험관리를 목적으로 하는 **자본적정성 지표**는 **여러 업권에 공통적으로 적용할 수 있는 기준**이 적합
  - 증권업의 경우 **新NCR 취지를 고려하여 이를 100% 이상으로 유지하는데 필요한 최소한의 자기자본**을 금융그룹 자본적정성 지표의 필요자본 기준으로 선정함

<증권사의 자본적정성 지표 산정>

舊NCR	新NCR	금융그룹감독
영업용순자본 / 총위험액	(영업용순자본−총위험액) / 업무단위별 필요유지 자기자본*	영업용순자본 / (총위험액+업무단위별 필요유지 자기자본)

*업무단위별 필요유지 자기자본: 인가업무 단위별 법정 필요자기자본의 70%

예) **총위험액 100, 업무단위별 필요유지 자기자본 10인** 증권사가 新NCR이 100% 이상 되기 위해서는 **영업용순자본이 110(총위험액 + 업무단위별 필요유지 자기자본)** 이상 필요

$$\frac{110(\text{영업용순자본}) - 100(\text{총위험액})}{10(\text{업무단위별 필요유지 자기자본})} \geq 100\%$$

- **新NCR은 미국 SEC NCR**을 벤치마크한 지표로 **업무단위별 필요유지 자기자본** 대비 **영업용순자본과 총위험액의 차이** 규모를 비율로 표시함 (100% 이상이어야 함)

*영업용 순자본 − 총위험액 ≥ 업무단위별 필요유지 자기자본(법정최소자본금)

⬇

영업용 순자본 ≥ 업무단위별 필요유지 자기자본 + 총위험액

  - 투자여력 등을 중시하는 증권업의 특성상 필요자본 대비 가용자본의 비율을 표시하는 다른 금융업과 달리 **"유휴자본"의 규모·비중**을 표시

⇒ 따라서 금융복합기업집단 자본적정성 지표 취지에 맞게 新NCR 지표를 100% 이상으로 유지하기 위해 최소한 갖추어야 할 자본의 규모를 필요자본으로 산정

(2) 위험가산자본의 산정

1) 평가방법 및 평가항목

위험가산자본의 산정은 감독당국이 매년 집단차원의 추가적인 위험을 평가하고 평가결과 등급에 따라 위험가산자본이 통합필요자본에 가산되도록 한다. 추가적인 위험의 평가는 금융복합기업집단의 다양한 위험을 종합적으로 반영하는 단일의 평가체계로 구성한다. 평가항목은 계열사 위험(재무·비재무, 30%), 상호연계성(지배구조·내부거래, 50%), 내부통제·위험관리(20%) 등 정량적·정성적 위험 요소를 고루 반영하여 해당 평가부문별 등급을 가중평균하여 산출한다. 이는 ① 위험발생 가능성 및 ② 계열사간 동반부실위험을 높이는 요인과 이를 ③ 감경시키는 요인을 대안지표로 하여 평가항목을 구성한 것이다.

〈표 8-4〉 집단 위험의 증가·감소 요인들을 대표하는 평가부문[22]

① 계열회사 위험 → 위험발생 가능성·크기
- 그룹 내 계열사에서 발생할수 있는 위험의 정도⬆ ∝ 그룹위험⬆

② 계열사간 상호연계성 → 위험 전이·확산 가능성(경로)
- 그룹 내 계열사간 연계 정도⬆ ∝ 그룹위험⬆

③ 내부통제 및 위험관리 → 위험 감경 요소
- 위험의 사전방지 및 효과적 인지·평가·관리할 수 있는 역량⬆ ∝ 그룹위험⬇

금융복합기업집단 차원의 추가적인 위험에 대한 구체적인 평가항목은 <표 8-5>와 같다.

22) 금융위원회, 앞의 보도자료(2020. 2. 24), 첨부2 4면.

〈표 8-5〉 추가적인 위험평가의 평가항목[23]

<table>
<tr><th>평가 부문</th><th>세부
평가부문</th><th>평가항목(평가지표)</th><th>비 중</th></tr>
<tr><td rowspan="3">계열회사
위험
(30%)</td><td>재무적
위험</td><td>• 소속금융회사의 자본비율
(은행) 단순자기자본비율
(1종 금융투자업자) 순자본비율Ⅱ
(3종 금융투자업자) 영업용순자본비율
(보험회사) 지급여력비율
(여신전문금융회사) 조정자기자본비율
(상호저축은행) 자기자본비율
• 소속비금융회사의 재무비율
(매출액 영업이익률, 이자보상배율, 자기자본대비 총차입금, 총차입금 대비 EBITDA, 유동부채 대비 현금성자산)</td><td>20%</td></tr>
<tr><td rowspan="2">비재무적
위험</td><td>• (소속금융회사, 소속비금융회사, 대주주, 대표이사)
시행령 제4조의 금융관계법령 위반에 따른 제재·처벌, 공정거래법 위반에 따른 처벌</td><td>5%</td></tr>
<tr><td>• 신용등급의 변동 폭</td><td>5%</td></tr>
<tr><td rowspan="9">상호
연계성
(50%)</td><td rowspan="2">소유
연계성</td><td>• 소속금융회사의 소속비금융회사에 대한 출자금액 비중</td><td>10%</td></tr>
<tr><td>• 소속비금융회사의 소속금융회사에 대한 지분율</td><td>10%</td></tr>
<tr><td rowspan="4">내부거래</td><td>• 소속금융회사의 내부거래 수익 비중</td><td>5%</td></tr>
<tr><td>• 소속금융회사의 대주주에 대한 신용공여 금액 비중</td><td>5%</td></tr>
<tr><td>• 특정 계열회사에 대한 내부거래 수익 집중도</td><td>2.5%</td></tr>
<tr><td>• 특정 계열회사에 대한 신용공여 집중도</td><td>2.5%</td></tr>
<tr><td>공동투자</td><td>• 소속금융회사의 공동투자 비중</td><td>5%</td></tr>
<tr><td>출자구조</td><td>• 소유·출자구조의 복잡성</td><td>5%</td></tr>
<tr><td>인사교류</td><td>• 소속금융회사와 소속비금융회사간 임원 겸직 등 인사교류의 적정성</td><td>5%</td></tr>
<tr><td rowspan="4">내부통제
및
위험관리
(20%)</td><td>내부통제
정책 및
기준</td><td>• 내부통제정책 수립 여부 및 법 제9조제1항 각호에 관한 사항
• 내부통제기준 마련 여부 및 시행령 제9조제2항 각호, 감독규정 제8조에 관한 사항</td><td>5%</td></tr>
<tr><td>내부통제
체계 운영</td><td>• 내부통제체계 운영의 적정성 및 법 제10조, 시행령 제10조, 감독규정 제9조에 관한 사항</td><td>5%</td></tr>
<tr><td>위험관리
정책 및
기준</td><td>• 위험관리정책 수립 여부 및 법 제11조제1항 각호에 관한 사항
• 위험관리기준 마련 여부 및 시행령 제11조제2항 각호, 감독규정 제10조에 관한 사항</td><td>5%</td></tr>
<tr><td>위험관리
체계 운영</td><td>• 위험관리체계 운영의 적정성 및 법 제12조, 시행령 제12조, 감독규정 제11조에 관한 사항</td><td>5%</td></tr>
</table>

23) 금융복합기업집단 감독규정 제12조제4항, [별표4] 4. 평가항목.

상기 평가항목 중 계열회사의 재무적 위험에 대하여는 소속금융회사의 자본비율을 가지고 등급을 평가하고 있다. 이는 추가적인 위험의 평가에는 적합하지 않은 측면이 있다. 이미 통합자기자본 및 통합필요자본을 측정함에 있어 소속금융회사의 자본비율에 기반하여 자기자본 및 필요자본을 측정하여 합산하여 산출한다. 그런데, 이를 다시 계열회사의 재무적 위험에 반영한다는 것은 평가의 명확성 및 편의성에는 도움이 될 수 있으나 이중으로 평가가 되고 있다는 측면이 있다. 생각건대, 비록 평가방법의 설계가 어려웠을지라도 계열회사의 재무적 위험이라고 한다면 영업이익 및 그 증가율, 업계 평균 대비 부채규모, 유동성, ROE,[24] ROA,[25] 신용등급의 변동, ESG[26] 등 다양한 재무적 항목을 반영하는 평가체계를 설정하는 것이 보다 평가의 합리성을 확보하는데 도움이 되었을 것이다. 또한 개별 회사 측면만이 아니더라도 출자구조의 복잡성 등으로 인하여 집단 차원에서 발생할 수 있는 계열회사의 위험 등도 반영하여야 보다 집단 위험을 상세히 고려할 수 있을 것으로 보인다.

2) 평가등급 및 가산비율

평가등급은 평가의 변별력 강화를 위해 평가등급을 각 등급당 3개의 단계(+, 0, −)로 나누어 총 15등급으로 두고 있다. 예컨대 1등급을 1^{+}등급/1^{0}등급/1^{-}등급의 3단계로 세분화하는 것이다. 이렇게 등급을 세분화할 경우 평가받는 금융복합기업집단 입장에서는 등급 변동에 대한 부담을 경감할 수 있다. 또한 우수한 등급으로 평가될수록 상대적으로 더 적은 자본을 가산하도록 하였다. 등급별 가산비율은 단순비례가 아닌 가중비례 방식을 적용하는 것이다. 이에 따라 우수한 등급일수록 필요자본 가산 규모가 대폭 감소하는 효과가 있다.[27]

---

24) Return on Assets(총자산순이익률). 기업의 총자산에서 당기순이익을 얼마나 올렸는지 가늠하는 지표이다.

25) Return on Equity(자기자본순이익률). 기업이 투입한 자기자본이 얼마만큼의 이익을 냈는지 나타내는 지표이다.

26) 기업의 비재무적 요소인 환경(Environment), 사회(Social), 지배구조(Governance)를 뜻하는 말로 지속가능한 발전을 위한 사회적 책임이 중요해지면서 최근 그 중요성이 더욱 부각되고 있다.

27) 금융위원회, 앞의 보도자료(2020. 2. 24), 첨부2 5면 참조.

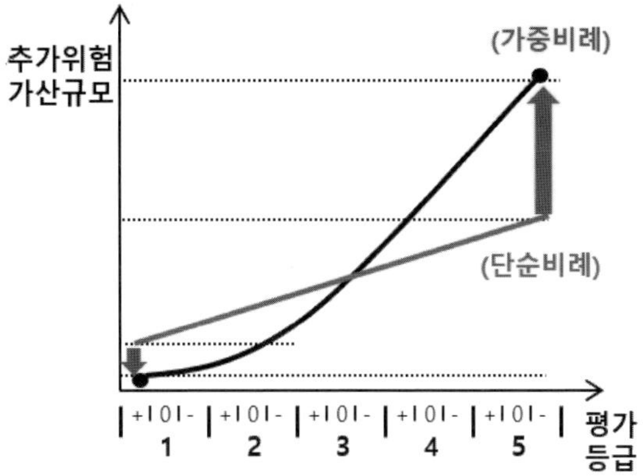

[그림 8-1] 가중비례 방식의 추가자본 적립[28]

위험가산자본은 산출된 최소요구자본합계액에 <표 8-6>에서 정하는 바에 따라 추가적인 위험평가 등급별로 산출된 가산비율을 곱하여 산출한다

〈표 8-6〉 평가등급별 위험자산 규모(%)[29]

등 급	1등급			2등급			3등급			4등급			5등급		
소등급	+	0	−	+	0	−	+	0	−	+	0	−	+	0	−
(그룹위험)	(거의 없음)			(조금 있음)			(부분적 존재)			(다소 높음)			(매우 높음)		
가산비율(%)	0	0	0	1.0	2.0	3.5	5.0	7.0	8.0	10.0	12.0	14.0	16.0	18.0	20.0

금융복합기업집단의 신규 지정 등의 사유로 인해 추가적인 위험의 평가를 받지 않은 집단의 자본적정성 비율을 산출하는 경우에는 위험가산 자본은 0으로 간주한다.[30]

28) 금융위원회, 앞의 보도자료(2020. 2. 24), 5면 참조.
29) 금융복합기업집단 감독규정 제12조제5항, [별표5] 1.
30) 금융복합기업집단 감독규정 제12조제5항, [별표5] 2. 참조.

제 3 절 금융복합기업집단의 내부거래 및 위험집중 관리

Ⅰ. 내부거래 및 위험집중이 미치는 영향 측정·감시·관리

금융복합기업집단의 감독에 관한 법률
제15조(금융복합기업집단의 내부거래 및 위험집중 관리) ① 금융복합기업집단은 **내부거래 및 위험집중이 금융복합기업집단의 건전성에 미치는 영향**을 적절하게 측정·감시 및 관리하여야 한다.

금융복합기업집단 내 위험의 발생을 방지하고, 경영의 건전성 확보하기 위해 기업집단 차원의 내부거래와 위험집중으로 인한 위험을 꾸준히 평가하고 관리할 필요가 있다. 법 제15조제1항은 금융복합기업집단이 내부거래[31] 및 위험집중이 해당 집단의 건전성에 미치는 영향을 적절히 측정·감시·관리할 의무를 부여하고 있다.

Joint Forum 감독원칙 역시 감독자가 금융그룹에 대하여 위험집중·내부거래 등을 효과적으로 관리·보고하는 시스템을 구축하도록 요구할 것을 명시하고 있다.

〈표 8-7〉 Joint Forum 감독원칙의 위험집중·내부거래 관리에 관한 규정

[§28] 감독자는 금융그룹이 그룹 차원의 위험집중, 내부거래 및 익스포저를 효과적으로 관리·보고하는 시스템 및 프로세스를 갖추도록 요구해야 한다.[32]

31) 금융복합기업집단법 제2조(정의)
7. "내부거래"란 금융회사가 대주주(그와 대통령령으로 정하는 특수한 관계에 있는 자를 포함한다. 이하 같다)를 상대방으로 하거나 대주주를 위하여 하는 거래로서 다음 각 목의 어느 하나에 해당하는 행위를 말한다.
가. 가지급금 또는 대여금 등의 자금을 제공 또는 거래하는 행위
나. 주식 또는 회사채 등의 유가증권을 제공 또는 거래하는 행위
다. 부동산 또는 무체재산권 등의 자산을 제공 또는 거래하는 행위
라. 상품 또는 용역을 제공 또는 거래하는 행위

32) Joint Forum 감독원칙, 37면.

◈ (사례 ①) A 금융복합기업집단 내 a 카드사는 **영업이익의 15%를 계열사간 직접거래(가맹계약 등)에 의존**하고, **A 카드사의 전체 결제금액의 30%가 계열사 가맹점**에서 발생

◈ (사례 ②) B 금융복합기업집단 내 b 할부금융사는 **대주주가 판매하는 차량 할부물량의 과반을 점유**하였으나, **대주주 회사의 유동성 위기로 매출 급감**

◈ (사례 ③) C 금융복합기업집단 내 c 생명보험사의 **퇴직연금 계약** 중 **계열사 가입비중**은 **100%**에 상당하는 수준으로 **업계의 자율결의 한도(50%)를 크게 상회**

◈ (사례 ④) D 금융그룹내 **d 생명보험사**는 **변액보험의 과반**을 소속금융회사인 **e 자산운용에 위탁**

[그림 8-2] 그룹위험을 발생시킬 수 있는 내부거래 사례 예시[33]

특히 내부거래와 관련하여서는 금융회사의 영업, 매출, 이익 등을 특정한 계열사에 과다하게 의존하는 경우, 해당 회사의 실적이 악화되거나 부실이 발

[§28] Supervisors should require that the financial conglomerate has in place effective systems and processes to manage and report group-wide risk concentrations and intra-group transactions and exposures.

33) 금융감독원, 앞의 보도자료(2018. 4. 25), 첨부2 5면 참조.

생하는 경우 금융회사의 수익 감소 또는 건전성 악화 등으로 직결될 가능성이 있다. 따라서 금융복합기업집단 내 내부거래 의존도, 매출경로 다변화 정도 등을 적절히 포착하여 금융회사의 부실 가능성, 자본적정성 등 평가하고, 금융복합기업집단의 위험을 가중시키는 내부거래는 감소해 나갈 필요가 있다.[34] 즉, 금융복합기업집단이 중요한 내부거래를 효과적으로 포착·평가·보고하는 시스템을 갖추어야 한다.[35] 이와 같이 소속금융회사들이 금융복합기업집단 차원에서 내부거래와 위험집중을 관리토록 함으로써 집단 전체의 건전성 유지에 기여할 수 있을 것이다.

Ⅱ. 중요한 내부거래의 별도 이사회 승인

1. 규율의 목적 및 필요성

같은 기업집단 내에서 이루어지는 내부거래는 계열사간 효율적인 자원 배분을 통한 비용절감, 안정적 수익원 확보 등을 가능하게 해 줄 수 있다. 따라서 상당수 기업들이 기업집단 내 내부거래를 통해 손쉽게 계열회사의 성장

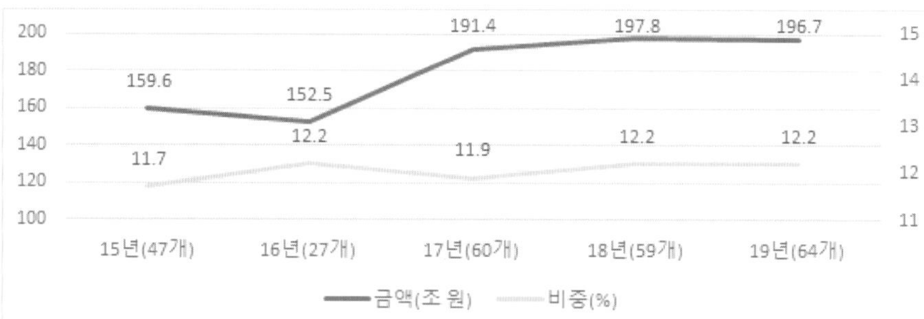

[그림 8-3] 전체 대기업집단의 내부거래 금액·비중 추이[36]

34) 금융감독원, 앞의 보도자료(2018. 4. 25), 첨부2 5면 참조.
35) Joint Forum 감독원칙, 37면.
[§28(b)] Supervisors should require that the financial conglomerate has in place effective systems and processes to identify, assess and report significant intra-group transactions and exposures.
36) 공정거래위원회, 「공시대상기업집단 내부거래현황 정보공개」, 보도자료(2020. 11. 12), 5면.

을 도모하는 경우가 많다.[37] 따라서 이러한 이점 때문에 대기업집단 등의 내부거래 금액이나 비중은 규제에도 불구하고 유사한 수준을 유지하고 있다.

이러한 내부거래가 '거래의 공정성'에 미치는 영향과 '기업집단의 건전성'에 미치는 영향은 별도로 고려할 필요가 있다. 비록 공정하지 않더라도 영업이익의 증대, 비용의 절감 등의 이점을 통해 기업집단 내의 건전성에는 긍정적인 영향을 미칠 수 있기 때문이다. 따라서 본 법의 규율 목적을 고려할 때, 본 조항은 내부거래가 금융복합기업집단의 건전성에 미치는 영향과 그 문제점을 보완하기 위함에 충실할 필요가 있다.

내부거래가 기업집단의 다른 계열회사들의 성장 및 안정적 수익원 확보 등에 큰 이점이 있는 반면, 기업집단 내 위험집중의 원인이 되거나 위험전이의 경로가 될 수 있어 특정 계열사의 부실이 발생한 경우 등에는 기업집단 전체의 동반 부실을 초래하여 그 부실의 규모를 확대시킬 우려가 있다. 또한 내부거래의 의존도가 높은 금융회사의 경우 내부거래의 상대방인 계열회사가 내·외부적 상황 등에 따라 갑작스러운 거래의 문제 등이 발생하는 경우 그 위험이 고스란히 금융회사에 전이되고 건전성이 악화될 가능성이 있다. 이러한 경우 결국 이러한 부실은 금융복합기업집단의 금융소비자들에게 피해를 초래하게 될 가능성을 높인다. 이처럼 내부거래는 다양한 이점이 있지만 그 이면에는 위험이 금융복합기업집단 전체로 확대되는데 기여하여 건전성을 해칠 수 있으므로 금융당국이 금융복합기업집단의 내부거래를 상시적 관리·감독할 방안을 마련할 필요가 있다.

그러나 금융복합기업집단의 내부거래의 적정성 등을 금융당국이 직접 일일이 감독하게 된다면 경영의 자율성을 심각히 해할 우려가 있다. 또한 내부거래가 그 긍정적 측면과 부정적 측면이 공존하므로 금융당국이 금융복합기업집단 내부거래의 규모·비중 등을 일률적으로 정하는 것은 오히려 기업의 경쟁력을 떨어뜨리게 하는 요인이 될 수 있다. 따라서 내부거래에 대한 규제는 금융복합기업집단이 스스로 그 원칙을 세우고, 그것을 준수하는지 여부를

---

37) 한겨레, 「대기업의 총수 2세 기업 챙기기 … 내부거래, 최대 2배↑」, 2020. 11. 12.기사 참조 (https://www.hani.co.kr/arti/economy/marketing/969691.html#csidx0d8be9396d37637b32a54299a58ef14).

감독당국에 보고하고 금융소비자에게 공시하는 Comply or Explain 방식을 활용하는 것이 바람직할 수 있다. 내부거래에 대한 규제는 법 제9~10조의 내부통제, 법 제11~12조의 위험관리, 제14조의 자본적정성 관리, 제17조·제18조의 감독 및 검사, 제20조의 보고 및 공시, 제21조의 위험관리실태평가 등에 의해서 감독당국의 평가를 받거나 금융소비자에게 그 내용이 공시됨으로써 자연스럽게 위와 같은 방식으로 규제가 된다.

본 조항에서는 위와 같은 규율에 더하여 금융복합기업집단의 소속금융회사 내부적인 의사결정 등에 있어 그 원칙을 보다 확실히 정하고, 이것이 제대로 이루어지고 있는지 이사회의 책임 있는 검토가 이루어지도록 하는데 그 목적이 있다. 특히, 내부거래는 거래당사자가 대주주 등 영향력이 큰 경우가 대부분으로 리스크 등 실무적 문제가 제기되지 않을 가능성이 높아, 감사위원·사외이사 등 이사진이 참석하고, 그 논의내용이 공식적으로 기록되어 남게 되는 이사회에서 그 적절성 및 집단 위험에 미치는 영향 등을 면밀히 검토하고, 보고 및 승인 절차를 통해 신중히 이루어지는 것이 바람직하다. 이를 통해 내부거래로 인한 금융복합기업집단의 위험 발생 및 전이 가능성 등을 사전에 모니터링하고 각 소속금융회사로 하여금 금융복합기업집단 수준의 위험 관리를 유도할 수 있을 것으로 보인다.

2. 주요내용

(1) 이사회의 승인

금융복합기업집단에 속하는 국내 소속금융회사의 대주주인 자(특수관계인을 포함한다)가 본인이 대주주로 있는 해당 소속금융회사와 일정 금액 이상의 내부거래를 하려는 경우 이사회의 승인을 받아야 한다(법 제15조제2항). 이 경우 재적 이사 3분의 2 이상 찬성이 필요하다. 예컨대, 소속금융회사 A의 대주주인 甲이 해당 금융회사인 A사와 내부거래를 하는 경우 A사 이사회에서 재적 이사 2/3 이상의 찬성을 받아야 하는 것이다. 본 조항은 이사 등과 회사간의 거래에 관하여 이사회 승인을 요하는 상법 제398조를 참조하였다. 이에 따라 개별 금융업법상 대주주 신용공여, 대주주 발행주식 취득 등에 대한 이사회 결의는 재적이사 전원의 찬성으로 하나, 금융복합기업집단법은 상법과 동일하게 재적이사 3분의 2 이상의 찬성을 요건으로 하고 있다.

(2) 이사회 승인 대상 내부거래(금액 기준)

단일거래금액이 자기자본의 100분의 5에 해당하는 금액 이상이거나 50억원 이상인 금액[38]의 내부거래에 대하여 이사회의 승인이 필요하다. 단일거래금액은 동일한 개인 또는 법인 각각에 대해 '단일한 약정 또는 계약'에 의한 취득금액을 기준으로 산정한다. 비록 여러 차례에 걸쳐 거래가 진행되었다고 하더라도 이것이 하나의 약정이나 계약에 기인한 거래라고 한다면 이는 그 거래로 인한 거래금액을 모두 합산하여 하나의 단일 거래금액으로 보아야 하는 것이다. 예컨대, 소속금융회사 A가 대주주 X에게 X 소유의 건물을 임차하면서 임대차 계약에 의해 월별 5억원씩 연간 60억원의 임차료를 지불한다고 하면, 이는 연간 전체의 임차료 지불을 하나의 단일 거래로 보아 이사회 승인이 필요하다고 보는 것이다. 이는 사실상 단일의 약정임에 기인한다면 비록 그 거래의 이행이 여러 기간에 걸쳐 진행된다고 하더라도 이는 하나의 거래로 볼 수 있기 때문이다.

다만, 상품 또는 용역 거래 이외의 거래(가지급금 또는 대여금 등의 자금, 주식 또는 회사채 등의 유가증권, 부동산 또는 무체재산권 등의 자산을 제공 또는 거래하는 행위)의 경우에는 단일한 약정 또는 계약이 아니더라도 동일한 개인 또는 법인에 대하여 같은 날에 다수의 약정이 체결되는 경우에는 개별 약정금액의 합계액을 기준으로 산정한다(감독규정 제13조제1항).

그런데 감독규정 제13조제2항에서는 (i) 일상적 거래분야의 약관에 의한 거래,[39] (ii) 본래의 내부거래에 대한 부수적인 거래,[40] (iii) 거래당사자가 거래금액, 거래단가, 이자율 등 거래조건을 결정할 수 없는 행위[41]의 경우 그 금액

38) 자기자본의 100분의 5에 해당하는 금액 또는 50억원 중 적은 금액을 말한다(금융복합기업집단법 시행령 제14조).

39) 「약관의 규제에 관한 법률」 제2조(정의)의 규정에 의한 약관에 의한 거래행위로서 해당 소속금융회사의 일상적인 거래분야에서의 거래행위.

40) 본래의 내부거래에 대한 권리의 행사 또는 의무의 이행에 따라 발생하는 부수적인 거래로서 새로운 거래관계가 성립하지 않는 행위.

41) 예를 들어, 소속금융회사 A사가 소속비금융회사인 B사의 주식을 주식시장에서 시장가에 매매한 경우.

은 단일거래금액 산정에서 제외하고 있다. 이 경우는 비록 단일의 거래이고 50억원 등 기준을 넘는 거래금액이라고 하더라도 이사회의 승인을 받지 않아도 된다는 것이다. 그러나 법 제15조제2항에서는 '대통령령으로 정하는 금액 이상의 내부거래'를 이사회의 승인을 받도록 하고 있다. 그런데 사실상 '단일의 거래'라는 개념을 만들어 이사회 승인의 예외 범위를 늘리고 있다. 이는 위임의 한계를 일탈하였다고 볼 여지가 있다. 법에서는 금액이 얼마인지를 위임하고 있으므로 하위규정에서는 그 금액 및 금액의 산정방식만을 위임받았다고 볼 수 있는데 실질적으로 이사회 승인을 받아야 하는 내부거래의 개념을 하위규정을 통해 좁히고 있기 때문이다. 이렇게 정하려고 하였으면 '대통령령으로 정하는 금액 이상의 내부거래'가 아니라 애초의 정부제출안과 마찬가지로 '대통령령으로 정하는 중요한 내부거래'에 대하여 이사회 승인이 필요하다고는 내용으로 법안을 제정하였어야 할 것이다.

또한 감독규정 제13조제2항이 위임의 한계를 일탈하지 않았다고 보더라도 위의 예외 사유 또한 예외로 인정해주기에 적절하지 않은 측면이 있다. (i)의 경우 약관에 의한 정형적인 거래에 대하여 면제를 해주고 있는데, 이러한 약관에 의한 거래의 경우 그 거래금액이 높고 금융복합기업집단 전체의 위험에 미치는 영향이 클 수 있으므로 반드시 포함될 필요가 있다. 다만, 개개의 거래를 모두 하나마다 이사회 승인을 받는다는 것이 부담일 수 있으므로 분기별 또는 연간의 내부거래 금액을 승인받도록 하는 방법 등을 고려할 수 있을 것이다. 예컨대, C 금융복합기업집단의 소속금융회사들의 퇴직연금 계약을 약관에 따라 C생명보험사에 가입하도록 하여 그 금액 규모가 상당함에도 불구하고, 약관에 의한 거래라는 이유로 빠질 수 있는 것이다. 약관 거래의 경우 일회성 거래에 비하여 공정성을 해할 가능성은 적으나, 그 규모가 크고 상시적으로 이루어질 수 있고, 매출의 상당부분을 차지할 수 있어 건전성에는 큰 영향을 미칠 수 있으므로 이사회 승인 절차를 통해 그 규모, 거래추이, 위험성 등에 대하여 면밀히 검토할 필요성이 있다. 비록 공정성은 담보되더라도 위험관리 측면이나 건전성에는 좋지 않은 효과를 가져올 수도 있기 때문이다.

(ii)와 (iii)의 거래는 공정거래법 규정에 따른 대규모 내부거래 의결·공시의 예외사항과 같은 내용으로서 단일거래금액 산정의 예외로 보았다. 그러나

(ii)와 (iii)의 거래도 공정성 확보 측면에서는 별도의 이사회 의결이 필요없다고 할 수 있으나, 내부거래가 집단 위험에 미치는 영향에 대하여는 이사회의 검토가 필요없다고 보기 어렵다. (ii)의 거래의 경우 본래의 내부거래에 따른 부수적인 거래이긴 하나 본래의 거래당시 이사회 승인을 받을 때 예상하지 못했던 거래라면 다시 이사회의 승인을 받을 필요가 있다. 예컨대, 본래의 내부거래에 기인하여 손해배상의무 또는 위약금 등을 지불하게 될 경우 원래 예상했던 것보다 그 규모가 커져 50억원 상당을 넘는다면 이는 이사회의 승인을 받을 필요가 있다. 또한 (iii)의 거래도 마찬가지이다. 거래 당사자가 거래금액 등을 결정할 수는 없다고는 하나, 어느 정도 수준의 거래금액을 지불할 것인지 사전에 계획하에 거래를 할 필요가 있다. 예컨대, 소속금융회사 A사가 소속비금융회사인 B사의 주식을 주식시장에서 시장가에 매매하는 경우는 당사자가 가격을 정한 것이 아니라 시장의 가격에 따라 거래를 하게 될 것이다. 따라서 공정성 측면에서는 문제가 될 여지가 없으나, 위험관리의 차원에서는 B사의 주식을 시장가에 매매할 계획이라고 하더라도 그 매매가격의 상한 및 하한, 매매수량 등에 대한 계획 등을 이사회에 보고하고 그 주식인수로 인한 위험 등에 대한 부분까지 이사회에서 논의될 필요가 있다.

이와 같이 감독규정 제13조제2항은 위임의 형식에 있어서도 문제가 있을 뿐만 아니라 그 예외를 인정할 필요성에 있어서도 문제점이 있다고 본다.

당초의 정부발의안에서는 이사회의 승인이 필요한 내부거래의 범위를 '대통령령으로 정하는 중요한 내부거래'로 정하였다. 그러나 정부발의안에 따라 이사회의 승인 대상이 되는 '중요한' 내부거래는 시행령에서 구체화될 예정이나, 기업 입장에서는 절차상 부담이 될 수 있으므로, 이를 명확히 하기 위해 '금액 이상의'로 수정할 필요가 있다고 보인다는 국회 정무위원회의 검토보고서에 따라[42] 이것이 '대통령령으로 정하는 금액 이상의 내부거래'가 이사회 승인이 필요한 내부거래로 정하여졌다.

이를 통해 해당 조문의 명확성을 확보하고, 이사회 승인 대상인 내부거래의 유형을 단순화시켜 수범자의 부담을 줄이기는 하였으나, 집단 차원의 위험이 높은 비정상적 내부거래에 대한 규율의 공백이 생길 우려가 생겼다. 거래

---

42) 정무위원회, 앞의 법률안 검토보고서(2020. 11), 37면.

〈표 8-8〉 정부발의안과 제정 법률안의 이사회 승인 대상 내부거래의 차이

정부발의안 (2020. 8. 31.발의)	제정 법률안 (2020. 12. 29.제정)
제15조(금융그룹의 내부거래 및 위험집중 관리) ② 국내 소속금융회사의 대주주가 자기 또는 제3자의 계산으로 **해당 금융회사와** 대통령령으로 정하는 <u>**중요한 내부거래**</u>를 하려는 경우 미리 이사회에 해당 거래의 주요 내용을 밝히고 이사회의 승인을 받아야 한다. 이 경우 이사회의 승인은 **재적 이사 3분의 2 이상의 찬성**으로 하여야 하고, 그 거래의 내용과 절차는 공정하여야 한다.	제15조(금융복합기업집단의 내부거래 및 위험집중 관리) ② ______ 금액 <u>이상의 내부거래</u> ______.

의 형태, 위험성 등을 제외하고 단순히 단일거래의 금액만을 그 기준으로 삼아 금액을 낮춰 계약을 쪼개거나 여러 차례 거래하는 방식으로 규제를 회피할 가능성을 열어 두게 된 것이다.

그럼에도 불구하고 회의의 기록이 모두 남게 되는 이사회에 내부거래를 보고하고 정당성을 인정받아 승인받도록 함으로써 이사회 승인이라는 허들을 넘거나 혹은 피하기 위해서 타 계열사 지원 등의 목적으로 비정상적이거나 너무 큰 금액의 내부거래를 공공연히 하기 어렵게 만들었다고 볼 수 있다는 점에서 의미가 있다. 이를 통해 집단의 위험을 높이는 위험하거나 비정상적인 내부거래를 줄이는데 어느 정도는 기여할 수 있다고 본다.

결과적으로 소속금융회사들이 내부거래에 대하여 이사회에 보고하고 승인받는 부담을 낮추기 위해 거래금액 중심, 그중에서도 단일거래금액을 중심으로 규율하게 되었다. 또한 약관에 의한 일상적인 거래행위가 제외됨으로써 특히, 캡티브 금융 등 단일 거래금액이 크지 않더라도 연간 거래금액이 큰 내부거래 등은 그 내부거래의 규모·조건·위험이 미치는 영향 등에 대하여 신중히 검토하여야 함에도 불구하고 오히려 제외되었다. 이처럼 본 조항은 당초의 그 규율 취지 및 목적과 달리 그 규율범위가 매우 좁아짐에 따라, 규제의 부담

에 비하여 실질적인 규율 효과가 미미할 수 있다는 우려가 남게 되었다.

(3) 대주주의 범위(특수관계인 포함)

지배구조법은 개별 금융회사의 지배구조상 영향력이 높다고 판단되는 주주를 '대주주'로 정의하고, 주식 취득 등을 통해 대주주가 되는 경우 금융위원회의 변경승인 등을 받도록 하여 이를 규율하고 있다. 이러한 대주주의 개념에는 최대주주 및 주요주주를 모두 포함하며, 은행·보험·증권 등 모든 금융업권에 적용된다. '최대주주'란 지분율이 가장 높은 주주, '주요주주'는 ① 발행주식 총수의 10% 이상을 소유한 주주 및 ② 사실상 영향력을 행사하는 주주를 말한다.

금융회사의 지배구조에 관한 법률

제2조(정의) 이 법에서 사용하는 용어의 뜻은 다음과 같다.

6. "**대주주**"란 다음 각 목의 어느 하나에 해당하는 주주를 말한다.
   가. 금융회사의 의결권 있는 발행주식(출자지분을 포함한다. 이하 같다) 총수를 기준으로 본인 및 그와 대통령령으로 정하는 특수한 관계가 있는 자(이하 "특수관계인"이라 한다)가 누구의 명의로 하든지 자기의 계산으로 소유하는 주식(그 주식과 관련된 증권예탁증권을 포함한다)을 합하여 **그 수가 가장 많은 경우의 그 본인(이하 "최대주주"라 한다)**
   나. 다음 각 1) 및 2)의 어느 하나에 해당하는 자(이하 "**주요주주**"라 한다)
      1) 누구의 명의로 하든지 자기의 계산으로 **금융회사의 의결권 있는 발행주식 총수의 100분의 10 이상의 주식**(그 주식과 관련된 증권예탁증권을 포함한다)을 소유한 자
      2) 임원(업무집행책임자는 제외한다)의 임면(任免) 등의 방법으로 금융회사의 중요한 경영사항에 대하여 **사실상의 영향력을 행사하는 주주**로서 대통령령으로 정하는 자

특히 최대주주의 경우 특수관계인과 합하여 그 지분율이 가장 높은 자를 가리키므로, 내부거래의 규율시에는 특수관계인과 합하여 가장 지분율이 높아 영향력의 행사 가능성이 가장 큰 주주를 최대주주로 보는 지배구조법 취지 등을 고려하여 그 규율범위에 최대주주의 특수관계인이 관계된 거래까지 모두 포함할 필요가 있다. 따라서 본 법에서는 대주주의 범위에 최대주주의 특수관계인을 포함하고 있다(금융복합기업집단법 제2조제7호, 동 시행령 제3조).

3. 공정거래법상 부당내부거래 규제와 비교

내부거래에 관하여 공정거래법의 대규모 내부거래[43]에 대한 이사회 승인 및 공시와 금융복합기업집단법의 이사회 보고·승인은 그 규율 형태는 유사하나 그 규율의 '목적 및 내용'은 차이가 있다. 공정거래법은 대규모 내부거래와 관련하여 이사회 승인을 받아 공시토록 규율 중이나, 이는 시장의 감시 강화를 통하여 거래의 공정성을 해할 수 있는 부당한 내부거래를 예방하기 위한 목적이라 볼 수 있다. 즉, 책임있는 이사회의 승인을 받고, 그 거래내용을 외부에 공시함으로써 기업의 성공이 상품 및 서비스 등의 경쟁력이 아닌, 기업집단과의 관련성에 좌우되는 것을 방지함으로써 공정한 경쟁 확립과 아울러 경제력집중 방지를 추구하는 공정거래법의 목적을 실현하기 위한 것이다.[44]

따라서 '금융복합기업집단의 리스크 관리' 측면을 규율하고자 하는 금융복합기업집단법과 그 목적 및 취지 등에 있어 그 차이가 있다. 즉, 같은 내용의 거래라고 하더라도 이사회에서 중점적으로 검토해야 할 측면이 다르다. 공정거래법은 거래의 공정성을 훼손할 우려가 있는지 여부를 중심으로 본다면, 금융복합기업집단법은 내부거래로 인하여 집단 차원의 위험을 발생시키거나 전이시킬만한 요인 등이 있는지를 중점적으로 보게 된다. 따라서 공정거래법상 이사회 승인에 문제가 없는 내부거래라 하더라도 금융복합기업집단의 위험관리 측면에서 심도 있게 검토할 필요성이 있다.

따라서 공정거래법은 거래의 목적, 규모, 상대방, 조건 등 내부거래 현황 위주로 이사회 승인·공시하도록 하고 있으나, 금융복합기업집단법의 경우 내부거래의 위험성, 금융복합기업집단 차원의 위험관리계획 등 해당 집단의 위험에 미치는 영향 및 그 관리방안 등을 중심으로 이사회 보고하고 승인받을 필요가 있다.

---

43) 특수관계인과 자본금(자본총계)의 5% 이상 또는 50억원 이상인 거래(공정거래법 제11조의2 제1항, 동 시행령 제17조의8 제2항).

44) 대법원 2004. 10. 14. 선고 2001두2881 판결 참조, 부당내부거래를 직접 규율하는 선진입법례는 없으나, 과도한 경제력 집중, 내·외부 감시기능이 미비한 한국의 특수성을 고려하여 해당 규제를 도입하였다.

〈표 8-9〉 거래의 공정성에는 문제가 없으나 위험관리 측면의 우려가 있는 사례

<예시> **소속금융회사 A사가** 건설업을 영위하는 **소속비금융회사 X사에 자금을 대여**하려고 한다. 이때 자금 대여가 부당지원 성격 등이 없이 **공정거래 측면에서는 문제가 없다.** 그러나 다른 소속금융회사인 B사, C사 등도 건설업종에 대규모로 자금대여, 투자 등을 하고 있어 **금융복합기업집단 차원**에서 **건설 업종에 대한 금융거래가 집중**됨으로 인하여 경기 민감업종인 건설업의 시장이 안좋아질 경우 **위험의 집중으로 인한 건전성 악화의 우려**가 있다면 금융복합기업집단의 위험관리 측면에서는 해당 거래가 적절하지 못하다고 볼 수 있다.

4. 개별업법상 대주주 및 계열회사와의 거래관련 규제 비교

개별 금융업법상 은행·보험·증권 등 대부분의 금융업의 경우 대주주에 대한 신용공여, 대주주의 주식취득 등 중요한 내부거래에 대하여는 이사회 승인을 받도록 하고 있다. 그러나 대부업자, 금융밀접회사 등 권역은 개별업법상 내부거래와 관련한 규제가 별도로 있지 않아 개별 금융업법만으로는 일정 부분 규제차익, 규제 공백이 존재한다고 볼 수 있다. 따라서 각 개별법의 규율 목적에 따라 그 규율의 정도가 상이함으로써 발생할 수 있는 이러한 규제 공백 또는 차이에 대한 보완 차원에서 볼 때, 금융복합기업집단의 소속금융회사가 일정 규모 이상의 내부거래를 하는 경우 이사회의 승인을 받도록 한 것은 의미가 있다고 볼 수 있다.

은행·보험업·금투업·여전업·저축은행 등의 업권은 각 개별업권법에 따라 일정 금액 이상 대주주에게 신용공여를 하거나 대주주가 발행한 유가증권을 취득하는 경우 이사회의 승인을 받아야 한다. 이 경우 재적이사 전원의 찬성이 필요하다.[45] 또한 해당 건에 대해 발생 후 금투업·여전업·저축은행의 경우는 '지체없이', 보험업의 경우는 '7일 이내'에 금융위원회에 보고한 후 이를 공시할 의무가 있다.[46] 또한 대주주에 대한 신용공여 및 대주주 발행 유가증권의 취득현황에 대하여 분기별 종합보고 및 공시의무도 별도로 규정하고

45) 은행법 제35조의2제4항 후단, 보험업업 제111조제2항 후단, 자본시장법 제34조제3항 후단, 여신전문금융업법 제49조의2제2항 후단, 상호저축은행법 제12조의2제1항 후단 등.
46) 자본시장법 제34조제4항, 여신전문금융업법 제49조의2제3항, 상호저축은행법제12조의2제2항, 보험업법 제111조제3항.

있다. 이러한 개별 금융업권법에 따른 대주주등에 대한 내부거래에 대한 규제는 <표 8-10>과 같다.

〈표 8-10〉 개별 금융업권별 대주주등에 대한 내부거래 규제[47]

구 분	대주주 신용공여 한도	대주주 발행주식 취득한도
은행법 (법§35조의2 등)	• [개별 대주주]: 자기자본 × min (25%, 대주주의 은행에 대한 출자비율) • [전체 대주주] : 자기자본의 25%	• 자기자본의 1% 이내
보험업법 (법§106①, §111 등)	• min(자기자본의 40%, 총자산의 2%)	• min(자기자본의 60%, 총자산의 3%)
여전업법 (법§49조의2, §50)	• 자기자본의 50% 이내	• 자기자본의 150% 이내
자본시장법 (법§34)	• 전면 금지(담보권 실행, 시장안정, 시장조성 등 일부 예외)	• 대주주 발행증권은 금지 • 특수관계인 발행증권은 자기자본 8% 이내
상호저축 은행법(법§37등)	• 전면 금지(예금담보부 신용공여 등 일부 예외)	• min(자기자본의 0.1%, 10억원) * 한도 이상 취득시 이사회 전원 찬성 필요
금융지주 회사법 (법§34)	• 은행지주 – [개별 대주주]: 자기자본순합계액 × min(25%, 주요출자자의 은행지주에 대한 출자비율) – [전체 대주주]: 자기자본 순합계액의 25% • 비은행지주 – 지주회사등의 자기자본 순합계액 × 자회사등 업종별 한도비율의 가중평균	• 은행지주 – 자기자본 순합계액의 1% (비상장 주식은 0.5%) • 비은행지주 – 지주회사등의 자기자본 순합계액 × 자회사등 업종별 한도비율의 가중평균

47) 금융위원회, 앞의 보도자료(2018. 7. 2), 별첨1 11면 참조.

제 4 절 금융복합기업집단의 위험전이 관리

Ⅰ. 목적 및 필요성

전이위험(contagion risk)이란 금융복합기업집단의 소속금융·비금융회사 등에서 발생한 위험이 다른 소속금융회사들에 영향을 미칠 수 있는 위험을 말한다. 즉, 하나의 계열회사가 위험해지면서 그로 인한 위험이 다른 소속금융회사들에 전파되면서 금융복합기업집단의 전체 금융회사들이 함께 동반하여 부실화 될 위험(동반부실위험)을 말하는 것이다. 특히, 과거 동서증권('97), 대한종금('99), 대우증권('00), 대한생명('02), 동양증권('14) 등 기업집단 내 어느 하나의 회사로부터 시작한 부실위험이 다른 계열회사 등에 전이됨에 따라 금융복합기업집단 전체가 동반하여 부실화되는 사례를 볼 수 있었다. 이러한 경우 부실의 규모가 기하급수적으로 커져 금융소비자를 비롯해 국민경제 전만에 막대한 피해를 일으켰다.

우리나라의 경우 기업집단 내 출자 및 지배구조가 복잡하고, 금융·비금융부문이 혼재되어 있어 위험의 전이 가능성이 높으므로 이에 대하여 면밀히 고려할 필요가 있다. 따라서 금융복합기업집단 전체가 동반하여 부실화되는 상황 등을 미연에 방지하기 위하여는 소속금융·비금융회사 간 위험의 전이 가능성을 정기적으로 인식·평가·감시하고 이를 통제·관리해나갈 필요가 있다.

Joint Forum 감독원칙도 감독자에게 그룹 차원의 감독을 위하여 모그룹이 금융그룹에 미치는 위험 등을 파악할 것을 권고하고 있다. 또한 전이위험 등을 고려하여 예상되는 위험을 평가함으로써 향후 실제로 예상되는 위험이 실현되었을 경우에 이를 대처할 수 있으므로 중요하다고 명시하고 있다.

〈표 8-11〉 Joint Forum 감독원칙의 위험전이 관리에 관한 규정

Ⅰ. 감독 권한(Supervisory powers and authority)

본장의 목적은 명확한 감독 권한을 설정하여 감독자가 금융그룹의 위험, 재무상태, 개별기업에 영향을 미치는 모든 법적실체를 평가 등 효율적으로 금융그룹에 대한 그룹 차원의 관리감독을 가능케 하기 위함이다. 특히, **감독자가 금융그룹 내 또는 금융그룹이 속한 모그룹에 편입된 비규제 기업이 야기하는 위험을 파악할 수 있는 권한을 갖는 것이 중요**하다. 또한, 감독자가 금융그룹 관련 감독자간 협업·업무조정 및 정보공유 권한을 갖는 것 역시 중요하다.[48]

[§8.3] **전이위험의 고려 등을 포함한 예상위험 평가**는 향후 **예상 위험이 실제 일어났을 경우 이를 대처할 수 있게 해주기 때문에 중요**함[49]

[§16(c)] 그룹 내 **규제기업에서 비규제기업으로 위험이 전이**된 경우, 규제 기업의 감독자는 **비규제기업의 전반적인 자산 건전성을 검토해야** 함[50]

---

48) Joint Forum, 앞의 2012년 감독원칙, 9면

I. Supervisory powers and authority

The objective of this section is to promote the establishment of sufficient and clear supervisory powers and authority to ensure that supervisors can conduct effective group-wide supervision of financial conglomerates, addressing all entities which may affect the overall risk profile and/or financial position of the financial conglomerate and/or the individual entities within the group. In particular, it is important that supervisors have the power to address the sources of risk to the group from any unregulated entities within the group or the wider group. It is also important that there be clear powers and authority to enable cooperation, coordination and information sharing among relevant supervisors.

49) Joint Forum, 앞의 2012년 감독원칙, 17면

[§8.3] A forward-looking assessment of the sources of risk to the financial conglomerate, including consideration of contagion risks, is important to enable risks to be identified and addressed as they emerge.

50) Joint Forum, 앞의 2012년 감독원칙, 27면

[§16(c)] Where risk has been transferred from regulated to unregulated entities in a group, supervisors of the regulated entities should look through to the overall quantum and quality of assets in the unregulated entity.

Ⅱ. 주요내용

금융복합기업집단의 감독에 관한 법률
제16조(금융복합기업집단의 위험전이 관리) ① 금융복합기업집단은 **금융복합기업집단의 내부통제체계 또는 위험관리체계의 취약성 등에 따라 소속금융회사의 위험이 금융복합기업집단의 건전성에 미치는 영향**을 적절하게 인식·평가·감시 및 통제하여야 한다.
② 금융복합기업집단은 소속비금융회사와의 이해상충 및 소속비금융회사의 재무·경영위험 등으로 인하여 발생 가능한 금융복합기업집단 수준의 위험을 적절하게 인식·평가·감시 및 통제하여야 한다.
③ 금융복합기업집단은 제2항에 따른 위험을 인식·평가·감시 및 통제하는 경우 다음 각 호의 사항을 종합적으로 고려하여야 한다.
1. ~ 4. (생략)

금융복합기업집단의 내부통제체계·위험관리체계의 취약성 등에 따라 소속금융회사의 위험이 금융그룹에 전이될 가능성을 인식·평가·감시·통제하고, 소속금융–비금융회사 간 이해상충, 소속비금융회사로 인하여 발생 가능한 금융복합기업집단 수준의 위험을 인식·평가·감시·통제한다. 이러한 위험관리 시 금융복합기업집단은 다음의 사항을 고려해야 한다(법 제16조).

〈위험전이 관리에 있어 고려해야 할 사항〉

① 소속비금융회사를 상대방으로 하는 거래 또는 소속비금융회사를 위해 손실위험이 수반되는 금융회사의 직·간접적 거래
② 소속비금융회사와의 내부거래 및 그 비중
③ 소속비금융회사와의 이해상충 방지를 위한 장치의 적정성
④ 소속비금융회사의 평판하락 등 위험

Ⅲ. 위험 전이 가능성을 높이는 요인 및 위험 전이 사례

소속금융회사를 통하여 부실 계열사에 대하여 신용공여를 하거나 유상증

자를 하는 등의 지원을 하는 경우가 대표적으로 위험 전이 가능성을 높이는 사례라 할 수 있다. 이렇게 부실 계열사에 대한 지원 후 해당 회사의 부실이 현실화되는 경우에는 신용공여, 유상증자 등을 한 소속금융회사 또한 건전성이 급격히 하락할 수밖에 없다. 또한 하나의 기업집단에 속하는 계열회사들은 그 평판을 고려하기 때문에 하나의 회사 또는 그 대주주의 평판이 하락할 경우 같이 그 위험을 공유할 수 있다. 예컨대 A그룹에 속하는 A건설사가 위험하다는 소문이 있는 경우, 그룹 전체로 위험이 전이될 수 있다는 우려에 A그룹에 속하는 A은행, A보험사, A증권사 등도 모두 고객이 이탈하는 등 그 위험이 전파될 수 있다. 또한 B그룹의 대주주가 자금을 횡령하는 등 비윤리적인 행위를 하여 B그룹에 대한 불매운동 등이 진행된 경우 소속금융회사들까지도 이러한 영향을 받아 모두 경영난을 겪을 수 있는 것이다.

소속금융회사를 이용한 다른 계열사를 지원하는 행위는 전형적으로 위험 전이 가능성을 높이는 행위라 볼 수 있다. 계열사 경영악화 시 금융회사로의 부실전이 및 금융복합기업집단 건전성 악화와 불건전 영업행위에 따른 평판 훼손 및 고객이탈 등 우려가 있는 것이다. 또한 같은 금융복합기업집단의 소속금융회사를 동원한 계열회사에 대한 신용공여 등은 계열사 자체 신용도, 영업능력 등에 따른 진정한 외부자금 조달로 보기 어려울 가능성이 있고, 설사 지원적인 성격이 아니라 해당 계열사에 대한 엄격한 평가를 거친 자금 조달이라고 하더라도 해당 계열사의 경영악화 등 위험발생 시 그러한 위험이 전이될 가능성이 높다는 문제가 있다. 함께 위험해질 수 있는 것이다. 따라서 소속금융회사의 계열사에 대한 자금 지원 등은 위험 전이의 가능성을 엄격히 고려하여야 한다. 각 소속금융·비금융회사, 주요주주, 일반투자자 등 다양한 이해관계자의 이익을 존중하고, 금융복합기업집단 건전성에 미치는 영향을 충분히 검토하였는지 등을 고려하여야 할 것이다. 또한, 금융복합기업집단 전체의 장기 이익을 위해 내부의 잠재적 이해상충 문제를 방지하고, 이해상충 발생 시 효과적으로 인지·조정·해결할 정책과 프로세스를 갖추었는지 평가할 필요가 있다.[51]

51) 금융감독원, 앞의 보도자료(2018. 4. 25), 첨부2 8면 참조.

〈표 8-11〉 Joint Forum 감독원칙의 이해상충 문제 관리·해결에 관한 규정

[§10(e)] 감독자는 금융그룹 지배구조가 그룹 내부의 잠재적인 이해상충 문제를 방지하고, 현재의 <u>이해상충 문제를 해결하는 적절한 방침 및 프로세스를 갖추도록 요구</u>해야 한다.[52]
[§10.6] 감독자는 내부거래·고발(charges)·모회사로의 배당지급·<u>위험전이 등 잠재적인 그룹 내부의 이해상충문제를 포착·관리하는 방침을 수립하도록 요구해야</u> 한다. 동 방침은 그룹 본사의 고위경영진이 승인해야 하며, 승인된 방침은 그룹 전체에 효율적으로 시행해야 함. 또한 동 방침은 금융그룹의 주요기업·이해관계자 등을 포함한 그룹 전체의 장기 이익 및 준거법·규제를 고려하여 수립해야 한다.[53]

◈ (사례) 금융계열사를 동원한 계열사 지원 (conflict of interest)

- a 중공업이 **운영자금 마련, 차입금 상환 등 유동성 확**보를 위하여 거액의 유상증자를 실시하는 과정에서, **금융계열사인 b 보험회사가** 신주의 상당 부분을 인수

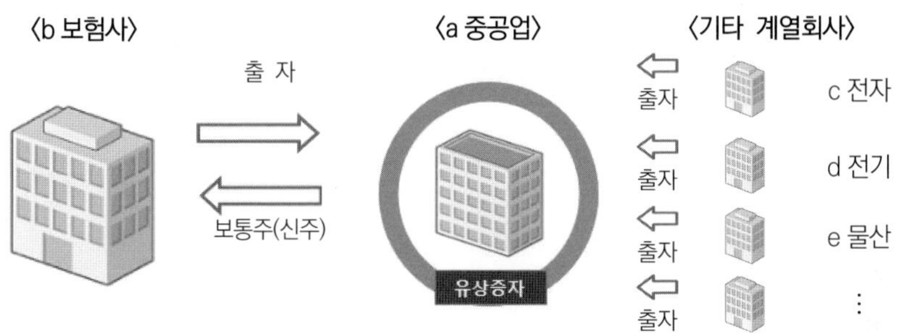

[그림 8-4] 위험전이 가능성을 높일 수 있는 사례[54]

52) Joint Forum 감독원칙, 18면.
[§10(e)] Supervisors should require that the governance framework includes adequate policies and processes <u>that enable potential intra-group conflicts of interest to be avoided, and actual conflicts of interest to be identified and managed</u>.

53) Joint Forum 감독원칙, 19면.
[§10.6] Supervisors should require that the financial conglomerate <u>have in place policies focused on</u> identifying and managing <u>potential intra-group conflicts of interest</u>, including those that may result from intra-group transactions, charges, up streaming dividends, and risk-shifting. The policies should be approved by the board of the head of the financial conglomerate and be effectively implemented throughout the group. The policies should recognise the long-term interest of the financial conglomerate as a whole, the long term interest of the significant entities of the financial conglomerate, the stakeholders within the financial conglomerate, and all applicable laws and regulations.

54) 금융감독원, 앞의 보도자료(2018. 4. 25), 첨부2 8면.

〈표 8-12〉 과거 금융회사의 동반부실화 사례[55)]

1 대한생명보험 ☞ 위험전이경로: **부실계열사 신용공여**

- ('96~'98년) **상환능력이 없는 신동아그룹 계열사 17개사**에 대출금 상환능력 검토 없이 **약 3조원을 신용공여**하고 이 중 **약 2조원을 계열사 증자 등 부당사용**
- ('98. 2.~12) 보험업 관련 법규상 **계열사 신용공여 한도규제를 위반하여 대출을 취급**하면서 이를 **은폐하고 금감원에 허위보고**
- ('99. 2) 대한생명 부실규모 파악을 위한 금감위 재무실사 및 특별검사 실시 결과, '98년말 현재 **순자산 부족액이 약 2.9조원**으로 측정, **회장의 회사자금 약 1.9천억원 횡령혐의** 적발
- ('99. 9. 23) 금감위, 대한생명 **부실금융회사 지정**
- ('02. 12. 12) 예금보험공사, **3차에 걸친 공적자금 투입**('99~'01) 이후 **한화컨소시움에 매각**

2 동서증권 ☞ 위험전이경로: **부실계열사 신용공여**

- ('97. 6.~12) 동서증권, 국제종합건설 등 부도위기에 몰린 **극동그룹 부실 계열사들에 1.4천억원 대 불법지원**
- ('97. 12) 동서증권 대규모 예탁금 인출사태
- ('97. 12. 12) 동서증권 부도/금감위, 동서증권 영업정지명령
- ('98. 6. 1) 동서증권 **허가취소**

3 동양증권 ☞ 위험전이경로: **대주주·계열사 평판리스크**

- ('13) 동양그룹 유동성위기
  - **동양증권**, 계열사의 투자부적격 회사채 및 CP를 특정금전신탁 편입(총 약 1.6조원, 고객 수 약 4.1만 명) 등을 통해 **부실 계열사 지원**
- ('13. 9~10) 동양시멘트 등 동양그룹 5개 계열사 법정관리 신청
- ('14. 6) 동양증권 **제3자 매각**

☞ **동양증권**은 동양사태에 따른 파급효과로 **(前)** '11년, '12년 각 <u>2.5백억, 3.7백억 순이익</u>에서 **(後)** '13년, '14년 각 <u>△4.1천억, △1.6천억 순손실</u> 초래

4 대한종합금융 ☞ 위험전이경로: **대주주·계열사 평판리스크**

- ('99. 4) 대한종금, **대주주인 성원건설 부도설**과 종금사 추가 퇴출설로 인해 **예금인출요구 급증**
  - (4.8) 기관 예금주 4.8천억원 규모 예금인출 요구
  - (4.9) 개인 포함 100여 명 고객 8천억원 이상 예금인출 요구
- ('99. 4. 10) 금감위, 대한종금 영업정지명령
- ('99 .6. 25) 대한종금 **인가 취소**

5 한남투자증권 ☞ 위험전이경로: **대주주·계열사 평판리스크**

- ('98. 5. 11) 한남투자증권, **㈜거평 등 거평그룹 주력회사 부도**로 인해 고객 **현금인출(수익증권 환매) 사태 발생**
- ('98. 8. 14) 금감위, 한남투자증권 영업정지명령
- ('99. 1. 6) 한남투자증권 **허가 취소**

자료: 금융위원회.

55) 금융위원회, 앞의 보도자료(2018. 2. 1), 붙임2 3면 참조.

제 5 절 실무상 시사점

예기치 못한 외부충격에 대한 완충장치로서 적절한 자본을 확보하여 금융복합기업집단 차원의 자본적정성을 유지하도록 요구하고 있다. 기본적으로는 적절한 수준의 자본을 확보하고, 위험이 높은 자산을 줄여 필요자본의 양을 줄임으로써 자본적정성 비율을 적절한 수준으로 유지할 수 있을 것이다. 또한 금융복합기업집단 자본적정성 비율에서는 집단 차원의 위험의 수준을 필요자본에 가산하고 있으므로 추가적인 위험의 평가에 대한 대비를 통해 이에 대한 평가를 일정 수준 이상으로 받을 수 있도록 노력할 필요가 있다. 이러한 추가적인 위험의 평가에 대한 대비는 단기간에 이루어지기 어려우므로 지속적이고 장기적 목표에 따라 개선해 나갈 필요가 있다. 평가항목 중 지배구조 관련 사항(소속금융회사 지분율, 소유·출자구조의 복잡성)이나 내부거래 수익비중 등과 같이 단기간에 쉽게 개선해나가기 쉽지 않은 항목들이 상당부분 있으므로 꾸준히 개선해 나갈 필요가 있는 것이다. 다만, 내부통제·위험관리 관련 부분의 경우는 노력에 따라 단기간에도 개선 가능한 부분이 상대적으로 많은 편이라고 볼 수 있다.

그리고 자본적정성 비율이라는 것은 적절한 수준으로 계속 유지되는 것이 중요하지 비율이 무조건 높다고 좋은 것은 아니다. 자본비율이 높다는 것은 그만큼 영업에 활용하는 비중이 낮다고 볼 수도 있는 것이므로 해당 금융복합기업집단의 업종 구성 및 비중 등을 고려하여 적절한 자본적정성 비율을 안정적으로 유지하는 것이 바람직할 것이다. 즉, 얼마나 비율이 높은지보다 얼마나 안정적으로 유지하는지가 중요하다고 할 것이다.

또한 금융복합기업집단은 대부분 금융·비금융회사가 혼재되어 있고, 지배구조가 금융지주에 비해 상대적으로 복잡한 경우가 많아 집중위험·전이위험 등의 그룹 차원의 위험을 상당히 내포하고 있다. 따라서 이러한 유형의 위험이 건전성에 미치는 영향을 다각도로 분석하고 평가하여 그 위험요인을 제거해 나갈 필요가 있다.

제 9 장 금융복합기업집단의 감독 및 보고·공시

제 1 절 금융복합기업집단의 감독 및 검사

Ⅰ. 입법의 취지

금융복합기업집단법의 충실한 이행을 유도하기 위해서는 금융위원회가 금융복합기업집단이 본 법 및 그 하위규정을 잘 준수하는지 감독할 수 있는 명백한 근거가 필요하다. 금융위원회가 이러한 감독을 위한 자료제출, 보고, 명령 등을 할 수 있도록 할 필요가 있다. 또한 이러한 감독 권한에 기반하여 금융복합기업집단의 내부통제 및 위험관리 등의 업무 등에 대하여 검사할 수 있는 근거 또한 필요하다.

Ⅱ. 감　독

금융복합기업집단의 감독에 관한 법률

제17조(감독) 금융위원회는 금융복합기업집단이 **이 법 및 이 법에 따른 규정·지시 등을 준수하는지를 감독하기 위하여** 필요한 경우 대표금융회사에 관련 자료의 제출, 보고 등을 하게 하거나 그 밖에 필요한 명령을 할 수 있다.

금융위원회는 금융복합기업집단이 본 법 및 본 법에 따른 규정·지시 등을 준수하는지를 감독하기 위하여 필요한 경우 대표금융회사에 관련 자료의 제출, 보고 등을 하게 하거나 그 밖에 필요한 명령을 할 수 있다(법 제17조). 금융복합기업집단의 감독에 관한 포괄적인 권한 규정이다.

다른 구체적인 감독 관련 조항들이 규정되어 있으므로 본 조항은 규정이 불필요하다는 의견도 제기되었다. 그러나 본 조항은 이 법을 준수하는지 여부 등에 대하여 금융복합기업집단에 대한 총괄적인 감독을 위한 위한 선언적 조항으로 유지가 필요하다. 예컨대, 금융복합기업집단이 갑작스럽게 건전성 악화 등의 위기가 발생하거나 금융사고 등이 발생한 경우 등에는 필요한 자료의 제출을 요구하거나 원인의 진단 등을 위해서는 해당 조항이 반드시 필요하다. 정기적으로 이루어지는 보고, 공시, 자본적정성 평가, 위험관리실태평가 등으로는 금융복합기업집단의 위험관리 및 건전성 유지 등이 제대로 이루어지는지 주기적으로 점검하게 되나, 본 조항이 없다면 글로벌 금융위기, 코로나19 같은 팬데믹 사태, 그룹의 유동성 문제 등으로 인한 급격한 위기가 있거나 이러한 의심이 드는 경우 등에는 신속하게 대응할 수 있는 권한에 공백이 발생할 우려가 있는 것이다.

또한 제20조의 검사에 대한 권한 역시 제19조의 감독 권한의 일부인 검사 권한을 금감원장이 위탁받아 행사하는 것으로서 제19조에서 이 법을 준수하는지 여부를 포괄적으로 감독할 수 있는 권한을 삭제한 채 제20조의 검사 권한만 둘 경우 포괄적인 감독 권한 없이 감독의 그 일부인 검사의 권한만을 금감원장이 갖게 되므로 그 체계상 모순 발생한다. 따라서 금융지주회사법 및 개별 금융업법에도 감독 조항과 함께 검사 조항을 규정하고 있다.

관련 참고 법률

금융지주회사법

제49조(감독) ① 금융위원회는 금융지주회사등의 건전한 경영을 위하여 감독상 필요한 명령을 할 수 있다.

② 금융감독원은 금융위원회의 규정과 지시가 정하는 바에 의하여 이 법, 기타 금융관련 법령, 금융위원회의 규정·명령 및 지시에 대한 금융지주회사등의 준수여부를 감독하여

야 한다.
제51조(검사) ① 금융지주회사 및 그 자회사등은 그 업무와 재산에 관하여 금융감독원장의 검사를 받아야 한다.
②~⑥ (생략)

Ⅱ. 검 사

금융복합기업집단의 감독에 관한 법률
제18조(검사) ① 대표금융회사는 **금융복합기업집단의 내부통제, 위험관리 및 건전성 관리 업무에 관하여** 금융감독원장의 검사를 받아야 한다.
② 금융감독원장은 제1항에 따른 검사를 위하여 필요한 경우 대표금융회사에 업무 또는 재산에 관한 보고, 자료의 제출, 관계자의 출석 및 진술을 요구할 수 있다.
③ 제1항에 따라 검사를 하는 사람은 그 권한을 표시하는 증표를 지니고 이를 관계인에게 내보여야 한다.
④ 금융감독원장은 제1항에 따라 검사를 한 경우 그 보고서를 금융위원회에 제출하여야 한다. 이 경우 이 법이나 금융관계법령 또는 이 법에 따른 금융위원회의 규정·명령 및 지시를 위반한 사실이 있는 경우 그 처리에 관한 의견서를 첨부하여야 한다.
⑤ 금융위원회는 검사의 방법·절차와 그 밖에 검사에 필요한 세부기준을 정할 수 있다.

대표금융회사는 금융복합기업집단의 내부통제, 위험관리 및 건전성 관리 업무에 관하여 금융감독원장의 검사를 받아야 한다. 이 때 금융감독원장은 검사를 위하여 필요한 경우 대표금융회사에 업무 또는 재산에 관한 보고, 자료의 제출, 관계자의 출석 및 진술을 요구할 수 있다. 이러한 검사를 하는 금융감독원 직원은 검사를 수행하면서 그 권한을 표시하는 증표를 지니고 이를 관계자에게 보여 주어야 한다. 금융감독원장은 대표금융회사 검사를 한 경우 그 보고서를 금융위원회에 제출하여야 한다. 이 경우 이 법이나 금융관계법령 또는 이 법에 따른 금융위원회의 규정·명령 및 지시를 위반한 사실이 있는 경우 그 처리에 관한 의견서를 첨부하여야 한다(법 제18조).

금융감독원장은 공무수탁사인으로서 검사 등에 있어 독자적인 권한을 행사하는 것이 아니라 금융위원회의 권한을 위탁받아 행사한다고 보아야 한다. 다만, 이 법의 다른 권한들은 그 주체를 금융위원회로 규정하고, 법 제31조에 따라 그 권한을 금융감독원장에게 위탁하고 있으나, 검사의 경우 그 주체를 바로 금융감독원장으로 규정하고 있다.

관련 참고 법률

금융위원회의 설치 등에 관한 법률

제24조(금융감독원의 설립) ① 금융위원회나 증권선물위원회의 지도·감독을 받아 금융기관에 대한 검사·감독 업무 등을 수행하기 위하여 금융감독원을 설립한다.

금융복합기업집단의 감독에 관한 법률

제31조(권한의 위탁) 이 법에 따른 금융위원회의 권한은 대통령령으로 정하는 바에 따라 그 일부를 금융감독원장에게 위탁할 수 있다.

그리고 본 법에 의한 검사는 그 객체를 대표금융회사로 한정하고 있다.[1] 이에 대하여는 일반 소속금융회사에 대한 검사권도 추가할 필요하다는 의견이 제기된다. 그러나 본 법에 따라 금융복합기업집단 전체에 대하여 자본적정성 평가 및 위험 관리실태 평가 등을 할 수 있는 권한을 갖추고 있는 점 등을 고려할 때 검사의 객체를 대표금융회사로 한정할 필요가 있다. 검사는 금융회사에 대하여 침해적이거나 제약적인 측면이 있으므로 이는 최소한도로 유지할 필요가 있다. 따라서 대표금융회사를 통한 검사만으로도 소속금융회사에 대한 필요한 자료를 제출 받거나 금융복합기업집단의 내부통제·위험관리 등에 대한 사항을 파악하는데 있어 그 목적을 충분히 달성할 수 있으므로 검사의 객체를 대표금융회사로 한정하는 것이 합리적이라 할 수 있다. 만일 금융복합기업집단의 소속금융회사 전체에 대한 검사를 가능하게 할 경우 오히려

1) 검사의 객체를 대표금융회사로 한정할 뿐 그 검사의 내용은 금융복합기업집단의 내부통제, 위험관리, 건전성 관리 업무 등으로 '금융복합기업집단에 관한' 사항이다. 이는 대표금융회사가 제8조에 따라 해당 금융복합기업집단의 내부통제·위험관리 등의 업무를 총괄하고, 이에 따라 필요한 자료의 제출 등을 소속금융회사에 대하여 요청할 수 있도록 하고 있으므로 금융감독원은 대표금융회사를 통해 금융복합기업집단 전체의 현황에 대한 검사가 가능하다.

본 규정을 통해 금융감독원이 과도한 권한을 행사할 우려가 있고, 모든 소속 금융회사에 대하여 검사의 부담을 부과하게 된다. 일반 소속금융회사도 각 업권별 법령에 의하여 검사를 받고 있는 상황에서 금융복합기업집단 감독 목적의 검사 또한 모든 소속 금융회사에 대하여 수검부담을 추가하는 것이 과도한 규제가 될 수 있어 과잉금지의 원칙 위배 소지가 있다고 볼 수 있기 때문이다.

또한 금융위원회는 검사의 방법·절차와 그 밖에 검사에 필요한 세부기준을 정할 수 있어 이를 통해 금융감독원의 과도한 권한 행사의 가능성을 견제·관리한다.

제 2 절 감독 협의체의 운영

Ⅰ. 입법의 취지

감독의 실효성 제고를 위해서는 금융위－금감원의 금융복합기업집단 감독 관련 부서 간의 원활한 의사소통이 필요하다. 이러한 부서들로 구성된 협의체 운영을 통해 금융복합기업집단의 문제점, 감독상 보완점이 필요한 부분 등에 대해 관계 감독부서간 원활한 의견교환·정보교류를 기대할 수 있다.

Joint Forum 감독원칙은 그룹차원의 감독업무를 원활하게 수행할 수 있도록 감독자들에게 협업 및 정보공유 관련 필요한 권한을 부여할 것을 명시하고 있다. 특히 권역별 감독자, 통합감독자, 국내외 감독자와 긴밀한 공조, 효율적 의견교환이 가능토록 관련 권한 부여할 필요성을 강조하고 있다.

〈표 9-1〉 Joint Forum 감독원칙의 감독자간 협업에 관한 규정

[§2] 감독관련법은 감독자들이 원활하게 그룹 차원의 감독업무를 수행할 수 있도록 **감독자에게 협업 및 정보공유 관련에 필요한 권한을 부여**해야 한다.2)

[§2.1] **일반적으로 하나 이상의 감독자가 금융그룹의 구성기업들을 감독**하는데, 특히 금융그룹이 국내외에서 영업하는 글로벌 금융그룹인 경우 그러함. 따라서 금융그룹을 효율적으로 감독하기 위해서는 국내외 및 금융권역별 감독자간 정보공유 및 협업이 중요하다. 또한, **기능별·권역별 감독자간 긴밀한 공조·효율적 의견교환 등을 촉진할 수 있도록 감독자에게 적절한 책임을 부여해야** 한다.3)

[§2.2] 감독관련법은 효율적 감독을 위해 **감독자에게 정보공유 및 협업과 관련한 권한을 제공해야** 한다. 감독자간 협업은 주요주주, 이사회, 고위경영진 및 주요 책임자의 적합성 판단하기 위한 정보공유, **감독자 협의체 참여**, 현장 및 외부감사 협조, 시정조치 행사 등을 의미한다. 감독관련법은 협업 및 정보공유를 보장하고, 정보유출방지 관련기준을 포함해야 한다.4)

---

2) Joint Forum 감독원칙, 10면.
[§2] The legal framework should grant the necessary power and authority to supervisors to enable efficient and effective cooperation, coordination and information sharing among supervisors in order to facilitate group-wide supervision.

3) Joint Forum 감독원칙, 10면.
[§2.1] There will commonly be more than one supervisor responsible for entities within a financial conglomerate, particularly where the conglomerate operates across borders. Cross-border and cross-sector cooperation and information sharing is therefore critical to effective group-wide supervision. In order to efficiently supervise the financial conglomerate, an established legal framework that provides for appropriate accountability is required to enable supervisors to establish and maintain close cooperation and efficient communication and to have in place coordination arrangements with other relevant functional and/or sectoral supervisors.

4) Joint Forum 감독원칙, 10면.
[§2.2] The legal framework should provide the authority for supervisors to establish appropriate sharing of information, and to cooperate and coordinate as agreed to facilitate effective group supervision. Such cooperation or coordination may include participating in supervisory colleges, cooperating in on-site and off-site supervision and taking enforcement actions in relation to the financial conglomerate, along with sharing of information to determine the suitability of significant owners, board members, senior managers and key persons in control functions. The legal framework should not impede appropriate cooperation and information sharing and should include appropriate requirements in relation to confidentiality.

Ⅱ. 주요내용

금융복합기업집단의 감독에 관한 법률

제19조(감독 협의체의 운영) ① 금융위원회는 **<u>금융복합기업집단에 대한 효율적인 감독을 위하여 금융위원회와 금융감독원 관계 부서로 구성된 협의체</u>**를 운영할 수 있다.

② 제1항에 따른 협의체는 금융복합기업집단의 문제점과 개선사항을 점검하고, 금융복합기업집단 감독에 대한 보완사항 등을 협의한다.

③ 제1항에 따른 협의체의 구성 및 운영에 필요한 세부 사항은 금융위원회가 정한다.

금융복합기업집단 감독규정

제14조(감독 협의체의 운영) ① 감독 협의체는 금융복합기업집단 감독에 관한 금융위원회 및 금융감독원 소관부서 구성원으로 구성하며, 필요한 경우에는 소속금융회사를 감독하는 금융위원회 및 금융감독원 소관부서 구성원을 참석시킬 수 있다.

② 감독 협의체는 **<u>다음 각 호의 사항</u>**에 대해 협의한다.

1. 금융복합기업집단 감독제도 운영에 관한 사항
2. 금융복합기업집단의 감독·검사 계획에 관한 사항
3. 금융복합기업집단별 주요 위험요인 점검에 관한 사항
4. 그 밖에 금융복합기업집단의 건전한 경영을 위하여 필요한 사항

③ 감독 협의체는 **<u>연 1회 이상</u>** 협의회를 개최하는 것을 원칙으로 한다. 다만, 각 소관부서에서 사안별로 감독 협의체와 유사한 별도의 협의체를 운영 중인 경우에는, 그 협의체를 감독 협의체의 활동으로 **<u>갈음할 수</u>** 있다.

금융위원회는 금융복합기업집단에 대한 효율적인 감독을 위해 금융위원회와 금융감독원의 관계부서로 구성된 감독 협의체를 운영할 수 있다. 본 협의체는 금융복합기업집단의 문제점 및 개선사항을 점검하고, 감독보완사항 등을 협의한다(법 제19조). 이러한 감독협의체는 금융복합기업집단 감독제도 운영에 관한 사항, 감독·검사 계획에 관한 사항, 집단별 주요 위험요인의 점검에 관한 사항 및 그 밖에 금융복합기업집단의 건전한 경영을 위하여 필요한 사항 등에 대하여 논의한다. 감독 협의체는 연 1회 이상 개최하는 것을 원칙으로 한다(감독규정 제14조).

〈표 9-2〉「금융복합기업집단 감독 협의체」 구성·운영안[5)]

[1] 금융복합기업집단 감독 협의체(연 1회 이상)

• **통합감독정책 수립, 주요 위험요인 점검, 감독업무 조정** 등

금융위 부위원장
* 副 : 금감원 수석부원장

(간사) 금융위 금융그룹감독혁신단장
금감원 금융그룹감독실장

금 융 위	금 감 원
▸ 금융서비스국장 ▸ 자본시장국장 ▸ 중소서민금융정책관	▸ 전략감독부원장보 ▸ 보험부원장보 ▸ 금융투자부원장보 ▸ 중소서민부원장보

[2] 금융그룹별 감독부서 실무협의체(분기 1회 이상)

• 금융복합기업집단별 **감독 진행상황 공유·점검**, 집단별 **주요 위험요인·현안**, 금융그룹 **위험관리체계 평가·점검** 등 논의*

* 회의 논의사항 중 주요내용에 대해서는 '금융복합기업집단 감독 협의체'에 보고

A 집단 감독부서 실무협의체	B 집단 감독부서 실무협의체	…	C 집단 감독부서 실무협의체
▸ 금융위 - 금융그룹감독혁신단 ▸ 금감원 - 금융그룹감독실 - A 집단 소속 금융회사 검사국	▸ 금융위 - 금융그룹감독혁신단 ▸ 금감원 - 금융그룹감독실 - B 집단 소속 금융회사 검사국	…	▸ 금융위 - 금융그룹감독혁신단 ▸ 금감원 - 금융그룹감독실 - C 집단 소속 금융회사 검사국

※ 필요시 금융복합기업집단별 대표금융회사 참석

5) 금융위원회, 앞의 보도자료(2018. 4. 3), 7면.

제 3 절 금융복합기업집단의 보고 및 공시

Ⅰ. 입법취지 및 주요내용

금융소비자가 금융그룹 관련 주요 정보를 보다 쉽게 접하고 활용할 수 있도록 해당 내용을 주기적으로 금융위에 보고하고, 외부에 공시하도록 하여 금융소비자 보호를 강화할 필요가 있다. 금융복합기업집단은 금융소비자 보호를 위해 필요한 사항을 대표금융회사를 통하여 금융위원회에 보고하고, 인터넷 홈페이지 등을 통해 공시하여야 한다(법 제20조).

Ⅱ. 보고·공시의 차이 및 필요성

보고는 금융당국이 금융복합기업집단을 감독하는데 필요한 정보를 파악하기 위해 필요한 반면, 공시는 금융소비자에게 필요한 정보를 제공하고, 시장의 감시를 받도록 하는 기능을 수행한다. 따라서 금융복합기업집단 차원의 보고가 필요할 가능성에 대하여는 대체로 큰 이견이 없으나, 공시의 필요성에 대하여는 이견이 제기될 수 있다. 개별 금융회사별로 공시를 하고 있으므로 금융복합기업집단 차원의 공시는 실효성에 비해 그 부담만 가중될 수 있다는 것이다. 그러나 금융소비자 보호를 강화하고, 시장의 감시기능을 높이기 위해서는 금융복합기업집단 차원의 공시는 반드시 필요하다. 현재 개별 금융회사별로 공시를 하나, 금융복합기업집단 수준의 정보를 획득하기 위해서는 일일이 소속금융회사 전체의 공시내용을 받아서 이를 다시 정리하고 가공해야 한다. 개별 소속금융회사별 공시사항들은 산재되어 있어 시장 참가자들이 투자에 따른 위험요인 등을 그룹차원에서 파악하기 곤란한 측면이 있는 것이다.[6] 더구나 해외 소속금융회사의 경우는 공시가 제대로 안되고 있는 경우도 있을 수 있다. 또한 공정거래법에 따라 기업집단에 대한 공시도 이루어지고 있으나, 금융의 관점에서 필요한 항목들 위주로 구성되지 않아 이를 금융복합기업집

6) 금융위원회, 앞의 보도자료(2020. 2. 24), 6면.

단의 공시로 대체하기에는 한계가 있다. 따라서 개별회사 차원에서 이미 계열사간 거래내역, 신용공여 현황 등은 이미 공시하고 있어 금융복합기업집단 공시에 따른 추가적 자료정리 등의 부담은 크지 않은 반면, 이에 대하여 일목요연하게 정리하여 공시함에 따른 금융소비자의 편익은 크다 할 수 있다. 그룹위험요인의 일목요연한 파악 및 시장 감시기능의 활성화[7]를 위해서는 금융복합기업집단에 대한 공시가 필요하다.

Ⅲ. 보고·공시의 목적, 기한, 사항의 비교

보고 및 공시의 목적, 기한, 사항은 다음과 같다.

〈표 9-3〉 보고·공시의 목적·기한·사항의 비교

목 적	**금융당국**이 금융복합기업집단의 **주요 정보를 파악**	**시장, 금융소비자**에게 필요한 정보제공, **시장의 감시기능** 강화
기 한	매분기 말일로부터 **2월** 이내 (분기말일이 사업연도말인 경우 **3월** 이내)	매분기 말일로부터 **3월** 이내 (분기말일이 사업연도말인 경우 **5월** 이내)
	※ 필요한 경우 감독원장은 15일 이내의 범위에서 연장 가능	
사 항	• 금융복합기업집단의 소유·지배구조 • 금융복합기업집단의 내부통제 및 위험관리 • 금융복합기업집단의 자본적정성 또는 재무건전성 • 금융복합기업집단의 내부거래 및 위험집중 • 금융복합기업집단의 재무 및 손익에 관한 사항 • 금융복합기업집단의 자금의 조달 및 운용에 관한 사항 • 해당 금융회사 및 다른 소속금융회사의 대주주(특수관계인을 포함)에 대한 출자 및 신용공여 현황 등 내부거래에 관한 사항 • 금융관계법령에 따라 소속금융회사 및 그 임원이 금융위원회 또는 감독원장으로부터 조치를 받은 경우 그 내용 • 주요 소송 현황 ※ 내용은 동일하나, 그 구체적 양식 및 범위는 차이	

7) 금융위원회, 앞의 보도자료(2020. 2. 24), 6면.

Ⅳ. 기타 재보고·재공시 등

금융감독원장은 금융복합기업집단이 허위로 보고·공시하거나 중요한 사항을 누락하는 등 불성실하게 보고·공시한 경우에는 대표금융회사에 정정하여 보고·공시하거나 다시 보고·공시하도록 요구할 수 있다(감독규정 제15조제4항). 금융복합기업집단은 건전성 악화 등으로 인하여 해당 집단에 대한 경영개선계획 제출 명령을 받은 경우에는 관련 내용을 즉시 공시하여야 한다(감독규정 제15조제3항).

Ⅴ. 보고·공시의 효과

이러한 보고·공시를 통해 금융그룹의 소유·지배구조, 위험관리체계, 재무건전성, 내부거래 및 위험집중, 그 밖의 주요 위험요인 등에 관한 사항 등 금융그룹의 위험에 대하여 금융당국의 사전적·주기적인 점검 가능할 것으로 보인다. 또한 금융복합기업집단의 위험관련사항에 대하여 금융당국에 보고하고 금융소비자에 공시하는 과정에서 금융복합기업집단 스스로 위험관리를 강화할 수 있도록 유도할 것으로 기대된다.

〈표 9-4〉 금융복합기업집단 관련 보고 서식 목록[8)]

분 류	보고서 목록	작성주기
0. 소유·지배구조 등 주요 현황	소속금융회사 현황	분기
	소속금융회사 편입·제외 내역	분기
	법령 적용제외 대상 소속금융회사 현황	분기
	소속금융회사의 임원 현황	분기
	소속금융회사 임원의 소속비금융회사 겸직 현황	분기
	소속금융회사 임원의 소속비금융회사 근무 경력 현황	분기
	소속금융회사의 주주 현황	분기

8) 금융복합기업집단 감독규정 시행세칙 [별지4] 금융복합기업집단 업무보고서 서식.

0. 소유·지배구조 등 주요 현황	소속금융회사의 내·외부주주 현황	년
	대주주의 주식담보대출 등 현황	분기
	소속금융회사의 관련 비금융회사현황	년
	소속금융회사의 배당 성향	분기
1. 내부통제 및 위험관리체계	대표금융회사 이사회 현황	분기
	금융복합기업집단 내부통제 및 위험관리협의회 현황	분기
	소속금융회사 내부통제 및 위험관리부서 현황	분기
	대표금융회사 이사회 등의 의결사항 등	분기
2. 자본적정성	금융복합기업집단 자본적정성 개황	분기
	소속금융회사별 자본적정성 비율 산출대상 여부	분기
	금융관계법령에 자본적정성 기준이 있는 금융회사 세부 자본 현황	분기
	금융관계법령에 자본적정성 기준이 없는 금융회사 세부 자본 현황	분기
	소속금융회사별 자본 구성 내역	분기
	중복자본 세부 현황	분기
	소속금융회사의 금융관계법령상 자본적정성 현황	분기
	소속금융회사의 신종자본증권 및 후순위채무 발행 현황	분기
3. 내부거래 및 위험집중	내부거래 개황	분기
	소속금융회사간 내부거래 현황	분기
	소속비금융회사와의 내부거래 현황	분기
	계열회사 외 대주주와의 내부거래 현황	분기
	대주주를 위한 내부거래 현황	분기
	요주의 이하 자산거래 현황	분기
	대주주에 대한 출자	분기
	대주주에 대한 신용공여	분기
	대주주에 대한 간접출자	분기
	동일법인에 대한 출자 및 신용공여	분기
	국내 산업별 출자 및 신용공여	분기
	국가별 출자 및 신용공여	분기
	공동투자 개황	분기
	직접 공동투자 세부 현황	분기
	펀드를 통한 공동투자 세부 현황	분기
	기타 간접 공동투자 세부 현황	분기
4. 기타	소속금융회사의 업무위수탁 현황	분기
	소속금융회사 등의 소송 현황	년

〈표 9-5〉 금융복합기업집단 관련 공시 서식 목록[9)]

구 분	세부 항목
1 일반 현황	① 선언문 (공시자료가 사실과 다름없음을 보장) ② **기업집단** 현황 (금융·비금융계열사 수, 자산, 업종) ③ **금융복합기업집단** 현황(업종, 설립일, 자산, 자본, 매출액, 종업원수 등) ④ **대표금융회사** 현황 (이사회 구성·조직도) 등 ⑤ **주요 소속금융회사**의 자금 조달 및 운용현황
2 소유·지배구조	① 금융그룹 **지배구조** 현황(지배구조 원칙·특징·지배구조내부규범 등) ② 소속금융회사 **주주** 현황(**대주주** 현황, **내·외부주주** 지분율 등) ③ 소속금융회사 **출자** 현황(소속금융·비금융회사 대상 출자액, 지분율 등) ④ 소속금융회사 **임원** 현황(임원 직책·경력, 겸직, 비금융회사 이직 현황 등) ⑤ 기타 소유·지배구조에 중대한 영향을 미칠 수 있는 사항
3 내부통제체계	① **내부통제기구** 현황(내부통제협의회 및 내부통제 전담부서 현황 등) ② **내부통제기준** 등 주요내용(내부통제기준 등의 주요내용, 제·개정 현황 등) ③ **내부통제체계 운영** 현황(대표금융회사 이사회의 심의·의결 주요내용 등)
4 위험관리체계	① **위험관리기구** 현황(위험관리협의회 및 위험관리 전담부서 현황 등) ② **위험관리기준** 등 주요내용(위험관리기준 등의 주요내용, 제·개정 현황 등) ③ **위험관리체계 운영** 현황(대표금융회사 이사회의 심의·의결 주요내용 등)
5 자본적정성	① **자본적정성** 현황(자기자본순합계액, 중복자본, 최소요구자본 등) ② 소속금융회사간 **중복자본** 현황(교차·우회출자 등 중복자본 세부내역) ③ **소속금융회사별 자본적정성** 현황
6 내부거래·위험집중	① **내부거래**(유형별 현황, 계열회사에 대한 대여·매도·대출, 간접 내부거래 등) ② 내부거래 관련 **내부통제기준·세부지침 및 주요내용** ③ 내부거래 관련 **운영실적**(대표금융회사 이사회의 심의·의결 주요내용 등) ④ **대주주 출자 및 신용거래** ⑤ **공동투자** 현황
7 기타 현황	① 소속금융회사 및 **임원 제재** 현황(최근 5년내) ② **주요 소송** 현황(소속금융회사 및 그 임원이 소송당사자) ③ 소속금융회사의 **수시공시 내용**

9) 금융복합기업집단 감독규정 시행세칙 [별지5] 금융복합기업집단 공시 서식.

Ⅵ. 실무상 시사점

금융복합기업집단 차원의 보고·공시의 경우, 상당부분의 내용은 개별 소속금융회사의 주요 보고·공시사항을 취합하여 이루어진다. 그러나 그간 각 개별 금융회사 차원에서 이루어지는 공시 등을 보고 금융소비자가 금융복합기업집단 전체에 대한 위험 등을 파악하기는 쉽지 않았다. 또한 필요한 정보를 각 소속금융회사의 공시사항으로부터 일일이 모아서 유용한 정보로 만들어내기에는 어려움이 있었다. 이 법에 따른 보고·공시는 금융복합기업집단의 정보를 한군데 모아 일목요연하게 볼 수 있도록 함으로 인하여 해당 금융복합기업집단에 대한 주요 위험 등에 대한 정보를 보다 의미있게 파악할 수 있게 된 것이다.

이에 따라 금융당국에서도 집단 차원에 대한 위험을 보다 쉽게 파악할 수 있게 되었고, 금융소비자도 보다 쉽게 공시사항을 통해 집단 차원에 대한 주요 정보를 파악할 수 있게 되었다. 특히 공시를 통해 각 금융복합기업집단에 대한 정보를 비교할 수 있고, 이는 해당 집단에 대한 평판 등에 미치는 영향이 높을 수 있다. 즉, 해당 금융복합기업집단이 위험하지 않다는 모습을 보여주어야 할 것이다. 최근 주식 등 금융투자에 관심있는 금융소비자가 증가하고 있고, 유튜브, SNS 등을 통해 정보공유도 빠르게 이루어지고 있으므로 금융복합기업집단이 위험하지 않다는 점, 향후 점차 성장하고, 개선되어 가는 모습, 위기에 체계적으로 대비하고 있는 모습을 보여주는 것이 향후 금융복합기업집단의 지속적인 성장과 고객 유지에 중요할 것이다.

제10장 금융복합기업집단의 위험 관리실태 평가

제 1 절 개요 및 취지

Ⅰ. 주요내용 및 입법취지

금융복합기업집단의 감독에 관한 법률

제21조(금융복합기업집단 위험 관리실태 평가) ① 금융위원회는 금융복합기업집단의 위험 현황 및 관리실태를 **정기적**으로 평가하여야 한다. 이 경우 다음 각 호의 사항을 종합적으로 고려하여야 한다.

1. 제10조에 따른 금융복합기업집단 내부통제체계의 적정성
2. 제12조에 따른 금융복합기업집단 위험관리체계의 적정성
3. 제14조에 따른 금융복합기업집단의 자본적정성
4. 제15조에 따른 내부거래 및 위험집중 관리의 적정성
5. 제16조에 따른 위험전이 관리의 적정성
6. 그 밖에 금융복합기업집단의 위험관리 등에 관한 사항으로서 대통령령으로 정하는 사항

② 제1항에 따른 평가의 시기, 방법 및 기준 등에 관한 세부 사항은 대통령령으로 정한다.

금융복합기업집단의 감독에 관한 법률 시행령

제16조(금융복합기업집단 위험 현황 및 관리실태 평가) ① 법 제21조제1항제6호에서

"대통령령으로 정하는 사항"이란 다음 각 호의 사항을 말한다.
1. 금융복합기업집단내부통제정책 및 금융복합기업집단내부통제기준의 적정성
2. 금융복합기업집단위험관리정책 및 금융복합기업집단위험관리기준의 적정성
3. 금융복합기업집단 소유·지배구조의 적정성

금융위원회는 금융복합기업집단의 위험 현황 및 관리실태를 정기적으로 평가하여야 한다. 이 경우 금융복합기업집단 내부통제·위험관리체계의 적정성, 자본적정성, 내부거래·위험집중·위험전이 관리의 적정성 등을 종합적으로 고려하여야 한다(법 제21조). 이처럼 금융당국이 금융복합기업집단의 위험 현황 및 관리실태를 정기적으로 평가하여 감독에 참고하고 반영할 필요가 있다. 이러한 과정을 통해 금융당국이 금융복합기업집단에 잠재된 다양한 위험요소를 파악하고 관리함으로써 실효성 있는 감독이 이루어지도록 할 필요가 있는 것이다. 또한 금융복합기업집단 입장에서는 이러한 평가과정에서 위험요인 및 개선 필요사항을 파악하게 됨으로써 스스로 이를 개선할 수 있는 계기가 되는 것이다.

Ⅱ. 자본적정성 평가시 집단위험 평가와의 차이

자본적정성 평가시 집단위험의 평가는 자본적정성에 영향을 미칠 가능성이 있는 위험을 평가하여 통합필요자본을 가산하기 위한 것이다. 따라서 건전성에 영향을 미칠 가능성이 높은 요소에 대하여 평가한다. 즉, 보다 현실화될 위험을 평가한다고 볼 수 있다. 또한 평가주기도 매년 평가하는 등 보다 자주 평가할 필요가 있다. 반면 위험 관리실태 평가는 금융복합기업집단의 전반적인 위험수준 및 관리체계를 종합적으로 평가한다. 따라서 보다 잠재적이거나 위험으로 발전할 수 있는 요인까지 종합적으로 평가하여야 한다. 또한 현재 위험이라고 보기 어려우나, 집단 전체의 위험에 안좋은 영향을 미칠 수 있어 개선이 필요한 요소까지 종합적으로 보아야 한다. 금융지주회사와 비교하여 보면 위험가중자산을 가산하는 리스크 평가와 경영실태평가의 관계와 유사하다고 볼 수 있다.

〈표 10-1〉 은행·은행지주회사의 리스크 평가 제도

1 **(개요)** 은행·은행지주의 **리스크 관리능력**에 따른 **차별적 감독**을 강화하기 위해 도입('15.12월 도입, 바젤Ⅱ 이행사항)

2 **(평가방식) 계량평가**(30%) 및 **비계량평가**(70%) 실시 후 각각의 등급을 가중평균하여 **종합등급**(5등급 15단계) **산정**

※ 은행·은행지주 경영실태평가 항목 중 **리스크평가 목적에 부합하는 항목**을 중심으로 구성

<은행 리스크평가 평가부문별 주요항목 예시>

계량평가 (30%)		비계량평가 (70%)	
• 종합	리스크중심 자기자본비율 등	• 자본적정성 (C)	리스크의 성격 및 규모를 감안한 자본규모의 적정성 등
• 신용	익스포저 대비 신용리스크량비율 등		
• 시장	자기자본 대비 시장리스크량비율	• 자산건전성 (A)	신용리스크 관리의 적정성 등
• 운영	자기자본 대비 운영 리스크량비율		
• 유동성	유동성 커버리지 비율 등	• 유동성 (L)	유동성리스크 관리의 적정성 등
• 금리	자기자본 대비 금리 VaR 비율 등	• 리스크관리 (R)	리스크 지배구조 및 관리정책 등
• 신용편중	자기자본 대비 신용편중리스크비율		

3 **(평가주기) 매년 실시 원칙**, 단, 총자산규모가 60조원 미만(지방은행 등)은 격년 실시(※ 경영실태평가를 실시하는 해에는 통합 실시)

4 **(결과활용) 종합등급 3⁻등급 이하**인 경우 **위험가중자산(RWA) 할증(추가자본 적립)** 등의 감독조치

<평가 등급별 추가자본 적립 등 감독조치>

등 급		위험가중자산 할증률	추가적으로 부과 가능한 감독조치
1등급 (우수)	+	-	• 특정 리스크 취약부문에 대한 리스크관리 강화 지도 • 리스크관리 강화를 위한 개선계획·약정서 제출 요구
	0		
	−		
2등급 (양호)	+	-	
	0		
	−		
3등급 (보통)	+	-	• 특정 리스크 취약부문에 대한 리스크관리 강화 지도 • 리스크관리 강화를 위한 개선계획·약정서 제출 요구 • 이익배당 축소 등을 포함한 자본확충 협약(MOU) 체결
	0		
	−	1%	
4등급 (취약)	+	3%	
	0	5%	
	−	7%	
5등급 (위험)	+	10%	
	0	15%	
	−	20%	

자료: 금융위원회.

〈표 10-2〉 금융권 경영실태평가 제도 현황

1 (개요) 금융기관의 경영상태를 평가하여 경영부실 위험을 적기에 파악·대처하고 금융시스템의 안정성을 제고하기 위해 실시

※ 은행에 처음 도입('96년 10월) 이후 타 업권까지 확대(증권사 '99년 1월, 보험사 '00년 1월 등)되었으며, 각 업권 법령 등에서 실태평가 근거를 명시

2 (평가방식) 종합평가·간이계량평가

- (종합평가) 종합적인 경영실태 진단을 위해 평가 부문별로 계량·비계량항목의 등급 산정 → 가중평균하여 종합평가등급* 산정
  * 5등급 15단계(등급별 +,0,− 3단계)
- (간이계량평가) 상시감독 차원에서 매분기 계량항목에 대한 평가를 실시하여 간이평가등급 산정

3 (평가부문) CAMEL 방식*을 바탕으로, 업권별 특징 반영

* ① 자본적정성(C), ② 자산건전성(A), ③ 경영관리 적절성(M), ④ 수익성(E), ⑤ 유동성(L)

<주요 업권별 경영실태평가 평가부문 및 가중치>

금융지주	은 행	보 험(생보사 기준)	금융투자
RFI	CAMEL－R	RAAS 방식	CAMEL
① 리스크관리(0.4)	① 자본적정성(0.2)	① 경영관리(0.2)	• 공통
② 재무상태(0.3)	② 자산건전성(0.25)	② 보험리스크(0.15)	① 자본적정성
③ 잠재적 충격(0.3)	③ 경영관리(0.15)	③ 금리리스크(0.15)	② 수익성
	④ 수익성(0.1)	④ 투자리스크(0.15)	③ 경영관리
	⑤ 유동성(0.15)	⑤ 유동성리스크(0.05)	• 업종별
	⑥ 리스크관리(0.15)	⑥ 자본적정성(0.2)	① 유동성
		⑦ 수익성(0.1)	② 자산건전성

4 (평가주기) 간이계량평가는 매분기, 종합평가*는 일률적 주기 없이 금감원 연간검사계획 수립 시 경영현황 등을 고려하여 대상 선정

* 통상적으로 은행·은행지주는 2~3년마다, 보험·금투 등은 계량지표 악화 등 필요시 실시

5 (결과활용) 종합평가등급 및 부문별 평가등급을 적기시정조치(경영개선권고·요구 등) 기준*으로 활용

* 금융산업구조개선법 제10조제1항에 따라 업권별 감독규정에서 구체적 기준을 정하며, 종합등급 4등급 이하인 경우 '경영개선요구' 발동

자료: 금융위원회.

제 2 절 평가 세부사항

Ⅰ. 평가항목 및 체계

금융복합기업집단 감독규정

제16조(위험관리실태평가) ① 위험관리실태평가는 검사기준일 현재 평가대상 금융복합기업집단의 위험관리 실태를 <별표 6>에서 정한 바에 따라 부문별로 구분하여 평가하고 그 평가결과와 전반적인 위험관리 실태 등을 고려하여 종합평가한다.

② 위험관리실태평가는 부문별평가와 부문별평가 결과를 감안한 종합평가를 1등급(우수), 2등급(양호), 3등급(보통), 4등급(취약), 5등급(위험) 등 5단계 등급으로 구분하여 실시한다. 이 경우 위험관리실태평가 기준일은 검사기준일로 한다.

금융복합기업집단 위험관리실태평가는 모든 소속금융회사를 대상으로 실시한다. 평가는 내부통제 체계, 위험관리체계, 자본적정성, 위험집중·내부거래, 소유구조·위험전이의 5개 평가부문, 10개 세부평가항목별로 실시한다. 평가부문별 평가등급은 각 평가항목별 등급에 따라 산정된 세부 평가부문 등급을 반영하여 산정하고, 항목별 등급을 가중평균(내부통제 체계 20%, 위험관리 체계 20%, 자본적정성 20%, 위험집중·내부거래 20%, 소유구조·위험전이 20%)하여 종합등급(5등급)을 산출한다. 이렇게 부문별평가와 부문별평가 결과를 감안한 종합평가를 1등급(우수), 2등급(양호), 3등급(보통), 4등급(취약), 5등급(위험) 등 5단계 등급으로 구분하여 실시한다. 이 경우 위험관리실태평가 기준일은 검사기준일로 한다(감독규정 제16조, 별표6).

위험관리실태평가는 금융복합기업집단의 위험관리 역량에 대한 평가가 주된 초점인 점을 감안하여 정성평가 중심으로 구성되어 있다.

Ⅱ. 평가결과의 활용

금융복합기업집단 감독규정 시행세칙
제7조(위험관리실태평가) ① 감독원장은 금융복합기업집단에 대한 검사 등을 통해 위험관리실태평가를 실시하며, **그 결과를 감독 및 검사업무에 반영할 수** 있다.

금융당국은 금융복합기업집단에 대한 검사 등을 통해 위험관리실태평가를 실시하며, 그 결과를 감독 및 검사업무에 반영할 수 있다(시행세칙 제7조제1항). 즉, 금융복합기업집단 건전성 감독 및 상시적인 집단위험 관리에 활용할 수 있는 것이다.

금융복합기업집단의 위험관리실태평가 종합등급이 일정 수준(4등급) 이하인 금융복합기업집에 대해 경영개선계획 제출 명령 등 건전성 감독 조치 실행하게 된다(법 제22조제1항제1호, 시행령 제17조제1항). 그리고 이러한 건전성 감독 조치의 대상이 아니더라도 평가과정에서 발견된 개선 필요사항에 대해 금융복합기기업집단이 자체적인 집단위험 관리에 반영·참고하도록 권고할 수 있다.

다만, 자본적정성 평가와 달리 이러한 평가등급은 대외적으로 비공개로 운영된다. 평가의 목적이 금융당국의 감독 효과를 높이고, 금융복합기업집단의 위험관리 역량을 향상시키기 위한 것이 주된 목적이기 때문이다. 즉, 자본적정성 평가와 같이 금융소비자에게 위험을 알리기 위한 목적이 아니기 때문이다. 오히려 너무 세부적인 잠재적 위험요인을 외부에 공개할 경우 마치 해당 금융복합기업집단이 위험한 것으로 오인하도록 하여 오히려 건전성에 안좋은 영향을 미칠 수 있기 때문이다. 개별 금융회사 및 금융지주회사의 경영실태평가도 이와 마찬가지로 외부에 평가결과를 공개하지 않고 있다.

Ⅲ. 평가주기

금융복합기업집단의 감독에 관한 법률 시행령

제16조(금융복합기업집단 위험 현황 및 관리실태 평가) ② 법 제21조제1항 전단에 따른 금융복합기업집단의 위험 현황 및 관리실태 평가(이하 "위험관리실태평가"라 한다)는 **3년마다 실시**한다. 다만, **금융위원회는 자본 규모, 위험관리 현황 및 시장 여건 등을 고려해 긴급한 필요가 있다고 인정하는 경우 수시로** 위험관리실태평가를 실시할 수 있다.

금융복합기업집단별로 3년마다 평가를 실시한다. 따라서 실제로는 금융복합기업집단별로 2년에서 3년 사이에 1회 평가를 받게 된다.[1] 다만, 자본 규모, 위험관리 현황 및 시장 여건 등을 고려하여 긴급한 필요가 있다고 인정하는 경우에는 수시로 평가를 할 수 있다(시행령 제16조제2항). 금융지주회사 등의 경영실태평가도 이와 유사하게 2~3년에 1회 평가를 받도록 운영하고 있다. 평가의 주기가 너무 길 경우 위험요인의 반영이 제때 되지 않는다는 단점이 있다. 그러나 위험관리실태평가의 경우 그 평가 범위가 넓으므로 너무 자주 평가를 실시할 경우 감독자의 부담도 클 뿐만 아니라 수검자인 금융복합기업집단의 부담이 매우 클 것이므로 적절한 주기를 정하여 실시할 필요가 있다고 본다.

향후 제도 운영과정에서 현재 2~3년에 1회 정도의 평가주기가 적절한지 여부를 검토하여 조정해나갈 필요가 있다.

---

1) 금융위원회, 「금융그룹 CEO·전문가 간담회를 개최하여 모범규준 1년 시범적용 성과를 평가하고, 앞으로 금융그룹감독을 보다 내실있게 운영하기로 하였습니다」, 보도자료(2019. 6. 11), 8면.

〈표 10-3〉 금융복합기업집단 위험관리실태 세부 평가항목[2)]

평가부문	세부 평가부문	평가항목
내부통제 체계	대표금융회사 이사회의 권한 및 역할	• 대표금융회사 이사회의 금융복합기업집단 내부통제 권한 등 체계의 적정성 • 대표금융회사 이사회의 금융복합기업집단 내부통제 운영의 적정성
	내부통제정책 및 기준	• 금융복합기업집단 내부통제정책 및 기준의 적정성 • 금융복합기업집단 내부통제정책 및 기준 운영의 적정성
위험관리 체계	대표금융회사 이사회의 권한 및 역할	• 대표금융회사 이사회의 금융복합기업집단 위험관리 권한 등 체계의 적정성 • 대표금융회사 이사회의 금융복합기업집단 위험관리 운영의 적정성
	위험관리정책 및 기준	• 금융복합기업집단 위험관리정책 및 기준의 적정성 • 금융복합기업집단의 주요 위험에 대한 모니터링 및 대응체계의 적정성
자본 적정성	자본구조	• 자본의 손실흡수 가능성
	자본정책	• 자본유지정책의 적정성
위험집중· 내부거래	위험집중	• 위험집중 관리의 적정성
	내부거래	• 내부거래 관리의 적정성
소유구조· 위험전이	소유구조	• 소유·지배구조의 안정성 및 투명성
	대주주 관련 위험전이	• 대주주 등으로부터의 위험전이 관리의 적정성

제 3 절 실무상 시사점

금융복합기업집단의 그룹리스크는 정량적인 지표 등에 의하여 나타나지 않는 비정형적 위험을 내포하고 있다. 따라서 어느 정도의 정성적인 평가가

2) 금융복합기업집단 감독규정 [별표6] 위험 관리실태 평가 기준 4. 평가항목 참조.

동반되지 않는 경우, 자본적정성 등의 외관상 드러나는 정량적인 지표로는 매우 우수한 것으로 보이나 이러한 지표로 드러나지 않는 위험을 찾아내기 어려울 수 있다. 예컨대, 비금융계열사의 임원을 임명한 경우 그 임원이 어떠한 전문성을 갖춘 사람이고, 어떠한 목적으로 임명되었는지를 분석하지 않을 경우 그 위험을 정확히 파악하기 어렵다. 핀테크 활성화 등의 목적을 위해 IT 기술의 전문가를 임명하여 실제로도 그러한 역할을 충실히 해내고 있다면 이는 위험요인이라 볼 수 없다. 그러나 비금융계열사가 우월한 지위에서 단지 인사적체 해소 목적으로 금융회사의 임원으로 내보냈거나, 보은성 인사로 금융회사의 임원으로 임명하였다면 이는 위험요인이라고 볼 수 있는 것이다. 이외에도 임직원 인사, 오너·CEO리스크, 소유·지배구조의 문제점, 잠재적 이해상충 가능성 등 그룹리스크로 연결될 수 있으므로 정성적으로 살펴보아야 할 다양한 요인들이 있다.

위험관리실태평가는 보고·공시 등과 함께 이러한 문제점을 해소하기 위한 장치적 역할을 한다. 평가과정에서 다양한 정성적인 요인들을 복합적으로 분석함으로써 금융복합기업집단에 내포되어 있는 다양한 위험을 찾아내는 작업을 하게 된다. 평가등급 산정에 영향을 미치거나, 직접적인 조치대상이 아니더라도 개선이 필요한 사항에 대하여는 금융복합기업집단이 자체적인 그룹리스크 관리에 반영·참고하도록 개선을 권고함으로써 자율적인 개선을 유도한다는 점에서 또 다른 의미가 있다.

평가등급의 경우 외부에 공개되지 아니하므로 1~3등급 중 어떠한 등급을 받더라도 직접적인 영향은 거의 없다. 다만, 평가등급이 어느 정도인지와 평가등급을 낮추는 요인들은 사실상 이를 개선할 필요가 있다는 징표이므로 금융복합기업집단이 스스로 위험을 개선하는데 활용할 수 있다. 또한 4~5등급의 평가결과는 자본적정성 지표만으로 금융그룹의 건전성 하락이나 위험상황을 포착하지 못하였을 경우 이를 포착하여 금융복합기업집단의 부실화가 진행되거나 현실화되기 이전에 건전성 감독조치를 통해 이를 대비할 수 있도록 하여준다. 만일 4등급의 평가결과가 금융복합기업집단의 부실 가능성과 괴리가 있다면 이는 평가항목이 적절한 평가등급을 이끌어내지 못하는 것이므로 이러한 경우 당국은 평가항목 및 평가등급을 전반적으로 검토·조정할 필요가 있다. 4등급은 금융복합기업집단이 경영개선계획을 제출하여야 하는 등급으로서 이는 금융복합기업집단의 부실화 위험이 현실화될 가능성이 있는 정도이어야 하기 때문이다.

마지막으로 위험관리실태평가는 주기적으로 3년마다 1회씩 평가를 받게 되므로 금융복합기업집단이 평가를 준비하는 과정에서 스스로 위험요인을 찾고, 이를 해소하거나 장기적으로 개선해 나가려는 노력을 하도록 유도한다는 점에서 그 의미가 있다. 다만, 평가의 주기는 금융복합기업집단의 부담이 너무 높지 않도록 하면서 너무 주기가 길어 평가의 적시성을 해하지 않는 범위에서 정하는 것이 바람직하다. 즉, 너무 주기가 길지도 짧지도 않아야 하는 것이다. 현재 3년마다 평가를 받도록 하고 있는데, 이러한 3년의 기간이 적절한지 여부는 평가를 시행하면서 면밀히 검토해볼 필요가 있다.

제11장 금융복합기업집단의 건전성 감독 조치

제 1 절 입법의 취지 및 필요성

금융복합기업집단의 위험관리 등이 미흡한 경우 해당 집단의 부실화 예방을 위해 금융복합기업집단에 대한 경영개선계획 수립의 명령 등을 통해 이를 개선시킬 수 있도록 하는 근거를 마련할 필요가 있다. 그리고 이러한 건전성 감독조치의 실효성 확보를 위해 경영개선계획 명령을 미이행하거나 제출한 계획을 제대로 이행하지 않는 등의 경우 금융당국이 취할 수 있는 강제적인 조치 또한 규정할 필요가 있다. 즉, 금융복합기업집단의 건전성 악화되었거나 악화될 우려가 있는 경우 당국의 유의미하게 개입하거나 조정할 수 있는 수단이 필요한 것이다.

이렇듯 금융복합기업집단의 경영건전성 수준에 따라 적절한 시기에 적절한 조치를 취함으로써 금융그룹의 건전성을 확보하고 부실 확산을 예방할 수 있을 것으로 기대된다.

제 2 절 주요내용

Ⅰ. 금융복합기업집단 수준의 경영개선계획 제출 명령

금융위원회는 금융복합기업집단의 부실화를 예방하고, 건전한 경영을 유도하기 위하여 위험관리 등의 취약성이 나타난 경우 대표금융회사에 대하여 해당 금융복합기업집단의 경영개선계획 제출을 명령할 수 있다(법 제22조제1항). 경영개선계획의 제출 명령은 대표금융회사에 대하여 하지만 경영개선계획에는 해당 금융복합기업집단 전체의 건전성을 회복할 수 있는 내용이 포함되어야 한다. 즉, 계획의 제출·취합의 창구가 대표금융회사인 것이고, 금융당국의 경영개선계획 명령에 따라 계획을 마련하고 제출할 의무는 금융복합기업집단의 소속금융회사 전체에 부여되었다고 할 수 있다.

1. 경영개선계획 제출 명령의 발동 요건

금융복합기업집단의 감독에 관한 법률
제22조(경영개선계획의 제출) ① 금융위원회는 금융복합기업집단이 다음 각 호의 어느 하나에 해당하는 경우 금융복합기업집단의 부실화를 예방하고 건전한 경영을 유도하기 위하여 해당 금융복합기업집단의 **대표금융회사에 금융복합기업집단 수준의 경영개선계획을 제출할 것을 명**할 수 있다.
1. 제14조제4항에 따른 금융복합기업집단의 자본적정성 평가 또는 제21조제1항에 따른 **금융복합기업집단의 위험 관리실태 평가의 결과**가 **대통령령으로 정하는 기준에 미달**하는 경우
2. **거액의 금융사고 또는 부실채권의 발생**으로 **금융복합기업집단의 재무상태가 금융위원회가 정하여 고시하는 기준에 미달하게 될 것이 명백**한 경우

금융복합기업집단의 감독에 관한 법률 시행령
제17조(경영개선계획의 제출 및 유예) ① 법 제22조제1항제1호에서 "**대통령령으로 정하는 기준에 미달하는 경우**"란 금융복합기업집단이 다음 각 호의 어느 하나에 해당하는

경우를 말한다.
1. 제13조에 따른 **자본적정성 비율이 100퍼센트 미만**인 경우
2. 제16조제4항에 따른 **위험관리실태평가 결과가 4등급 또는 5등급**인 경우

금융복합기업집단 감독규정
제17조(경영개선계획 제출 등) 법 제22조제1항제2호에서 "금융위원회가 정하여 고시하는 기준"이란 영 제13조에 따른 **자본적정성 비율이 100퍼센트인 경우**를 말한다.

금융복합기업집단에 대한 건전성 감독조치는 금융복합기업집단이 부실화되는 것을 방지하고 건전한 경영을 유지할 수 있도록 함이 그 목적이다. 따라서 금융위원회가 금융복합기업집단에 대한 경영개선계획 제출하게 되는 경우란 해당 집단이 부실화되었거나 부실화될 우려가 매우 높은 상황이라고 볼 수 있다. 법 제22조제1항에서는 이러한 금융복합기업집단 부실화의 징표로 자본적정성 평가나 위험 관리실태 평가 결과가 일정 기준에 미달하는 경우나 거액의 금융사고 또는 부실채권의 발생으로 금융그룹의 재무상태가 일정기준에 미달할 것이 명백한 경우를 들고 있다. 구체적으로 보면 자본적정성 비율이 100% 미만이거나 위험 관리실태 평가가 4등급 이하인 경우(법 제22조제1항제1호, 시행령 제17조제1항 각 호), 그리고 금융사고 등으로 자본적정성 비율이 100% 미만으로 떨어질 것이 명백한 경우(법 제22조제1항제2호, 감독규정 제17조)라 볼 수 있다.

거액의 금융사고 또는 부실채권의 발생으로 금융복합기업집단의 자본적정성 비율이 100% 미만으로 떨어질 것이 명백한 경우도 경영개선계획 제출

〈표 11-1〉 금융복합기업집단 경영개선계획 제출명령의 요건

※ 금융복합기업집단의 경영개선계획 제출 명령을 하게 되는 경우
① 금융복합기업집단 **자본적정성 평가가 100 미만** or 금융복합기업집단 **위험 관리실태 평가 결과**가 4등급 **미만**인 경우 ② **거액의 금융사고** 또는 **부실채권의 발생**으로 금융복합기업집단의 **자본적정성 비율이 100%에 미달**할 것이 **명백**한 경우

명령의 요건으로 넣은 것은 신속하게 부실화 예방을 위하여 금융당국이 개입하기 위한 것이라 볼 수 있다. 금융복합기업집단 내에서 금융사고 등의 발생하여 자본적정성이 100%를 넘지 못하게 될 것이 명백함에도 불구하고, 재무제표 확정 등을 통해 실제로 자본적정성이 100% 미만이 될 때를 기다려서 건전성 감독 조치에 들어간다면 부실화를 예방하거나 부실이 확대되는 것을 적기에 방지하기 어렵기 때문이다. 예컨대, A금융복합기업집단의 소속비금융회사인 A건설에 대한 부도 위험으로 인해 각 소속금융회사에 대한 뱅크런이 발생하고 있고, 이러한 추세가 지속된다면 곧 금융복합기업집단의 자본적정성이 100% 미만으로 떨어질 가능성이 높다면 당국이 자본적정성 비율이 기준 이하로 떨어질 때까지 기다리기 보다 즉시 개입할 필요성이 높다. 또한 B금융복합기업집단의 소속금융회사들의 자산에 X회사에 대한 회사채가 높은 비중을 차지하고 있는데 X회사가 곧 부도 처리될 위험에 있어 X회사채 역시 지급 보증이 되지 않으므로 소속금융회사들의 건전성에 심각한 타격을 입히고 자본적정성이 100% 미만으로 떨어질 가능성이 높다면 이 또한 당국이 신속히 개입할 필요가 있다.

그리고 이렇게 금융당국의 개입으로 금융복합기업집단의 경영개선계획 제출 명령을 한다는 것은 금융소비자에게도 해당 집단이 위험할 수 있다는 일종의 강력한 경고가 될 수 있으므로 해당 집단의 부실화로 인한 예상치 못한 손해를 방지할 수 있다. 다만, 금융복합기업집단이 당국의 건전성 감독 조치로 인하여 금융소비자가 외면하는 손실을 입을 수 있으므로 이러한 피해가 가지 않도록 경영개선계획 제출명령의 발동은 최대한 명확한 요건하에 행하여져야 할 것이다. 즉, 자본적정성 비율이 100% 미만으로 떨어질 것이 명백히 예상되고, 타당한 근거를 바탕으로 이러한 예상이 뒷받침되어야 할 것이다. 그래야 추후 금융당국의 건전성 감독 조치로 인하여 오히려 부실이 확대되었다는 오해가 생기지 않을 것이다.

'거액의 금융사고 또는 부실채권의 발생으로' 인하여 자본적정성 비율이 100% 미만으로 떨어질 것이 명백한 경우로 한정한 이유는 사고가 아닌 일상적 사유로 인하여 100% 미만으로 떨어질 것이라는 예측을 통해 당국이 개입하는 것을 막기 위함이라고 볼 수 있다. 즉, 예상치 못한 금융사고 등으로 자본적정성 비율이 급격히 떨어지는 경우 신속히 개입하려는 것이지 자본적정성 비율이 101%이던 집단이 99%로 떨어질 수도 있는 경우 100% 미만으로 떨어지기도 전에 미리 개입하는 것은 신속한 개입이기보다 과도한 개입일 수 있기 때문이다.

그렇다면 '명백'의 정도는 금융복합기업집단의 자본적정성 비율이 집단위험 평가의 결과 및 그 등급에 관계없이 100% 미만으로 떨어질 것이 확실한 정도이어야 한다고 보는 것이 타당하다. 집단위험의 평가 결과가 좋지 않을 것이라는 가정하에 자본적정성 비율이 100% 미만으로 떨어진다고 가정한다거나 집단위험 평가의 결과에 따라 100% 미만으로 떨어질지 여부가 좌우되는 경우는 자본적정성이 100% 미만으로 하락할 것이 명백한 경우라 보기 어렵다. 즉, 거액의 금융사고 또는 부실채권의 발생으로 자본적정성 비율이 100% 미만으로 떨어질 것이 명백한 경우란 단순히 예측되는 경우가 아니라 100% 미만으로 하락하는 것이 사실상 확정적인 경우라 볼 수 있다.

2. 경영개선계획에 포함할 조치

금융위원회는 대표금융회사에 대하여 다음 <표 11-2>의 사항을 일부 또는 전부 포함한 경영개선계획을 제출하도록 명령한다.

〈표 11-2〉 금융복합기업집단 경영개선계획에 포함할 조치

※ 다음 각 사항의 일부 또는 전부를 포함
(금융복합기업집단법 제22조제2항, 동 시행령 제17조제5항)

① 금융복합기업집단 내부통제·위험관리체계의 개선
② 금융복합기업집단 내부통제·위험관리기준의 개선
③ 자본의 확충 또는 위험자산의 축소
④ 내부거래 축소·해소 또는 위험집중의 분산
⑤ 위험의 전이 가능성이 있는 소속비금융회사와의 출자 또는 그 밖의 거래관계의 중단 또는 해소
⑥ 자본의 중복이용의 축소
⑦ 위험부담의 축소
⑧ 이익배당의 축소 또는 제한

경영개선계획을 제출할 때 포함될 내용에는 조치의 종류에 따라 어떠한 조치는 금융복합기업집단 전체 또는 모든 소속금융회사가 이행하도록 그 계획을 세울 수도 있고, 어떠한 조치는 그중 집단의 건전성에 영향을 크게 미치거나 집단의 위험에 영향을 많이 받을 소속금융회사 위주로 계획을 세울 수도 있을 것이다. 경영개선계획에 포함될 조치의 예시는 <표 11-3>과 같이 볼 수 있다.

〈표 11-3〉 금융복합기업집단 경영개선계획 조치 예시

① 금융복합기업집단 위험관리기준 개선
• 금융복합기업집단 **위험관리기준 중** 소속금융회사별 영업 위험한도 배분 방식 **개선을 계획**
② 자본의 확충
• **전체 소속금융회사별 자본 확충 계획**을 수립(금융복합기업집단 전체의 자본을 5천억 원 확충 → 각 소속금융회사별 자산규모에 비례하여 자본 확충)
③ 위험자산의 축소
• 필요자본 대비 적격자본의 비율이 **110% 미만인 소속금융회사들의 위험가중치 12% 이상인 위험자산을 5% 이상 축소**하도록 계획
④ 위험집중의 분산
• 위험이 집중되었으나 가격 하락 등의 위험성이 높은 개발도상국 X국과 Y국의 부동산 투자 비중을 현재보다 50% 이상 감축하도록 계획
⑤ 위험전이 가능성이 있는 소속비금융회사와의 거래관계 중단·해소
• 부실화로 인해 부도 가능성이 높고, 대금지급여력이 낮은 **소속비금융회사 甲에 대한 신규 자금대여 중단 및 기존 대여금 회수 계획 수립**
⑥ 자본 중복이용의 축소
• 해당 금융복합기업집단 외의 다른 기업집단 소속 회사 K와 지분 교환 및 손실보전약정을 통해 지분을 상호 보유하고 있는 경우 상호교환 약정을 해소하여 해당 지분을 자본으로 활용할 수 있도록 변경
⑦ 위험부담의 축소
• 각 소속금융회사의 금년도 **영업 가능한 위험한도를 20% 감축**
⑧ 이익배당의 축소 또는 제한
• 금융복합기업집단의 자본적정성 비율이 105% 수준 이상으로 회복될 때까지 소속금융회사들의 이익배당을 중단

3. 경영개선계획의 제출형식·기한, 자료·의견의 제출 등

금융복합기업집단의 감독에 관한 법률 시행령

제17조(경영개선계획의 제출 및 유예) ② 금융위원회는 법 제22조제1항에 따른 경영개선계획(이하 "경영개선계획"이라 한다)의 제출을 명하는 경우 다음 각 호의 사항이 포함된 서면으로 해야 한다. 이 경우 제2호에 따른 제출기한은 경영개선계획의 제출명령을 통보한 날을 기준으로 30일부터 60일까지의 범위에서 정해야 한다.

1. 제출사유
2. 제출기한
3. 제출방법
4. 그 밖에 제1호부터 제3호까지의 사항에 준하는 것으로서 금융위원회가 필요하다고 인정하는 사항

③ 금융위원회는 경영개선계획의 제출명령을 위해 필요하다고 인정하는 경우 대표금융회사에 관련 자료 또는 의견의 제출을 요구할 수 있다.

④ 대표금융회사가 법 제22조제2항에 따라 경영개선계획을 제출하는 경우에는 해당 경영개선계획에 관한 입증 자료 및 관련 자료를 첨부해야 한다.

금융위원회는 금융복합기업집단에 대하여 경영개선계획의 제출을 명령하는 경우 제출사유, 제출기한, 제출방법 등의 사항이 포함된 서면으로 해야 한다. 이 경우 제출기한은 경영개선계획의 제출명령을 통보한 날을 기준으로 30일부터 60일까지의 범위에서 정해야 한다(시행령 제17조제2항). 또한 금융위원회는 경영개선계획의 제출명령을 위해 필요하다고 인정하는 경우 대표금융회사에 관련 자료 또는 의견의 제출을 요구할 수 있다(시행령 제17조제3항).

대표금융회사가 금융복합기업집단의 경영개선계획을 제출하는 경우에는 해당 경영개선계획에 관한 입증 자료 및 관련 자료를 첨부해야 한다(시행령 제17조제4항). 어떠한 이유로 해당 조치를 취할지 결정했는지, 그러한 조치를 실행할 계획에 따라서 해당 금융복합기업집단의 건전성이 어떻게 회복될 수 있을지에 대하여 어느 정도 입증이 될 필요가 있는 것이다.

Ⅱ. 경영개선계획 미제출, 불이행 등과 관련한 조치

금융위원회가 대표금융회사에 대하여 금융복합기업집단에 대한 경영개선계획을 제출하도록 명령한 경우, 대표금융회사가 적합한 계획을 취합하여 제출하고 이에 따라 차질없이 계획을 이행하여 금융복합기업집단의 건전성을 다시 회복하게 된다면 아무런 문제가 없을 것이다. 그러나 실제로는 이러한 일련의 과정이 제대로 작동하지 않을 수 있다. 거의 가능성이 높지 않지만 대표금융회사가 해당 금융복합집단의 경영개선계획을 제출하지 경우가 있을 수

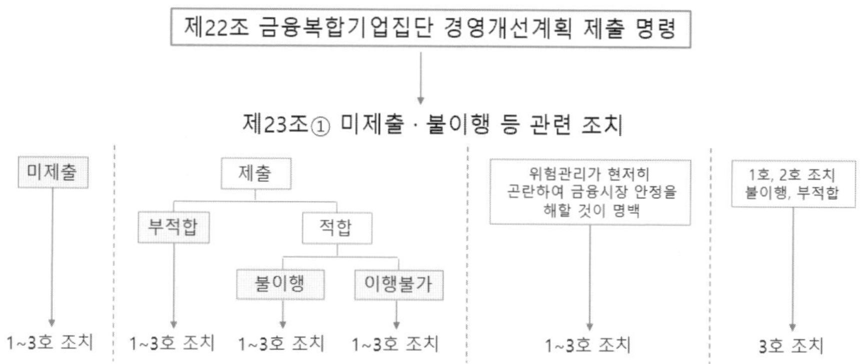

경영개선계획 제출 명령 미제출·불이행 등의 예시

구분	내용
미제출	• 대표금융회사가 경영개선계획을 **제출하지 않는** 경우
부적합	• 경영개선계획을 제출하였으나, 제출한 계획이 금융복합기업집단의 **건전성 회복에 부적절**하거나 **부실**한 경우 (예: 일부 소속금융회사의 미참여/특히 집단의 건전성 하락에 주된 영향을 미친 금융회사나 집단위험에 큰 영향을 받을 금융회사에 대한 조치가 누락되어 있는 경우 등)
불이행	• 제출한 경영개선계획은 적절하나 일부 소속금융회사 등이 제출한 경영개선계획을 **제대로 이행하지 않는** 경우
이행불가	• 건전성 악화 등으로 일부 소속금융회사 등이 **제출한 경영개선계획을 이행할 것을 기대하기 어려운** 경우

[그림 11-1] 미제출·불이행 등과 관련한 조치 체계[1]

1) 국회 정무위원회, 앞의 2020. 11. 법률안 검토보고서, 55면 참조.

있다. 소속금융회사가 협조하지 아니하여 경영개선계획이 부실한 경우 등에 대하여는 금융당국이 해당 소속금융회사에 직접적으로 별도의 조치를 취할 수 있도록 장치가 마련되어 있으므로 대표금융회사는 소속금융회사가 협조하는 범위 내에서 계획을 취합하여 제출하면 된다. 그러므로 대표금융회사가 경영개선계획 자체를 제출하지 않게 될 가능성은 높지 않다. 반면에 실질적으로 많이 발생할 수 있는 경우는 제출한 경영개선계획이 부실하여 건전성 제고에 부적합한 경우를 생각할 수 있다. 특히, 일부 소속금융회사가 조치의 계획에 제대로 참여하지 않거나 특히 해당 집단의 건전성 하락에 주된 영향을 미친 금융회사나 위기에 큰 영향을 받을 금융회사에 대한 계획이 제대로 포함되어 있지 않고 형식적인 조치들만 열거한 경우가 있을 수 있다. 또한 경영개선계획은 적절하게 잘 제출하였으나, 제출 이후 이를 제대로 이행하지 않거나 사

〈표 11-4〉 소속금융회사에 직접 조치를 하는 경우와 그 내용

〈소속금융회사에 직접 조치를 하는 경우〉

① 경영개선계획은 **제출하지 않은** 경우
② 제출한 경영개선계획이 경영건전성 제고에 **적합하지 않은** 경우
(소속금융회사의 제출과 관련한 비협조 포함)
③ 제출한 경영개선계획을 **이행하지 않거나 이행할 수 없게** 된 경우
④ 금융그룹의 **위험관리가 현저하게 곤란**하여 **금융시장의 안정을 해칠 것이 명백**하다고 인정되는 경우

⬇

〈소속금융회사에 대한 조치의 내용〉

① **경영개선계획의 제출 또는 수정·보완**
(대표금융회사에 대한 제출·수정·보완 및 소속금융회사에 직접 제출·수정·보완 모두 포함)
② **제출한 경영개선계획의 이행**
③ **금산법 제10조제1항**(적기시정조치) 및 **각 개별금융업법**(은행법, 보험업법, 자본시장법, 저축은행법, 여전법)**에 따른 조치***
* 자본증가 또는 자본감소, 보유자산의 처분, 영업의 전부 또는 일부 정지, 임원의 직무정지 등

실상 건전성이 너무 형해화되어 해당 조치를 이행할 수 없는 경우 등이 있을 수 있다. 또한 이러한 경영개선계획을 받고 조치를 이행하기까지의 시간적 여유나 여력이 없이 자체적인 위험관리가 현저히 곤란하여 금융시장의 안정을 해칠 것이 명백한 경우도 있을 수 있다.

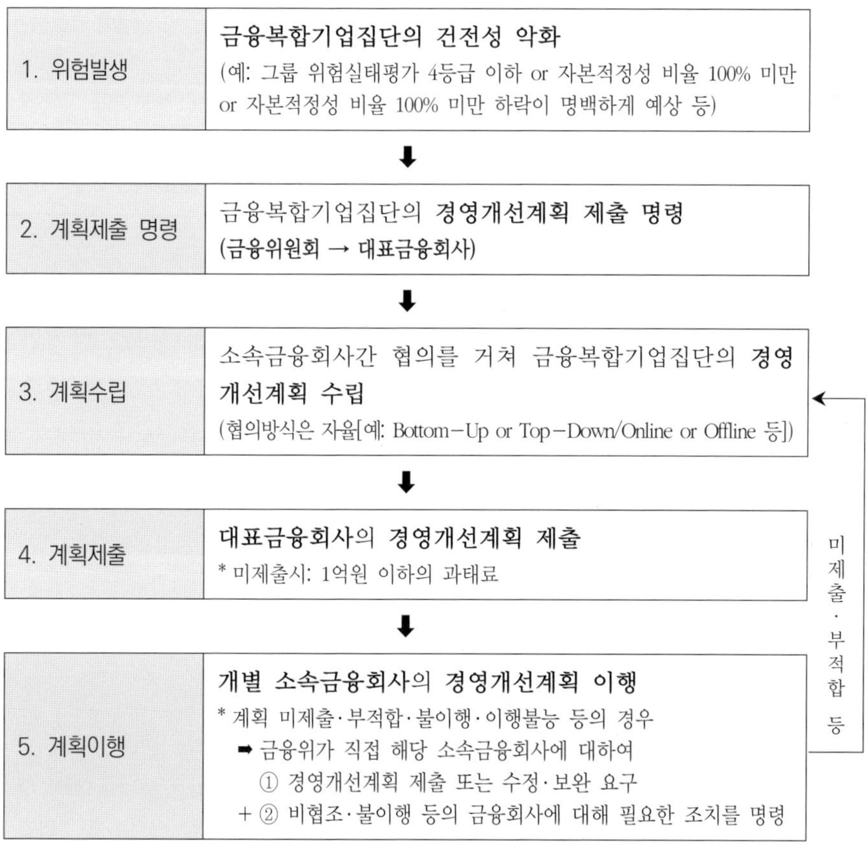

[그림 11-2] 금융복합기업집단 건전성 감독 조치 이행체계

Ⅲ. 경영개선계획 제출 명령·조치 명령의 유예

금융복합기업집단의 감독에 관한 법률
제22조(경영개선계획의 제출) ③ 금융위원회는 일시적으로 제1항 각 호에 해당하게 된 금융복합기업집단이 **단기간에 그 기준을 충족시킬 수 있다고 판단되거나 이에 준하는 사유가 있다고 인정되는 경우** 기간을 정하여 제1항에 따른 경영개선계획 제출명령을 유예할 수 있다.
제23조(경영개선계획 미제출·불이행 등과 관련한 조치) ② 제1항에도 불구하고 금융위원회는 일시적으로 제22조제1항 각 호에 해당하게 된 금융복합기업집단이 **단기간에 그 기준을 충족시킬 수 있다고 판단되거나 이에 준하는 사유가 있다고 인정되는 경우** 기간을 정하여 제1항에 따른 조치 명령을 유예할 수 있다.

금융복합기업집단의 건전성 기준에 일시적으로 미달하더라도 단기간에 그 기준을 충족시킬 수 있다고 판단되거나 그에 준하는 사유가 있는 경우는 경영개선계획 제출 명령이나 경영개선계획 미제출 등에 따른 조치 명령을 유예할 수 있다(법 제22조제3항, 제23조제2항).

Ⅳ. 비공개정보의 제공·누설 금지

금융복합기업집단의 감독에 관한 법률
제24조(비공개정보 누설 등의 금지) ① 소속금융회사의 임직원(임직원이었던 사람을 포함한다. 이하 이 조에서 같다)은 제22조제1항 또는 제23조제1항에 따른 명령에 관한 정보로서 해당 금융복합기업집단 또는 소속금융회사의 공개되지 아니한 정보(이하 "**비공개정보**"라 한다)를 **업무 외의 목적으로 이용**하거나 **소속금융회사 외의 자**(해당 금융회사의 대주주와 관련된 명령 또는 조치가 아닌 경우 그 대주주를 포함한다. 이하 같다)에게 **제공 또는 누설하여서는 아니** 된다.
② 소속금융회사의 임직원으로부터 비공개정보를 제공받은 해당 금융회사의 대주주는 이를 해당 금융회사의 업무 외의 목적으로 이용하거나 타인에게 제공 또는 누설하여서는 아니 된다.

금융복합기업집단법은 소속금융회사의 임직원이 금융복합기업집단의 건전성 개선을 위한 법 제22조 및 제23조의 명령 등에 관하여 공개되지 아니한 정보(이하 "비공개정보"라 한다)를 업무외 목적으로 이용하거나 소속금융회사 이외의 자에게 제공·누설하는 것을 금지하고 있다. 비공개정보의 공개가 금지되는 소속금융회사 이외의 자에는 해당 금융회사의 대주주와 관련된 명령 또는 조치가 아닌 경우 그 대주주를 포함한다. 또한 비공개정보를 제공받은 대주주 역시 이를 업무외 목적으로 이용하거나 타인에게 제공·누설이 금지된다(법 제24조). 경영개선계획 등에 포함된 비공개정보에는 소속금융회사 또는 소속비금융회사의 매각, 지분 축소 등 외부에 공개되기에 민감한 내용들이 다수 포함될 여지가 있다. 예건대, 경영개선계획에 A소속금융회사가 보유한 K회사의 지분을 매각하여 자금의 유동성 등을 확보하기로 하는 내용이 포함되었는데, 사전에 정보가 외부에 노출되는 바람에 K회사의 주가가 하락하여 제대로 된 가격에 지분을 매각하지 못해 금융복합기업집단의 건전성 회복에 필요한 자본을 제대로 확충하지 못하는 경우를 생각할 수 있다. 따라서 이러한 비공개정보의 제공·누설을 법적으로 엄격히 금지하고 있는 것이다.[2)]

제 3 절 금융복합기업집단 건전성 감독 조치의 특징 및 주요 쟁점

금융회사는 그 건전성이 하락하는 경우 개별업법상 적기시정조치가 시행된다. 따라서 개별업법상의 적기시정조치와 중복이 우려될 수 있다. 그러나 금융복합기업집단의 건전성 하락이 특정한 소속금융회사의 급격한 건전성 하락에 기인한 것이어서 해당 금융회사에 대한 적기시정조치만으로도 충분히 금융복합기업집단 내 위험의 전이를 막을 수 있고, 해당 집단의 건전성 회복이 가능한 경우라면 별도로 금융복합기업집단 차원 조치는 중복하여 적용할 필요가 없다. 예컨대, 금융복합기업집단 내 소속금융회사 A의 건전성이 문제

2) 이의 위반에 따른 형사처벌에 관한 부문은 제12장제2절에서 후술함.

가 생겨 집단 차원의 자본적정성이 100 미만으로 떨어진 경우, 개별업법에 따라 A금융사에 대한 적기시정조치로서 건전성이 회복됨에 따라 해당 금융복합기업집단의 건전성이 회복이 예상된다고 하자. 이 경우 대표금융회사가 금융복합기업집단에 대한 경영개선계획 제출명령을 받았다 하더라도 A사에 대한 개별법상의 적기시정조치로 충분히 해당 집단의 건전성이 회복될 것을 입증하면 그것으로 충분하다고 볼 수 있다. 다만, A금융회사의 적기시정조치만으로는 해결되지 않는 금융복합기업집단의 건전성 회복에 필요한 부분이 있다거나 A금융회사의 위기로 인하여 집단 차원에 건전성에 별도로 미치는 영향이 있다면 그 부분에 대하여는 금융복합기업집단 차원의 조치가 필요할 것이다.

〈표 11-5〉 소속금융회사의 건전성 악화가 집단 건전성에 별도 영향을 미치는 경우 예시

① A증권사의 부실로 인하여 **다른 소속금융회사인 A은행, A저축은행 등도 뱅크런이 발생**하여 건전성에 상당한 영향을 받는 경우
② A증권사의 부실로 인하여 **해당 증권사의 주가가 심각하게 떨어져** 해당 증권사의 **모회사인 A보험사의 건전성에도 영향**을 받는 경우
③ A증권사의 부실로 인하여 연금·투자 상품 등의 해지가 잇달으면서 **해당 증권사를 통해 판매되던 A자산운용사의 펀드도 잇달아 환매**되는 경우

금산법 및 개별 금융업법에 따른 적기시정조치가 해당 금융회사에 대하여 구체적인 조치로 이루어지는 반면에, 금융복합기업집단법상의 건전성 감독 조치는 금융복합기업집단 차원의 해결방법을 스스로 계획을 세워서 그 계획에 따라 문제를 해결하고, 금융당국은 금융복합기업집단 스스로 그 문제가 해결되기 어려운 경우에 최소한으로 개입한다. 따라서 금융복합기업집단이 부실화 된 경우 금융당국이 과도하게 개입할 수 있는 여지가 있는지 여부에 대한 우려가 있으나, 금융복합기업집단의 건전성 회복은 해당 집단 자체의 자율적인 경영개선계획을 통해 해결하고 금융당국의 개입은 자발적 개선계획으로 건전성 회복이 불가능한 경우에 한하여 최소한으로 개입하므로 문제가 될 여지가 적다고 볼 수 있다.

〈표 11-6〉 개별업법과의 건전성 감독조치 방식 및 절차의 비교

	금융복합기업집단법	개별 금융업법 (은행, 보험, 증권 등)
근거법령	금융복합기업집단법	금산법 및 개별 업권법(은행법, 보험업법 등)
적용대상	금융복합기업집단에 속하는 소속금융회사	개별 금융회사
발동요건	① **자본적정성 평가** or **위험 관리실태 평가 결과**가 **일정 기준 미달** ② **거액의 금융사고** 또는 **부실채권의 발생**으로 **금융그룹의 재부상태가 일정기준에 미달**할 것이 **명백**	개별업법상 **경영실태평가 결과, 자본적정성** 등의 기준 미달
조치내용	**(1단계)** 금융복합기업집단 수준의 **경영개선계획*** 제출(대표금융회사) * ① 내부통제·위험관리체계 개선 ② 자본의 확충, 위험자산의 축소 ③ 내부거래 축소, 위험집중 분산 ④ 위험전이 가능성이 있는 소속비금융회사에 대한 출자·거래 중단·해소 ⑤ 그밖에 금융복합기업집단의 경영 건전성을 높이기 위하여 필요한 사항 등 **(2단계)** 소속금융회사에 대한 **조치 명령*** * ① 경영개선계획 제출 또는 수정·보완 ② 제출한 경영개선계획의 이행 ③ 금산법 제10조제1항 및 각 개별금융업법에 따른 조치(자본확충, 임원 직무정지 등)	**(1단계)** 경영개선**권고** * 인력 및 조직운영의 개선, 경비절감, 부실자산의 처분, 이익배당 제한, 특별대손충당금 등의 설정 등 **(2단계)** 경영개선**요구** * 조직의 축소, 위험자산의 보유제한·처분, 자회사 정리, 임원진 교체 요구, 영업의 일부정지 등 **(3단계)** 경영개선**명령** * 주식소각, 임원진 직무정지, 합병, 영업양도, 제3자 인수, 6월 이내의 영업정지, 계약의 이전 등

제 4 절 실무상 시사점

금융복합기업집단에 대한 건전성 감독 조치와 관련된 규정들은 그간 금융회사의 부실을 뇌관으로 집단 전체가 부실해지는 것을 예방 가능하다. 먼저 어느 하나의 소속금융회사 A가 부실화되어 집단 전체 차원의 건전성이 기준 이하로 하락하는 경우를 생각해볼 수 있다. 이 경우 소속금융회사 A의 개별업법에 따른 건전성 감독 조치를 통해 금융복합기업집단 차원의 건전성 문제도 어느 정도 해결이 가능할 것이다. 다만, 이전에는 해당 소속금융회사 A의 개별업법상 조치 이외에 같은 집단 내의 다른 소속금융회사는 특별한 조치나 검토를 할 필요가 없었다. 다른 소속금융회사들은 개별업법상 자본적정성을 충족하고 있는 한 위험의 전이 가능성 등에 대한 검토를 별도로 할 필요가 없었고, 이는 전적으로 해당 금융회사의 자의에 맡겨져 있었던 것이다. 그러나 이제 본 법의 건전성 감독 관련 규정들에 따라 집단 전체적인 건전성 지표가 기준 이하로 하락한 경우 금융복합기업집단 전체 수준에서 그 위험요인을 분석하고, 그 경영의 개선에 대한 계획을 세우게 된다. 따라서 이러한 과정을 통해 특정 소속금융회사의 건전성 하락으로 인하여 다른 소속금융회사에 미치는 위험을 분석하고, 소속금융회사의 지분가치 하락에 대한 대비, 금융거래 축소, 채권회수방안 마련 등 위험을 줄일 수 있는 다양한 방안에 대하여 검토하게 된다.

다음으로 모든 소속금융회사가 개별업법에 따른 건전성 기준은 충족하나, 집단 위험평가를 반영한 결과 전체적인 금융복합기업집단의 자본적정성 지표는 기준을 하회하는 경우이다. 이 경우 상당수의 소속금융회사들이 개별업범에 따른 자본적정성 지표가 100% 언저리에 있으면서 집단 위험의 평가결과는 좋지 않은 상황일 것이다. 이러한 상황에서 어느 한 소속금융회사의 자본적정성 지표가 100% 이하로 떨어지게 될 경우 이를 뇌관으로 전체 금융복합기업집단이 부도의 위험 등을 맞게 될 가능성이 높다. 본 법의 건전성 감독 관련 규정은 금융복합기업집단이 이러한 상황으로 가지 전에 금융복합기업집단 수준의 위험을 분석하고 경영개선계획을 마련하도록 함으로써 예전의 대우그룹, 동양그룹과 같은 대규모의 부도사태를 미리 점검·예방 가능하도록 해준다.

건전성 감독 조치와 관련된 규정들은 위와 같이 금융복합기업집단의 부실화 징후를 사전에 포착하고, 이것이 갑자기 큰 규모의 금융사고, 대규모 부도사태 등으로 연결되지 않도록 차단하는 역할을 한다. 다만, 본 규정이 작동하기 전에 금융복합기업집단의 내부통제 및 위험관리, 자본적정성 평가, 위험관리실태평가, 보고·공시 등을 통해 미리미리 그 위험요인을 포착하고, 관리·제거해 나가는 것이 보다 바람직할 것이다.

제12장 제재 및 벌칙

제 1 절 입법의 취지

금융복합기업집단에 대한 감독의 실효성 및 이행을 확보하기 위해 금융회사 및 그 임직원에 대한 행정제재조치 및 벌칙·과태료 등을 규정할 필요가 있다. 위법행위에 상응하는 벌칙, 제재를 부과함에 따라 법상 의무이행을 위한 제도의 실효성 확보가 가능할 것이다.

Joint Forum 감독원칙 역시 감독자는 필요시 제재를 부과하거나 시정조치를 취할 것을 요구함으로써 건전성기준 준수를 촉구해야 한다고 명시하고 있다.

〈표 12-1〉 Joint Forum 감독원칙의 제재·시정조치 등에 관한 규정

[§9(a)] 감독자는 필요한 경우 적법절차에 따라 <u>금융그룹 또는 소속금융회사에 제재를 부과</u>하거나, <u>시정조치를 취할 것을 요구해야</u> 한다. 제재 및 시정조치는 정성적 또는 정량적일 수 있다.[1]
[§9.2] 제재 또는 시정조치는 <u>금융그룹의 위험 또는 기준 미준수 등</u>에 대하여 내려져야하며, 이는 i) 현재 또는 미래 업무의 중단, ii) 금융그룹 내 관련기업에 대한 배당중지, iii) 요구기준 이하로 자본이 감소하는 것을 방지하는 기타 조치의 중단 등을 포함하나 이에 한정되지 않는다. 제재 또는 시정조치는, 필요한 경우 <u>이의신청 절차를 포함</u>하는 등, <u>적법절차에 따라</u> 시행되어야 한다.[2]

1) Joint Forum 감독원칙, 17면.

제 2 절 행정처분

Ⅰ. 금융회사 또는 그 임직원에 대한 조치 및 조치요구 등

금융복합기업집단의 감독에 관한 법률

제25조(행정처분) ① 금융위원회는 **금융회사 및 그 임직원**(임원에는 「금융회사의 지배구조에 관한 법률」 제2조제5호에 따른 업무집행책임자를 제외하고, 직원에는 그 업무집행책임자를 포함한다. 이하 이 조에서 같다)이 별표 각 호의 어느 하나에 해당하는 경우(**임직원의 경우**에는 **고의 또는 중대한 과실**이 있는 경우로 한정한다) **해당 금융회사 및 그 임직원에게 다음 각 호의 조치 또는 조치 요구**를 할 수 있다. 이 경우 임원의 해임 또는 직원의 면직을 요구하려는 경우에는 청문을 하여야 한다.

1. ~ 5. (생략)

금융회사 또는 그 임직원이 금융복합기업집단법상 정하고 있는 의무를 위반하는 경우 해당 의무위반에 대한 제재를 규정하고 있다. 본 규정에서 임직원의 경우, 지배구조법에 따른 업무집행책임자는 임원이 아니라 직원으로 간주한다. 또한 임직원에 대한 제재는 고의 또는 중대한 과실이 있는 경우로 한정한다. 금융회사 또는 그 임직원에 대하여 조치 또는 조치요구를 할 수 있는 사유는 다음과 같다(법 제25조제1항 본문).

[§9(a)] Supervisors should, when appropriate, impose sanctions on or require corrective actions to be taken by the financial conglomerate or its constituent entities, subject to appropriate due process. Sanctions and corrective actions may be qualitative or quantitative.

2) Joint Forum 감독원칙, 17면.

[§9.2] Sanctions or corrective actions should be used to address sources of risk or issues of non-compliance and may include, but are not limited to, restricting current or future activities, suspending dividends to shareholders of relevant entities within the financial conglomerate and other measures to prevent capital from falling below the required levels. The exercise of sanctions or imposition of corrective actions should be subject to appropriate due process, including mechanisms for appeal where necessary.

1. 조치 및 조치요구 등의 사유

〈표 12-1〉 금융회사 또는 그 임직원에 대한 행정처분의 사유

① 정당한 이유없이 본 법에 따른 자료제출의 거부 또는 거짓의 자료제출
② 정당한 이유없이 금융복합기업집단 내부통제정책 및 내부통제기준 미수립
③ 정당한 이유없이 금융복합기업집단 위험관리정책 및 위험관리기준 미수립
④ 금융복합기업집단 보고 및 공시를 하지 아니하거나 거짓으로 한 경우
⑤ 정당한 이유없이 본 법에 따른 경영개선계획제출 등의 명령을 미이행
⑥ 경영개선계획 관련 비공개정보의 목적 외 이용 및 누설
⑦ 고객정보의 목적 외 제공 및 제공내역 미통지
⑥ 고객정보관리인 미선임 및 고객정보 취급방침 미작성 등

다만, 금융회사의 임직원에 대하여 ①~③, ⑤의 조치 또는 조치 요구를 하려는 경우 해당 의무자가 그 의무를 이행하기 위하여 합리적으로 요구되는 충분한 주의의무를 다하는 등의 경우[3]에는 정당한 이유가 있는 것으로 본다(법 제25조제2항, 시행령 제19조).

금융복합기업집단의 감독에 관한 법률

제25조(행정처분) ② 제1항에 따라 금융회사의 임직원에 대하여 별표 제1호부터 제5호까지 및 제7호의 어느 하나에 해당하여 조치 또는 조치 요구를 하려는 경우 **해당 의무자가 그 의무를 이행하기 위하여 합리적으로 요구되는 충분한 주의의무를 다하는 등 대통령령으로 정하는 사유에 해당**하는 경우에는 정당한 이유가 있는 것으로 본다.

금융복합기업집단의 감독에 관한 법률 시행령

제19조(행정처분) 법 제25조제2항에서 "해당 의무자가 그 의무를 이행하기 위하여 합

3) 1. 해당 의무자가 그 의무를 이행하기 위해 합리적으로 요구되는 충분한 주의의무를 다했다고 인정되는 경우
2. 해당 의무자가 의무 이행이 곤란하게 된 사유를 소명한 경우로서 그 사유에 상당한 이유가 있다고 인정되는 경우
3. 그 밖에 해당 의무자에게 고의 또는 중대한 과실이 없는 경우로서 그 위반에 대해 책임을 지우기 곤란한 충분한 사정이 있다고 인정되는 경우

리적으로 요구되는 충분한 주의의무를 다하는 등 대통령령으로 정하는 사유"란 다음 각 호의 어느 하나에 해당하는 경우를 말한다.
1. 해당 의무자가 그 의무를 이행하기 위해 합리적으로 요구되는 충분한 주의의무를 다 했다고 인정되는 경우
2. 해당 의무자가 의무 이행이 곤란하게 된 사유를 소명한 경우로서 그 사유에 상당한 이유가 있다고 인정되는 경우
3. 그 밖에 해당 의무자에게 고의 또는 중대한 과실이 없는 경우로서 그 위반에 대해 책임을 지우기 곤란한 충분한 사정이 있다고 인정되는 경우

2. 조치의 종류

금융회사 및 그 임직원에 대하여 할 수 있는 조치 등의 종류는 다음과 같다(법 제25조제1항 각호).

〈표 12-2〉 금융회사 또는 그 임직원에 할 수 있는 조치 등의 종류

대 상		조치 종류
금융회사		위법행위의 시정명령·중지명령, 금융회사에 대한 경고·주의
임직원	임 원	해임요구, 직무정지, 문책경고, 주의적 경고, 주의
	직 원	면직, (6개월 이내의) 정직, 감봉, 견책, 주의

Ⅱ. 임직원에 대한 관리·감독 책임자, 퇴직한 임직원에 대한 조치

금융복합기업집단의 감독에 관한 법률

제25조(행정처분) ③ 금융위원회는 제1항에 따라 금융회사의 임직원에 대하여 조치를 하거나 해당 조치를 하도록 요구하는 경우 **그 임직원에 대한 관리·감독의 책임이 있는 임직원에 대해서도** 조치를 함께 하거나, 해당 조치를 하도록 요구할 수 있다. 다만, 관리·감독의 책임이 있는 사람이 그 임직원의 관리·감독에 상당한 주의를 다한 경우 이를 감경하거나 면제할 수 있다.

④ 금융위원회는 금융회사의 퇴임한 임원 또는 퇴직한 직원이 **재임 또는 재직 중이었더**

<u>라면 제1항에 따른 조치 또는 조치 요구를 받았을 것으로 인정되는 경우</u> 그 내용을 해당 금융회사의 장에게 통보할 수 있다. 이 경우 통보를 받은 금융회사의 장은 이를 퇴임·퇴직한 해당 임직원에게 통보하여야 한다.

금융위원회는 금융회사의 임직원에 대하여 행정처분에 따른 조치를 하거나 해당 조치를 하도록 요구하는 경우 그 임직원에 대한 관리·감독의 책임이 있는 임직원에 대해서도 조치를 함께 하거나, 해당 조치를 하도록 요구할 수 있다. 다만, 관리·감독의 책임이 있는 사람이 그 임직원의 관리·감독에 상당한 주의를 다한 경우 이를 감경하거나 면제할 수 있다(법 제25조제3항).

또한 금융회사의 임직원이 재직 중의 책임있는 사유로 당시 적발되었다면 제재를 받았을 것이나, 이미 퇴임하거나 퇴직해버린 경우도 있을 수 있다. 이 경우에는 이미 해당 금융회사와의 고용관계 등이 해소된 이후이므로 해임요구, 직무정지 등의 조치가 불가능하거나 의미가 없을 수 있다. 그러나 이러한 경우에도 금융회사의 퇴임한 임원 또는 퇴직한 직원이 재임 또는 재직 중이었더라면 조치 또는 조치 요구를 받았을 것으로 인정되는 경우에는 금융위원회는 그 내용을 해당 금융회사의 장에게 통보할 수 있다. 이 경우 통보를 받은 금융회사의 장은 이를 퇴임·퇴직한 해당 임직원에게 통보하여야 한다(금융복합기업집단법 제25조제4항). 비록 해당 조치나 조치 요구를 하지는 않았더라도 이러한 처분에 대하여 금융회사 및 그 퇴직자에 통보를 하고 이를 기록하게 되므로 그 의미가 있다.

Ⅲ. 행정처분의 기록 및 조회

금융복합기업집단의 감독에 관한 법률

제26조(행정처분의 기록 및 조회) ① 금융위원회는 제25조에 따라 **<u>조치</u>**하거나 **<u>조치 요구</u>**를 한 경우 또는 **<u>통보</u>**한 경우 그 내용을 **<u>기록하고 이를 보관하여야</u>** 한다.

② 금융회사는 **<u>금융위원회의 조치 요구에 따라</u>** 그 임직원에 대하여 제25조제1항제3호

가목 또는 같은 항 제4호에 따른 **조치**를 한 경우 또는 같은 조 제4항에 따라 **통보**를 받은 경우 그 내용을 **기록하고 이를 보관하여야** 한다.
③ 금융회사 또는 그 임직원(임직원이었던 사람을 포함한다)은 금융위원회 또는 금융회사에 **자기에 대하여** 제25조에 따라 **이루어진 조치·조치 요구 또는 통보 여부 및 그 내용의 조회를 요청할 수** 있다.
④ 금융위원회 또는 금융회사는 제3항에 따른 조회를 요청받은 경우 **정당한 사유가 없으면** 조회를 요청한 자에게 해당 사항을 **통보하여야** 한다.

금융위원회는 위의 조치나 조치 요구를 한 경우 또는 통보한 경우 그 내용을 기록하고 이를 보관하여야 한다(법 제26조제1항). 금융회사는 금융위원회의 조치 요구에 따라 그 임원에 대하여 해임요구를 하였거나 직원에 대하여 면직, 6개월 이내의 정직, 감봉, 견책, 주의 등의 조치를 한 경우 또는 퇴임한 임원이나 퇴직한 직원이 재임·재직 중이었더라면 받았을 조치 등에 대하여 통보를 받은 경우 그 내용을 기록하고 이를 보관하여야 한다(법 제26조제2항).

금융회사 또는 그 임직원, 임직원이었던 사람은 금융위원회 또는 금융회사를 상대로 자기에 대하여 이루어진 조치·조치 요구 또는 통보 여부 및 그 내용의 조회를 요청할 수 있다(법 제26조제3항). 금융위원회 또는 금융회사는 이러한 조회를 요청받은 경우 정당한 사유가 없으면 조회를 요청한 자에게 해당 사항을 통보하여야 한다(법 제26조제4항).

Ⅳ. 청문·이의신청 등 권리구제의 절차

금융복합기업집단의 감독에 관한 법률
제27조(이의신청) ① 제25조제1항에 따른 조치 또는 조치 요구(해임 또는 면직 요구는 제외한다)에 불복하는 자는 그 조치 또는 조치 요구를 **고지받은 날부터 30일 이내**에 **그 사유를 갖추어** 금융위원회에 이의를 신청할 수 있다.
② 금융위원회는 제1항에 따른 이의신청에 대하여 60일 이내에 결정을 하여야 한다. 다만, 부득이한 사정으로 그 기간 이내에 결정을 할 수 없는 경우 30일의 범위에서 그 기간을 연장할 수 있다.

임원의 해임 또는 직원의 면직을 요구하려는 경우에는 청문을 하여야 한다(법 제25조제1항 단서). 해임 또는 면직 요구는 제외한 조치 또는 조치 요구에 불복하는 자는 그 조치 또는 조치 요구를 고지받은 날부터 30일 이내에 그 사유를 갖추어 금융위원회에 이의를 신청할 수 있다(법 제27조제3항). 금융위원회는 제1항에 따른 이의신청에 대하여 60일 이내에 결정을 하여야 한다. 다만, 부득이한 사정으로 그 기간 이내에 결정을 할 수 없는 경우 30일의 범위에서 그 기간을 연장할 수 있다(법 제27조제4항).

제 3 절 벌칙 및 양벌규정

금융복합기업집단의 감독에 관한 법률

제32조(벌칙) 제24조를 위반하여 비공개정보를 해당 금융회사의 업무 외의 목적으로 이용하거나 소속금융회사 외의 자에게 제공 또는 누설한 자는 **10년 이하의 징역 또는 5억원 이하의 벌금**에 처한다.

제33조(양벌규정) 법인의 대표자나 법인 또는 개인의 대리인, 사용인, 그 밖의 종업원이 그 법인 또는 개인의 업무에 관하여 제32조의 위반행위를 하면 그 행위자를 벌하는 외에 **그 법인 또는 개인에게도** 해당 조문의 벌금형을 과(科)한다. 다만, 법인 또는 개인이 **그 위반행위를 방지하기 위하여 해당 업무에 관하여 상당한 주의와 감독을 게을리하지 아니한 경우 그러하지 아니**하다.

법 제24조에서는 경영개선계획 제출명령 등 조치에 관련한 비공개정보를 업무 외의 목적으로 이용하거나 외부에 제공·누설하는 등의 행위를 금지하고 있다. 이를 위반하여 비공개정보를 해당 금융회사의 업무 외의 목적으로 이용하거나 소속금융회사 이외의 자에게 제공·누설 한 자는 10년 이하의 징역 또는 5억원 이하의 벌금에 처한다(법 제32조).

또한 이와 같이 처벌받는 자가 법인의 대표자나 개인의 대리인, 사용인 등인 경우에는 해당 법인 또는 개인도 5억원 이하의 벌금에 처한다. 다만, 해당 업무에 대하여 상당한 주의와 감독을 한 경우에는 처벌을 면제한다(법 제33조).

제 4 절 과태료

금융위원회는 정당한 이유 없이 법령을 위반한 행위자에 대해 1억원 이하의 과태료 부과한다(법 제34조제1항).

〈표 12-3〉 과태료 부과 사유

① 정당한 이유없이 본 법에 따른 감독당국의 자료제출 요구 등에 불응하거나 허위로 보고
② 본 법에 따른 검사를 정당한 이유없이 거부·방해·기피하거나 검사와 관련한 자료제출, 출석·진술요구 등을 거부·방해·기피
③ 금융복합기업집단 보고 및 공시를 하지 아니하거나 거짓으로 한 경우
④ 정당한 이유없이 경영개선계획제출 등의 명령을 미이행
⑤ 행정처분 조치 등에 불응하거나 미이행
⑥ 고객정보의 목적 외 제공 및 제공내역 미통지
⑦ 고객정보관리인 미선임 및 고객정보 취급방침 미작성 등

다만, 위 ①, ②, ④의 의무위반시 해당 의무자가 그 의무를 이행하기 위하여 충분한 주의의무를 다하는 경우 정당한 이유가 있는 것으로 본다(법 제34조제2항).

과태료의 부과 사유는 위의 <표 12-3>과 같다. 다만, 금융위원회는 위반행위의 정도, 위반행위의 동기와 그 결과 등을 고려하여 과태료를 줄일 필요가 있다고 인정되는 경우에는 아래의 개별기준에 따른 과태료 금액의 2분의 1 범위에서 그 금액을 줄여 부과하거나 면제할 수 있다. 그러나 과태료를 체납하고 있는 위반행위자의 경우에는 면제할 수 없다. 또한 금융위원회는 위반행위의 정도, 위반행위의 동기와 그 결과 등을 고려하여 과태료를 늘릴 필요가 있다고 인정되는 경우에는 개별기준에 따른 과태료 금액의 2분의 1 범위에서 그 금액을 늘려 부과할 수 있다. 이 경우에도 법 제34조제1항에 따른 과태료 금액의 상한인 1억원을 넘을 수 없다.

〈표 12-4〉 과태료 부과 개별기준[4)]

위반행위	근거 법조문	금 액(단위: 만원)	
		법 인	법인이 아닌 자
가. 법 제5조제2항 또는 제6조제3항에 따른 자료 제출 요청에 대하여 정당한 이유 없이 자료 제출을 거부하거나 거짓 자료를 제출한 경우	법 제34조 제1항제1호	6,000	3,000
나. 법 제17조를 위반하여 정당한 이유 없이 자료 제출 또는 보고를 하지 않거나 거짓으로 보고한 경우 또는 명령을 위반한 경우	법 제34조 제1항제2호	10,000	5,000 (임직원의 경우에는 2,000)
다. 법 제18조제1항에 따른 검사를 정당한 이유 없이 거부·방해 또는 기피한 경우	법 제34조 제1항제3호	10,000	5,000 (임직원의 경우에는 2,000)
라. 법 제18조제2항에 따른 보고, 자료의 제출, 관계자의 출석 및 진술 요구를 정당한 이유 없이 거부·방해 또는 기피한 경우	법 제34조 제1항제4호	10,000	5,000 (임직원의 경우에는 2,000)
마. 법 제20조를 위반하여 보고 또는 공시를 하지 않거나 거짓으로 보고 또는 공시한 경우	법 제34조 제1항제5호	6,000	
바. 법 제22조제1항 또는 제23조제1항에 따른 명령을 정당한 이유 없이 이행하지 않은 경우	법 제34조 제1항제6호	5.000	
사. 법 제25조제1항에 따른 조치에 따르지 않거나 조치 요구를 이행하지 않은 경우	법 제34조 제1항제7호	5,000	
아. 법 제29조제1항·제2항·제4항 및 제6항부터 제8항까지의 규정을 위반한 경우	법 제34조 제1항제8호	10,000	2,000

4) 금융복합기업집단법 시행령 제24조제1항, 별표.

제 5 절 실무상 시사점: 개별업법과의 중복제재 가능성

금융복합기업집단법에 규정된 행정처분, 과태료, 벌칙 등과 관련하여 개별업법과의 중복 제재 가능성이 있는지 여부가 문제된다. 입법시에도 수범자인 금융그룹에 속하는 금융회사들로부터 빈번히, 민감하게 문제가 제기된 부분이기도 하다. 즉, 하나의 행위 또는 부작위가 개별업법의 위반이 되면서, 금융복합기업집단법의 위반도 되는 경우가 생긴다면 하나의 잘못으로 인해 이중으로 제재를 받을 수 있으므로 이는 중복된 제재가 될 수 있다는 것이다.

구체적으로 본다면, 현재 제정된 법령상 중복 제재의 가능성이 있는 경우란 어떠한 경우인지가 문제된다. 만일 금융복합기업집단법 및 그 하위규정에 규정된 제재 사유가 개별업법의 위반 가능성이 있다면 중복제재의 가능성이 있다고 할 수 있다. 즉, 금융복합기업집단법에 근거한 제재는 본 법에 고유하게 규정된 내용을 위반한 경우에 적용되어야할 것이고, 개별 금융업법의 위반이 될 사유 및 막연한 위험관리 의무 위반, 금융소비자 보호 위반 등을 규정해서는 안된다고 할 수 있다. 따라서 행정처분, 과태료, 벌칙의 위반사유가 본 법의 고유한 규정사항을 위반하는 경우 적용되고 있는지 검토하도록 한다.

먼저 행정처분의 사유를 살펴보면, 앞의 <표 12-1>과 같이 이 법에 따른 자료제출의 거부 또는 거짓자료 제출, 금융복합기업집단 내부통제정책·기준, 위험관리정책·기준 미수립, 금융복합기업집단 보고·공시 미수행 또는 거짓 수행, 금융복합기업집단 경영개선계획제출 등의 명령 미이행 등 본 법에 따라 주어진 의무를 불이행 하는 경우에 대하여 규정하고 있다. 즉, 개별업법상 의무를 위반하여도 본 법상 행정처분의 대상이 되지 않는다.

금융복합기업집단의 감독에 관한 법률[별표]

14. 그 밖에 **거래자의 보호 또는 금융복합기업집단의 건전한 운영을 해칠 우려가 있는 경우**로서 대통령령으로 정하는 경우

다만, 금융복합기업집단법 별표 제14호에서 '그 밖에 거래자의 보호 또는 금융복합기업집단의 건전한 운영을 해칠 우려가 있는 경우로서 대통령령으로 정하는 경우'를 행정처분의 사유로 정하고 있는 것이 향후 문제의 소지가 될 여지가 있다. 현재는 시행령에 별표 제14호에 따른 제재사유를 별도로 규정하고 있지 않고 있다. 따라서 현재는 문제가 되지 않으나, 향후 제14호에 따라 제재사유를 추가할 경우, 막연하게 거래자 보호 또는 금융복합기업집단의 건전한 운영을 해칠 우려가 있는 경우를 제재사유로 정하게 된다면 개별업법과 중복 제재의 가능성이 생길 수 있다. 예컨대, '금융복합기업집단 내부통제기준과 관련된 의무를 이행하지 않는 경우'를 별표 제14호에 근거하여 시행령에 제재사유로 추가할 경우에는 금융복합기업집단 내부통제기준의 내용을 반영하여 개별 금융회사의 내부통제기준에 반영한 경우 금융복합기업집단 내부통제기준 관련 의무 미이행시 자연스럽게 개별 소속금융회사의 내부통제기준도 미이행한 것이 되어 본 법과 지배구조법상의 제재사유[5]가 중복될 수 있는 것이다. 따라서 별표 제14호의 경우는 '본 법에 구체적으로 규정된 의무를 위반하여' 거래자 보호 또는 금융복합기업집단의 건전한 운영을 해칠 우려가 있는 경우로 엄격히 해석하여야 할 것이다.

과태료의 경우 <표 12-4>와 같이 정당한 이유없이 자료제출 요구 등에 불응하거나 허위로 보고, 검사를 거부·방해·기피하거나 검사와 관련한 자료제출 또는 출석·진술요구 등을 거부·방해·기피, 금융복합기업집단 보고 및 공시를 하지 아니하거나 거짓으로 한 경우, 정당한 이유없이 경영개선계획제출 등의 명령을 미이행, 행정처분 조치 등에 불응하거나 미이행, 고객정보의 목적 외 제공 및 제공내역 미통지, 고객정보관리인 미선임 및 고객정보 취급방침 미작성 등 본 법에 따라 주어진 의무를 불이행하는 경우에 대하여만 규정하고 있다. 그리고 행정처분의 별표 제14호와 같이 포괄적으로 과태료의 사유를 넓힐 수 있는 규정을 두고 있지 않다. 그러나 과태료의 사유는 시행령에 규정되어 법 개정 절차 없이도 넓힐 수 있으므로 개정을 통해 사유를 추가하거나 변경하는 경우 등에는 본 법에 구체적으로 규정된 의무를 위반한 경우로

5) **금융회사의 지배구조에 관한 법률**[별표]
25. 제24조를 위반하여 내부통제기준과 관련한 의무를 이행하지 아니하는 경우

엄격히 한정하여야 할 것이다.

벌칙의 경우 본 법에 따른 경영개선계획 제출명령 등 조치에 관련한 비공개정보를 업무 외의 목적으로 이용하거나 외부에 제공·누설하는 등의 행위를 금지하고, 이를 위반하여 비공개정보를 해당 금융회사의 업무 외의 목적으로 이용하거나 소속금융회사 이외의 자에게 제공·누설한 자를 처벌하고 있다. 따라서 처벌사유가 본 법에 따른 경영개선계획 제출명령과 관련한 비공개정보의 제공·누설 및 업무외 목적 이용 등으로 엄격히 한정되므로 이중 처벌의 우려는 없다고 할 것이다. 또한 처벌 규정은 법률에 규정된 내용으로 한정되고, 개정절차 또한 법률의 개정을 통해 이루어져야 하므로 향후 개정 등을 통해 이중 처벌이 될 우려는 매우 적다고 할 수 있다.

제13장 보 칙

제 1 절 인·허가 등의 심사시 고려사항

Ⅰ. 입법의 취지: 인·허가 등의 사전심사 필요성

앞의 제2편 <표 4-8>에서 살펴본 바와 같이 은행·보험·증권업 등 해당 업권 개별법에서 정하는 바에 따라 금융회사를 새롭게 설립하거나 인수·합병 등으로 해당 금융업을 영위하기 위해서는 금융위원회의 인가·허가·등록이 필요한 경우가 있다. 금융위원회는 금융업의 영위, 금융회사의 설립 및 인수합병 등으로 인가·허가·등록 또는 승인을 함으로써 해당 금융회사가 속한 기업집단 내 다른 금융회사와 함께 금융복합기업집단으로 새롭게 지정될 것으로 판단하는 경우 금융관계법령의 규정에도 불구하고 해당 금융회사들로 구성된 집단의 재무 및 경영 건전성 등에 관하여 일정한 요건을 충족하고 있는지를 고려하여야 한다. 즉, 인·허가 등을 통한 금융회사의 설립이나 인수합병, 주식취득 등으로 인하여 해당 집단이 금융복합기업집단의 지정요건을 갖추게 될 경우 그 금융회사들의 집단에 대한 건전성 등을 사전에 살펴볼 필요가 있는 것이다.

금융업 인·허가 등을 신청하는 경우 이로 인해 해당 금융회사를 포함한

기업집단 내 금융회사들이 감독대상 요건에 해당하게 되는 경우 적정한 집단 차원의 건전성을 갖추고 있는지 여부를 금융위원회가 사전 심사함으로써 이를 고려하여 인가 여부 등을 결정함으로써 시스템리스크에 대한 사전 안전장치 구축하는 것이다. 또한 인·허가, M&A 등으로 인해 감독대상인 금융복합기업집단이 되는 자가 집단 차원의 건전성을 갖출 여력이 되지 않는 경우 금융복합기업집단으로서 시장에 참여하고, 집단 차원의 규모를 확장해 나가는 것을 제한함으로써 금융시장의 안정을 도모하기 위한 것이다. 특히, 새롭게 영역을 확장하거나 다른 금융회사의 설립·인수 등을 추진해나가는 과정에서 해당 기업집단의 건전성이 악화되는 경우가 많으므로 이를 사전에 살펴볼 필요가 있다. 또한 이러한 설립·인수합병시 금융당국이 살펴보는 것은 새로 설립하거나 인수할 금융회사의 건전성만을 보게 되므로 이 과정에서 집단 차원의 건전성이 하락하는지를 미리 살펴보는 것은 의미가 있다. 그렇지 않으면 금융회사 설립·인수합병 등으로 금융복합기업집단으로 지정을 받은 후 곧바로 법 제22조 및 제23조에 따른 건전성 감독조치를 받아야 하는 상황이 생길 수도 있는 것이기 때문이다. 따라서 해당 금융회사의 설립·인수합병 시 미리 이를 살펴서 집단 차원의 건전성이 악화될 인·허가를 사전에 제한할 필요가 있다. 다만, 모든 금융회사의 설립 및 인수합병시 이를 검토하려면 행정적 부담이 매우 크고, 이 법의 규율 취지에 부합하기 위해서는 그 검토범위를 해당 금융회사의 설립·인수합병 등으로 인하여 금융복합기업집단으로 지정될 자로 한정할 필요가 있다.

〈표 13-1〉 인·허가, 등록, M&A, 대주주 변경승인 등의 예시

① **(인·허가) 은행업을 경영**하려는 자는 금융위원회에 사전인가(은행법 §8)
② **(등록) 자산규모가 120억원 이상인 법인 대부업을 하려는 자**는 금융위원회에 사전등록(대부업법 §3②, 대부업법 시행령 §2의6)
③ **(M&A) 보험회사 합병**시 금융위위원회에 사전인가(보험업법 §139)
④ **(대주주변경)** 주식취득으로 **금융회사 대주주**가 되려는 자는 금융위원회에 사전승인(지배구조법 §31①, 지배구조법 시행령 §26)
⑤ **(주식취득)** 동일인의 **은행주식 10% 초과취득**시 금융위원회의 사전승인(은행법 §15②)

Ⅱ. 주요내용

금융복합기업집단의 감독에 관한 법률
제28조(인허가 등의 심사 시 고려사항) 금융위원회는 다음 각 호의 어느 하나에 해당하는 **인가·허가·등록 또는 승인을 함으로써 해당 금융회사가 같은 기업집단 내 다른 금융회사와 함께 금융복합기업집단으로 지정될 것으로 판단하는 경우** 금융관계법령의 규정에도 불구하고 해당 금융회사들로 구성된 집단의 재무 및 경영 건전성 등에 관하여 **대통령령으로 정하는 요건을 충족하고 있는지를 고려**하여야 한다.

1. **금융업을 영위하거나 금융회사를 설립하려는 자**가 금융관계법령에 따라 금융위원회에 인가, 허가 또는 등록을 신청하는 경우
2. **합병, 분할합병 등을 하려는 자**가 금융관계법령에 따라 금융위원회에 인가 또는 승인을 신청하는 경우
3. **금융회사가 발행한 주식을 취득·양수하려는 자**가 금융관계법령에 따라 금융위원회에 승인을 신청하는 경우

금융복합기업집단의 감독에 관한 법률 시행령
제20조(인허가 등의 심사 시 고려사항) 법 제28조 각 호 외의 부분에서 "대통령령으로 정하는 요건"이란 제13조에 따른 **자본적정성 비율이 100퍼센트 이상의 범위에서 금융위원회가 정하여 고시하는 비율 이상**에 해당하는 경우를 말한다.

금융복합기업집단 감독규정
제19조(인허가 등의 심사 시 고려사항) ② 영 제20조에서 "금융위원회가 정하여 고시하는 비율"이란 **100퍼센트**를 말한다.

감독규정에서는 법 제28조에서 "금융복합기업집단으로 지정될 것으로 판단하는 경우"란 인가·허가·등록 또는 승인을 통해 금융업을 영위하거나 설립·존속하게 되는 금융회사 또는 승인을 통해 취득·양수한 주식을 발행한 금융회사가 ① 「은행법」에 따른 인가를 받아 설립된 은행 또는 ② 「자본시장과 금융투자업에 관한 법률」에 따른 투자매매업 또는 투자중개업(집합투자증권의 투자매매업 또는 투자중개업을 제외한다)을 주 업무로 영위하는 금융투자업자 또

는 ③「보험업법」에 따른 보험회사 경우 해당 금융회사 및 같은 기업집단 내 다른 금융회사가 금융복합기업집단의 지정요건을 충족하는 경우로 정하고 있다(시행령 제20조, 감독규정 제19조).

이는 금융복합기업집단으로 지정될 것으로 판단하는 경우에 대하여 법에서 별도의 별도로 하지 않았는데, 이에 대한 범위를 축소하고 있는 문제가 있다. 금융복합기업집단으로 지정될 것으로 판단되는 경우란 누가 보아도 법 제5조제1항에서 정하고 있는 지정요건을 충족하는 경우로 볼 수 있다. 따라서 법에서 별도의 위임규정을 두고 있지 않았다고 볼 수 있다. 그런데 이를 감독규정에서 세부적으로 규정하면서 인·허가 등을 통해 새롭게 설립·인수합병 등을 하는 금융회사의 범위를 은행, 금융투자업자, 보험회사로 한정하였다. 즉, 은행·금융투자업자·보험회사 중 하나를 새롭게 설립·인수합병 등을 하기 위해 인·허가·등록 등을 하는 경우에 해당 금융회사와 같은 기업집단에 속하는 금융회사들이 금융복합기업집단의 지정요건을 충족하는 경우에 본 규정이 적용되는 것이다. 감독당국의 행정적인 부담을 고려하면 어느 정도의 범위를 제한할 필요성은 인정된다. 그러나 본 감독규정은 법의 위임 없이 법의 적용범위를 임의적으로 줄인 것으로 위임의 한계를 일탈한 것이라 볼 수 있다. 적어도 이렇게 범위를 제한하기 위해서는 법에 위임할 수 있는 근거를 두었어야 했다. 그리고 내용적으로 볼 때에도 저축은행, 카드사, 캐피탈사, 대부업체 등을 새롭게 설립·인수합병하는 경우 등에는 본 규정이 적용되지 않으므로 문제가 있다. 2013년 동양그룹의 부도에 있어서도 규모가 작은 대부업체를 도관으로 하여 비금융계열사들을 우회적으로 지원하는 문제가 있었고 이것이 부도의 규모를 키우는데 기여했었기 때문이다. 예컨대 A기업집단에서 무리한 출자 등을 통해 저축은행을 인수하였는데, 이 과정에서 해당 기업집단에 속한 금융회사들의 건전성이 악화되는 경우도 얼마든지 있을 수 있다. 따라서 이처럼 새롭게 설립·인수하는 금융회사의 범위를 은행·금융투자업자·보험회사로 한정한 것은 아쉬운 점이다.

법에서 집단의 재무 및 경영 건전성 등에 대한 일정한 요건을 충족하도록 규정하고 있는데, 이는 새롭게 설립·인수합병 될 금융회사를 포함하여 법 제13조 및 시행령 제14조에 따른 집단 차원의 자본적정성 비율을 100% 이상을 유지해야 한다. 이러한 금융복합기업집단 지정 가능성 판단 및 자본적정성 요건의 충족 여부를 검토하기 위하여 금융감독원장이 해당 금융회사들에 대하여 필요한 자료의 제출을 요구할 수 있다.[1)]

〈표 13-2〉 인·허가등의 사전심사 사례 예시

- (사례 1) **금융자산 4조원인 복합금융그룹**이 다른 금융회사의 합병으로 인해 **금융자산 10조원**이 되는 경우 합병 심사시 **집단 차원의 건전성 사전심사** 병행
- (사례 2) **보험사(4조원)**를 보유한 대주주가 **증권사(2조원)** 주식을 취득하여 대주주가 되려는 경우 대주주 자격심사시 **집단 차원의 건전성 사전심사** 병행

Ⅲ. 실무상 시사점

본 규정을 통해 집단 차원의 건전성에 미치는 영향 등을 고려하여 인·허가 및 등록 등을 심사함으로써 무리한 방식으로 인수·합병을 하거나 신규로 금융회사를 설립하여 규모를 확장하는 경우를 미연에 방지할 수 있을 것이다.

제2절 고객 정보의 제공 및 관리

Ⅰ. 입법의 취지: 소속금융회사간 고객 정보 공유의 필요성

금융복합기업집단의 내부통제·위험관리 등을 위해서는 대주주·특수관계인 등의 거래상대방별 신용공여 또는 주식취득 현황 등의 파악을 위해 금융거

1) 금융복합기업집단 감독규정 제19조제3항은 "감독원장은 제1항의 금융복합기업집단 지정 가능성 판단 및 제2항의 요건 충족 여부 검토를 위하여 필요한 자료의 제출을 요구할 수 있다"라고 규정하고 있어 자료 제출을 요구할 수 있는 대상을 특정하고 있지 않으나, '새로 설립·인수합병 할 금융회사 및 같은 기업집단 내 금융회사들'의 집단 차원의 자본적정성을 검토한다는 규정의 전체적 취지를 고려할 때 자료 제출의 대상은 이들 금융회사로 한정된다고 볼 수 있다.

래정보(특정인 거래사실, 성명, 증권 총액 등 의 고객정보)에 관하여 대표금융회사를 비롯한 소속금융회사간 고객정보공유를 허용할 필요가 있다. 고객정보의 제공·공유 등에 대하여는 법에서 엄격히 제한하고 있으므로 금융복합기업집단이 내부통제·위험관리 등을 위해 소속금융회사간 필요한 고객정보를 제공하는 과정에서 법령 위반 소지가 없도록 최소한의 범위에서 이를 허용할 필요가 있다.

Joint Forum 감독원칙 또한 소속금융회사간 고객정보 공유를 허용하여 금융복합기업집단 내 원활한 정보전달을 위한 체계를 갖추도록 요구하고 있다. 따라서 금융복합기업집단 내 정보의 전달·공유체계를 확립하기 위해서는 법에 정보공유의 허용 범위를 구체화하여 반영할 필요가 있다.

〈표 13-3〉 Joint Forum 감독원칙의 금융그룹 정보 전달·공유체계에 관한 규정

[§11(g)] 감독자는 금융그룹이 **그룹 내 기업간** 및 금융그룹과 모그룹의 개별기업간의 **정보 보고체계를 확립**하도록 노력해야 한다.[2]
[§11.3] **금융그룹 내 명확하고 원활하게 정보를 전달**할 수 있는 상·하향식 보고체계를 갖춰야 한다.[3]

금융지주회사법 역시 위험관리와 내부통제 등 내부경영관리 목적으로 금융계열사간 고객정보의 공유를 허용하고 있다.[4]

2) Joint Forum 감독원칙, 20면.
[§11(g)] Supervisors should seek to ensure that there is a framework governing information flows within the financial conglomerate and between the financial conglomerate and entities of the wider group(eg reporting procedures).

3) Joint Forum 감독원칙, 20면.
[§11.3] Supervisors should seek to ensure that a financial conglomerate has an organisational and managerial structure that promotes and enables prudent management, and if necessary, orderly resolution aligned with corresponding sectoral requirements. Reporting lines within the financial conglomerate should be clear and should facilitate information flows within the financial conglomerate, both bottom-up and top-down.

4) 금융지주회사법 시행령
제27조의2(고객정보의 제공 및 관리) ① 법 제48조의2제1항 및 제2항에서 “신용위험관리 등

Ⅱ. 주요내용

금융복합기업집단법은 내부통제·위험관리 등의 효율을 위해 일정한 요건하에 소속금융회사간 고객정보를 제공·활용할 수 있도록 허용하고 있다. 다만, 이 경우에도 금융계열사간 고객정보 공유는 시행령에 금융그룹의 내부통제·위험관리 목적에 국한하도록 하며, 고객정보제공절차 준수, 제공내역 통지, 고객정보관리인 선임, 고객정보관리 업무지침작성 등 고객정보의 보호를 위한 안전장치를 구축토록 하는 등 엄격하게 그 제공 범위 및 절차 등에 관하여 제한하고 있다.[5)]

1. 제공 가능 정보 및 제공 목적

금융회사에 종사하는 자는 법에서 따로 정하는 경우 이외에는 명의인의 서면상의 요구나 동의를 받지 아니하고는 그 금융거래의 내용에 대한 정보 또는 자료를 타인에게 제공하거나 누설하여서는 안된다. 또한 누구든지 금융회사에 종사하는 자에게 거래정보등의 제공을 요구하여서도 안된다(금융실명거래 및 비밀보장에 관한 법률(이하 "금융실명법"이라 한다) 제4조제1항). 그리고 개인의 신용정보[6)]에 대하여도 이를 타인에게 제공하거나 활용하기 위하여는 해당 신용정보 주체가 동의가 필요하다(신용정보의 이용 및 보호에 관한 법률(이하 "신용정보법"이라 한다) 제32조, 제33조).

대통령령으로 정하는 내부 경영관리"란 각각 고객에게 상품 및 서비스를 소개하거나 구매를 권유하는 업무가 아닌 업무로서 다음 각 호의 업무를 말한다.
1. 신용위험관리 등 위험관리와 내부통제
2. 업무 및 재산상태에 대한 검사
3. 고객분석과 상품 및 서비스의 개발
4. 성과관리
5. 위탁업무 수행

5) 금융지주회사법 제48조의2와 그 내용이 거의 유사하나, 금융지주회사법은 '경영관리상 목적'으로 제공할 수 있는 반면, 금융복합기업집단법은 '내부통제·위험관리 등'의 목적으로 제공할 수 있도록 제한하고 있어 정보제공이 가능한 범위를 보다 엄격하게 제한하고 있다.

6) 금융거래 등 상거래에서 거래 상대방의 신용을 판단할 때 필요한 정보로서 <u>특정 신용정보주체를 식별할 수 있는 정보, 신용정보주체의 거래내용·신용도·신용거래능력 및 기타 신용을 판단할 때 필요한 정보 등</u>을 말한다(금융실명거래 및 비밀보장에 관한 법률 제2조제1호).

그럼에도 불구하고 금융복합기업집단법은 소속금융회사가 금융위원회가 정하는 방법과 절차(이하 "고객정보제공절차"라 한다)에 따라 금융실명법상의 금융거래정보,[7] 신용정보법상의 개인신용정보,[8] 자본시장법상의 증권총액정보 등[9]에 관하여 금융복합기업집단의 내부통제·위험관리 등에 이용하게 할 목적으로 해당 금융복합기업집단에 속한 다른 소속금융회사에 제공할 수 있도록 하고 있다(법 제29조제1항, 제2항).

금융복합기업집단의 감독에 관한 법률

제29조(고객정보의 제공·관리) ① 소속금융회사는 **「금융실명거래 및 비밀보장에 관한 법률」 제4조제1항 및 「신용정보의 이용 및 보호에 관한 법률」 제32조·제33조에도 불구**하고 「금융실명거래 및 비밀보장에 관한 법률」 제4조에 따른 금융거래의 내용에 관한 정보 또는 자료(이하 "금융거래정보"라 한다) 및 「신용정보의 이용 및 보호에 관한 법률」 제2조제2호에 따른 개인신용정보(이하 **"개인신용정보"**라 한다)를 다음 각 호의 사항에 관하여 금융위원회가 정하는 방법과 절차(이하 **"고객정보제공절차"**라 한다)에 따라 **금융복합기업집단의 내부통제·위험관리 등 대통령령으로 정하는 사항에 이용하게 할 목적**으로 해당 금융복합기업집단에 속한 **다른 소속금융회사에 제공할 수** 있다.

1. 제공할 수 있는 정보의 범위
2. 제공 정보의 암호화 등 처리방법
3. 제공 정보의 분리 보관
4. 제공 정보의 이용기간 및 이용목적
5. 이용기간 경과 시 제공 정보의 삭제
6. 그 밖에 제공 정보의 엄격한 관리를 위하여 필요한 사항으로서 대통령령으로 정하는 사항

---

7) 금융실명법 제4조에 따른 금융거래의 내용에 관한 정보 및 자료를 말한다.

8) 신용정보법 제2조제2호에 따른 개인신용정보를 말한다.

9) 자본시장법에 따른 투자매매업자 또는 투자중개업자를 통하여 증권을 매매하거나 매매하려는 위탁자가 예탁한 금전 또는 증권에 관한 정보 중 다음에 해당하는 정보를 말한다.
   1. 예탁한 금전 또는 증권의 총액
   2. 예탁한 증권의 종류별 총액
   3. 수익증권으로서 「자본시장과 금융투자업에 관한 법률」 제229조 각 호의 구분에 따른 집합투자기구의 종류별 총액
   4. 예탁한 증권의 총액을 기준으로 한 위탁자의 평균 증권보유기간 및 일정기간 동안의 평균 거래횟수

② 소속금융회사 중 **「자본시장과 금융투자업에 관한 법률」에 따른 투자매매업자 또는 투자중개업자**는 해당 투자매매업자 또는 투자중개업자를 통하여 증권을 매매하거나 매매하려는 위탁자가 예탁한 금전 또는 증권에 관한 정보 중 다음 각 호의 어느 하나에 해당하는 정보(이하 **"증권총액정보등"**이라 한다)를 고객정보제공절차에 따라 **금융복합기업집단의 내부통제·위험관리 등 대통령령으로 정하는 사항에 이용하게 할 목적**으로 해당 금융복합기업집단에 속한 **다른 소속금융회사에 제공할 수** 있다.
1. 예탁한 금전의 총액
2. 예탁한 증권의 총액
3. 예탁한 증권의 종류별 총액
4. 그 밖에 제1호부터 제3호까지에 준하는 정보로서 금융위원회가 정하여 고시하는 정보

〈표 13-4〉 제공·공유할 수 있는 정보의 범위

제공가능 정보	정보보호 법률	공유 범위
금융거래정보	금융실명법 §4①	• 금융거래의 내용에 대한 정보 또는 자료 – 특정인 금융거래사실, 금융거래 기록 원본·사본, 그 기록으로부터 알게 된 것
개인신용정보	신용정보법 §32·33	• 신용정보 중 개인에 관한 정보로서 성명·주민등록번호 등을 통하여 개인을 알아볼 수 있는 정보* * 해당 정보만으로는 특정 개인을 알아볼 수 없더라도 다른 정보와 쉽게 결합해 알아볼 수 있는 정보 포함
증권총액정보등	자본시장법 §45②	1. 예탁한 금전의 총액 2. 예탁한 증권의 총액 3. 예탁한 증권의 종류별 총액 4. 채무증권의 종류별 총액 5. 수익증권으로서 자본시장법 제229조 각 호의 구분에 따른 집합투자기구의 종류별 총액 6. 예탁한 증권의 총액을 기준으로 한 위탁자의 평균 증권보유기간 및 일정기간 동안의 평균 거래회수 ※ '총액'은 증권사가 보유한 특정인별 총액정보를 의미

〈표 13-4〉 금융지주회사법과 금융복합기업집단법의 정보제공 목적 비교

금융지주회사법	금융복합기업집단법
• 신용위험관리 등 "내부 경영관리상' 이용하게 할 목적 1. 신용위험관리 등 위험관리와 내부통제 * 예) 신용평가, BIS비율 산정 등 2. 업무 및 재산상태에 대한 검사 * 예) 금융지주회사의 자회사등 검사 3. 고객분석과 상품 및 서비스의 개발 * 예) 그룹 고객 이용실적 등 분석 4. 성과관리 * 예) 계열사간 성과평가 등 5. 위탁업무 수행 * 예) 은행-카드간 업무위탁 등	• '금융복합기업집단의 내부통제·위험관리'에 이용할 한정 1. 금융복합기업집단 내부통제정책 및 금융복합기업집단 내부통제기준의 수립·운영 및 평가·점검 2. 금융복합기업집단 위험관리정책 및 금융복합기업집단 위험관리기준의 수립·운영 및 평가·점검 3. 금융복합기업집단 자본적정성 평가 및 점검

2. 고객정보 제공 관련 안전장치

소속금융회사간 정보를 제공하거나 공유하는 경우 이것이 남용될 가능성도 있으므로 그 제공이 남용되지 않도록 하는 일종의 안전장치가 필요하다. 금융복합기업집단법은 고객정보의 제공에 관한 방법 및 절차, 고객에의 통지, 고객정보관리인의 선임, 고객정보취급방침 등을 정하도록 하여 고객 정보 제공에 있어 안전장치를 두고 있다.

(1) 고객정보제공절차

소속금융회사간 고객정보를 제공·공유하기 위해서는 다음의 사항에 대하여 금융위원회가 정하는 방법과 절차를 준수하여야 한다.

- 제공할 수 있는 정보의 범위
- 제공 정보의 암호화 등 처리방법
- 제공 정보의 분리 보관

- 제공정보의 이용기간 및 이용목적
- 이용기간 경과시 제공 정보의 삭제
- 소속금융회사가 다른 소속금융회사에 제공한 정보에 대한 접근 방법 및 권한
- 제공정보의 이용 현황에 대한 점검, 제공정보의 유출에 대한 대응 방안

소속금융회사에 고객정보를 제공하는 경우 고객정보의 원장 미제공, 고객정보 및 고유식별번호의 암호화 제공, 고객정보의 분리 보관, 정보이용기간 제한(1개월), 이용기간 경과 또는 목적 달성시 해당 정보의 파기, 고객정보 제공·이용에 관한 사항의 점검 및 보고 등의 고객정보 제공 절차를 준수하여야 한다(감독규정 제20조제1항).

금융복합기업집단 감독규정

제20조(고객정보의 제공 및 관리) ① 법 제29조제1항의 "금융위원회가 정하는 방법과 절차"란 다음 각 호와 같다.

1. 고객정보 **원장을 제공하지 않을 것**
2. 고객정보는 고객정보관리인의 승인을 받은 이용자 외에는 제공받은 정보에 대한 접근이나 활용이 불가능하도록 **암호화 등의 조치**를 통해 제공할 것
3. 고객정보 가운데 「개인정보 보호법 시행령」 제19조에 따른 고유식별정보는 정보를 제공받는 사람이 식별할 수 없도록 **암호화하거나 별도의 관리번호 등으로 변환**하여 제공할 것
4. 제공받은 고객정보는 **그 이외 정보와 분리하여 보관**할 것. 다만, 제공받은 고객정보를 활용해서 새로운 정보를 산출하는 경우에는 그러하지 아니하되, 이 경우에도 제공받은 고객정보에 대해서는 목적 달성을 위해 필요한 기간 이내에서 이용할 것
5. 이용기간이 경과하였거나 제공목적 달성 등으로 정보가 **불필요하게 되었을 때에는 해당 정보를 지체 없이 파기**할 것
6. 고객정보를 요청한 회사의 **고객정보관리인**은 고객정보의 이용이 다음 각 목의 사항을 준수하는 것인지를 **매 반기 1회 이상 점검**하여야 한다.
   가. 요청·제공하는 고객정보의 이용목적이 법 제29조제1항의 내부통제·위험관리 등 이용 목적에 해당하고 구체적이고 타당한지 여부
   나. 요청·제공하는 고객정보의 범위와 이용기간이 적정한지 여부
   다. 고객정보 이용자 범위, 이용 후 처리방법 등이 적정한지 여부

(2) 정보제공내역의 고객 통지

금융복합기업집단의 감독에 관한 법률

제29조(고객정보의 제공·관리) ④ 소속금융회사는 제1항 및 제2항에 따라 고객정보를 제공하는 경우에는 그 제공내역을 고객에게 통지하여야 한다. 다만, 연락처 등 통지할 수 있는 개인정보를 수집하지 아니한 경우에는 그러하지 아니하다.

⑤ 제4항에 따라 통지하여야 하는 정보의 종류, 통지 주기 및 방법, 그 밖에 필요한 사항은 대통령령으로 정한다

소속금융회사는 이 법에 따라 다른 소속금융회사에 고객정보를 제공하는 경우에는 그 제공내역을 고객에게 통지하여야 한다. 다만, 연락처 등 통지할 수 있는 개인정보를 수집하지 아니한 경우에는 그러하지 아니하다(법 제30조제4항). 소속금융회사가 고객정보의 제공내역을 해당 고객에게 통지하는 경우에는 <표 13-5>와 같은 기준에 따른다(시행령 제21조제4항).

〈표 13-5〉 고객정보 통지의 기준

구분	내용
통지해야 하는 정보의 종류	• 금융실명법상 금융거래정보 • 신용정보법상 개인신용정보 • 자본시장법상 증권총액정보등
통지내용	• 제공받는 자 • 제공 목적 • 제공 횟수 • 제공한 고객정보의 내용
통지주기	매년
통지방법	• 서면 교부 • 우편 또는 전자우편 • 전화 또는 팩스 • 휴대전화 문자메시지 또는 이에 준하는 전자적 의사표시

(3) 고객정보관리인의 선임 및 업무지침서 작성·보고

금융복합기업집단의 감독에 관한 법률
제29조(고객정보의 제공·관리) ⑥ **소속금융회사**는 고객정보의 엄격한 관리를 위하여 **그 임원 중 1명 이상을 고객정보관리인으로 선임하여야** 한다.
⑦ 제6항에 따른 고객정보관리인은 고객정보의 엄격한 관리를 위하여 금융위원회가 정하는 바에 따라 **업무지침서를 작성**하고, 그 내용을 **금융위원회에 보고**하여야 한다.

소속금융회사는 고객정보의 엄격한 관리를 위하여 그 임원 중 1명 이상을 고객정보관리인으로 선임하여야 한다. 그리고 고객정보관리인은 고객정보의 엄격한 관리를 위하여 금융위원회가 정하는 바에 따라 업무지침서를 작성하고, 그 내용을 금융위원회에 보고하여야 한다(법 제29조제6항·제7항).

업무지침서에는 <표 13-6>과 같은 내용이 포함되어야 한다(감독규정 제20조제4항). 다만, 본 법에 근거한 고객정보의 제공이 없는 소속금융회사의 경우에는 고객정보관리인의 선임 및 업무지침서의 작성·보고 의무를 지지 않는다(감독규정 제20조제7항).

〈표 13-6〉 업무지침서 포함사항

1. 고객정보의 제공목적
2. 특정고객에게 부당한 이익을 제공하기 위한 고객정보의 이용제한 등에 관한 사항
3. 소속금융회사 간 제공 가능한 고객정보의 종류
4. 고객정보를 제공·열람하는 소속금융회사의 상호
5. 소속금융회사 간 고객정보를 제공하는 업무처리절차
6. 고객정보에 대한 보안대책
7. 고객정보관리인의 권한 및 임무
8. 업무지침서 위반자에 대한 제재기준 및 절차
9. 고객정보의 취급방침의 공고 또는 통지방법
10. 고객정보 제공내역의 통지방법
11. 영업양도·분할·합병시 고객정보의 처리방법 및 신용정보법 제32조제8항에 따른 의무의 이행방법[10)]

10) 개인신용정보를 타인에게 제공하는 신용정보제공·이용자는 제공하는 개인신용정보의 범

(4) 고객정보취급방침 마련 및 게시 등

금융복합기업집단의 감독에 관한 법률
제29조(고객정보의 제공·관리) ⑧ 소속금융회사는 대통령령으로 정하는 바에 따라 고객정보의 취급방침을 정하여야 하며, 이를 해당 금융회사의 거래상대방에게 통지 또는 공고하고 영업점에 게시하여야 한다.

금융복합기업집단의 감독에 관한 법률 시행령
제21조(고객정보의 제공·관리 등) ⑤ 법 제29조제8항에 따른 고객정보의 취급방침에는 다음 각 호의 사항이 포함되어야 한다.
1. 고객정보의 보호에 관한 사항
2. 고객정보의 이용에 관한 사항
3. 고객정보의 제공에 관한 사항
4. 그 밖에 고객정보의 엄격한 관리를 위해 필요하다고 금융위원회가 정하여 고시하는 사항

금융복합기업집단 감독규정
제20조(고객정보의 제공 및 관리) ⑥ 영 제21조제5항에 따른 고객정보의 취급방침에는 다음 각 호의 사항이 포함되어야 한다.
1. 소속금융회사의 상호 및 업종
2. 고객정보의 제공목적
3. 소속금융회사가 위법하게 고객정보를 제공하여 고객에게 피해가 발생한 경우 그 구제수단

소속금융회사는 고객정보의 취급방침을 정하여야 하며, 이를 해당 금융회사의 거래상대방에게 통지 또는 공고하고 영업점에 게시하여야 한다. 고객정보의 취급방침에는 고객정보의 보호·이용·제공에 관한 사항, 소속금융회사의 상호 및 업종, 고객정보의 제공목적, 소속금융회사가 위법하게 고객정보를 제공하여 고객에게 피해가 발생한 경우 그 구제수단이 포함되어야 한다(법 제

위, 제공받는 자의 신용정보 관리·보호 체계에 관하여 금융위원회의 승인을 받아야 한다.

29조제8항, 시행령 제21조제5항, 감독규정 제20조제6항). 본 법에 근거한 고객정보의 제공이 없는 소속금융회사의 경우에는 고객정보취급방침의 마련·게시 의무를 지지 않는다(감독규정 제20조제7항).

〈표 13-7〉 고객정보 제공의 안전장치

안전장치	주요 내용
고객정보 제공 절차 준수	고객정보 원장을 제공하지 않을 것
	고객정보는 고객정보관리인의 승인을 받은 이용자 외에는 제공받은 정보에 대한 접근이나 활용이 불가능하도록 암호화 등의 조치를 통해 제공
	고유식별정보는 정보를 제공받는 사람이 식별할 수 없도록 암호화, 관리번호 등으로 변환하여 제공
	제공받은 고객정보는 그 이외 정보와 분리 보관
	정보이용기간은 1개월 이내
	이용기간이 경과하였거나 제공목적 달성 등으로 정보가 불필요하게 되었을 때에는 해당 정보를 지체없이 파기
	고객정보를 요청하거나 제공하는 경우 해당 회사의 고객정보관리인은 심사하여 승인여부 결정
	대표금융회사의 고객정보관리인은 계열회사의 고객정보 제공·이용에 관한 제반사항을 매분기 점검하고 종합점검 결과를 연 1회 감독원장에게 보고
고객 통지	고객정보 제공시 제공내역을 고객에게 통지
고객정보관리인 선임	고객정보의 엄격한 관리를 위하여 소속금융회사는 그 임원 중에 1인 이상을 고객정보관리인으로 선임
업무지침서 작성 및 보고	고객정보관리인은 고객정보의 엄격한 관리를 위하여 업무지침서를 작성하고, 그 내용을 금융위원회에 보고
고객정보 취급방침의 공고·게시	금융그룹 소속 금융회사는 고객정보의 취급방침을 정하고, 이를 거래상대방에게 통지하거나 공고하고 영업점에 게시
사후 재제조치	과태료 부과 및 행정처분

제 3 절 시설 등의 공동사용

Ⅰ. 입법의 취지

금융복합기업집단 차원의 내부통제·위험관리 등의 업무를 수행할 경우 함께 일을 하면서 공동으로 업무 시설, 장비, 공간 등을 사용하게 되는 경우가 생길 수 있다. 이러한 경우 명확한 근거규정을 마련하여 어느 특정 소속금융회사의 시설 제공 등이 부당하다는 이유로 생길 수 있는 불공정 시비 등을 사전에 방지할 필요가 있다. 또한 공동으로 업무수행을 원활히 수행할 수 있는 전산시설, 데이터베이스 시스템(DB) 구축 등을 위한 근거 규정을 마련해 둘 필요가 있다.

Ⅱ. 주요내용

금융복합기업집단의 감독에 관한 법률
제30조(시설 등의 공동사용) 소속금융회사들은 금융복합기업집단의 내부통제·위험관리 등 대통령령으로 정하는 사항에 이용할 목적으로 전산시스템, 사무공간, 그 밖에 대통령령으로 정하는 시설 등을 공동으로 사용할 수 있다.

금융복합기업집단법은 이러한 시설 등의 공동사용에 관한 근거규정을 두어 소속금융회사들은 금융복합기업집단의 내부통제·위험관리 등에 이용할 목적으로 전산시스템, 사무공간, 전기통신설비,[11] 현금자동지급기·자동입출금기·지급용단말기·컴퓨터·전화기 등의 전자적 장치,[12] 전산자료 보관 장치,

11) 전기통신사업법 제2조제2호에 따른 전기통신을 하기 위한 기계·기구·선로 또는 그 밖에 전기통신에 필요한 설비.
12) 전자금융거래법 제2조제8호에 따른 전자금융거래정보를 전자적 방법으로 전송하거나 처리하는데 이용되는 장치.

사무기기 및 물품을 공동으로 사용할 수 있다.[13)]

금융복합기업집단의 내부통제·위험관리 등에 이용할 목적이란 금융복합기업집단 내부통제정책·기준 및 위험관리정책·기준의 수립·운영 및 평가·점검, 금융복합기업집단의 건전성 관리, 보고 및 공시, 금융복합기업집단 경영개선계획의 제출 등을 위해서 이용하는 것을 말한다.

Ⅲ. 실무적 시사점

예컨대, 금융복합기업집단은 효과적인 내부통제·위험관리나 보고·공시를 위하여 공통의 전산시스템을 사용하거나 공유할 수 있다. 하나의 전산시스템을 구축하여 각 소속금융회사가 재무상황, 위험요인 등에 관한 데이터베이스 자료를 입력함으로써 필요할 때 쉽게 이용할 수 있다. 구체적으로 본다면 각 소속금융회사의 자본 및 부채 현황을 수시로 전산시스템에 업데이트하여 입력한다면 대표금융회사 및 각 소속금융회사가 금융복합기업집단 전체의 자본 및 부채 현황에 대하여 쉽게 파악할 수 있을 것이다. 이는 이러한 시스템이 구축되지 않았을 경우 대표금융회사가 엑셀 파일 등으로 양식을 만들어 각 소속금융회사에 보내어 필요한 정보를 취합한 후 다시 다른 소속금융회사들에 공유하는 형태로 업무를 처리하는 것에 비하여 시간을 매우 단축하고, 효율성을 높일 수 있을 것이다. 또한 보고·공시나 경영개선계획 제출 시 또는 해당 금융복합기업집단 내 해결해야 할 그룹위험 등의 이슈 등이 발생한 경우 TF 등을 운영하면서 어느 특정 소속금융회사의 사무공간, 컴퓨터, 사무용품 등을 공동으로 활용할 수 있어 내부통제 및 위험관리 등의 업무의 효율성을 높여줄 수 있다.

---

13) 금융복합기업집단법 제30조, 동 시행령 제22조 제2항.

제 4 절 권한의 위탁

금융복합기업집단의 감독에 관한 법률
제31조(권한의 위탁) 이 법에 따른 금융위원회의 권한은 **대통령령으로 정하는 바에 따라 그 일부를 금융감독원장에게 위탁**할 수 있다.

금융복합기업집단 감독규정
제21조(권한의 위탁) ② 감독원장은 영 제23조제1항에 따라 **위탁받은 업무의 처리내용을 6개월마다 금융위원회에 보고하여야** 한다. 다만, 위탁받은 업무의 처리 결과가 금융위원회의 인가, 승인, 조치, 명령 등에 필요한 경우에는 위탁받은 업무의 처리가 완료된 즉시 금융위원회에 보고하여야 한다.

이 법에 따른 금융위원회의 권한 중 집행적인 요소가 있는 일부에 대하여는 금융감독원장에게 위탁하고 있다. 금융감독원장에게 권한을 위탁하고 있는 사항은 다음과 같다(법 제31조, 시행령 제23조제1항). 금융감독원장은 위탁받은 업무의 처리내용을 6개월마다 금융위원회에 보고하여야 한다. 다만, 위탁받은 업무의 처리 결과가 금융위원회의 인가, 승인, 조치, 명령 등에 필요한 경우에는 위탁받은 업무의 처리가 완료된 즉시 금융위원회에 보고하여야 한다(시행령 제23조제2항, 감독규정 제21조제2항).

〈표 13-8〉 금융감독원장에게 권한을 위탁하는 사항

1. 일부 규정의 적용이 제외되는 소속금융회사 신청의 접수 및 적용제외 여부 검토
2. 금융복합기업집단의 지정·지정 해제 요건 검토 및 이에 따른 자료의 제출 요청
3. 대표금융회사의 선정 검토 및 같은 조 제4항에 따른 보고의 접수
5. 금융복합기업집단 자본적정성의 평가를 위한 검토
6. 금융복합기업집단 보고의 접수
7. 금융복합기업집단 위험관리실태평가
8. 금융복합기업집단 경영개선계획 제출 관련한 다음의 업무
   가. 제출명령 요건 해당여부 검토

나. 경영개선계획의 접수 및 검토
다. 경영개선계획 제출명령을 위해 필요한 자료 및 의견의 제출 요구
라. 경영개선계획 제출 유예의 통지
9. 경영개선계획 미제출·불이행 등에 따른 다음 각 목의 업무
가. 경영개선계획 미제출·불이행 등에 따른 조치명령의 요건 검토
나. 경영개선계획 제출명령을 위해 필요한 자료 및 의견의 제출 요구
다. 경영개선계획 제출 유예의 통지
10. 행정처분에 관한 다음의 업무
가. 금융회사에 대한 경고 또는 조치
나. 금융회사 임원에 대한 문책경고나 주의적 경고 또는 주의
다. 직원에 대한 면직/6개월 이내의 직무정지/견책 또는 주의 요구
라. 임직원에 대하여 위 나.의 조치 또는 다.의 조치요구를 하는 경우, 그 임직원에 대한 관리·감독 책임이 있는 임직원에 대하여 함께 조치 또는 조치 요구
마. 퇴임한 임원 또는 퇴직한 직원에 대한 조치 또는 조치 요구의 결정 및 그 통보(재임 또는 재직 중이었더라면 위 나.의 조치 또는 다.의 받았을 것으로 인정되는 경우)
11. 행정처분의 기록 및 조회에 관한 다음 각 목의 업무
가. 조치, 조치 요구 또는 통보 내용의 기록 및 보관
나. 자기에 대하여 이루어진 조치 내용 등에 대한 조회 요청의 접수
다. 나.에 따른 조회 결과의 통보
12. 조치, 조치 요구 등에 대한 이의신청의 접수
13. 인·허가 등의 심사시 해당 집단의 재무 및 경영 건전성 등의 요건 충족 여부에 대한 검토
14. 소속금융회사에 대한 고객정보제공 관련 업무지침서 내용의 보고 접수

제 3 편

금융그룹 감독제도 발전을 위한 향후과제

제 1 장 금융복합기업집단 차원의 유동성 관리·감독체계 구축

제 1 절 유동성 관리·감독체계 구축의 필요성

금융복합기업집단법은 건전성 감독의 중요한 축으로 금융복합기업집단 전체의 자본적정성을 평가한다. 자본적정성이란 위기시 손실흡수능력을 나타내는 척도이므로 건전성에 있어 매우 중요한 지표라 할 수 있다. 그러나 금융복합기업집단의 건전성을 유지하는데 있어 자본적정성을 갖추는 것만으로는 부족하다. 금융회사가 현재 또는 미래의 지급의무를 상환하지 못하거나, 거래량 부족 또는 시장 붕괴 등에 따른 시장가치 하락으로 금융회사가 보유한 자산의 현금화 과정에서 손실이 발생하는 등의 유동성 위험으로 인한 문제가 발생할 수 있다. 예컨대, 흑자 부도와 같이 자본적정성을 그 기준을 상회하여 충족시킨다 하더라도 자본의 현금화가 제때에 이루어지지 않는다면 유동성 문제로 인하여 위기를 초래하고 심할 경우 금융복합기업집단 전체의 부도로 이어질 수 있는 것이다. 설령 급한 유동성 위기를 해결하기 위해 주요 핵심자산을 매각하는 경우 매각시 자산가격의 하락을 부담해야 하거나, 이를 통해 유동성 위기를 극복한다고 하더라도 해당 금융복합기업집단에 큰 후유증을 남기고 향후 경영에 있어 큰 타격을 입힐 가능성이 높다.

유동성 위험이 발생하는 경우는 크게 자금의 조달이 어려워지는 경우와

현금화할 자산의 가치가 하락하는 경우, 단기간 지출해야 할 금액이 급격히 증가하는 경우 등이 있다. 이를 자세히 살펴보면 먼저, 조달시장 자체가 위축되어 자금조달이 어려워지거나 금융회사의 신용도가 하락함으로 인해 신규 예금 또는 보험료 유입이 감소되는 등의 사유로 인해 자금의 조달이 어려워지게 될 수 있다. 자금 조달이 어려워질 경우 단기간에 유출이 예상되는 만큼의 현금을 확보하기 어려울 수 있다. 다음으로는 부동산, 주식 등 매각 예정인 자산의 가치가 예상을 벗어나 급격히 하락하는 경우 등에는 해당 가치 하락분만큼 필요한 현금을 확보하는데 장애가 될 수 있다. 그리고, 개별회사의 평판하락 등 위기상황 발생시 고객이 뱅크런에 따라 급격히 예금을 인출하거나 기존의 보험을 해약이 증가하는 경우, 옵션거래로 인한 채무부담의 증가, 급격한 환율변동으로 인한 외화채무 부담이 증가하는 경우 등 단기간에 지출해야 할 금액이 증가하게 되어 유동성 문제가 발생할 수 있다.[1)]

앞서 살펴본 부실화된 기업집단 사례에서도 유동성이 문제가 된 경우가 많다. 이와 유사하게 2021년 유동성 위기로 부도 위험에 놓였던 중국의 헝다그룹의 경우도 자산규모로는 중국 건설사 중 가장 그 규모가 크나, 정부의 규제 및 코로나19 등으로 인해 급격히 유동성이 악화되면서 부도 위기에 몰리게 된 것이다.[2)] 이처럼 유동성이 어느 한순간이라도 악화될 경우는 해당 특정 시점에 채무불이행으로 인한 부도 가능성을 높이므로 이에 대한 철저한 대비가 필요하다. 금융복합기업집단의 경우, 어느 특정 소속금융회사가 유동성 위기가 연쇄적으로 다른 소속금융회사에도 영향을 미쳐 집단 전체를 부실화 위험에 빠뜨릴 수 있다. 특히 금융복합기업집단의 경우, 하나의 소속금융회사에서 시작된 유동성 문제가 마치 금융복합기업집단 전체가 유동성에 문제가 있는 것으로 시장에서 오인됨으로써 예금의 인출, 기존 금융상품의 해약 등을 통해 실제로 금융복합기업집단 전체의 위기상황으로 확산시킬 위험을 내포하고 있다. 따라서 유동성 문제에 대하여도 금융복합기업집단 차원에서 철저히 관리할 필요가 있고, 감독당국도 이를 면밀하게 감독할 필요성이 있는 것이다.

---

1) Joint Forum, 「The management of liquidity risk in financial groups」, 2006. 5, 6~12면 참조.
2) 시사뉴스, 「中헝다 그룹 파산 위기에 세계경제가 긴장」, 2021. 10. 23.기사(http://www.sisa-news.com/ news/article.html?no=176396).

그럼에도 불구하고 현재 금융복합기업집단법은 유동성에 대하여 제13조에서 적정한 유동성을 유지하도록 선언만 하고 있을 뿐, 이에 대한 구체적인 감독방안이나 금융그룹의 관리방안 등에 대하여는 전혀 규정하고 있는 바가 없다.

Joint Forum 감독원칙 역시 2012년 개정을 통해 유동성 평가 및 관리와 관련한 원칙들을 새롭게 도입하였다. 평상시뿐만 아니라 위기시에도 금융그룹 내 모든 기업의 자금조달 수요를 완전히 충족하는 수준으로 위험을 관리하도록 가이던스를 제시하였다.[3] 즉, 감독자가 금융그룹 전체의 유동성 위험을 확인·측정·감시·관리하고, 금융그룹의 적정 유동성을 평가하며, 유동성 관리 프로세스 및 자금조달계획을 관리하도록 요구하는 것이다. 이와 같은 취지 등을 고려할 때 금융복합기업집단법에도 적정한 유동성의 관리·감독방안에 대하여 보충할 필요가 있다.

〈표 1-1〉 Joint Forum 감독원칙의 유동성 관리·감독에 관한 규정

[§20] 감독자는 **금융그룹 본사가 적절히 본사 및 그룹 전체의 유동성 위험을 확인·측정·감시·관리하도록 요구**해야 함. 또한, 감독자는 금융그룹이 평시뿐만 아니라 위기시에도 자금수요를 충족할 수 있는 충분한 유동성을 보유하도록 요구해야 한다.[4]
[§20.1] 감독자는, 금융그룹의 모그룹이 있는 경우, 모그룹의 유동성 현황 및 위험 관련 정보를 적시에 취득할 수 있어야 하며, 모그룹과의 관계를 감안하여 **금융그룹의 적정유동성을 평가할 수 있어야** 한다.[5]
[§20.2] 금융그룹은 그룹의 복잡성·위험요소·사업범위 등을 고려하여 **유동성 관리 프로세스 및 자금조달계획을 관리해야** 함. 유동성 위기는 그룹내 자회사로 쉽게 번지는 경향이 있기 때문에 적절한 유동성 관리가 특히 중요하다.[6]

3) Joint Forum 감독원칙, 4면.

4) Joint Forum 감독원칙, 30면.

[§20] Supervisors should require that the head of the financial conglomerate adequately and consistently identify, measure, monitor, and manage its liquidity risks and the liquidity risks of the financial conglomerate. Supervisors should require that liquidity be sufficient across the financial conglomerate to meet funding needs in normal times and periods of stress.

5) Joint Forum 감독원칙, 30면.

[§20.1] Where a financial conglomerate is part a wider group, supervisors should have

제 2 절 유동성 관리·감독방안

Ⅰ. 금융복합기업집단 차원의 자금조달계획 수립·유지

자금의 원활한 조달은 매우 중요하다. 자금의 조달에 문제가 발생할 경우, 현금흐름에 문제가 생겨 유동성 위기를 초래할 수 있기 때문이다. 금융복합기업집단이 금융복합기업집단 전체의 자금조달계획을 수립하고, 자금조달 상황 및 환경의 변동 등을 모니터링하고, 관리하도록 하여야 한다. 각 외화별로 지출예정일에 원활한 환전이 어렵거나 환리스크가 발생할 수 있으므로 자금조달계획은 외화별로 수행할 필요가 있다. 대표금융회사를 통해 각 소속금융회사의 자금조달계획 및 현황을 취합하고 문제점을 분석하여, 유동성에 미치는 영향 등을 수시로 관리할 수 있는 체계를 갖추어야 한다. 이러한 과정을 통하여 금융복합기업집단에 유동성 문제가 발생하지 않도록 적절한 자금조달계획을 수립하도록 하고, 유동성에 문제가 발생하거나 발생할 우려가 있을 경우 이를 신속하게 파악할 수 있어야 한다. 장기적으로는 금융복합기업집단 차원에서 자금 조달의 효율성 증대, 조달 원천의 다양화, 자금조달 담보 가치 향상 등을 지속적으로 추진해 나가야 할 것이다.[7]

---

timely access to information concerning the wider group's liquidity position and risks to that liquidity position, to enable the evaluation of the adequacy of the liquidity position of the financial conglomerate in the context of its relationship to the wider group.

6) Joint Forum 감독원칙, 30면.

[§20.2] Conglomerates should develop and maintain liquidity management processes and funding programs that are consistent with their complexity, risk profile, and scope of operations. Appropriate liquidity risk management is especially important since liquidity difficulties can easily spread to subsidiaries, particularly in cases of similarly named companies where customers may not always understand the legal distinctions between constituent entities.

7) Joint Forum, 앞의 보고서(2006. 5), 3면 참조.

Ⅱ. 금융복합기업집단 유동성의 측정·평가

금융복합기업집단 차원의 유동성이 문제가 없는지를 살펴보기 위해서는 이를 적절히 측정·평가할 수 있어야 한다. 이러한 유동성의 측정은 전체적으로 파악하는 것도 중요하지만, 국가간 이동이 제약되거나, 통화간 환전이 어려워질 경우 등을 대비하여 국가별, 통화별로 별도로도 산출할 필요가 있다.[8]

유동성을 측정하는 방법은 금융회사가 필요할 때 사용할 수 있는 유동성자산 등의 비율을 측정하는 방법, 미래에 예정된 현금유출과 현금유입을 매치시켜 현금흐름을 파악하는 방법 등이 있다. 예컨대, 은행의 경우 원화와 외화에 대하여 각각 향후 30일간 순현금유출액 대비 고유동성자산[9]의 비율이 일정 이상 유지되도록 하고 있다.

〈표 1-2〉 은행의 유동성 관리·감독에 관한 기준 예시

유동성커버리지비율 (Liquidity Coverage Ratio, LCR)	=	고유동성자산 보유 규모 ─────────── 향후 30일간 순현금유출액	≥ 최저규제수준
외화 유동성커버리지비율	=	외화 고유동성자산 보유 규모 ─────────── 향후 30일간 외화 순현금유출액*	≥ 최저규제수준

* 외화 순현금유출액은 헤지된 거래를 차감한 순액 기준

금융복합기업집단 역시 집단 전체의 현금흐름 등에 대하여 평가할 지표 등을 발굴하고, 각 금융복합기업집단들이 이를 관리해 나가도록 할 필요가 있다. 도입단계에 따라 금융복합기업집단 전반의 유동성을 측정하는 지표를 먼저 도입하고, 추후 국가별, 업종별, 외화별 유동성을 측정하는 등 그 방법을 세분화해 나갈 필요가 있다. 이러한 과정에서 감독당국은 직접적으로 규제를 하기보다는 전체의 법 취지에 맞게 각 집단이 유동성 관리를 적정하게 측정하

8) Joint Forum, 앞의 보고서(2006. 5), 2면 참조.

9) 스트레스상황에서 가치하락이 없거나 미미한 수준에서 즉시 현금화가 용이한 자산(은행업감독업무시행세칙 별표3-6 3.나.).

고 평가하여 이를 유지하고 있는지를 감독하면 될 것이다.

Ⅲ. 유동성 위험의 상시적 측정·감시·전달 시스템 구축

앞에서 살펴본바와 같이 유동성의 위험을 일으키는 요인들은 매우 다양하다. 시장의 여건, 신용도 하락 등에 따라 자금조달이 어려워질 수도 있고, 금융회사의 유동성 자산 가치가 급격히 하락할 수도 있으며, 급격히 단기간의 채무부담이 증가할 우려도 발생할 수 있다. 따라서 금융복합기업집단은 소속 금융회사들이 직면할 수 있는 유동성 위험의 요인들을 목록화하여 이를 상시적으로 측정하여야 한다. 예컨대, 향후 자금조달시장이 경색될 것을 사전에 예측할 수 있다면 이를 미리 대비하여 급격한 유동성 위기로 인한 어려움을 예방할 수 있을 것이다. 따라서 유동성 위험을 일으킬 요인들을 잘 포착하는 것은 유동성 위기를 방지하는데 무엇보다도 중요할 수 있다. 특히 유동성 위기는 직면할 경우 이를 해결할 수 있는 시간이 매우 촉박하게 주어져 이를 해결하기 위한 선택지가 매우 좁아지게 만들 수 있는 만큼 이를 미리 예측하는 것은 매우 중요하다. 그러므로 금융복합기업집단은 유동성 위기를 사전에 미리 예측하고, 이를 감시하며, 이상 징후가 발견될 경우 전체 집단에 정보를 공유하여 이를 충분히 대비할 수 있는 체계를 갖추어야 할 것이다. 그리고 감독당국은 이러한 체계가 잘 구축되고 작동될 수 있는지를 감독하여야 할 것이다.

Ⅳ. 금융복합기업집단 차원의 위기상황분석(Sterss Test) 및 비상조달계획(Contingency funding plans) 수립

위기상황분석이란 아주 예외적이지만 실제로 발생할 수 있는 사건에 대한 금융회사의 잠재적인 취약성을 측정하기 위해 사용되는 다양한 기법을 말한다.[10] 금융복합기업집단 차원의 유동성에 대한 위기상황분석은 유동성의

10) 금융감독원, 「금융회사의 위기상황분석(Stress Test) 현황 및 시사점」, 보도참고자료(2005. 5), 3면.

위기를 초래할 수 있는 다양한 위기상황을 시나리오로 구성하여 이에 따른 유동성 변화 등을 측정하는 것이다. 위기상황 시나리오는 외부 신용등급의 2~3 등급 하락 등 '개별 금융회사의 위기상황'과 금리의 상승 및 하락, 주가하락, 물가상승률 등의 '시장 위기상황'이 고려될 수 있다.[11] 각 업종별로 볼 경우는 은행의 경우 1개월 이내에 예금 20~50%가 인출되는 상황, 증권사의 경우 일정기간 무담보 차입시장에 접근할 수 없거나 높은 차입비용을 지불하게 되는 상황, 보험사의 경우 1개월 이내에 사망률이 기준 이상으로 급격히 증가하고, 보험계약의 실효율이 급격히 높아지는 경우 등을 위기상황으로 가정할 수 있다.[12] 이러한 위기상황이 복합적으로 동시에 주어질 경우 금융복합기업집단의 유동성이 이를 충분히 견뎌낼 수 있는지를 테스트할 필요가 있다.

이러한 위기상황분석을 통해 사전에 충분한 유동성을 확보하기 위해서는 어느 정도의 유동성 자산을 확보해야 할지 계획을 세울 수 있다. 이와 더불어 금융복합기업집단의 유동성에 위기상황이 발생한 경우 어떠한 방식으로 유동성을 보충할 것인지 계획을 세울 수 있는 것이다. 금융회사가 유동성 확보를 위해 현금성 자산을 많이 확보하고 있다는 것은 그만큼의 자산에 대한 영업을 포기하여 이익을 얻을 수 있는 기회를 상실하는 것이므로 무조건 유동성을 높기만 하다고 해서 이것이 바람직한 것은 아니다. 따라서 평상시의 유동성은 적절한 수준으로 유지하되, 위기상황 시나리오에 따른 비상조달계획을 세워 위기시 유동성을 추가적으로 확보할 수 있는 방안을 사전에 마련해 둘 필요가 있다. 이렇게 사전에 비상조달계획이 충실히 마련되어 있다면 실제로 위기에 직면하더라도 시나리오에 따른 대응하기로 예정되었던 방식대로 차분한 대응을 통해 이를 극복할 수 있는 것이다.

---

11) Joint Forum, 앞의 보고서(2006. 5), 9면 참조.

12) Joint Forum, 앞의 보고서(2006. 5), 9~11면 참조.

제 2 장 금융지주회사와의 금융그룹 감독체계 균형 모색

제 1 절 금융지주회사와 금융복합기업집단의 위험관리 특징의 차이

우리나라 경우 2001년 10월 금융지주회사법을 통해 금융지주회사 설립을 통해 지주회사 체제로 금융그룹을 운영할 수 있도록 하였다. 금융지주회사법을 통해 금융지주회사를 설립하는 경우 자회사를 수직적으로 둘 수 있도록 하는 지배구조 측면의 규제, 비금융회사의 소유 제한, 연결재무제표 작성, 연결자회사까지 포함한 통합 보고·공시 등의 그룹 차원의 감독 및 규제를 받게 된다. 또한 금융지주회사에 대한 자본적정성 평가 및 경영실태평가 등의 경우 자회사를 포함하여 그 건전성 등을 평가받게 된다. 이와 같이 금융지주회사법은 금융지주회사 및 그 자회사를 그룹 차원에서 감독하면서 금융회사의 대형화·겸업화에 따라 발생할 수 있는 위험의 전이(轉移), 과도한 지배력 확장 등의 부작용을 방지하여 금융지주회사와 그 자회사 등의 건전한 경영을 도모한다(금융지주회사법 제1조).

그러나 금융지주회사법은 금융지주회사의 건전성을 감독하는 내용도 포함되어 있으나, 그 규율의 본질적 목적이 집단 차원의 건전성 감독에만 있는 것은 아니다. 금융지주회사의 설립·인가, 전환, 정관 변경 등 각종 행정적 사항을 포함하여 '금융지주회사'의 규율에 초점을 두고 있다. 예컨대, 자본적정성 평가시 자회사를 연결하여 평가하거나 통합 보고·공시를 하도록 하는 등 자회사를 포함한 규제사항들이 규정되어 있어 그룹 차원의 건전성 규제 효과가 있으나 어디까지나 금융지주회사에 대한 규율을 하는 과정에서 나타나는 부차적인 효과라고 볼 수 있다. 물론 이를 통해 충분한 규율 효과가 있으나, 금융복합기업집단에 대한 별도의 감독법이 제정된 이상 금융지주회사와 금융복합기업집단간의 건전성 규제 등에 있어 그 규제차익 등이 발생하지 않도록 상시적으로 검토할 필요가 있다. 특히 금융지주회사법과 금융복합기업집단법이라는 서로 다른 법률로 규율하고 있고 그 법적 성격에도 차이가 있는 이상 규제의 형태, 정도 등에 있어 차이가 발생할 수 있고, 추후 어느 하나의 법이 개정됨에 따라 그 간격이 더 크게 발생할 수도 있는 것이다. 즉, 금융지주그룹과 금융복합기업집단간 '지주 vs 비지주'의 본질적인 형태 및 구조 등의 차이에 기인한 합리적인 차이가 아니라 감독의 근거법이 다름에서 기인한 규제의 차이가 발생하는 것은 바람직하지 못하기 때문이다.

금융지주회사와 금융복합기업집단은 모두 서로간 영향력을 미칠 수 있는

〈표 2-1〉 금융지주그룹과 금융복합기업집단의 비교

	금융지주그룹	금융복합기업집단
감독의 근거법률	금융지주회사법	금융복합기업집단법
목 적	• 금융지주회사 설립 촉진 • 금융지주회사 설립·인가 등 행정적 절차 규정 • 금융지주회사 및 그 자회사 등의 건전성 감독	• 금융복합기업집단의 위험 및 건전성 등에 대한 효과적 관리·감독
그룹 지배구조	수직적	수직형, 방사형, 수평형 등 다양하게 존재
금융지주회사 및 대표금융회사의 권한 및 역량	높음	낮음
주요 그룹위험	• 복합업종 영위에 따른 그룹 위험(은행, 보험, 증권 등)	• 소속비금융회로부터의 부실의 전이위험

기업집단 내에서 복수의 금융업을 영위하면서 발생할 수 있는 그룹 차원의 위험을 내포하고 있다는 점에서 유사하다. 그러나 금융지주회사와 금융복합기업집단은 그 기업집단의 구조적 특징 등이 달라 위험관리에 있어서도 그 차이가 있을 수밖에 없다. 금융지주회사는 소유·지배관계가 명확하고, 수직적인 구조로 지배구조가 형성되어 있어 금융지주회사가 컨트롤 타워로서 그룹 차원의 위험을 관리하는데 효율적인데 반하여, 금융복합기업집단은 소유·지배관계가 불명확하고 금융회사간의 지분소유 등을 통한 지배구조상 우월적 지위를 인정하기 어려운 경우가 많아 어느 한 회사가 주도적으로 그룹 차원의 위험을 관리하기 어렵고, 수평적 구조에서 합의 등을 통하여 관리할 필요성이 있다는 차이점이 존재한다. 따라서 이러한 차이점을 고려한 위험관리의 차이는 발생할 수 있다. 그러나 본질적으로 그룹 차원의 건전성을 측정하고 감독한다는 측면에서는 서로간 규제 차익이 발생하지 않도록 면밀히 비교·검토할 필요가 있다. 이것이 서로 다른 법을 통해 규제하는 상황에서는 쉽지 않다. 최소한 개정 등의 사유가 있는 경우 서로 금융지주회사법과 금융복합기업집단법을 항상 비교·검토할 필요가 있을 것이다.

〈표 2-2〉 '금융지주회사와 금융복합기업집단' 위험관리 특징 비교

공통점	• 금융지주회사 및 금융복합기업집단(비지주) 모두 **집단 차원의 리스크 관리 규제 운영 중 ⇨ 자본적정성 비율 산출 및 관리** * 단, **금융복합기업집단**의 경우에는 **비금융사가 혼재되어** 있는 특성 등을 고려하여 **집단위험을 자본적정성에 추가적으로 반영**	
차이점	금융지주	• **소유·지배관계가 명확**(자회사 지분 보유 등 규제) ① **지주회사의 그룹 전체에 대한 조정 권한 有** ② **자본규제＋자산운용규제** 시행
	금융복합기업집단(비지주)	• **소유·지배관계가 복잡** ⇨ **상법과의 상충 문제 제기** 가능(특정회사가 지시·명령 不可) ① 소유·지배관계가 불분명하거나 느슨하더라도 전이위험 등 **집단 차원의 위험을 공유**하므로 **최소한의 자본규제를 보충적으로 시행** ② **대표금융회사의 강제적 조정 권한 無, 자율적 협의**에 따른 리스크 관리(**강제적 조치는 금융당국만 가능**)

제 2 절 금융지주회사와 금융복합기업집단 간의 규제차이 예시

우리나라의 금융지주회사는 보유하고 있는 자회사 종류에 따라 그 종류를 달리하여 분류하고 있다. 즉, 금융지주회사가 그 자회사 중 은행을 소유하고 있는지 여부에 따라 은행지주회사와 비은행지주회사로 크게 나누고, 비은행지주회사도 보험회사, 금융투자업을 영위하는 회사를 소유하였는지에 따라 보험지주회사, 금융투자지주회사 등으로 분류한다(금융지주회사법 제2조제1항 제5호~제6의4호). 또한 그 분류에 따라 그 규제내용에도 차이가 있다.

금융지주회사와 금융복합기업집단간에는 자본규제, 행위규제 등에 있어 그 차이를 보인다. 금융복합기업집단법은 자본규제와 별도로 소속금융회사에 어떠한 행위 자체를 금지하는 행위규제는 하고 있지 않다. 반면, 금융지주회사는 대주주 등에 대한 신용공여한도 및 대주주 등의 주식취득한도 등에 대하여 제한하는 행위규제를 하고 있다. 이는 금융지주회사를 정점으로 하여 일관된 지배력을 행사하는 금융지주그룹과 어떤 한 회사를 중심으로 하여 지배력

〈표 2-3〉 자회사 종류에 따른 금융지주회사의 분류

금융지주회사	정 의
은행지주회사	은행 또는 은행지주회사를 지배하는 금융지주회사
지방은행지주회사	전국 영업 은행 또는 전국 영업 은행을 지배하는 은행지주회사를 지배하지 않는 은행지주회사
비은행지주회사	은행 또는 은행지주회사를 지배하지 않는 금융지주회사
보험지주회사	보험회사를 포함하여 1 이상의 금융기관을 지배하는 비은행지주회사
금융투자지주회사	금융투자업자인 1 이상의 금융기관을 지배하면서 수신·보험회사를 지배하지 않는 비은행지주회사
(상호저축은행 등 지배 지주회사)	보험회사를 지배하지 않으면서 수신(은행 제외) 또는 여전업 금융회사를 지배하는 비은행지주회사

〈표 2-4〉 금융지주회사와 금융복합기업집단의 건전성 규제 비교

규제유형		금융지주회사		금융복합기업집단 (비지주 금융그룹)
		은행지주회사	비은행지주회사	
자본규제	자본비율	• BIS 자기자본비율규제(연결) * 보통주 자본비율 4.5% 이상 기본자본비율 6.0% 이상 총자본비율 8.0% 이상	자기자본 순합계액 / 필요자본 합계액* ≥ 100% * 업권별 자본적정성 기준에 따라 합산+Sliding Sclae에 따른 비금융계열사 출자분	적격자본 (①자본합계 －②차감항목) / 필요자본 (③최소요구자본 +④가산항목) ≥ 100% ① 금융계열사 자본합계 ② 중복자본(계열사간 출자 등) ③ 업권별 최소요구자본 합계 ④ 집단위험(집중·전이위험 등)
	추가자본가산	• 자본보전완충자본(2.5%) • 경기대응완충자본(0~2.5%) • 지주 리스크평가에 따른 위험가중자산 할증(0~20%) • 비금융자회사 출자분 위험가중자산 할증 (15%·60% rule)	• 비금융자회사 출자분 필요자본 가산 ① 15%·60% rule <보험> ② Sliding Scale <비은행지주>	• 집단위험 평가 → 평가등급(1~5등급)에 따라 필요자본 가산
자산운용규제		• 대주주 등 신용공여한도 제한 • 대주주 등 주식취득한도 제한		(없음)

을 행사하지 못하고 각 개별 금융회사가 각자의 판단에 따라 행동해야 하는 금융복합기업집단 간의 지배구조 차이를 반영하였다고 볼 수 있다.

반면, 금융지주회사와 금융복합기업집단 간의 대표적인 규제 차이를 보이는 부분은 건전성 관리에 따른 자본적정성 평가 부분이라고 할 수 있다. 이 부분에서는 금융지주회사 내에서도 은행지주회사와 비은행지주회사간 그 규제의 방법에 있어 큰 차이를 보인다. 이러한 차이가 과연 합리적인가에 대하여는 의문이 있다.

<표 2-4>에서 보는 바와 같이 은행지주회사는 '연결 BIS비율'을 산출

한다. 그리고 비은행지주회사는 '필요자본 합계액 대비 자기자본 순합계액'의 비율이 100% 이상인지를 확인한다. 이 경우 필요자본 합계액은 각 금융회사별로 업권별 필요자본으로 산출된 액수를 합하고, 비금융자회사 출자분이 있는 경우는 아래의 표와 같이 Sliding Scale 방식에 따라 이에 가산한다(금융지주회사감독규정시행세칙 [별표 1] 경영지도비율 산정방식 1. 다. (3)). 반면, 금융복합기업집단의 경우 비은행지주와 유사한 방식으로 자본적정성을 측정하나, 비은행지주회사와 달리 필요자본에 집단 차원의 위험을 평가하여 가산한다. 이와 같이 은행지주회사, 비은행지주회사 및 금융복합기업집단은 자본적정성을 평가하는 방식이 모두 다르다.

먼저 자본적정성 평가의 방식이 유사한 비은행지주회사와 금융복합기업집단을 비교해보자. 비은행지주회사의 Sliding Scale방식의 비금융자회사 출자분의 가산은 2009년 금산분리 규제를 완화한 개정 금융지주회사법의 시행으로 비은행지주회사가 비금융자회사를 지배할 수 있게 됨에 따라, 동 규제완화로 인한 비금융자회사의 위험전이 등의 가능성을 감안하여 비은행지주회사가 비금융사 지배시 추가자본을 쌓도록 도입되었다. 그러나 이후 2014년 금융지주회사법의 개정을 통해 비은행지주회사의 비금융회사 지배를 다시 금지하게 되었다. 따라서 Sliding Scale 관련 규정은 현재 사실상 사문화 되었다. 즉, 현재는 비은행지주회사가 비금융자회사를 소유할 수 없게 됨에 따라 자본적정성 평가시 필요자본 합계액을 산출하는 경우 사실상 가산되는 항목이 없다고 볼 수 있다.

이에 비하여 금융복합기업집단의 경우 앞의 제2편제8장제2절의 자본적정성 평가 부분 <표 8-6>에서 보았듯이 금융복합기업집단의 추가 위험 평가에 따라 최대 20%까지 필요자본 합계액의 가산이 가능하다. 이는 실질적으로 분모를 크게 만들어 이에 걸맞는 적격자본을 확보해야 하므로 자본적정성 비율을 더욱 엄격하게 측정하는 효과가 있다.

〈표 2-5〉 비은행지주회사의 비금융자회사 출자위험 가산방식(Sliding Scale)[2)]

- **'비은행지주회사 자기자본 대비 비금융자회사(금융지주법상 지배) 출자액'** 5개 구간별로, **'비금융자회사 출자액×누진비율(8% 등)'**을 필요자본에 가산
- 금융당국 요청에 따라 IMF가 **'금융지주의 비금융회사 출자에 대한 위험'**을 평가하는 방법으로 제시함[1)]

비은행지주 자기자본 대비 비금융자회사 주식 출자금액	필요자본 가산비율
자기자본의 0~5%	8%
5~15%	12%
15~25%	25%
25~60%	32%
60%~	100%

⇨ 자기자본 대비 비금융사 출자액이 클수록 필요자본에 가산하는 금액이 누진하여 증가

※ (예시) 출자금액이 **자기자본의 5% 이하 → 출자금액의 8%**를 필요자본에 가산,
출자금액이 **자기자본의 15% 이하 → 출자금액의 5%까지는** 출자금액의 **8%, 5% 초과 15% 이하는 12%**에 해당하는 금액을 필요자본에 가산

가장 큰 문제는 은행지주회사이다. 은행지주회사의 경우 연결 BIS비율을 측정한다. 따라서 다른 업종을 영위하는 금융회사들도 은행의 기준에 맞추어 BIS비율로 환산하여 측정한다. 예컨대 증권회사의 경우 新NCR에 기반하여 필요자본을 산정하는 것이 아니라 은행의 기준인 BIS비율에 맞추어 필요자본을 산정하게 되는 효과를 갖는다. 따라서 해당 업종 고유의 위험계수 등이 반영된 필요자본이 아니라 은행업에 맞춘 필요자본을 산정하게 된다. 이것이 제대로 된 자본적정성 측정이라 볼 수 있는지가 의문이다. 또한 더 큰 문제는 은행지주회사의 BIS비율 산정시 보험회사는 연결범위에서 제외한다. 이는 고객에게 원금과 이에 따른 예금이자만큼 돌려주어야 할 금액이 비교적 명확한 은행과 고객에게 사고가 발생한 경우 비로소 부채가 확정되므로 향후 지급할 부채

1) International Monetary Fund, 「Issues in Financial Holding Company Supervision and Derivatives Regulation(KOREA)」, Technical advice(2008. 6), 24~25면 참조.
2) 금융위원회, 앞의 보도자료(2018. 7. 2), 별첨1 9면 참조.

의 규모를 정확히 산정하기 어려운 보험업의 업종 성격상의 차이가 있어 은행의 BIS비율에 일률적으로 맞추기 어렵기 때문이다. 즉, 은행의 기준에 다른 금융회사도 모두 맞추도록 함에 따라 발생하는 문제인 것이다.

금융지주회사감독규정시행세칙 <별표 1-2>

은행지주회사의 보통주자본비율, 기본자본비율, 총자본비율 산출기준(제6조 관련)

1. 보통주자본비율, 기본자본비율 및 총자본비율은 은행지주회사 및 그 연결대상회사의 연결재무제표를 기초로 하여 산출한다.
2. 연결재무제표는 「한국채택국제회계기준서」에 따라 작성한다. 다만, 신탁계정(원금보전 약정이 없는 신탁 및 투자신탁분 제외) 및 자회사등에 해당하는 「한국채택국제회계기준서 제1111호 공동약정」의 공동기업은 연결대상에 포함하고, 금융지주회사법시행령 제2조제1항 및 제2항 이외의 업종을 영위하는 회사와 **보험회사는 연결대상에서 제외**한다.

따라서 은행지주회사의 경우 은행-보험의 업종간 규제방식 차이로 인하여 확인하기 어려운 그룹 차원의 건전성을 한눈에 파악한다는 금융그룹 감독의 취지는 전혀 실현시키지 못하고 있다. 이는 각 업권의 자본규제를 존중한 것이 아니라 은행 중심의 사고가 반영되어 은행에 편의를 부여하는 것이다.

$$\frac{\text{자기자본}}{\text{위험가중자산}} \geqq 8\%+\alpha$$

⬇

자기자본 ≧ 필요자본 = 위험가중자산 × 8%

이렇게 은행지주회사의 자본적정성 평가에 있어 보험사를 그 연결에서 제외할 경우에는 당초에 유럽에서 금융그룹 감독이 도입될 때, 은행과 보험간의 자본적정성 평가 차이에 따라 직접적인 비교가 어려우므로 규제 차익 등이 발생할 우려가 있으므로 이에 대한 해결방안으로 제도가 도입되었던 취지를 몰각하게 될 우려가 있다. 따라서 은행지주회사 역시 연결 BIS비율이 아니라 비은행지주회사와 같이 각 업권별 필요자본의 합계액 대비 자기자본의 비율로 산정하는 것이 보다 타당했을 것으로 보인다. 적어도 BIS비율을 산출할 경우 이에 대한 보완적인 차원에서 비은행지주회사 방식의 자본적정성 지표를 보조적으로라도 산출할 필요가 있어 보인다.

또한 금융지주회사와 금융복합기업집단간의 차이도 추후 개선해나갈 필요가 있다. 금융지주회사는 사실상 그룹 내부의 위험에 따라 필요자본을 가산하지 않는 반면, 금융복합기업집단은 그룹 자체의 위험에 따라 필요자본을 최대 20%까지 가산한다. 물론 비금융계열사가 존재하는 금융복합기업집단의 경우 비금융회사로부터의 위험이라는 금융지주회사에는 존재하지 않는 위험이 존재한다. 그리고 수직적인 구조가 아님에서 오는 지배구조의 위험 등이 더 클 수는 있다. 그러나 위험의 전이라는 것은 반드시 비금융회사로부터만 올 수 있는 것이 아니고, 수직적인 구조로 지배구조 등에서 올 수 있는 위험이 적다고 하더라도 그 위험이 전혀 없다고 단정할 수 있는 것은 아니기 때문이다. 금융지주회사 그룹의 경우도 자회사, 손자회사 등의 부실이 있는 경우 이는 그 위의 모회사 등에도 얼마든지 전이될 수 있다. 따라서 금융지주회사에도 그룹 위험을 평가하여 반영하는 것이 보다 합리적이라고 볼 수 있다. 그렇지 않은 경우 현행 금융지주의 자본적정성 산출은 그룹 차원의 위험을 고려한 평가가 아니라 단지 개별 업권의 자본적정성을 합산하거나 은행 중심의 BIS비율로 환산한 것에 불과하기 때문이다.

제3절 규제차이 해소 방안

자본적정성 평가와 같은 규제의 차이나 간극은 금융지주회사와 금융복합기업집단을 다른 법으로 규율하는 한 얼마든지 발생할 수 있다. 특히, 어느 하나의 법률에 개정사유가 발생하여 개정이 이루어지는 경우에는 더욱 규제의 간극이 커질 수 있다. 특히, 금융지주회사의 경우 금융지주그룹이 아니라 '금융지주회사'에 초점을 맞춘 법이므로 그룹 전체의 위험관리보다는 금융지주회사의 설립 촉진 및 규율 등을 중심으로 규정될 수밖에 없다.

따라서 장기적으로는 금융지주회사법은 금융지주회사의 설립, 인가 및 행정적 사항 등에 대하여 규율하는 법으로 두고, 금융지주그룹과 금융복합기업집단에 대한 그룹 차원의 규율에 대하여는 이를 통합하여 하나의 법률로 만들고 규제할 필요가 있다. 금융지주와 금융복합기업집단(비지주)에 대한 금융그룹 감독이 하나의 법률에 기반하여 이루어질 경우 그 구조적 특징 등 본질적 차이에 기반한 것이 아니라 단순히 규정의 차이에 따른 규제 차익을 최소화하고 금융그룹 감독을 보다 합리적으로 운용해나갈 수 있을 것이다.

제 3 장 감독대상 금융복합기업집단의 확대

제 1 절 지정대상 예외 사유의 점진적 축소

Ⅰ. 비주력 금융업종의 규모 요건의 축소

현재 금융복합기업집단법상의 금융복합기업집단의 지정은 기본적으로 ① 여수신업·금융투자업·보험업 중 2개 이상의 금융업 영위하면서, ② 국내 소속금융회사의 자산합계가 5조원 이상인 집단을 대상으로 고려하는 구조이다. 이 두 가지 요건이 가장 기본적이고 중요한 요건이라고 할 수 있다. 이러한 요건을 충족하는 집단 중 부실 금융회사 비율이 50% 이상인 경우, 국내 비주력 금융업종[1]의 자산합계가 5조원 미만인 경우, 해외에서 금융복합기업집단법에 준하는 감독을 받고 있는 경우 또는 전업 GP그룹에 해당하는 경우 등의 예외 요건에 해당하는 경우 지정대상에서 제외된다. 이러한 예외 사유 중 부실금융회사 비율이나 해외의 감독여부, 전업 GP그룹인 경우 등은 사실상 해당될 여지가 적을 뿐만 아니라 금융그룹 감독의 취지 등을 고려할 때 예외로 인정할 필요가 있는 사유들이라 할 수 있다. 예컨대, 사실상 법원에 정리·회생 중인

1) 여수신업·금융투자업·보험업 중 해당 업종의 자산합계가 가장 큰 업종을 제외한 나머지 업종을 말한다.

집단, 외국에서 금융그룹 감독을 받는 집단, 전업 GP가 운용하는 기관전용 사모펀드가 일시적으로 금융회사를 매입한 경우 등까지 금융그룹 감독을 실시할 필요성은 적기 때문이다.

이 중 가장 모호하고, 개선이 필요한 부분은 비주력 금융업종의 규모가 5조원 미만인 경우를 지정의 예외로 삼은 부분이다. 소속금융회사 전체 총자산 규모가 5조원 이상인 경우를 지정의 요건으로 하면서, 비주력 금융업종을 영위하는 금융회사의 자산합계도 5조원 이상일 것을 요구하고 있다. 사실상 예외 규정을 통해 총자산 요건을 10조원을 더 상회하는 기준으로 올리고 있는 것과 다름이 없다고 볼 수 있다. 심지어 총자산이 10조원이 넘는 경우에도 지정이 되지 않을 수 있다. 예컨대 주력 금융업종의 자산규모가 5조 1천억원이고, 비주력 금융업종의 자산규모가 4조 9천억원인 경우에는 총자산이 10조원에 육박함에도 불구하고, 지정이 되지 않는다. 이 경우 비주력 금융업종의 비중이 낮아 실질적으로 둘 이상의 업을 영위하지 않는 경우라 보기도 무리이다. 사실상 시행령으로 법에서 규정되어 있는 5조원의 총자산 요건을 더욱 강화하여 지정대상을 인위적으로 축소하고 있는 것이다.

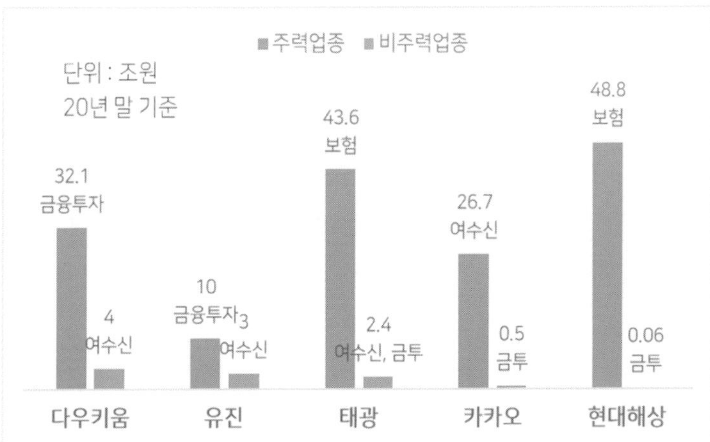

[그림 3-1] 차기 금융복합기업집단 후보군[2)]

2) 헤럴드 경제, 「금융위, 카카오 금융복합그룹 지정 검토 돌입」, 2021. 10. 5.기사 참조 (http://news.heraldcorp.com/view.php?ud=20211005000275).

그 결과 위와 같이 태광, 다우키움, 유진 등과 같이 실질적으로 총자산이 10조원을 훨씬 상회하는 집단도 금융복합기업집단 지정을 피할 수 있게 되었다. 또한 IT 플랫폼을 기반으로 비금융뿐만 아니라 금융업까지 그 영역을 넓혀가고 있는 카카오와 같은 경우도 둘 이상의 업종을 영위하고 있음에도 불구하고 금융복합기업집단의 지정을 피하게 되었다.

EU FICOD에서 비주력 업종의 비중·규모를 고려한 취지는 사실상 둘 이상의 업종을 영위하고 있으나, 비주력 업종의 영향력이 금융그룹 내에서 미미한 경우를 제외하기 위함이었다. 금융복합기업집단법도 둘 이상의 금융업을 영위하는 총자산 5조원 이상의 집단을 금융복합기업집단으로 지정하겠다는 법의 취지를 살려 그 예외의 영역을 줄여나갈 필요가 있다. 비주력 업종의 비중이 나 규모가 매우 미미한 경우로 한정할 필요가 있다. 예컨대 비주력 업종의 비중이 전체 금융업의 10% 미만인 경우[3]나 비주력업종의 규모가 5천억원 미만인 경우 등으로 그 예외 범위를 축소하는 것이 바람직할 것으로 보인다.

더 나아가 실질적으로 둘 이상의 업종을 영위하는지를 판단하면서 비주력 업종의 비중이나 규모 등을 고려하는 것은 점차 줄여나가거나 없애나갈 필요가 있다. 핀테크, IT 기술 등의 발달로 인하여 금융업의 규모가 전통적인 금융업에 미치지 못하고 외형상 규모가 작음에도 불구하고 해당 집단에 큰 영향을 미칠 가능성이 커지고 있기 때문이다. 예컨대 카카오페이증권의 경우 20년말 기준으로 그 자산이 5천억원에 불과하나, 카카오페이증권이 비윤리적 영업행위 등을 하여 이미지가 나빠진다면 그러한 위험의 여파는 얼마든지 규모가 큰 카카오뱅크에도 전이될 수 있기 때문이다. 전국 각지에 지점을 둔 증권사 등에 비하여 그 자산 규모는 낮을 수 있으나, 메신저라는 플랫폼에 기반하고 있어 그 인지도는 오히려 더 높을 수 있고, 영업행태, 소문 등으로 인하여 다른 계열 금융업종 등에 미치는 영향은 자산 규모가 큰 여타 금융사보다도 훨씬 더 높을 수 있기 때문이다. 따라서 둘 이상의 업종을 영위하는지를 고려하

---

3) 이렇게 비중으로 그 제한을 하는 경우에도 비주력 금융업종의 자산합계가 총자산 요건인 5조원을 넘는 경우에는 지정하도록 할 필요가 있다. 예컨대, 금융업 총자산이 60억원인 B집단이 여수신업의 자산 55억원, 보험업 자산 3억원, 금투업자산 2억원인 경우 비주력 금융업종만으로도 지정요건에 해당함에도 비주력 금융업종의 비중이 전체 금융업의 10% 미만이라는 이유로 지정의 예외에 해당하는 결과를 초래할 수 있기 때문이다.

면서 그 자산 규모 등을 고려하는 것은 점차 그 중요성이 낮아질 것으로 보인다. 또한 아래 제2절에서 살펴보는 바와 같이 우리나라에서는 동종금융그룹에 대한 감독의 필요성도 꽤나 높으므로 비주력 금융업종의 규모 등을 고려하는 기준은 종국적으로는 불필요한 예외요건이라고 볼 수 있다.

Ⅱ. 지정대상 판단 시 고려하는 여수신업의 범위 확대 (지급결제 등 전자금융업자의 여수신업 포함 여부)

현재 금융복합기업집단법 제5조제1항제1호에 따른 여수신업에는 ① 「은행법」에 따른 은행업, ② 「자본시장과 금융투자업에 관한 법률」에 따른 종합금융회사의 업무, ③ 「상호저축은행법」에 따른 상호저축은행의 업무, ④ 「여신전문금융업법」에 따른 여신전문금융업, ⑤ 「대부업 등의 등록 및 금융이용자 보호에 관한 법률」에 따른 대부업이 포함된다. 그리고 ⑥ 그 밖에 여신(與信) 또는 수신(受信)을 하는 업으로서 대통령령으로 정하는 금융업을 여수신업으로 포함하도록 하고 있다. 금융복합기업집단으로 지정되기 위해서는 둘 이상의 업종을 영위하여여 하고, 비주력 금융업종의 자산규모가 5조원 이상이 되어야 하므로 ⑥에 따라 여수신업의 범위가 넓어질수록 금융복합기업집단의 지정범위가 넓어지게 된다. 그러나 법에서 여신 또는 수신을 하는 업을 시행령에서 여수신업으로 정하도록 위임하고 있음에도 불구하고, 실제로 시행령에서는 이에 대하여 별도로 규정하고 있지 않다. 여타 법에 여신업 또는 수신업에 대하여 별도로 규정하고 있지는 않다. 그러나 은행 등 전통적인 금융업의 형태에 비추어볼 때 여신은 금융기관이 고객에게 돈을 빌려주는 행위, 수신은 금융 기관이 거래 관계에 있는 다른 금융 기관이나 고객에게 돈을 돌려주기로 하고 이를 받아 보관하는 행위를 일컫는다고 볼 수 있다. 이에 비추어보면 고객에게 돈을 빌려주는 것을 업으로 한다면 여신업, 돈을 받은 후 보관하다 돌려주는 것을 업으로 한다면 수신업이라 할 수 있다.

이에 여수신업에 포함될 필요성이 높게 제기되는 것은 전자금융업 중 일부 지급결제업이다. 예컨대 네이버페이, 카카오페이와 같이 고객이 선불로 포인트 등으로 충전하고, 이를 추후 결제시 지급해주어야 하는 경우가 이에 해당한다고 볼 수 있다. 이러한 영업의 경우 실질적으로 고객이 포인트를 충전하는 경우 고객의 돈을 먼저 선취하여 보관하게 된다. 즉, 고객의 돈을 수신하는 것을 업으로 영위하고 있다고 할 수 있다. 포인트 충전시 약정한 금액만큼 고객이 원하는 시기에 안전하게 되돌려 줄 필요가 있는 것이다. 이는 실질적으로 은행의 예금과 크게 다를 바가 없다. 결제만을 대행해주면서 이에 대한 대가로 '통행세'를 받는 여타 페이업과는 차이가 있는 것이다.

또한 전자금융업자의 소액후불결제도 문제된다. 금융위는 이미 2019년 2월 발표한 금융결제 인프라 혁신방안에서 핀테크 결제사업자에게 월 50만원 범위 이내의 소액 후불결제 서비스를 허용하기로 하였다.[4] 카드업계는 이를 두고 50만원 상당의 후불 결제 서비스는 사실상 여신 사업을 하도록 허가해준 것과 마찬가지라는 불만을 제기하였다.[5] 이는 사실상 여신업이나 마찬가지라 볼 수 있는 것이다.

이러한 포인트의 선불충전 방식 또는 소액후불결제 방식과 같은 전자금융업을 영위하는 경우에 대하여는 여신·수신의 '기능'을 중심으로 동일한 감독 및 규제를 해야 할 필요가 있다는 주장이 제기된다.[6]

실질적으로 여수신업을 영위하는 전자금융업자의 경우 고객의 돈을 제때 제대로 돌려주지 못하는 경우가 발생할 수 있는 등 그 영업에 있어 충분히 금융위험을 내포하고 있으므로 금융복합기업집단의 지정대상을 고려할 경우 이를 여수신업의 범위에 포함하여 검토하는 것이 타당하다. 따라서 법 제2조제1항제1호-6)에서 위임된 바에 따라 시행령을 통해 여수신업에 포함할 필요가 있다.

---

4) 금융위원회, 「개방형 금융결제망(오픈뱅킹) 구축, 핀테크 성장을 촉진하고 생활금융을 혁신하겠습니다.」, 보도자료(2019. 2. 26), [별첨] 금융결제 인프라 혁신방안 10면.

5) 머니S, 「네이버·카카오도 소액 후불결제 진입 … 카드업계 "차별 대우" 분통」, 2020. 7. 21.기사 참조(https://moneys.mt.co.kr/news/mwView.php?no=2020072014488032733).

6) 금융위원회, 「금융회사, 빅테크, 핀테크와 금융산업 발전방향을 주제로 현장과 학계의 의견을 수렴했습니다」, 보도자료(2020. 7. 21), 2면, 6면.

제 2 절 동종금융그룹의 감독방안 마련

Ⅰ. 우리나라의 동종금융그룹(Level 2) 감독의 공백

금융복합기업집단법은 그 지정요건으로 여수신업·금융투자업·보험업 중 둘 이상의 업종을 영위할 것을 요구하고, 그것에 더하여 실질적으로 둘 이상의 업종을 영위하도록 시행령에서 비주력 업종의 규모가 5조원 이상일 것까지 요구한다. 국제기준인 Joint Forum 감독원칙 역시 둘 이상의 업종을 실질적으로 영위할 것을 요구한다.[7] 이는 어느 하나의 업종에 특화된 동종금융그룹은 기존의 업종별 감독체계에서 다루어지기 때문이다.[8] 대부분 외국의 금융그룹의 경우 메인이 되는 금융회사를 중심으로 수직적인 구조로 이루어져 있다. 따라서 연결 재무제표를 작성하는 경우가 많아 하나의 그룹에서 하나의 업종을 영위하는 경우에는 개별 금융업법으로도 충분히 그 건전성에 대한 감독이 수월하게 이루어진다. 호주의 경우는 2000년대 초반부터 각 업종별로 Level 2 감독체계를 갖추기 시작하였다.[9][10]

우리나라의 경우에도 하나의 동일 업종을 영위하는 금융회사들로만 이루어진 동종금융그룹을 형성하고 있는 경우, 지배구조상 최상위에 있는 금융회사를 중심으로 같은 그룹 내 모든 금융회사 및 비금융회사가 재무제표상 연결

---

7) Joint Forum, 앞의 2012년 감독기준, 5면.

3. Scope of application

The Principles should be applied, on a group–wide basis, to a financial conglomerate, defined for the purpose of this framework as any group of companies under common control or dominant influence, including any financial holding company, which conducts material financial activities in at least two of the regulated banking, securities or insurance sectors.

8) 김상조, 앞의 정책심포지엄 발표자료(2015. 5), 28면.

9) 김상조, 앞의 정책심포지엄 발표자료(2015. 5), 26면.

10) 제1편제4장제7절 Ⅶ.호주 사례에서 살펴보았듯이 Level 1(개별금융회사 감독), Level 2(동종금융그룹 감독), Level 3(복합금융그룹 감독)라는 분류와 표현은 호주의 금융건전성 감독기구인 APRA가 사용하는 용어이나, 직관적으로 이해하기 쉬운 용어이므로 본 절에서는 이 표현을 병행하여 사용하도록 한다(김상조, 앞의 정책정책심포지엄 발표자료(2015. 5), 23면 참조).

되어 있다면 개별업법으로도 어느정도 Level 2 수준의 감독이 이루어질 수 있다. 그러나 우리나라의 경우 그렇지 않은 경우가 상당수 존재한다. 외국과 달리 비금융회사의 비중이 큰 그룹도 있고, 서로 다른 비금융회사가 각기 금융회사를 자회사로 두고 있는 경우에는 같은 업종을 영위한다고 하더라도 재무제표가 연결되지 않는 경우도 충분히 발생할 수 있다. 따라서 Level 2 수준의 감독에는 상당수의 공백이 발생하게 될 우려가 있다. 현행 금융복합기업집단법에 따른 Level 3 감독은 기존의 Level 1·2 감독을 대체하는 것이 아니라 그 사각지대를 메우는 보충적 감독이므로 이러한 경우 Level 2 감독에는 그 공백이 발생할 수 있는 것이다.

Ⅱ. 동종금융그룹 감독의 필요성

1. 비금융회사와 혼재된 그룹의 경우

Joint Forum 감독원칙의 경우에도 2012년 개정에서 비금융·비규제계열사에 대한 감독의 사각지대 문제로 인해 그룹 리스크와 시스템 리스크가 증폭되었던 2008년 위기의 교훈을 바탕으로 이에 대한 감독 및 비금융부분에서 야기될 수 있는 위험의 통제를 강조하였다.[11] 그런데 비금융·비규제회사로부터 야기되는 그룹 차원의 위험은 동종금융그룹이라고 하더라도 복합금융그룹과 큰 차이가 없다. 우리나라의 경우 금융과 비금융이 혼재된 그룹이 많으므로 특히 더 문제된다. 예컨대, 롯데와 같은 경우는 비금융회사의 규모나 비중이 금융회사에 비해 압도적으로 크다.[12] 따라서 비금융회사의 위기가 금융회사에 미칠 영향은 매우 클 수밖에 없고, 금융회사는 항상 이에 대하여 대비하여야 한다. 거기에 그치는 것이 아니라 감독당국도 이러한 그룹 차원의 위험에 대하여 선제적으로 감독할 필요가 있는 것이다.

예를 들어 카카오의 경우 최근 카카오의 경우 플랫폼의 엄청난 영향력과 자본력을 기반으로 골목상권까지 침해하고 있다는 비판과 공격적인 인수합병

11) 김상조, 앞의 정책심포지엄 발표자료(2015. 5), 29면.

12) 비금융회사 자산 116.4조원, 금융회사 자산 9.3조원(2020년말 기준, 참고: 2020년 대규모기업집단현황 공시). 앞의 <표 4-6> 참조.

추진 과정에서 의사결정 구조가 분산되어 CEO·지배구조 리스크 등에 따라 카카오에 대한 기업규제 청원, 불매 움직임 등으로 연결되었다.[13] 이에 따라 역시 카카오뱅크의 주가도 하락하게 되었다. 물론 일시적 하락의 경우 경영상 큰 위험이라 볼 수 없지만, 주가 하락이 장기화될 경우 이는 회사의 신용도, 이미지 등에 문제가 될 수 있다.[14] 이처럼 비금융회사에 대한 위험은 동종·복합을 가리지 않고 그 위험이 전이될 수 있는 것이다.

2. 동종 금융회사간 연결이 되지 않는 경우

특히 하나의 회사를 정점으로 재무제표 등이 연결되지 않은 그룹에 대한 감독의 필요성이 높다. 예컨대, 비금융회사를 정점으로 하여 각각 저축은행, 캐피탈, 카드회사, 대부업 등을 소유하고 다수의 밀접업종 영위하는 경우 등에는 서로 자본적정성 지표를 비교하기 어렵고, 규제차익이 발생할 우려도 높다. 따라서 이렇게 서로간 회계상 연결이 되지 않는 경우는 그 감독 필요성이 더 높다고 할 수 있다.

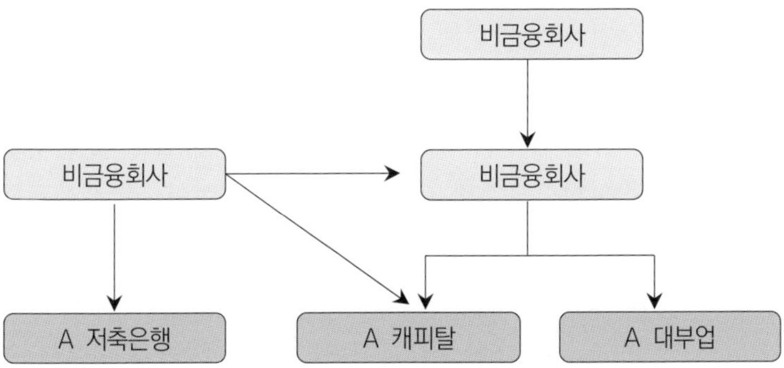

[그림 3-2] 금융회사간 연결이 되지 않는 경우 예시

13) 팍스넷뉴스, 「위기 속 카카오 산 넘어 산」, 2021. 10. 5.기사 참조(https://paxnetnews.com/articles/78887).

14) 카카오의 경우 현재 여수신업과 금융투자업을 영위하여 둘 이상의 업을 영위하는 경우에 해당하지만, 여수신업(26.7조원)에 비해 금융투자업(0.5조원)의 규모가 매우 작아 실질적으로 동종금융그룹에 해당한다는 전제하에 검토한 것임.

[그림 3-2]와 같은 지배구조를 갖는 경우 금융회사간 연결이 되지도 않을뿐더러 어느 하나의 비금융회사를 중심으로 금융회사를 보유한 경우가 아니기 때문에 그룹 차원의 위험 등에 대한 관리나 대비가 어려울 가능성이 크다. 이러한 경우에도 금융그룹 감독을 통해 사전에 그룹 차원의 위험 등에 대한 관리·감독을 할 필요가 있다. 다만, 현재 금융복합기업집단법이 이제 막 시행되어 금융그룹 감독이 걸음마 단계를 거치고 있으므로 그 실행에 있어 착오가 있을 수도 있고, 그 체계 확립에 있어 시간이 소요될 수 있다. 따라서 이러한 과정을 거치면서 Level 3 감독이 차츰 정착되어갈 경우에는 동종금융그룹에 대한 감독도 실행할 필요가 있다.

제3절 금융업을 영위하는 빅테크 그룹의 감독방안 마련

'GAFA vs BATH'[15]로 일컫는 대형 IT기업들이 다양한 금융서비스 분야로 영업을 확대하는 등 전 세계적으로 "금융의 디지털화"가 급속히 진행되고 있다.[16] 기존에 금융업을 수행하기 위해서는 지점 등 오프라인의 영업망을 구축하는 것이 매우 중요하였다. 그러나 이제는 금융업의 영업을 수행하기 위해서는 오프라인 영업망보다도 오히려 IT 플랫폼의 중요성이 더 커지고 있다. 따라서 기존의 IT 플랫폼에 있어 우월적 지위를 획득한 대형 플랫폼 사업자들이 점차 금융업에 직접 진출하는 빈도가 늘고 있는 것이다.[17] 이에 따라 일각에서는 금융업이 플랫폼 기업들에 종속될 가능성이 있다는 우려하는 목소리도 제기되고 있다.[18] 따라서 우리나라도 최근 대형 플랫폼기업들의 금융시장 진입 등을 계기로 이에 걸맞는 규제체계 정비, 경쟁질서 확립 등이 시급하다는

15) GAFA: Google/Amazon/Facebook/Apple, BATH: Baidu/Alibaba/Tencent/Huawei.
16) 금융위원회, 「디지털 금융혁신 및 빅테크-금융사간 "상호상생" 논의의 장인 '디지털 금융협의회'를 출범하였습니다」, 보도자료(2020. 9. 10), 2면.
17) 예) Amazon Lending(소액대출), Alipay·Wechatpay(결제서비스) 등(위의 보도자료 2면).
18) 매일경제, 「"나 떨고 있니" … 금융사들, 갈수록 빅테크 종속 우려 커진다」, 2021. 5. 25.기사 참조(https://www.mk.co.kr/news/economy/view/2021/05/503026/).

인식이 확산되고 있다.[19)]

빅테크 그룹의 경우, 플랫폼을 활용한 금융업의 수행이 가장 큰 장점이다. 반면 이는 또 하나의 위협요인으로 작용할 수 있다. 금융업이 플랫폼에 의존하는 정도가 크고, 플랫폼에 종속됨으로 인하여 그 자체로 위험이 집중되거나 전이될 가능성을 내포하고 있는 것이다. 금융업이 플랫폼을 통하여 수행됨으로 인해 플랫폼 영업을 통한 위험이 집중되는 측면이 있고, 강력한 경쟁자 등장, 플랫폼에 대한 점유율 하락 등의 위기가 발생하는 경우 그 위기가 금융업에도 고스란히 전이될 가능성이 높은 것이다. 예컨대, 메신저의 시장 지배자가 카카오톡에서 다른 메신저로 바뀌는 경우 카카오뱅크 및 카카오페이 등의 영업이익에 큰 타격을 입힐 수 있고, 네이버 쇼핑의 영업이 하락세인 경우 네이버페이 등의 영업이익에도 영향을 줄 수 있는 것이다.

따라서 이처럼 금융업 자체의 매력이나 경쟁력 보다 플랫폼의 점유율에서 오는 편안함, 익숙함 등을 무기로 고객을 유치함에 따라 이러한 플랫폼이 시장에서 영향을 미치는 정도에 따라 금융업의 성쇠가 좌우될 수 있는 것이다. 이러한 빅테크 기업의 경우 단지 개별 금융회사만을 감독하여서는 건전성 감독이 제대로 되지 않을 수 있다. 예를 들어 플랫폼의 점유율이 점차 하락하는 추세에 있거나 다른 플랫폼으로 대체되는 과정에 있다면 해당 빅테크 기업의 금융회사가 현재 건전성 기준을 충족하더라도 곧 영업이익 등이 하락할 우려 등에 충분히 대비해야 하는 것이다. 그러므로 이러한 빅테크 그룹의 금융회사들은 플랫폼을 운영하는 그룹 전체의 영향을 아울러 감독할 수 있어야 온전한 감독이 가능한 것이다. 개별 금융업종만을 감독해서는 장님이 코끼리 다리를 만지는 격이나 마찬가지라 할 수 있다.

현재 우리나라에서 빅테크 그룹의 금융업 진출은 대표적으로 네이버, 카카오를 들 수 있다. 그런데 이들 그룹들은 현재 금융복합기업집단으로 지정되지 않았다. 이들 그룹에 대한 금융업 영위 현황을 보면 다음과 같다.

---

19) 금융위원회, 앞의 보도자료(2020. 9. 10), 2면.

〈표 3-1〉 국내 빅테크 그룹의 금융업 영위 현황(20년말 기준)

빅테크 그룹	국내 금융회사	업 종	자산(조원)
네이버	네이버파이낸셜	전자금융업	2.3
	엔에프보험서비스	보험대리 및 중개업	0.0002
	스프링캠프	신탁 및 집합투자업	0.02
카카오	카카오뱅크	은행업	26.6
	카카오벤처스	기타 금융업	0.03
	카카오페이	전자금융업	0.76
	카카오페이증권	증권업 등	0.5
	엘케이엠에스리보험중개	보험대리 및 중개업	–
	케이피보험서비스	보험대리 및 중개업	0.003

먼저 네이버의 경우, 금융회사의 총자산 규모가 5조원 미만이므로 지정대상에 해당하지 않는다. 또한 집합투자업을 영위하나 매우 비중이 미미하고, 그 외의 업종을 영위하고 있지 않고 있다. 가장 규모가 큰 네이버파이낸셜의 경우, 전자금융업(선불전자지급수단 발행 및 관리업 등)으로 현재 법상으로는 여수신업에는 해당하지 않는다. 향후 총자산이 5조원 이상이 됨은 물론 집합투자업 이외에 여수신업 또는 보험업의 다른 업종도 영위하여야 하므로 당분간 금융복합기업집단으로 지정될 가능성은 높지 않아 보인다.

반면, 카카오의 경우는 카카오뱅크의 자산만 해도 26조원이 넘으므로 총자산 요건은 충족시킨다. 그리고 여수신업인 카카오뱅크 이외에도 금융투자업인 카카오페이증권도 영위하고 있고, 현재 카카오손해보험의 보험업 예비허가도 받은 상황이다. 다만, 카카오페이증권의 자산 규모는 5천억원이고, 카카오손해보험도 디지털 보험사로서 예비허가를 받고 자본금 1천억원으로 시작하려는 상황이므로[20] 이 두 가지 비주력업종의 자산합계가 5조원이 넘으려면 시간이 좀 더 걸릴 것으로 보인다. 다만, 성장세 등을 고려하면 추후 금융복합기업집단으로 지정될 가능성은 높다고 할 수 있다. 만일 향후 비주력 업종의

20) 금융위원회, 「카카오손해보험(주) 보험업 예비허가」, 보도자료(2021. 6. 10), 1면.

규모 기준 등을 하향한다면 좀 더 빨리 금융복합기업집단으로 지정될 가능성이 높다.

이러한 빅테크 기업의 금융업 진출은 금융시장에 미치는 영향도 크고, 또 플랫폼 기반의 빅테크 그룹이 가지고 있는 고유의 그룹 차원 위험 등을 고려할 때 금융복합기업집단으로 지정하여 감독할 필요성은 매우 높다. 따라서 전자금융업 중 여·수신 성격을 지닌 지급결제업 등을 여수신업에 포함시키고, 비주력 업종의 자산규모 기준을 5조원보다 훨씬 낮은 수준으로 변경하여 감독대상의 범위를 조속히 확대할 필요가 있다. 나아가 동종금융그룹까지 감독의 범위를 확대할 필요가 있다.

참고문헌

1. 단행본

금융감독원, 「금융감독개론(2021년 개정판)」, 2021년.

금융감독원, 「금융투자업자 NCR 산정기준 해설」, 2018년.

금융감독원, 「보험회사 위험기준 자기자본(RBC)제도 해설서(개정판)」, 2020년.

금융감독원, 「IAIS 보험핵심원칙」, 2021년.

김병연·권재열·양기진, 「자본시장법: 사례와 이론(4판)」, 박영사, 2019년.

김홍기, 「상법강의(제6판)」, 박영사, 2021년.

박세민, 「보험법(제4판)」, 박영사, 2017년.

송옥렬, 「상법강의(11판)」, 홍문사, 2021년.

신현윤, 「경제법(제8판)」, 법문사, 2020년.

윤승한, 「자본시장법 강의(4판)」, 삼일인포마인, 2016년.

임재연, 「자본시장법」, 박영사, 2020년.

정찬형·최용준·도제문, 「은행법강의(제3판)」, 박영사, 2015년.

한국증권법학회, 「자본시장법(주석서 Ⅰ, Ⅱ)」, 박영사, 2015년.

2. 논문, 학술지, 연구보고서 등

김상조, 「금융복합그룹 감독체계의 도입 필요성과 과제」, 한국금융연구센터, 2015년 상반기 정책 심포지엄(2015. 5. 27).

김상조, 「미국 보험지주회사제도에서의 금융자본과 산업자본 분리 원칙 – 보험지주회사법상 자산운용규제를 중심으로」, 한국경제사회학회, 사회경제평론 제26호(2006. 4).

김상조, 「비은행권 금산분리 규율체계의 재설계」, 한국금융학회, 2016년 동계(Ⅱ) 정책심포지엄 '금융과 기업지배구조'(2016. 2. 25).

김상조, 「유럽의 기업집단법 현황 및 한국 재벌개혁에서의 시사점」, 민주정책연구원, IDP네트워크 정책연구 총서 2012-6호, (2012. 9).

김자봉, 「금산분리의 법리－법적권리 간 이해상충의 경제적 인센티브와 충돌의 사회적 비용을 중심으로」, 은행법학회, 은행법연구 제13권제2호(2020. 11).

류혁선, 「미국 금융지주회사 제도에 관한 고찰과 그 시사점」, 은행법학회, 은행법연구 제3권제1호(2010. 5).

민세진, 「금산분리 강화방안의 쟁점」,한국경제학회, 한국경제포럼 제5권제4호(2012. 10).

민세진, 「금융그룹 통합감독 입법화에 대한 비판적 연구: 글로벌 스탠다드의 관점에서」,경제연구소, 한국경제학보 제26권제2호(2019. 12).

민세진, 「대기업집단 내 보험회사의 내부거래에 관한 연구」, 금융지식연구소, 금융지식연구 제12권제3호(2014. 12).

민세진, 「유럽의 산업자본 – 금융자본 결합규제에 관한 연구: EU 지침서를 중심으로」, 한국경제연구학회, 한국경제연구 제27권제4호(2009. 12).

민세진·이승준, 「시스템리스크를 고려한 복합금융그룹 감독방안」, 보험연구원, 조사보고서(2016. 2).

박종원·박래수·정혜정 외 1인, 「복합금융그룹화가 소속 금융회사의 부실위험에 미치는 영향」, 한국재무관리학회, 재무관리연구 제26권제2호(2009. 6).

박창균·이성복 등 5인, 「금융그룹 감독체계 정비방안에 대한 연구」, 자본시장연구원, 금융위원회 연구용역보고서(2019. 12).

송홍선, 「금융그룹화 현상과 금융시스템 안정성」, 한국경제발전연구학회, 경제발전연구 제11권제2호(2005. 12).

오태록, 「금융복합기업집단 감독법의 그룹위험 측정에 대한 고찰」, 금융연구원, 금융브리프 제30권제5호(2021. 2).

윤세열, 「금융그룹 감독제도의 추진현황과 향후 운영방향」, 서울대학교 금융법센터, BLF 제98호(2019. 11).

이기영, 「그룹 리스크 반영을 위한 금융회사 자기자본 규제 개선방향」, KDI, KDI정책포럼 제266호(2017. 8).

이민환·전선애, 「복합금융그룹의 리스크와 감독」, 보험연구원, 조사보고서(2009. 4).

이민환·최영목·이영회, 「AIG의 부실 원인과 보험산업에 대한 시사점」, 보험연구원, KIRI 주간이슈 122호(2008. 9).

이시연, 「복합금융그룹에 대한 위험감독 개선 방향 및 시사점」, 금융연구원, 금융브리프 제29권제12호(2020. 5).

이시연·이재연·오태록, 「금융그룹 위험관리 역량 평가·분석을 위한 전이위험 모의 평가 및 평가모형 검토」, 한국금융연구원, 금융위원회 연구용역보고서(2019. 11).

이시연·오태록, 「금융그룹 지배구조 감독방안 연구」, 한국금융연구원, 금융위원회 연구용역보고서(2020. 2).

임정하, 「금융회사의 내부통제(금융회사의 지배구조에 관한 법률을 중심으로)」, 한국경제법학회, 경제법연구 제15권제2호(2016. 8).

조선영, 「복합금융그룹감독체계 구축에 관한 연구」, 연세대학교, 박사학위논문(2018. 12).

최승필, 「EU의 복합금융그룹 감독에 대한 제도적 고찰－보험업을 중심으로」, 경희법학연구소, 경희법학 제44권제1호(2009. 3).

최준선, 「회사법적 관점에서 본 '금융그룹통합감독법'의 문제점」, 한국보험학회(2019. 6).

3. 기관간행물 및 공개자료 등

경제개혁연대, 「금융그룹감독법 제정안 입법예고에 대한 의견제출」, 보도자료(2020. 7. 16).

공정거래위원회, 「공시대상기업집단 내부거래현황 정보공개」, 보도자료(2020. 11. 12).

국회사무처, 「제364회 국회 정무위원회회의록(제10호)」, 회의록(2018. 11. 22).

국회사무처, 「제365회 국회 정무위원회회의록(제1호)」, 회의록(2018. 12. 27).

국회사무처, 「제367회 국회 정무위원회회의록(법안심사제1소위원회)－제1호」, 회의록(2019. 3. 18).

국회사무처, 「제382회 국회(정기회) 정무위원회회의록－법안심사제1소위원회(제4호)」, 회의록(2020. 12. 3).

국회사무처, 「제382회 국회 정무위원회회의록－법안심사제1소위원회(제5호)」, 회의록(2020. 12. 7).

국회사무처, 「제382회 국회 정무위원회회의록(제6호)」, 회의록(2020. 11. 24).

국회사무처, 「제382회 국회 정무위원회회의록(제9호)」, 회의록(2020. 12. 8).

국회사무처, 「제382회 국회 정무위원회회의록(제10호)」, 회의록(2020. 12. 8).

국회사무처, 「제382회 국회 법사위원회회의록(제15호)」, 회의록(2020. 12. 9).

국회사무처, 「제382회 국회 본회의회의록(제15호)」, 회의록(2020. 12. 9).

국회 정무위원회, 「금융그룹의 감독에 관한 법률안(의안번호 제2103312호) 검토보고」, 법률안 검토보고서(2020. 11).

금융감독원, 「금융그룹통합감독 관련 업계 간담회 개최」, 보도자료(2018. 4. 25).

금융감독원, 「복합금융그룹 감독체계 해외사례 조사출장 결과보고」, 출장보고서

(2017. 10).
금융감독원, 「호주의 금융개혁, –월리스보고서(Wallis Report)를 중심으로」, 2007. 7.
금융감독원, 「2020년 PEF 동향 및 시사점」, 보도자료(2021. 7. 22).
금융위원회, 「개방형 금융결제망(오픈뱅킹) 구축, 핀테크 성장을 촉진하고 생활금융을 혁신하겠습니다.」, 보도자료(2019. 2. 26).
금융위원회, 「공정경제 3법 제·개정안 국무회의 통과」, 보도자료(2020. 8. 25).
금융위원회, 「금융그룹의 감독에 관한 법률 제정안 입법예고」, 보도자료(2020. 6. 8).
금융위원회, 「'금융그룹 감독 혁신단' 출범을 계기로 '금융그룹 통합감독'을 더욱 속도감 있게 추진하겠습니다」, 보도자료(2017. 12. 11).
금융위원회, 「금융그룹 통합감독 모범규준 초안 마련」, 보도자료(2018. 4. 3).
금융위원회, 「금융그룹 통합감독제도, 7월부터 시범 운영」, 보도자료(2018. 7. 2).
금융위원회, 「금융그룹 CEO·전문가 간담회를 개최하여 금융그룹 감독제도 시범운영 현황을 점검하고, 금융그룹감독 제도 개선방안을 논의하였습니다」, 보도자료(2020. 2. 24).
금융위원회, 「금융그룹 CEO·전문가 간담회를 개최하여 모범규준 1년 시범적용 성과를 평가하고, 앞으로 금융그룹감독을 보다 내실있게 운영하기로 하였습니다」, 보도자료(2019. 6. 11).
금융위원회, 「금융복합기업집단의 건전한 경영을 위한 「금융복합기업집단의 감독에 관한 법률」이 시행됩니다」, 보도자료(2021. 6. 21).
금융위원회, 「금융위원장, 금융그룹 통합감독 간담회 개최 및 도입방안 발표」, 보도자료(2018. 2. 1).
금융위원회, 「금융회사, 빅테크, 핀테크와 금융산업 발전방향을 주제로 현장과 학계의 의견을 수렴했습니다」, 보도자료(2020. 7. 21).
금융위원회, 「동양그룹 문제 유사사례 재발방지를 위한 종합대책」, 보도자료(2013. 11).
금융위원회, 「디지털 금융혁신 및 빅테크–금융사간 "상호상생" 논의의 장인 '디지털금융협의회'를 출범하였습니다」, 보도자료(2020. 9. 10).
금융위원회, 「머니투데이 6. 14일자 "금융그룹 감독 MBK '특혜 vs 특수성' 논란" 제하 기사 관련」, 보도자료(2019. 6. 14).
금융위원회, 「최근 보도내용 관련, '금융그룹 감독제도의 도입 의의와 운영방식'에 대해 설명드립니다」, 보도자료(2019. 6. 18).
금융위원회, 「카카오손해보험(주) 보험업 예비허가」, 보도자료(2021. 6. 10).

금융위원회, 「혁신성장과 일자리 창출을 뒷받침하기 위한 사모펀드 발전방향 토론회 개최」, 보도자료(2018. 9. 27).

금융위원회, 「2021년도 금융복합기업집단 지정」, 보도자료(2021. 7. 13).

법제처, 「법령입안심사기준」(2020).

International Monetary Fund, 「BELGIUM, FINANCIAL SECTOR ASSESSMENT PROGRAM TECHNICAL NOTE—BANKING, INSURANCE AND FINANCIAL CONGLOMERATE SUPERVISION」, 2018. 3.

International Monetary Fund, 「Issues in Financial Holding Company Supervision and Derivatives Regulation(KOREA)」, Technical advice(2008. 6).

Joint Forum, 「Principles for the Supervision of Financial Conglomerates 1999」, 1999. 2.

Joint Forum, 「Principles for the Supervision of Financial Conglomerates 2012」, 2012. 9.

Joint Forum, 「Principles for the Supervision of Financial Conglomerates Consultive document」, 2011. 12.

Joint Forum, 「Report on intra-group support measures」, 2012. 2.

Joint Forum, 「Report on supervisory colleges for financial conglomerates」, 2014. 9.

Joint Forum, 「Review of the Differentiated Nature and Scope of Financial Regulation」, 2010. 1.

Joint Forum, 「The management of liquidity risk in financial groups」, 2006. 5.

찾아보기

[저자 약력]

심 영

연세대학교 법과대학 졸업
연세대학교 대학원 법학과(법학석사)
Indiana University, School of Law (M.C.L.)
University of London, QMC (Ph.D. in Law)
법무부 회계자문위원회 위원장
금융위원회 비상임위원
현: 연세대학교 법학전문대학원 교수

반준성

동국대학교 경찰행정학과 졸업
연세대학교 대학원 법학과(법학석사)
제56회 행정고등고시 합격
법무부 인권정책과, 여성아동인권과 사무관
금융위원회 금융그룹감독혁신단 사무관
대검찰청 해외불법재산환수 합동조사단 사무관
현: 법무부 인권구조과 서기관

금융그룹 감독제도의 이해

초판발행 2022년 10월 11일

지은이 심 영·반준성
펴낸이 김중용

편 집 심성보·김인숙

펴낸곳 도서출판 정독

경기도 고양시 일산서구 하이파크로 113, 102-204
등록 제406-2014-000093호
전 화 031)924-7203 팩 스 02)718-8554
홈페이지 www.jeongdok.co.kr 이메일 admin@jeongdok.co.kr
ISBN 979-11-6858-077-0 93360

정 가 28,000원